2021 年交通运输职业资格考试辅导丛书

# 公路水运工程试验检测人员应试题解
# 桥梁隧道工程

王保群　陶莉莉　主编

人民交通出版社股份有限公司

北　京

## 内 容 提 要

本书主要包括"考试说明及参考资料""习题、参考答案及解析""模拟试题及参考答案"三部分内容，紧扣2021年度《桥梁隧道工程》科目考试大纲及考试用书进行编写。"考试说明及参考资料"包括考试大纲、考试题型、考试科目和考试内容比例；"习题、参考答案及解析"主要包括：原材料试验检测、工程制品试验检测、构件材质无损检测、地基与基础检测、桥梁技术状况评定、桥梁荷载试验与承载力评定，以及隧道洞身开挖质量检测、喷锚衬砌施工质量检测、混凝土衬砌施工质量检测、隧道防排水检测、隧道辅助施工质量检查、施工监控量测与超前地质预报、隧道施工与运营环境检测、运营隧道结构与盾构隧道检测等内容。结尾配有模拟试题。

本书可作为公路水运工程试验检测专业技术人员职业资格考试参考用书，也可供公路工程试验检测从业人员专业技术水平和业务能力培训及高等院校相关专业师生阅读使用。

**图书在版编目(CIP)数据**

公路水运工程试验检测人员应试题解. 桥梁隧道工程/王保群，陶莉莉主编. —北京：人民交通出版社股份有限公司，2021.8
 ISBN 978-7-114-17400-1

Ⅰ.①公… Ⅱ.①王… ②陶… Ⅲ.①桥梁工程—试验—资格考试—题解②桥梁工程—检测—资格考试—题解③隧道工程—试验—资格考试—题解④隧道工程—检测—资格考试—题解 Ⅳ.①U41-44②U61-44

中国版本图书馆 CIP 数据核字(2021)第 112981 号

| | |
|---|---|
| 书　　名： | 公路水运工程试验检测人员应试题解　桥梁隧道工程 |
| 著 作 者： | 王保群　陶莉莉 |
| 责任编辑： | 刘　彤 |
| 责任校对： | 孙国靖　龙　雪 |
| 责任印制： | 刘高彤 |
| 出版发行： | 人民交通出版社股份有限公司 |
| 地　　址： | (100011)北京市朝阳区安定门外外馆斜街3号 |
| 网　　址： | http://www.ccpcl.com.cn |
| 销售电话： | (010)59757973 |
| 总 经 销： | 人民交通出版社股份有限公司发行部 |
| 经　　销： | 各地新华书店 |
| 印　　刷： | 北京市密东印刷有限公司 |
| 开　　本： | 787×1092　1/16 |
| 印　　张： | 20.75 |
| 字　　数： | 500千 |
| 版　　次： | 2021年8月　第1版 |
| 印　　次： | 2021年8月　第2次印刷 |
| 书　　号： | ISBN 978-7-114-17400-1 |
| 定　　价： | 70.00元 |

(有印刷、装订质量问题的图书，由本公司负责调换)

# 前 言
Preface

  2007年,为了帮助考生复习备考原交通部开展的公路工程试验检测人员业务考试,我们精心编写了考前复习用书《公路工程试验检测人员业务考试模拟练习与题解》,共三个分册:(一)《材料》;(二)《公共基础》《公路》;(三)《桥梁》《隧道》。该考试用书自第一版发行以来,受到了广大考生的喜爱,随后多次修订一直沿用至2014年。

  2015年6月23日,人力资源社会保障部、交通运输部联合印发了《关于印发〈公路水运工程试验检测专业技术人员职业资格制度规定〉和〈公路水运工程试验检测专业技术人员职业资格考试实施办法〉的通知》(人社部发〔2015〕59号),标志着公路水运工程试验检测专业技术人员水平评价类国家职业资格制度正式设立。为了贯彻公路水运工程试验检测专业技术人员职业资格考试相关精神,我们对原有《公路工程试验检测人员业务考试模拟练习与题解》进行了修订整合,并重新命名为《公路水运工程试验检测人员应试题解》。对应于考试科目,新版丛书包括《公共基础》《道路工程》《桥梁隧道工程》三个分册。

  本书为其中一册,在内容和形式上紧扣2021年度《桥梁隧道工程》科目考试大纲及考试用书,考试题型有单选题、判断题、多选题和综合题四种类型,并配有答案与解析,同时辅以考试模拟练习题,系统地帮助应考者学习和自测。本书在内容上以适度的基本理论知识为基础,注重实际操作和实际应用知识的训练,以提高应考者分析和解决工程试验检测实际问题的能力。相信通过本书的学习,能够有效地提高应考者的学习效率,积极地促进试验检测从业人员专业技术水平和整体素质的提升,以适应日益发展的公路工程建设需求。

  本书由山东交通学院王保群、陶莉莉共同编写。在编写过程中,参考了大量资料,在此向原作者表示感谢。由于时间紧迫,书中难免有疏漏和不当之处,恳请读者批评指正。

编 者<br>
2021年6月

# 目 录
Contents

## 第一部分 考试说明及参考资料

一、考试说明 ................................................................ 1
二、参考资料 ................................................................ 1

## 第二部分 习题、参考答案及解析

绪论 ........................................................................ 5

### 第一篇 工程原材料、构件和制品检测 ........................................ 13
第一章 原材料试验检测 .................................................. 13
第二章 工程制品试验检测 ................................................ 39
第三章 构件材质无损检测 ................................................ 68

### 第二篇 桥梁 ............................................................ 97
第一章 地基与基础检测 .................................................. 97
第二章 桥梁技术状况评定 ............................................... 132
第三章 桥梁荷载试验与承载力评定 ....................................... 140

### 第三篇 隧道 ........................................................... 169
第一章 基础知识 ....................................................... 169
第二章 洞身开挖质量检测 ............................................... 171
第三章 喷锚衬砌施工质量检测 ........................................... 180
第四章 混凝土衬砌施工质量检测 ......................................... 195
第五章 隧道防排水检测 ................................................. 208
第六章 隧道辅助施工质量检查 ........................................... 221
第七章 施工监控量测与超前地质预报 ..................................... 230
第八章 隧道施工与运营环境检测 ......................................... 249

· 1 ·

第九章　运营隧道结构与盾构隧道检测…………………………………………………… 259

# 第三部分　模拟试题及参考答案

桥梁模拟试题(一) ……………………………………………………………………… 264
桥梁模拟试题(一)答案 ………………………………………………………………… 272
桥梁模拟试题(二) ……………………………………………………………………… 273
桥梁模拟试题(二)答案 ………………………………………………………………… 282
隧道模拟试题…………………………………………………………………………… 283
隧道模拟试题答案……………………………………………………………………… 291
桥梁隧道综合模拟试题(一) …………………………………………………………… 292
桥梁隧道综合模拟试题(一)答案 ……………………………………………………… 300
桥梁隧道综合模拟试题(二) …………………………………………………………… 301
桥梁隧道综合模拟试题(二)答案 ……………………………………………………… 311
桥梁隧道综合模拟试题(三) …………………………………………………………… 315
桥梁隧道综合模拟试题(三)答案 ……………………………………………………… 325

# 【第一部分】考试说明及参考资料

# 一、考 试 说 明

(一) 考试大纲

具体内容请查阅《2021年度公路水运工程试验检测专业技术人员职业资格考试大纲》。

(二) 考试题型

《桥梁隧道工程》科目考试题型共有四种形式:单选题、判断题、多选题和综合题。

1. 单选题:每道题目有四个备选项,要求考生通过对题干的审查理解,从四个备选项中选出唯一的正确答案。每题1分。

2. 判断题:每道题目列出一个可能的事实,通过审题给出该事实是正确还是错误的判断。每题1分。

3. 多选题:每道题目所列备选项中,有两个或两个以上正确答案,每小题2分。选项全部正确得满分,选项部分正确按比例得分,出现错误选项该题不得分。

4. 综合题:设7大题35小题,选做5个大题内容包括试验检测原理、试验操作、案例分析及计算题等。每小题有四个备选项,要求考生从中选出一个或一个以上正确答案,每小题2分,选项部分正确按比例得分,出现错误选项该题不得分。

(三) 考试科目

公路水运工程试验检测师、助理试验检测师均设《公共基础》科目和专业科目,《桥梁隧道工程》为专业科目之一,每套试卷设置单选题30道、判断题30道、多选题20道、综合题7道(选做5道),总计150分,考试时间150分钟。

# 二、参 考 资 料

1. 中华人民共和国行业标准.公路桥涵设计通用规范(JTG D60—2015).北京:人民交通出版社股份有限公司,2015

2. 中华人民共和国行业标准.公路钢筋混凝土及预应力混凝土桥涵设计规范(JTG 3362—2018).北京:人民交通出版社股份有限公司,2018

3. 中华人民共和国行业标准.公路钢结构桥梁设计规范(JTG D64—2015).北京:人民交通出版社股份有限公司,2015

4. 中华人民共和国行业推荐性标准.公路桥涵施工技术规范(JTG/T 3650—2020).北京:人民交通出版社股份有限公司,2020

5. 中华人民共和国行业标准.公路工程质量检验评定标准 第一册 土建工程(JTG F80/1—2017).北京:人民交通出版社股份有限公司,2018

6. 中华人民共和国行业标准.公路工程岩石试验规程(JTG E41—2005).北京:人民交通出版社,2005

7. 中华人民共和国国家标准.普通混凝土力学性能试验方法标准(GB/T 50081—2002).北京:中国建筑工业出版社,2003

8. 中华人民共和国行业推荐性标准.公路工程基桩检测技术规程(JTG/T 3512—2020).北京:人民交通出版社股份有限公司,2020

9. 中华人民共和国交通行业标准.公路桥梁板式橡胶支座(JT/T 4—2019).北京:人民交通出版社股份有限公司,2019

10. 中华人民共和国交通运输行业标准.公路桥梁伸缩装置通用技术条件(JT/T 327—2016).北京:人民交通出版社股份有限公司,2016

11. 中华人民共和国国家标准.预应力混凝土用钢绞线(GB/T 5224—2014).北京:中国标准出版社,2014

12. 中华人民共和国国家标准.预应力混凝土用钢丝(GB/T 5223—2014).北京:中国标准出版社,2015

13. 中华人民共和国行业标准.公路桥涵养护规范(JTG H11—2004).北京:人民交通出版社,2004

14. 中华人民共和国行业标准.城市桥梁养护技术规范(CJJ 99—2017).北京:中国建筑工业出版社,2017

15. 中华人民共和国行业推荐性标准.公路桥梁技术状况评定标准(JTG/T H21—2011).北京:人民交通出版社,2011

16. 中华人民共和国行业推荐性标准.公路桥梁承载能力检测评定规程(JTG/T J21—2011).北京:人民交通出版社,2011

17. 中华人民共和国行业推荐性标准.公路桥梁荷载试验规程(JTG/T J21-01—2015).北京:人民交通出版社股份有限公司,2016

18. 章关永.桥梁结构试验.北京:人民交通出版社,2010

19. 张劲泉,王文涛.桥梁检测与加固手册(上册).北京:人民交通出版社,2007

20. 张劲泉,宿健,程寿山,等.混凝土旧桥材质状况与耐久性检测评定指南及工程实例.北京:人民交通出版社,2007

21. 交通运输部工程质量监督局.公路桥梁和隧道工程施工安全风险评估制度及指南解析.北京:人民交通出版社,2011

22. 中华人民共和国行业标准.公路隧道施工技术规范(JTG 3660—2020).北京:人民交通出版社股份有限公司,2020

23. 中华人民共和国行业推荐性标准.公路隧道施工技术细则(JTG/T F60—2009).北京:人民交通出版社,2009

24. 中华人民共和国行业标准.公路隧道设计规范 第一册 土建工程(JTG 3370.1—2019).北京:人民交通出版社股份有限公司,2019

25. 中华人民共和国行业推荐性标准.公路隧道照明设计细则(JTG/T D70/2-01—2014).北京:人民交通出版社股份有限公司,2014

26. 中华人民共和国行业推荐性标准.公路隧道通风设计细则(JTG/T D70/2-02—2014).北京:人民交通出版社股份有限公司,2014

27. 公路工程竣(交)工验收办法(2004年3月31日 交通部令2004年第3号)

28. 公路工程竣(交)工验收办法实施细则(2010年2月25日 交通运输部 交公路发〔2010〕65号)

29. 中华人民共和国行业标准.铁路隧道衬砌质量无损检测规程(TB 10223—2004 J341—2004).北京:中国铁道出版社,2004

30. 中华人民共和国行业标准.回弹法检测混凝土抗压强度技术规程(JGJ/T 23—2011).北京:中国建筑工业出版社,2011

31. 中华人民共和国行业标准.铁路瓦斯隧道技术规范(TB 10120—2002 J160—2002).北京:中国铁道出版社,2002

32. 中华人民共和国行业标准.铁路隧道超前地质预报技术指南(铁建设〔2008〕105号).北京:中国铁道出版社,2008

33. 中华人民共和国行业标准.公路隧道养护技术规范(JTG H12—2015).北京:人民交通出版社股份有限公司,2015

34. 《公路水运建设工程质量安全督查办法》(交通运输部 交安监发〔2016〕86号)

35. 公路工程竣工质量鉴定工作规定(试行)(2012年2月20日 交通运输部 厅质监字〔2012〕25号)

36. 中国工程建设标准化协会标准.超声回弹综合法检测混凝土强度技术规程(CECS 02:2005).北京:中国计划出版社,2005

37. 中国工程建设标准化协会标准.超声法检测混凝土缺陷技术规程(CECS 21:2000).北京:中国计划出版社,2000

38. 中华人民共和国国家标准.焊缝无损检测 超声检测 技术、检测等级和评定(GB/T 11345—2013).北京:中国标准出版社,2013

39. 中华人民共和国交通运输行业标准.公路桥梁钢结构防腐涂装技术条件(JT/T 722—2008).北京:人民交通出版社,2008

40. 中华人民共和国行业标准.锚杆锚固质量无损检测技术规程(JGJ/T 182—2009).北京:中国建筑工业出版社,2010

41. 中华人民共和国行业标准.水利水电工程物探规程(SL 326—2005).北京:中国水利水电出版社,2005

42. 中华人民共和国行业标准. 公路工程质量检验评定标准 第二册 机电工程(JTG 2182—2020). 北京:人民交通出版社股份有限公司,2020

43. 中国铁路总公司企业标准. 铁路隧道监控量测技术规程(Q/CR 9218—2015). 北京:中国铁道出版社,2015

44. 中华人民共和国国家标准. 混凝土质量控制标准(GB 50164—2011). 北京:中国建筑工业出版社,2011

45. 中华人民共和国国家标准. 普通混凝土长期性能和耐久性能试验方法标准(GB/T 50082—2009). 北京:中国建筑工业出版社,2009

46. 中华人民共和国国家标准. 普通混凝土力学性能试验方法标准(GB/T 50081—2002). 北京:中国建筑工业出版社,2003

47. 中华人民共和国国家标准. 氯化聚乙烯防水卷材(GB 12953—2003). 北京:中国标准出版社,2003

48. 中华人民共和国国家标准. 建筑防水卷材试验方法(GB/T 328.1~27—2007). 北京:中国标准出版社,2007

49. 中华人民共和国行业推荐性标准. 公路项目安全性评价规范(JTG/T B05—2015). 北京:人民交通出版社股份有限公司,2015

50. 交通运输部安全与质量监督管理司,交通运输部职业资格中心. 公路水运工程试验检测专业技术人员职业资格考试用书 桥梁隧道工程(2021年版). 北京:人民交通出版社股份有限公司,2021

# 【第二部分】
习题、参考答案及解析

# 绪 论

【主要知识点】

桥梁与隧道施工和使用阶段试验检测内容；桥梁与隧道质量等级评定的原则、质量检测内容、质量等级评定的标准；桥梁与隧道单位、分部及分项工程划分；分项工程实测项目、规定值和检测方法。

## 一、单项选择题(四个备选项中只有一个正确答案,每题1分)

1.《工程结构可靠度设计统一标准》属于以下哪一类标准？( )
 A.综合基础标准 B.专业基础标准
 C.专业通用标准 D.专业专用标准

2.《公路工程技术标准》属于以下哪一类标准？( )
 A.综合基础标准 B.专业基础标准
 C.专业通用标准 D.专业专用标准

3.《公路工程质量检验评定标准》属于以下哪一类标准？( )
 A.综合基础标准 B.专业基础标准
 C.专业通用标准 D.专业专用标准

4.《公路桥梁伸缩缝装置》属于以下哪一类标准？( )
 A.综合基础标准 B.专业基础标准
 C.专业通用标准 D.专业专用标准

5.公路桥梁工程质量等级评定的标准尺度是( )。
 A.《公路工程质量检验评定标准》 B.《公路桥涵施工技术规范》
 C.《公路桥涵设计通用规范》 D.设计文件

6.桥梁质量检验评定的基本单元是( )。
 A.分项工程 B.分部工程
 C.单位工程 D.施工工序

7.小桥属于( )。

A. 分项工程　　　　B. 分部工程　　　　C. 单位工程　　　　D. 工程项目
　8. 桥梁质量评定时,机电工程检查项目合格率为100%,其他关键项目的合格率应不低于（　　）。
　　A. 75%　　　　　　B. 80%　　　　　　C. 95%　　　　　　D. 100%
　9. 桥梁质量评定时,一般项目的合格率应不低于(　　),否则该检查项目不合格。
　　A. 75%　　　　　　B. 80%　　　　　　C. 95%　　　　　　D. 100%
　10. 桥梁质量评定时,有规定极限值的项目,任一单个检测值不应突破规定的(　　)。
　　A. 限值　　　　　　B. 极值　　　　　　C. 容许值　　　　　D. 平均值
　11. 跨径大于(　　)的钢筋混凝土拱桥需进行施工安全风险评估。
　　A. 40m　　　　　　B. 100m　　　　　　C. 150m　　　　　　D. 350m
　12. 跨径大于(　　)的钢管混凝土拱桥需进行施工安全风险评估。
　　A. 40m　　　　　　B. 100m　　　　　　C. 150m　　　　　　D. 350m
　13. 跨径大于(　　)的斜拉桥需进行施工安全风险评估。
　　A. 140m　　　　　B. 200m　　　　　　C. 400m　　　　　　D. 1000m
　14. 墩高或净空大于(　　)的桥梁工程需进行施工安全风险评估。
　　A. 60m　　　　　　B. 80m　　　　　　C. 100m　　　　　　D. 120m
　15. 隧道施工Ⅵ、Ⅴ级围岩连续长度超过(　　)时需进行施工安全风险评估。
　　A. 30m　　　　　　B. 50m　　　　　　C. 80m　　　　　　D. 100m

## 二、判断题(正确的划"√",错误的划"×",请填在题后的括号里,每题1分)

1. 桥梁试验检测是施工控制的重要手段。（　　）
2. 桥梁试验检测可以完善设计理论和为施工工艺积累实践经验。（　　）
3. 桥梁试验检测是评价施工质量缺陷和鉴定工程事故的手段。（　　）
4.《公路工程质量检验评定标准》是进行桥梁施工质量评定的唯一依据。（　　）
5. 桥涵质量等级评定的基础是分部工程。（　　）
6. 桥梁质量评定时,检查项目评定为不合格的项目,应进行返工处理。（　　）
7. 分项工程进行实测项目检查时,应按规定频率有规律抽样。（　　）
8. 分项工程实测项目计分均应按单点测定值是否符合标准要求进行检测计分。（　　）
9. 桥梁质量等级的评定分为优良、合格和不合格3个等级。（　　）
10. 分部工程和单位工程应按照投资额比重确定相应的评分值。（　　）
11. 桥梁分项工程质量评定时,应对所列基本要求进行逐项检查,经检查不符合规定时,可对符合要求的内容检验评定。（　　）
12. 桥梁质量评定时,应对检查项目按规定的检查方法和频率进行抽样检查并计算合格率。（　　）
13. 桥梁隧道施工风险等级划分为三级。（　　）
14. 桥梁隧道施工风险等级达到Ⅳ级时应进行专项风险评估。（　　）
15. 桥梁隧道风险评估应选择定量的风险评估方法。（　　）

三、多项选择题(每题所列的备选项中,有2个或2个以上正确答案,选项全部正确得满分,选项部分正确按比例得分,出现错误选项本题不得分,每题2分)

1. 以下试验检测项目属于施工准备阶段的是( )。
   A. 钢材试验
   B. 水泥试验
   C. 混凝土配合比试验
   D. 混凝土强度抽样试验
   E. 桥梁荷载试验

2. 以下试验检测项目属于施工过程的是( )。
   A. 半成品试验检测
   B. 地基承载力检测
   C. 混凝土强度抽样试验
   D. 桩基检测
   E. 桥梁荷载试验

3. 公路桥涵质量检验的依据包括( )。
   A.《公路工程质量检验评定标准》
   B.《公路桥涵施工技术规范》
   C. 设计文件
   D. 试验规程
   E. 法律、法规

4. 以下属于单位工程的是( )。
   A. 特大斜拉桥、悬索桥
   B. 小桥
   C. 互通立交桥
   D. 路基工程
   E. 路面工程

5. 以下属于分部工程的是( )。
   A. 基础
   B. 下部结构
   C. 上部构造现浇
   D. 防护工程
   E. 引道工程

6. 以下属于分项工程的是( )。
   A. 引道工程
   B. 防护工程
   C. 钢筋加工
   D. 构件预制
   E. 构件安装

7. 桥梁分项工程质量评定合格应符合下列( )要求。
   A. 检查记录完整
   B. 基本要求符合施工规范规定
   C. 实测项目合格
   D. 外观质量满足要求
   E. 质量保证资料齐全

8. 施工质量保证资料包括( )。
   A. 原材料检验结果
   B. 隐蔽工程施工记录
   C. 试验记录
   D. 桩基检测
   E. 事故处理有关资料

9. 桥梁质量评定时,单位工程质量评定合格应符合( )规定。
   A. 评定资料齐全
   B. 实测项目合格
   C. 外观质量满足要求
   D. 所含分部工程合格
   E. 施工记录完整

10. 钻孔灌注桩实测项目中,属于关键项目的是( )。
    A. 混凝土强度    B. 桩位    C. 孔深    D. 孔径
    E. 桩基完整性

11. 钢筋安装实测项目中,属于关键项目的是( )。
    A. 受力钢筋间距    B. 箍筋间距
    C. 钢筋骨架尺寸    D. 弯起钢筋位置
    E. 保护层厚度

12. 钢丝、钢绞线先张法实测项目中,属于关键项目的是( )。
    A. 镦头钢丝同束长度相对差    B. 张拉应力值
    C. 断丝数量    D. 张拉伸长率
    E. 位置

13. 混凝土墩、台身实测项目中,属于关键项目的是( )。
    A. 混凝土强度    B. 断面尺寸    C. 顶面高程    D. 轴线偏位
    E. 竖直度

14. 梁(板)预制实测项目中,属于关键项目的是( )。
    A. 混凝土强度    B. 梁(板)长度    C. 平整度    D. 预埋件位置
    E. 断面尺寸

15. 就地浇筑梁(板)实测项目中,属于关键项目的是( )。
    A. 混凝土强度    B. 轴线偏位
    C. 梁(板)顶面高程    D. 断面尺寸
    E. 长度

16. 悬臂浇筑梁实测项目中,属于关键项目的是( )。
    A. 混凝土强度    B. 轴线偏位    C. 顶面高程    D. 断面尺寸
    E. 合龙段高程

17. 桥梁支座安装实测项目中,属于关键项目的是( )。
    A. 横桥向偏位    B. 顺桥向偏位    C. 高程    D. 四角高差
    E. 平整度

18. 斜拉桥混凝土索塔柱实测项目中,属于关键项目的是( )。
    A. 混凝土强度    B. 轴线偏位    C. 竖直度    D. 壁厚
    E. 孔道位置

19. 钢梁安装实测项目中,属于关键项目的是( )。
    A. 轴线偏位    B. 高程    C. 支座偏位    D. 焊缝探伤
    E. 高强螺栓扭矩

20. 下列隧道需进行施工风险评估的项目包括( )。
    A. 穿越高应力隧道    B. 穿越煤系地层隧道
    C. 浅埋、偏压隧道    D. 长度大于1000m的隧道
    E. 连拱和小净距隧道

21. 《公路工程质量检验评定标准》检验标准部分,规定了检测评定内容包括( )。

A. 检查项目　　　B. 检查方法　　　C. 检查数量　　　D. 合格标准
E. 扣分项

22. 桥梁隧道施工安全风险评估原理包括( )。
A. 相关性原理　　B. 类推原理　　　C. 惯性原理　　　D. 量变到质变原理
E. 概率原理

## ◆ 习题参考答案及解析 ◆

### 一、单项选择题

1. A
2. B
3. C
4. D

【解析】我国结构工程的标准和规范可以分为四个层次,第一层次:综合基础标准;第二层次:专业基础标准;第三层次:专业通用标准;第四层次:专业专用标准。

5. A

【解析】公路工程质量检验和等级评定是依据《公路工程质量检验评定标准》进行,具体试验检测以《公路桥涵施工技术规范》为依据。

6. A
7. B

【解析】根据《公路工程质量检验评定标准》进行划分。

| 单位工程 | 分部工程 | 分项工程 |
| --- | --- | --- |
| 路基工程(每10km或每标段) | 路基土石方工程(1~3km路段) | 土方路基,填石路基,软土地基处置,土工合成材料处置层等 |
| | 排水工程(1~3km路段) | 管节预制,混凝土排水管安装,检查(雨水)井砌筑,土沟,浆砌水沟,盲沟,跌水,急流槽,水簸箕,排水泵站沉井,沉淀池等 |
| | 小桥及符合小桥标准的通道,人行天桥,渡槽(每座) | 钢筋加工及安装,砌体,混凝土扩大基础,钻孔灌注桩,混凝土墩、台,墩、台身安装,台背填土,就地浇筑梁、板,预制安装梁、板,就地浇筑拱圈,混凝土桥面板桥面防水层,支座垫石和挡块,支座安装,伸缩装置安装,栏杆安装,混凝土护栏,桥头搭板,砌体坡面护坡,混凝土构件表面防护,桥梁总体等 |
| | 涵洞、通道(1~3km路段) | 钢筋加工及安装,涵台,管节预制,混凝土涵管安装,波形钢管涵安装,盖板制作,盖板安装,箱涵浇筑,拱涵浇(砌)筑,倒虹吸竖井,集水井砌筑,一字墙和八字墙,涵洞填土,顶进施工的涵洞,砌体坡面防护,涵洞总体等 |
| | 防护支挡工程(1~3km路段) | 砌体挡土墙,墙背填土,边坡锚固防护,土钉支护,砌体坡面防护,石笼防护,导流工程等 |
| | 大型挡土墙、组合挡土墙(每处) | 钢筋加工及安装,砌体挡土墙,悬臂式挡土墙,扶壁式挡土墙,锚杆、锚定板和加筋土挡土墙,墙背填土等 |

续上表

| 单位工程 | 分部工程 | 分项工程 |
|---|---|---|
| 路面工程(每10km或每标段) | 路面工程(1~3km路段) | 垫层、底基层、基层、面层、路缘石、路肩等 |
| 桥梁工程(每座或每合同段) | 基础及下部构造(1~3墩台) | 钢筋加工及安装,预应力筋加工和张拉,预应力管道压浆,混凝土扩大基础,钻孔灌注桩,挖孔桩,沉入桩,灌注桩桩底压浆,地下连续墙,沉井,沉井、钢围堰的混凝土封底,承台等大体积混凝土结构,砌体,混凝土墩、台,墩台身安装,支座垫石和挡块,拱桥组合桥台,台背填土等 |
| | 上部构造预制和安装(1~3跨) | 钢筋加工及安装,预应力筋加工和张拉,预应力管道压浆,预制安装梁、板,悬臂施工梁,顶推施工梁,转体施工梁,拱桥节段预制,拱的安装,转体施工拱,中下承式拱吊杆和柔性系杆,刚性系杆,钢梁制作,钢梁安装,钢梁防护等 |
| | 上部构造现场浇筑(1~3跨) | 钢筋加工及安装,预应力筋加工和张拉,预应力管道压浆,就地浇筑梁、板,悬臂施工梁,就地浇筑拱圈,劲性骨架混凝土拱,钢管混凝土拱,中下承式拱吊杆和柔性系杆,刚性系杆等 |
| 桥梁工程(每座或每合同段) | 桥面系、附属工程及桥梁总体 | 钢筋加工及安装,混凝土桥面板桥面防水层,钢桥面板上防水黏结层,混凝土桥面板桥面铺装,钢桥面板上沥青混凝土铺装,支座安装,伸缩装置安装,人行道铺设,栏杆安装,混凝土护栏,钢桥上钢栏杆安装,桥头搭板,混凝土小型构件预制,砌体坡面护坡,混凝土构件表面防护,桥梁总体等 |
| | 防护工程 | 砌体坡面护坡、护岸、导流工程等 |
| | 引道工程 | 见路基工程、路面工程的分项工程 |
| 隧道工程(每座或每合同段) | 总体及装饰装修(每座或每合同段) | 隧道总体、装饰装修工程 |
| | 洞口工程(每个洞口) | 洞口边仰坡防护、洞门和翼墙的浇(砌)筑、截水沟、洞口排水沟、明洞浇筑、明洞防水层、明洞回填 |
| | 洞身开挖(200延米) | 洞身开挖 |
| | 洞身衬砌(200延米) | 喷射混凝土、锚杆、钢筋网、钢架、仰拱、仰拱回填、衬砌钢筋、混凝土衬砌、超前锚杆、超前小导管、管棚 |
| | 防排水(200延米) | 防水层、止水带、排水 |
| | 路面(1~3km路段) | 基层、面层 |
| | 辅助通道(200延米) | 洞身开挖、喷射混凝土、锚杆、钢筋网、钢架、仰拱、仰拱回填、衬砌钢筋、混凝土衬砌、超前锚杆、超前小导管、管棚、防水层、止水带、排水 |

8. C
9. B
10. B
11. C     12. D     13. C     14. C     15. B

## 二、判断题

1. √
2. √
3. √

【解析】桥梁试验检测的意义:试验检测是施工控制的重要手段;可以完善设计理论和为施工工艺积累实践经验;是评价施工质量缺陷和鉴定工程事故的手段。

4. ×

【解析】公路工程质量检验和等级评定是依据《公路工程质量检验评定标准》进行,具体试验检测以《公路桥涵施工技术规范》为依据。

5. ×

【解析】桥涵质量等级评定的基础是分项工程。

6. ×

【解析】桥梁质量评定时,检查项目评定为不合格的项目,应进行整修或返工处理至合格。

7. ×

【解析】分项工程进行实测项目检查时应采用现场抽样的方法,按规定频率和计分方法对分项工程的施工质量直接进行检测计分。

8. ×

【解析】分项工程实测项目计分检查项目除按数理统计方法评定的项目外,均应按单点测定值是否符合标准要求进行评定,并按合格率计分。

9. ×

【解析】工程质量等级评定分为合格和不合格两个等级。

10. ×

【解析】分部工程和单位工程评分时,采用加权平均值计算法确定相应的评分值。

11. ×

【解析】桥梁分项工程质量评定时,应对所列基本要求进行逐项检查,经检查不符合规定时,不得进行工程质量评定。

12. ×

【解析】桥梁质量评定时,应对检查项目按规定的检查方法和频率进行随机抽样检查并计算合格率。

13. ×

【解析】桥梁隧道施工风险等级划分为四级。

14. ×

【解析】桥梁隧道施工风险等级达到Ⅲ级及以上时,应进行专项风险评估。

15. ×

【解析】桥梁隧道风险评估应选择相应的定性、定量及综合评估的风险评估方法。

## 三、多项选择题

1. ABC

【解析】混凝土强度抽样试验属于施工过程中的试验检测项目;桥梁荷载试验属于施工完成后的试验检测项目。

2. BCD

【解析】一般常规试验检测主要包括施工准备阶段的试验检测,施工过程中的试验检测,施工完成后的试验检测。半成品试验检测属于施工准备阶段的试验检测项目;桥梁荷载试验属于施工完成后的试验检测项目。

3. AB
4. ACDE

【解析】小桥属于分部工程。

5. ABCDE
6. CDE

【解析】质量检评标准按桥涵工程建设规模大小、结构部位和施工工序,将建设项目划分为单位工程、分部工程和分项工程。

7. ACD
8. ABCDE

【解析】施工质量保证资料包括:原材料检验结果,隐蔽工程施工记录,试验记录,桩基检测,事故处理有关资料。

9. ACD
10. ABCDE
11. AE

【解析】钢筋安装过程中,关键项目有受力钢筋间距、保护层厚度。

12. BD

【解析】钢丝、钢绞线先张法实测项目中,关键项目有张拉应力值、张拉伸长率。

13. AD

【解析】混凝土墩、台身实测项目中,关键项目有混凝土强度和轴线偏位。

14. AE

【解析】梁(板)预制实测项目中,关键项目有混凝土强度和断面尺寸。

15. ABD

【解析】就地浇筑梁(板)实测项目中,关键项目有混凝土强度、轴线偏位和断面尺寸。

16. AD    17. AC    18. ABE    19. DE    20. ABCE
21. ABCD
22. ABCD

# 第一篇 工程原材料、构件和制品检测

# 第一章 原材料试验检测

【主要知识点】

石料物理力学性能要求、单轴抗压强度试验方法及结果评定、抗冻性试验方法及结果评定;混凝土用原材料技术指标要求、力学性能试验方法及试验评定;钢筋(钢绞线)与桥梁用钢材的力学性能指标要求、力学性能试验方法及结果评定。

一、单项选择题(四个备选项中只有一个正确答案,每题1分)

1. 石料选用时,当结构所在地区一月份平均气温低于( )时,石料应进行冻融试验,抗冻性指标合格后方可使用。
   A. 0℃　　　　B. -5℃　　　　C. -10℃　　　　D. -15℃
2. 石料抗冻性指标是在含水饱和状态下经( )的冻结和融化的循环次数。
   A. -5℃　　　　B. -10℃　　　　C. -15℃　　　　D. -20℃
3. 石料应具有耐风化和抗侵蚀性,用于浸水或气候潮湿的地区受力结构的石料软化系数不应低于( )。
   A. 0.7　　　　B. 0.8　　　　C. 0.9　　　　D. 0.95
4. 大、中桥梁用于结构表面的石料抗冻性试验,要求冻融循环次数为( )。
   A. 20　　　　B. 30　　　　C. 40　　　　D. 50
5. 小桥及涵洞用于结构表面的石料抗冻性试验,要求冻融循环次数为( )。
   A. 15　　　　B. 25　　　　C. 35　　　　D. 45
6. 石料单轴抗压强度试验用试件为( )立方体。
   A. 100mm×100mm×100mm　　　　B. 150mm×150mm×150mm
   C. 200mm×200mm×200mm　　　　D. 70mm×70mm×70mm
7. 石料的单轴抗压强度试验用试件个数为( )个。
   A. 3　　　　B. 6　　　　C. 9　　　　D. 12
8. 石料单轴抗压强度试验时,试件破坏荷载应在压力试验机的( )量程范围。
   A. 5%~95%　　　　B. 10%~90%　　　　C. 10%~80%　　　　D. 20%~80%

9. 制作石料单轴抗压强度试验试件时,试件端面的平面度公差应不小于( ),垂直度偏差不应超过( )。

　　A.0.01mm,0.1°　　B.0.01mm,0.15°　　C.0.05mm,0.15°　　D.0.05mm,0.25°

10. 位于地下水位以下的桥梁基础砌筑用石料,进行单轴抗压强度试验时,试件应处于( )状态。

　　A.烘干状态　　B.天然状态　　C.饱和状态　　D.冰冻状态

11. 用于砌筑无水状态的桥梁墩台身用石料,进行单轴抗压强度试验时,试件应处于( )状态。

　　A.烘干状态　　B.天然状态　　C.饱和状态　　D.冰冻状态

12. 石料单轴抗压强度试验加压速率应保持在( )。

　　A.0.05~0.1MPa/s　　　　　　B.0.5~1.0MPa/s
　　C.1~2MPa/s　　　　　　　　D.5~10MPa/s

13. 某石料烘干状态下单轴抗压强度为35MPa,吸水饱和状态下单轴抗压强度为30MPa,自然状态下单轴抗压强度为32MPa,则该石料软化系数为( )。

　　A.30/35　　B.32/35　　C.35/32　　D.30/32

14. 石料抗冻性试验要求冻融后的质量损失率不大于( )。

　　A.1%　　B.2%　　C.4%　　D.5%

15. 石料抗冻性试验要求耐冻系数大于( )。

　　A.50%　　B.70%　　C.75%　　D.90%

16. 石料抗冻性试验需要制作试件( )个。

　　A.3　　B.4　　C.5　　D.6

17. 某石料经25次冻融循环后试件饱水抗压强度为40MPa,未经冻融循环的试件饱水抗压强度为45MPa,天然状态的试件抗压强度为43MPa,则该石料的冻融系数为( )。

　　A.40/45　　B.43/45　　C.45/40　　D.45/43

18. 砌筑砌体用砂浆宜采用机械拌和,拌和时间宜为( )。

　　A.1~2min　　B.2~3min　　C.3~5min　　D.5~10min

19. 配制混凝土采用碱活性集料时,宜选用含碱量不大于( )的低碱水泥。

　　A.0.1%　　B.0.3%　　C.0.5%　　D.0.6%

20. 配制混凝土有抗冻、抗渗要求时,宜选用( )。

　　A.Ⅰ类砂　　B.Ⅱ类砂　　C.Ⅲ类砂　　D.Ⅳ类砂

21. 砂的细度模数为2.5,则该砂属于( )。

　　A.粗砂　　B.中砂　　C.细砂　　D.超细砂

22. 配制混凝土用粗集料,其抗压强度与混凝土强度等级之比应不小于( )。

　　A.1.05　　B.1.2　　C.1.5　　D.2.0

23. 桥梁结构处于严寒地区,经常处于干湿交替状态,则要求配制混凝土用粗集料在硫酸钠溶液中循环5次后的质量损失满足( )。

　　A.<3%　　B.<5%　　C.<10%　　D.<12%

24. 混凝土抗压强度试验标准试件为( )。

A. 100mm×100mm×100mm 立方体　　　B. 150mm×150mm×150mm 立方体
C. 200mm×200mm×200mm 立方体　　　D. 100mm×200mm 圆柱体

25. 混凝土试件相邻面间的夹角公差不得超过(　　)。
　　A. 0.1°　　　　B. 0.5°　　　　C. 1°　　　　D. 2°

26. 混凝土试件尺寸公差不得超过(　　)。
　　A. 0.1mm　　　B. 0.5mm　　　C. 1mm　　　D. 2mm

27. 制作混凝土试件的试模,至少每(　　)检查 1 次。
　　A. 1 个月　　　B. 2 个月　　　C. 3 个月　　　D. 6 个月

28. 制作普通混凝土力学性能试验每组试件所用拌合物应从同一盘混凝土或同一车混凝土中取样,拌合物总量至少比所需量多(　　)。
　　A. 5%　　　　B. 10%　　　　C. 15%　　　　D. 20%

29. 室内拌制混凝土时,水泥、掺合料、水、外加剂的称量精度为(　　)。
　　A. ±0.5%　　B. ±1.0%　　C. ±1.5%　　D. ±2.0%

30. 室内拌制混凝土时,集料的称量精度为(　　)。
　　A. ±0.5%　　B. ±1.0%　　C. ±1.5%　　D. ±2.0%

31. 混凝土坍落度介于(　　)时宜采用标准振动台振实试件。
　　A. 0~25mm　　B. 25~50mm　　C. 25~70mm　　D. >70mm

32. 混凝土试件标准养护温度为(　　)。
　　A. 20℃±2℃　　B. 20℃±3℃　　C. 25℃±2℃　　D. 23℃±2℃

33. 混凝土试件标准养护湿度为(　　)。
　　A. 80%以上　　B. 85%以上　　C. 90%以上　　D. 95%以上

34. 混凝土试件标准养护龄期为(　　)。
　　A. 7d　　　　B. 14d　　　　C. 28d　　　　D. 60d

35. 混凝土强度等级大于 C30、小于 C60 时,抗压强度试验加载速度应控制在(　　)。
　　A. 0.3~0.5MPa/s　　　　B. 0.5~0.8MPa/s
　　C. 0.8~1.0MPa/s　　　　D. >1.0MPa/s

36. 混凝土抗压强度试验用压力机测量精度为(　　)。
　　A. ±0.5%　　B. ±1.0%　　C. ±2.0%　　D. ±5%

37. 混凝土抗压强度试验用压力机鉴定周期为(　　)。
　　A. 3 个月　　　B. 6 个月　　　C. 1 年　　　D. 2 年

38. 混凝土强度等级小于 C30 时,抗压强度试验加载速率应为(　　)。
　　A. 0.1~0.5MPa/s　B. 0.3~0.5MPa/s　C. 0.5~0.8MPa/s　D. 0.5~1.0MPa/s

39. 某组混凝土试件测得 3 个试件的抗压强度为 35MPa、37MPa、45MPa,则该组试件的强度为(　　)。
　　A. 35MPa　　　B. 37MPa　　　C. 39MPa　　　D. 无效

40. 混凝土棱柱体抗压弹性模量试验需制作(　　)个试件。
　　A. 3　　　　B. 6　　　　C. 9　　　　D. 12

41. 混凝土棱柱体抗压弹性模量试验,最大加载值为(　　)。

A.1/5 轴心抗压强度 B.1/4 轴心抗压强度
C.1/3 轴心抗压强度 D.1/2 轴心抗压强度

42. 混凝土抗弯拉强度试验采用( )。
    A. 跨中单点加载 B. 支点处单点加载
    C. 三分点处双点加载 D. 四分点处双点加载

43. 混凝土强度等级大于或等于 C60 时,抗弯拉强度试验加载速率应为( )。
    A.0.02~0.05MPa/s B.0.05~0.08MPa/s
    C.0.08~0.10MPa/s D.>0.10MPa/s

44. 作为评定结构或构件混凝土强度质量的抗压试块,应在( )制作。
    A. 施工现场 B. 浇筑点 C. 试验室 D. 拌和站

45. 混凝土试件的最小尺寸应根据( )而定。
    A. 混凝土用量 B. 混凝土强度等级
    C. 集料最大粒径 D. 施工方法

46. 混凝土抗冻性能试验是测定以一定试验条件下混凝土试件所能经受的( )为指标的抗冻等级。
    A. 冷冻时间 B. 耐低温度数 C. 冻融循环次数 D. 耐融温度数

47. 普通混凝土必试项目有( )。
    A. 坍落度试验和抗压强度试验
    B. 坍落度试验、抗压强度试验及抗拉强度试验
    C. 坍落度试验及抗拉强度试验
    D. 抗压强度试验

48. 普通混凝土力学性能试验设备的试模组装后,连接面缝隙不得大于( )。
    A.0.1mm B.0.1mm C.0.3mm D.0.4mm

49. 混凝土试块标准养护条件应为( )。
    A. 温度20℃±3℃,相对湿度>90% B. 温度23℃±5℃,相对湿度>95%
    C. 温度20℃±5℃,相对湿度>95% D. 温度20℃±2℃,相对湿度>95%

50. 100mm 立方体试件尺寸修正系数为( )。
    A.1.05 B.1.0 C.0.95 D.0.90

51. 在试验室拌制混凝土时,其材料用量应以( )计。
    A. 体积 B. 质量 C. 重度 D. 密度

52. 对于一般桥涵,要求混凝土总碱量不宜大于( )。
    A.1kg/m³ B.1.8kg/m³ C.3kg/m³ D.5kg/m³

53. 对于特大桥、大桥和重要小桥,要求混凝土总碱量不宜大于( )。
    A.1kg/m³ B.2kg/m³ C.1.8kg/m³ D.3kg/m³

54. 混凝土现场拌制时,水泥用量允许偏差为( )。
    A.0.5% B.1% C.1.5% D.2%

55. 混凝土现场拌制时,粗细集料用量允许偏差为( )。
    A.0.5% B.1% C.1.5% D.2%

56. 混凝土现场拌制时,拌和用水用量允许偏差为( )。
   A. 0.5%　　　　B. 1%　　　　C. 1.5%　　　　D. 2%

57. 大体积混凝土进行配合比设计及质量评定时,可按( )龄期的抗压强度进行控制。
   A. 14d　　　　B. 28d　　　　C. 60d　　　　D. 90d

58. 对有抗渗性要求的混凝土,其胶凝材料总量不宜小于( )。
   A. 300kg/m³　　B. 320kg/m³　　C. 340kg/m³　　D. 360kg/m³

59. 高强混凝土胶凝材料总量不宜大于( )。
   A. 450kg/m³　　B. 500kg/m³　　C. 550kg/m³　　D. 600kg/m³

60. 高强混凝土水泥用量不宜大于( )。
   A. 400kg/m³　　B. 450kg/m³　　C. 500kg/m³　　D. 550kg/m³

61. 连续浇筑大体积混凝土每200m³或每一工作班应制取混凝土试件不少于( )。
   A. 1 组　　　　B. 2 组　　　　C. 3 组　　　　D. 4 组

62. 后张法预应力筋张拉时,要求混凝土弹性模量应不低于28d弹性模量的( )。
   A. 75%　　　　B. 80%　　　　C. 90%　　　　D. 100%

63. 后张法预应力混凝土构件,孔道压浆材料中氯离子含量不应超过胶凝材料的( )。
   A. 0.05%　　　B. 0.06%　　　C. 1.0%　　　　D. 1.2%

64. 后张法预应力混凝土构件,孔道压浆材料比表面积应大于( )。
   A. 300m²/kg　　B. 350m²/kg　　C. 400m²/kg　　D. 450m²/kg

65. 后张法预应力混凝土构件,孔道压浆材料三氧化硫含量不应超过( )。
   A. 2%　　　　B. 4%　　　　C. 6%　　　　D. 8%

66. 后张法预应力混凝土构件,孔道压浆材料24h自由泌水率为( )。
   A. 0%　　　　B. 1%　　　　C. 2%　　　　D. 4%

67. 后张法预应力混凝土构件,孔道压浆材料压力泌水率为( )。
   A. ≤1%　　　　B. 2%　　　　C. 3%　　　　D. 4%

68. 后张法预应力混凝土构件,孔道压浆浆液水胶比应控制在( )。
   A. 0.20~0.25　B. 0.26~0.28　C. 0.28~0.30　D. 0.35~0.45

69. 钻孔灌注桩水下混凝土拌合物,当桩孔直径小于1.5m时,其坍落度为( )。
   A. 160~200mm　B. 160~180mm　C. 180~200mm　D. 180~220mm

70. 钻孔灌注桩水下混凝土拌合物,当桩孔直径大于或等于1.5m时,其坍落度为( )。
   A. 160~200mm　B. 160~180mm　C. 180~200mm　D. 180~220mm

71. 钢材主要力学指标是( )。
   A. 强度　　　　B. 塑性　　　　C. 冷弯性能　　D. 硬度

72. 反映钢材受力变形的性能指标是( )。
   A. 强度　　　　B. 塑性　　　　C. 冷弯性能　　D. 硬度

73. 反映钢材弯曲性能的指标是( )。
   A. 强度　　　　B. 塑性　　　　C. 冷弯性能　　D. 硬度

74. 反映钢材承受反复应力作用的指标是( )。
   A. 强度　　　　B. 塑性　　　　C. 冷弯性能　　D. 耐疲劳性

75. 中碳钢和高碳钢取残余变形( )的应力作为屈服强度。
    A.0.2%　　　　B.0.5%　　　　C.1%　　　　D.2%

76. 钢筋拉力试验中,当强度和伸长率有一个指标不符合标准时,应重新取( )倍试件重新试验。
    A.2　　　　B.3　　　　C.4　　　　D.5

77. 钢筋分批验收时,每批的质量不宜大于( );超过规定后,每增加40t应增加一个拉伸和一个弯曲试验试样。
    A.20t　　　　B.40t　　　　C.60t　　　　D.80t

78. 采用冷拉方法调直钢筋时,HPB325级钢筋的冷拉率不宜大于( )。
    A.1%　　　　B.2%　　　　C.3%　　　　D.5%

79. 预应力混凝土用精轧螺纹钢筋验收时,每批钢筋的质量不得大于( )。
    A.20t　　　　B.30t　　　　C.60t　　　　D.100t

80. 预应力混凝土用高强钢丝验收时,每批钢筋的质量不得大于( )。
    A.20t　　　　B.30t　　　　C.60t　　　　D.100t

81. 预应力混凝土用钢绞线验收时,每批钢筋的质量不得大于( )。
    A.20t　　　　B.30t　　　　C.60t　　　　D.100t

82. 钢绞线应力松弛性能试验要求环境温度应始终保持在( )。
    A.20℃±2℃　　B.25℃±2℃　　C.30℃±2℃　　D.15℃±2℃

83. 钢绞线应力松弛性能试验中,试验标距长度不小于公称直径的( )倍。
    A.10　　　　B.20　　　　C.30　　　　D.60

84. 钢绞线应力松弛性能试验允许至少用( )的测试数据推算1000h的松弛率值。
    A.10h　　　　B.24h　　　　C.48h　　　　D.100h

85. 钢筋的焊接,应优先选用( )。
    A.电弧焊　　B.压力焊　　C.气压焊　　D.闪光对焊

86. 钢筋闪光对焊接头,接头的验收每批不超过( )。
    A.100t　　　B.200t　　　C.250t　　　D.300t

87. 钢筋接头力学性能试验中,拉伸试验和弯曲试验的试件个数分别为( )个。
    A.3,2　　　　B.3,3　　　　C.2,3　　　　D.2,2

88. 钢筋接头拉伸试验要求至少有( )个试件断于焊缝之外。
    A.0　　　　B.1　　　　C.2　　　　D.3

89. 钢筋电弧焊接头的验收每批不超过( )个。
    A.100　　　　B.200　　　　C.250　　　　D.300

90. 钢筋接头拉伸试验要求( )个试件强度不得低于该级别钢筋规定抗拉强度值。
    A.0　　　　B.1　　　　C.2　　　　D.3

91. 钢筋接头采用搭接焊或绑条焊时,单面焊和双面焊焊缝的长度应分别满足( )。
    A.10$d$,5$d$　　B.10$d$,10$d$　　C.5$d$,10$d$　　D.10$d$,20$d$

92. 钢筋拉伸试验一般在室温( )范围内进行,对温度要求严格的试验,试验温度应为23℃±5℃。

A. 15℃±5℃　　　　B. 0~15℃　　　　C. 5~25℃　　　　D. 10~35℃

93. 钢筋经冷拉后,其屈服点( ),塑性和韧性( )。
　　A. 升高,降低　　B. 降低,降低　　C. 升高,升高　　D. 降低,升高

94. 在进行钢筋拉伸试验时,所用万能试验机测力计示值误差不大于极限荷载的( )。
　　A. ±5%　　　　B. ±2%　　　　C. ±1%　　　　D. ±3%

95. 钢材拉伸试验试件的伸长率为试样拉断后其标距部分增加长度与( )的百分比。
　　A. 增加长度　　B. 规定长度　　C. 原标距长度　　D. 5倍钢筋直径长度

96. φ20mm 钢筋抗拉试验时,标距 $L_0$ =200mm,拉伸后 $L'$ =240mm,则延伸率为( )。
　　A. 15%　　　　B. 20%　　　　C. 25%　　　　D. 30%

97. 钢筋混凝土非预应力钢筋拉伸试件截取长度一般大于( )。
　　A. 5d+150mm　　B. 10d+150mm　　C. 5d+200mm　　D. 10d+200mm

98. 钢筋混凝土非预应力钢筋弯曲试件截取长度一般大于( )。
　　A. 5d+150mm　　B. 10d+150mm　　C. 5d+200mm　　D. 10d+200mm

99. 钢材冷弯性能试验中,同一品种的钢材对弯曲角度的要求( )。
　　A. 都是90°　　B. 都是180°　　C. 要求一样　　D. 与钢筋直径有关

100. 在热轧钢筋的冷弯试验中,弯心直径与钢筋直径之比( ),弯心角度与钢筋直径( )。
　　A. 不变,无关　　B. 变化,有关　　C. 变化,无关　　D. 不变,有关

101. 每批热轧带肋钢筋拉伸试验和冷弯试验的试件数量分别为( )。
　　A. 1和2　　　　B. 2和2　　　　C. 2和1　　　　D. 1和1

102. 测定钢绞线规定非比例延伸力时,预加负荷为规定非比例延伸力的( )。
　　A. 5%　　　　　B. 10%　　　　C. 15%　　　　D. 20%

103. 钢筋焊接前必须根据施工条件进行试焊,按不同的焊接方法至少抽取每组( )个试样进行基本力学性能检验,合格后方可正式施焊。
　　A. 1　　　　　B. 2　　　　　C. 3　　　　　D. 5

104. 预应力混凝土用螺纹钢筋,应力松弛试验初始应力取0.7倍公称屈服强度,要求实测1000h后应力松弛率不大于( )。
　　A. 2.5%　　　　B. 3.0%　　　　C. 4.0%　　　　D. 4.5%

105. 预应力混凝土用螺纹钢筋,应力松弛试验允许用至少( )的测试数据代替1000h的松弛值。
　　A. 80h　　　　B. 100h　　　　C. 120h　　　　D. 150h

106. 桥梁用结构钢试验检测项目主要包括拉伸试验、弯曲性能试验和( )。
　　A. 焊接试验　　B. 疲劳试验　　C. 脆性试验　　D. 冲击试验

107. 钢筋机械连接接头应对每种类型、规格、级别、材料等应进行型式检验,型式检验试件数量不应少于( )。
　　A. 3　　　　　B. 6　　　　　C. 9　　　　　D. 12

108. 钢筋工程正式作业前,应对不同钢筋生产厂家的进场钢筋进行接头工艺试验,每种规格钢筋接头试件不应少于( )。

A.1　　　　　B.2　　　　　C.3　　　　　D.6

109. 评定混凝土的抗压强度,应以标准养护(　　)龄期的试件为准。
　　　A.7d　　　　B.14d　　　　C.28d　　　　D.90d

110. 连续浇筑大体积混凝土结构时,每80~200m³或每一工作班应制取(　　)试件。
　　　A.1组　　　　B.2组　　　　C.3组　　　　D.4组

111. 桥梁上部构件,主要构件长16m以下时应制取(　　)试件。
　　　A.1组　　　　B.2组　　　　C.3组　　　　D.4组

112. 桥梁上部构件,主要构件长度为16~30m时应制取(　　)试件。
　　　A.1组　　　　B.2组　　　　C.3组　　　　D.4组

113. 钻孔灌注桩桩长在20m以上,至少应制取(　　)试件。
　　　A.1组　　　　B.2组　　　　C.3组　　　　D.4组

114. 混凝土进行试配和质量检测时,其抗压强度应以150mm的立方体标准试件测定,且应取其保证率为(　　)。
　　　A.85%　　　　B.90%　　　　C.95%　　　　D.100%

115. 散装水泥进场时应以每(　　)作为验收批。
　　　A.100t　　　　B.200t　　　　C.300t　　　　D.500t

116. 工程中当对水泥质量有怀疑或受潮或存放时间超过(　　)月时,应重新取样复验,并应按其复验结果使用。
　　　A.1个　　　　B.2个　　　　C.3个　　　　D.6个

117. 工程中当对水泥质量有怀疑或受潮或存放时间超过(　　)月时,应重新取样复验,并应按其复验结果使用。
　　　A.1个　　　　B.2个　　　　C.3个　　　　D.6个

118. 配制混凝土时,各种外加剂中的氯离子总含量宜不大于混凝土中胶凝材料总质量的(　　)。
　　　A.0.01%　　　B.0.02%　　　C.0.3%　　　　D.0.6%

119. 大体积混凝土施工时进行温度控制,应使其内部最高温度不高于75℃,内表温差不大于(　　),混凝土表面与大气温差不大于20℃。
　　　A.10℃　　　　B.15℃　　　　C.20℃　　　　D.25℃

120. 高强度混凝土水泥用量宜不大于(　　),胶凝材料总量宜不大于600kg/m³。
　　　A.350kg/m³　　B.400kg/m³　　C.450kg/m³　　D.500kg/m³

## 二、判断题(正确的划"√",错误的划"×",请填在题后的括号里,每题1分)

1. 各类桥涵用石料均应进行抗冻性试验。　　　　　　　　　　　　　　　(　　)
2. 石料的抗冻性能试验应在干燥状态下进行。　　　　　　　　　　　　　(　　)
3. 石料抗压试验要求破坏荷载应控制在压力机量程的20%~80%。　　　　(　　)
4. 石料进行抗压试验,球面底座应在试件的下端面直接加压。　　　　　　(　　)
5. 石料的抗压强度试验可根据需要选择不同含水状态进行。　　　　　　　(　　)
6. 石料的弹性模量为轴向应变与径向应力之比。　　　　　　　　　　　　(　　)

7. 石料抗冻性试验需分别测定冻融和未经冻融的试件抗压强度。（　　）
8. 混凝土试件在一般情况下,应使用立方体或棱柱体的标准试件。（　　）
9. 混凝土试件承压面平面度公差主要是靠试模内表面的平面度来控制。（　　）
10. 混凝土试件相邻面夹角公差靠试模相邻面夹角控制。（　　）
11. 要保证混凝土试件的形位公差符合要求,不但应采用符合标准要求的试模来制作试件,而且必须高度重视对试模的安装。（　　）
12. 混凝土试件制作前,应在试模内表面涂一薄层矿物油或脱模剂。（　　）
13. 混凝土试件的制作应从不同盘混凝土拌合物中制取。（　　）
14. 混凝土试件制作应在拌和后尽量短的时间内成型,一般不超过30min。（　　）
15. 采用人工振捣成型制作混凝土试件时,混凝土拌合物应分为3次装入模内,每层厚大致相等。（　　）
16. 混凝土试件成型时,人工振捣应从中心向四周边缘均匀进行。（　　）
17. 采用标准养护的混凝土试件,应在温度20℃±5℃的环境中静置1~2昼夜,拆模后立即放入标准养护室进行养护。（　　）
18. 混凝土试件加压时,试件的承压面与成型时的侧面垂直。（　　）
19. 混凝土弹性模量按3个试件测值的算术平均值计算,当由1个试件的轴心抗压强度超过检验控制荷载的轴心抗压强度值的20%时,试验结果无效。（　　）
20. 混凝土进行抗折强度试验时,混凝土试件在长向中部1/3区段内不得有表面直径超过5mm,深度超过2mm的孔洞。（　　）
21. 混凝土抗折强度试验,若3个试件中有1个折断面位于两个集中荷载之外,则混凝土抗折强度值按另两个试件的试验结果计算。（　　）
22. 钢筋的强度指标包括屈服强度、抗拉强度和屈强比。（　　）
23. 所有钢筋均具有明显的屈服点。（　　）
24. 钢筋的屈强比越大,结构可靠性越高,钢材的利用率越高。（　　）
25. 钢筋的伸长率是拉断后标距的长度与原标准长度差值的百分率。（　　）
26. 反映钢筋承受反复应力作用能力的指标是冷弯性能。（　　）
27. 钢材的冲击韧性是钢材在冲击荷载作用下断裂时吸收能量的能力。（　　）
28. 钢筋外表有严重锈蚀、麻坑、裂纹、结疤、折叠、夹砂和断层等缺陷时,应予以剔除,不得使用。（　　）
29. 钢筋的规定非比例伸长应力值应不小于公称抗拉强度的80%。（　　）
30. 钢筋应按同一生产厂家、同一直径进行分批检查和验收。（　　）
31. 钢筋截取试件时,应从任意两根(两盘)中分别切取,每根钢筋上切取一个拉伸试件,一个冷弯试件。（　　）
32. 中碳钢和高碳钢可以直接测得其屈服强度。（　　）
33. 钢筋的冷弯试验,不仅能检查钢筋冷加工性能和显示钢筋内部缺陷,同时也是考查钢筋在复杂应力状态下发展塑性变形能力的一项指标。（　　）
34. 钢筋弯曲试验从起始位置向右弯曲90°后返回原起始位置;再由起始位置向左弯曲90°后返回原起始位置,此时作为第一次弯曲。（　　）

35. 钢筋的屈服强度、抗拉强度和伸长率要求至少有两项符合标准规定的指标。（   ）
36. 钢筋冷弯试验后,弯曲外侧表面无裂纹、断裂和起层,即判为合格。（   ）
37. 钢筋机械连接宜采用镦粗直螺纹、滚压直螺纹或挤压连接接头。（   ）
38. 钢筋机械连接接头的选用等级分为二级。（   ）
39. 精轧粗螺纹钢筋表面不得有横向裂纹、结疤、机械损伤和缺陷。（   ）
40. 钢绞线表面不得有润滑剂、油渍和轻微浮锈。（   ）
41. 高强钢丝检验时,应先从每批中抽查5%,但不少于5盘,进行外观检查,如检查不合格,则该批钢丝逐盘检查。（   ）
42. 钢绞线每批少于3盘时应逐盘进行表面质量和力学性能试验。（   ）
43. 应力松弛是预应力筋在恒定长度下应力随时间而增长的现象。（   ）
44. 钢筋闪光对焊接头外观检查每批抽查10%,并不得少于10个。（   ）
45. 螺丝端杆接头若有一个接头不符合要求时,应对全部接头进行检查,剔除不合格品。（   ）
46. 钢筋拉伸试验和弯曲试验,若有1个试件强度小于规定值,或有2个试件在焊缝区产生脆断,应取6个试件进行复检。（   ）
47. 钢筋接头复检时,仍有1个试件的抗拉强度小于规定值,或有3个试件断于焊缝区,则该批接头不合格。（   ）
48. 钢筋电弧焊接头3个拉伸试件,要求强度均不低于规定值,且至少有2个试件是塑性断裂,3个试件均断于焊缝之外。（   ）
49. 钢筋焊接前必须根据施工条件进行试焊,按不同的焊接方法至少抽取每组3个试件进行力学性能试验,合格后方可正式焊接。（   ）
50. 对于直接承受动力荷载的结构,机械连接钢的接头应满足设计要求的抗疲劳性能。（   ）
51. 石料的单轴抗压强度试验时,对试样的加工精度无要求。（   ）
52. 同条件养护试件的拆模时间可与实际构件的拆模时间相同,拆模后试件仍需保持同条件养护。（   ）
53. 混凝土制作抗压试件规格为集料最大粒径应不大于试件最小边长的1/3。（   ）
54. 混凝土立方体的抗压强度试验目的是检验混凝土的强度是否达到其强度等级,并为控制施工质量提供依据。（   ）
55. 粗集料粒径对混凝土试块强度无影响。（   ）
56. 混凝土抗压强度试验在试验过程中应连续均匀地加荷。（   ）
57. 屈强比越小,结构可靠性越高,即延缓结构损伤程度的潜力越大,但比值太小,则钢材利用率太低。（   ）
58. 钢筋强度标准值是根据屈服强度确定的。（   ）
59. 抗拉强度为试样拉断前的最大负荷所对应的应力。（   ）
60. 钢材在拉伸试验中,试样卸荷后立即恢复原形叫塑性变形。（   ）
61. 金属材料受外力作用时,产生的塑性变形程度越大,则塑性越好。（   ）
62. 钢筋牌号HRB335中335指钢筋的极限强度。（   ）

63. 热处理钢筋由热轧螺纹钢筋经淬火和回火的调质处理而成,经热处理后改变了钢筋内部组织结构,其性能得到改善。（　　）
64. 对于钢筋电弧焊接头,外观检查不合格的,经修整或补强后,可再次提交二次验收。（　　）
65. 对于钢筋闪光对焊接头,外观检查不合格的,应切除重焊,可再次提交验收。（　　）
66. 电渣压力焊只适用于竖向钢筋的连接,不能用作水平钢筋和斜筋的连接。（　　）
67. 当用钢筋牌号是 HRB335 的材料进行帮条焊和搭接焊,可用 E4303 焊条进行焊接。（　　）
68. 水泥混凝土粗集料最大粒径采用连续级配,不宜采用单粒级配或间断级配配制。（　　）
69. 水泥混凝土粗集料最大粒径宜按混凝土结构情况选用。（　　）
70. 可饮用水即可直接作为混凝土拌和与养护用水。（　　）
71. 公路桥涵工程使用的外加剂,与水泥、矿物掺合料之间应具有良好的相容性。（　　）
72. 混凝土外加剂的品种和掺量应根据使用要求、施工条件通过试验确定。（　　）
73. 混凝土掺用膨胀剂,宜按不同结构和温度可适当缩短养护时间。（　　）
74. 混凝土的坍落度和工作性能宜根据结构情况和施工工艺来确定。（　　）
75. 混凝土在满足工艺要求的前提下,宜采用大坍落度的混凝土施工。（　　）
76. 在配筋混凝土结构中,均不得掺用氯化钙、氯化钠等氯盐。（　　）
77. 混凝土外加剂宜以稀释溶液加入,其稀释用水和外加剂所含水量应从拌和加水量中加以扣除。（　　）
78. 混凝土拌合物的坍落度及其损失,宜在拌和地点和浇筑地点分别取样检测,评定时应以拌和地点的测值为准。（　　）
79. 大体积混凝土宜选用低水化热和凝结时间短的水泥品种。（　　）
80. 大体积混凝土宜采用早强剂、减水剂。（　　）
81. 高强度混凝土宜选用强度等级不低于 52.5 级的立窑水泥。（　　）
82. 石料抗压强度随含水率的增大而降低。（　　）
83. 石料软化性是指含水状态对石料强度的影响。（　　）
84. 石料有显著层理时,应分别沿平行和垂直层理方向各制取 3 个试件进行抗压强度试验。（　　）
85. 石料软化系数取 3 个试件试验结果算数平均值,且 3 个值中最大值与最小值之差不应超过平均值的 15%。（　　）
86. 配制混凝土用细集料可直接采用河沙、人工砂和海砂。（　　）
87. Ⅰ区砂宜优先选用配制不同强度等级的混凝土。（　　）
88. Ⅰ类碎石宜用于强度等级大于 C60 的混凝土。（　　）
89. 桥梁结构物混凝土粗集料严禁采用单粒级配或间断级配。（　　）
90. 应力松弛是钢材在规定的温度和规定的约束条件下,应力随时间而减小的现象。在预应力混凝土结构中,应力松弛会引起有效预应力的增大。（　　）
91. 细集料宜采用级配良好、质地坚硬、颗粒洁净的河砂;当河砂不易得到时,可采用符合

规定的其他天然砂;细集料不得采用海砂。 ( )
92. 粗集料宜采用质地坚硬、洁净、级配合理、粒形良好的碎石或卵石。 ( )
93. 有抗冻、抗渗要求的混凝土用硫酸钠法进行粗集料坚固性试验不合格时,可再进行直接冻融试验。 ( )
94. 混凝土用粗集料宜根据混凝土最大粒径采用连续两级配或连续多级配。 ( )
95. 混凝土拌和用水不应有漂浮明显的油脂和泡沫,且不应有明显的颜色和异味;严禁采用海水拌制和养护混凝土。 ( )
96. 混凝土试配时应采用施工实际使用的材料,配制的混凝土拌合物应满足施工和易性要求。 ( )
97. 在钢筋混凝土和预应力混凝土中,均不得掺用氯化钙、氯化钠等氯盐。 ( )
98. 实体结构混凝土耐久性具体指标是密实性。 ( )
99. 混凝土用减水剂宜采用聚羧酸类减水剂。 ( )
100. 钢筋加工调直时,HPB300 钢筋的冷拉率宜不大于1%。 ( )

三、多项选择题(每题所列的备选项中,有2个或2个以上正确答案,选项全部正确得满分,选项部分正确按比例得分,出现错误选项本题不得分,每题2分)

1. 石料应符合设计规定的( )。
   A. 类别   B. 强度   C. 无风化   D. 无裂痕
   E. 质地均匀

2. 石料力学性能试验包括( )。
   A. 单轴抗压强度   B. 单轴压缩变形   C. 抗折强度   D. 劈裂强度
   E. 抗冻性

3. 石料抗冻性评价指标包括( )。
   A. 强度变化   B. 弹性模量变化   C. 质量变化   D. 外观变化
   E. 内部结构变化

4. 普通混凝土力学性能试验指标包括( )。
   A. 抗压强度   B. 轴心抗压强度   C. 受压弹性模量   D. 劈裂抗压强度
   E. 抗折强度

5. 混凝土强度试验所需设备包括( )。
   A. 试模   B. 振动台   C. 压力试验机   D. 钢垫板
   E. 捣棒及测量尺

6. 混凝土收缩易引起混凝土构件( )。
   A. 剥落   B. 产生裂缝   C. 降低强度   D. 降低耐久性
   E. 产生应力损失

7. 混凝土的徐变变形包括( )。
   A. 弹性变形   B. 残余变形   C. 瞬时恢复变形   D. 徐变恢复变形
   E. 压缩变形

8. 钢材的主要力学性能包括( )。

A. 强度   B. 塑性   C. 冷弯性能   D. 硬度
E. 韧性

9. 钢筋拉伸试验过程中下列情况下,无效的结果是( )。
  A. 设备发生故障      B. 记录有误
  C. 试件断在标距之外    D. 脆断
  E. 操作不当影响结果

10. 钢绞线力学性能检测指标包括( )。
  A. 公称直径   B. 最大拉力   C. 总伸长率   D. 可焊性
  E. 应力松弛率

11. 光圆钢筋力学性能检测指标包括( )。
  A. 屈服强度   B. 抗拉强度   C. 伸长率   D. 冷弯性能
  E. 反向弯曲性能

12. 钢筋闪光对焊接头力学性能试验包括( )。
  A. 强度   B. 冷弯性能   C. 韧性   D. 硬度
  E. 塑性

13. 电弧焊接头尺寸偏差检测项目包括( )。
  A. 纵向偏移   B. 弯折   C. 焊缝厚度   D. 焊缝宽度
  E. 焊缝长度

14. 桥涵工程中所用石料的外观要求为( )。
  A. 石质应均匀   B. 不易风化   C. 无裂缝   D. 外形方正
  E. 外形扁平

15. 钢材在拉伸试验中影响屈服点的因素有( )。
  A. 环境   B. 温度   C. 湿度   D. 变形速度
  E. 加荷速度

16. 非预应力钢筋应按批检查和验收,每批应由( )组成。
  A. 同一牌号   B. 同一外形   C. 同一交货状态   D. 同一生产工艺
  E. 同一规格

17. 下列( )需作反向或反复冷弯试验。
  A. 热轧光圆钢筋   B. 钢绞线   C. 冷轧带肋钢筋   D. 热轧带肋钢筋
  E. 低碳热轧圆盘条

18. 钢筋外表有( )、麻坑等缺陷时应予剔除,不得使用。
  A. 严重锈蚀   B. 裂纹   C. 折叠   D. 夹层
  E. 浮锈

19. 钢筋机械连接接头的检测项目有( )。
  A. 静力单向拉伸性能      B. 高应力反复拉压
  C. 大变形反复拉压      D. 抗疲劳
  E. 耐低温

20. 钢筋闪光对焊接头应进行( )。

A. 外观检查 B. 探伤检查 C. 拉伸试验 D. 冷弯试验
E. 松弛检测

21. 钢结构构件焊接质量检验分为( )三个阶段。
A. 焊接前检验 B. 焊接过程中检测
C. 焊缝无损伤检验 D. 焊后成品检验
E. 松弛检测

22. 目前桥梁用预应力钢材为( )。
A. 钢丝 B. 钢绞线 C. 螺纹钢筋 D. 冷拉钢筋
E. 热处理钢筋

23. 水泥进场时对其性能检测的项目包括( )。
A. 重度 B. 强度 C. 细度 D. 安定性
E. 凝结时间

24. 水泥混凝土细集料检验内容包括( )。
A. 外观 B. 筛分 C. 细度模数 D. 有机物含量
E. 含泥量

25. 水泥混凝土细集料性能检验指标包括( )。
A. 坚固性 B. 有害杂质含量 C. 氯离子含量 D. 耐腐蚀性
E. 碱活性

26. 水泥混凝土粗集料性能应满足( )要求。
A. 质地坚硬 B. 级配合理 C. 粒形良好 D. 吸水率大
E. 洁净

27. 水泥混凝土粗集料进场检验内容包括( )。
A. 外观 B. 颗粒级配 C. 针片状含量 D. 含泥量
E. 压碎值

28. 当混凝土中各组成材料引入氯离子含量超过规定值时,应采取的防腐措施有( )。
A. 掺加阻锈剂 B. 增大保护层厚度
C. 提高密实性 D. 改善环境条件
E. 增加钢筋用量

29. 高性能混凝土不宜选用的水泥品种有( )。
A. 硅酸盐水泥 B. 普通硅酸盐水泥
C. 矿渣硅酸盐水泥 D. 火山灰质硅酸盐水泥
E. 粉煤灰质硅酸盐水泥

30. 高性能混凝土用粗集料除满足普通混凝土的技术要求外,同时应控制的指标有( )。
A. 压碎值 B. 坚固性 C. 吸水率 D. 松散堆积密度
E. 紧密孔隙率

31. 高性能混凝土配合比设计应考虑的内容有( )。
A. 胶凝材料总量 B. 掺合料 C. 抗裂性 D. 抗冻性

E. 总碱含量

32. 后张法预应力孔道压浆性能指标控制包括( )。
    A. 凝结时间　　　B. 流动度　　　C. 泌水率　　　D. 自由膨胀率
    E. 抗折、抗压强度

33. 细集料进场检测内容应包括外观、筛分、( )及机制砂的石粉含量等；必要时尚应对坚固性、有害物质含量、氯离子含量、碱活性及放射性等指标进行检验。
    A. 细度模数　　　B. 有机物含量　　　C. 含泥量　　　D. 泥块含量
    E. 含碱量

34. 粗集料进场检测内容应包括外观、颗粒级配、( )等指标；必要时尚应对坚固性、有害物质含量、氯离子含量、碱活性及放射性等指标进行检验。
    A. 针片状颗粒含量　　　　　　B. 有机物含量
    C. 含泥量　　　　　　　　　　D. 泥块含量
    E. 压碎值

35. 混凝土试配时应采用施工实际使用的材料，配制的混凝土拌合物应满足施工和易性和凝结时间等施工技术条件；制成的混凝土应满足( )的设计要求。
    A. 强度　　　B. 力学性能　　　C. 耐久性能　　　D. 疲劳性能
    E. 外观

36. 自密实混凝土进行配合比设计时，应充分考虑自密实混凝土的( )及其相互关系。
    A. 流动性　　　B. 抗离析性　　　C. 填充性　　　D. 浆体用量
    E. 体积稳定性

## ❖❖❖ 习题参考答案及解析 ❖❖❖

### 一、单项选择题

1. C
2. C
3. B
4. D

【解析】石料抗冻性指标：大中桥50次，小桥及涵洞25次，试验后材料无明显损伤，强度不低于试验前的0.75倍。

5. B
6. D
7. B

【解析】石料强度试验需分别进行吸水饱和状态下的单轴抗压强度和烘干状态下的单轴抗压强度，所需试件各3个。

8. D

9. D

10. C

**【解析】** 石料进行强度试验时,要求试件状态应与桥梁结构实际状态相一致,基础位于地下水位以下,长期处于吸水饱和状态,因此试验时应为饱和状态。

11. B

**【解析】** 石料进行强度试验时,要求试件状态应与桥梁结构实际状态相一致,桥梁墩台身处于大气环境中,因此试验时应为天然状态。

12. B

13. A

**【解析】** 石料软化系数 = 石料吸水饱和状态下的单轴抗压强度/石料烘干状态下的单轴抗压强度。

14. B

15. C

16. D

**【解析】** 石料抗冻性试验需分别进行冻融试件和未冻融试件的单轴抗压强度试验,每个试验所需试件各3个。

17. A

**【解析】** 石料冻融系数 = 冻融试验后的饱水抗压强度/冻融试验前的饱水抗压强度。

18. C

19. D

20. B

**【解析】** 混凝土用细集料(砂)分为三类,Ⅰ类砂宜用于强度等级大于C60的混凝土;Ⅱ类砂宜用于强度等级为C30~C60及有抗冻、抗渗或其他要求的混凝土;Ⅲ类砂宜用于强度等级小于C30的混凝土和砌筑砂浆。

21. B

**【解析】** 砂分为粗砂、中砂和细砂。粗砂对应细度模数为3.7~3.1,中砂对应细度模数为3.0~2.3,细砂对应细度模数为2.2~1.6。

22. C

23. A

**【解析】** 混凝土结构物处于不同环境条件下,粗集料坚固性试验结果应满足下表要求。

| 混凝土所处环境条件 | 在硫酸钠溶液中循环5次后的质量损失率(%) |
| --- | --- |
| 寒冷地区,经常处于干湿交替状态 | <5 |
| 严寒地区,经常处于干湿交替状态 | <3 |
| 混凝土处于干燥地区,但粗集料风化或软弱颗粒过多时 | <12 |
| 混凝土处于干燥地区,但有抗疲劳、耐磨、抗冲击要求或强度等级大于C40 | <5 |

24. B
25. A
26. C  27. C  28. D  29. A  30. B
31. C

【解析】混凝土坍落度小于25mm,可采用直径为25mm的插入式振捣棒成型;坍落度大于25mm且小于70mm的混凝土宜用标准振动台振实;坍落度大于70mm的混凝土宜用振捣棒人工振捣。

32. A
33. D
34. C
35. B

【解析】混凝土抗压强度试验,强度等级小于C30加载速率取0.3~0.5MPa/s;强度等级大于C30小于C60加载速率取0.5~0.8MPa/s;强度等级大于C60加载速率取0.8~1.0MPa/s。

36. B
37. C
38. B
39. B

【解析】抗压强度试验结果评定:取3个试件测试值的算术平均值为测定值,3个测值中的最大值或最小值如有一个与中间值之差超过中间值的15%,则取中间值为测定值;如最大值和最小值与中间值之差均超过中间值的15%,则该组试验结果无效。该组数据最大值与中间值之差为22%,则取中间值作为试验值。

40. B

【解析】混凝土棱柱体抗压弹性模量试验需分别测定棱柱体抗压强度和棱柱体受力变形形态,每个试验分别需3个试件。

41. C

【解析】混凝土棱柱体抗压弹性模量试验用于测定混凝土弹性变形特性,其弹性模量一般取对应1/3轴心抗压强度的弹性模量。

42. C
43. C

【解析】混凝土抗弯拉强度试验,强度等级小于C30加载速率取0.02~0.05MPa/s;强度等级大于C30小于C60加载速率取0.05~0.08MPa/s;强度等级大于C60加载速率取0.08~0.10MPa/s。

44. B
45. C
46. C
47. A
48. A

49. D
50. C

**【解析】** 混凝土试件抗压强度试验存在环箍效应。混凝土试件尺寸越小,环箍效应作用越大,即测得抗压强度越大。因此需针对不同尺寸的混凝土试件进行抗压强度试验结果进行修正,一般小于标准尺寸的试件修正系数取 0.95,大于标准尺寸的试件修正系数取 1.05。

51. B
52. C

**【解析】** 根据《公路桥涵施工技术规范》中对混凝土碱含量的规定:对一般桥涵不宜大于 3.0kg/m³,对特大桥、大桥和重要桥梁不宜大于 1.8kg/m³。

53. C
54. D
55. C
56. C  57. C  58. B  59. D  60. C
61. B  62. B  63. B  64. B  65. C
66. A
67. B
68. B
69. D

**【解析】** 钻孔灌注桩水下混凝土拌合物,当桩孔直径小于 1.5m 时,其坍落度为 180~220mm;当桩孔直径大于或等于 1.5m 时,其坍落度为 160~200mm。

70. A
71. A
72. B
73. C

**【解析】** 冷弯性能是指金属材料在常温下能承受弯曲而不破裂的性能。弯曲程度一般用弯曲角度 $\alpha$(外角)或弯心直径 $d$ 对材料厚度 $a$ 的比值表示,$\alpha$ 越大或 $d/a$ 越小,则材料的冷弯性越好。

74. D

**【解析】** 钢材因受各种应力(如压缩、伸张、剪切)的反复作用而产生疲劳,使试件的物理机械性能逐渐变坏,钢材耐受疲劳的性能称为耐疲劳性。

75. A

**【解析】** 中碳钢和高碳钢没有明显屈服点,通常取残余变形 0.2% 的应力作为屈服强度。

76. A  77. C  78. B  79. D  80. C
81. C
82. A
83. D
84. D

【解析】钢绞线应力松弛性能试验时,要求环境温度应始终保持在20℃±2℃内,试验标距长度不小于公称直径的60倍;试件制备后不得进行任何的热处理和冷加工;允许至少用100h的测试数据推算1000h的松弛率值。

85. D

【解析】钢筋的焊接,应优先选用闪光对焊,当闪光对焊缺乏时也可选用电弧焊、压力焊、气压焊。

86. D

87. B

【解析】钢筋的力学性能试验应从每批成品中选6个试件,3个进行拉伸试验,另外3个进行弯曲试验。

88. C

89. D

90. D

91. A    92. D    93. A    94. C    95. C

96. B

【解析】钢筋拉伸伸长率 = $(L' - L_0)/L_0$。

97. D

98. A

99. D

100. B

101. B    102. B    103. C    104. C    105. C

106. D

107. D

108. C

109. C

110. B

【解析】混凝土取样与试件留取应符合下列规定:浇筑一般体积的结构物时,每一单元结构物应制取2组;连续浇筑大体积结构时,每80~200m³或每一工作班应制取2组。

111. A

112. B

【解析】混凝土取样与试件留取应符合下列规定:上部结构,主要构件长16m以下应制取1组,16~30m制取2组,31~50m制取3组,50m以上者不少于5组。小型构件每批或每工作班至少应制取2组。

113. C

【解析】混凝土取样与试件留取应符合下列规定:每根钻孔桩至少应制取2组,桩长20m以上者不少于3组;桩径大、浇筑时间很长时,不少于4组。如换工作班时,每工作班应制取2组。

114. C

115. D
116. C　　　117. C　　　118. B　　　119. D　　　120. D

## 二、判断题

1. ×

【解析】桥梁工程石料对于一月份平均气温低于 -10℃ 的地区,要进行抗冻性试验。

2. ×

【解析】石料的抗冻性是用来评估岩石在饱和状态下经受规定次数的冻融循环后抵抗破坏的能力。

3. √
4. ×

【解析】石料进行抗压试验,球面底座应在试件的上端。

5. √
6. ×

【解析】石料弹性模量为轴向应力与径向应变之比。

7. √
8. √
9. √
10. ×

【解析】混凝土试件相邻面夹角公差不但靠试模相邻面夹角控制,而且还取决于每次安装试模的精度。

11. √
12. √
13. ×

【解析】混凝土试件的制作应从同一盘混凝土拌合物中制取。

14. ×

【解析】混凝土试件制作应在拌和后尽量短的时间内成型,一般不超过 15min。

15. ×

【解析】采用人工振捣成型制作混凝土试件时,混凝土拌合物应分为 2 次装入模内,每层厚大致相等。

16. ×

【解析】混凝土试件成型时,人工振捣应从边缘向中心均匀进行。

17. √
18. ×

【解析】混凝土试件加压时,试件的承压面为成型时的侧面。

19. ×

【解析】混凝土弹性模量按 3 个试件测值的算术平均值计算,当由 1 个试件的轴心抗压强度超过检验控制荷载的轴心抗压强度值的 20% 时,则按另两个试件测值的算术平均值计算;如有两个试件超过上述规定时,则此次试验无效。

20. √
21. √
22. ×
   【解析】钢筋的强度指标包括屈服强度和抗拉强度。
23. ×
   【解析】中碳钢和高碳钢没有明显的屈服点。
24. ×
   【解析】屈强比低表示材料的塑性较好;屈强比高表示材料的抗变形能力较强,不易发生塑性变形。
25. ×
   【解析】断面标距部分所增长的长度与试样初始长度的百分比,称为伸长率,用符号 $\delta$ 表示。伸长率反映了材料塑性的大小,伸长率越大,塑性越大。
26. ×
   【解析】反映金属材料在常温下能承受弯曲而不破裂性能的指标是冷弯性能。
27. ×
   【解析】钢材的冲击韧性是反映金属材料对外来冲击负荷的抵抗能力。
28. √
29. √
30. √
31. √
32. ×
   【解析】中碳钢和高碳钢没有明显的屈服点,采用分级加荷,求出弹性直线段相应于小等级负荷的平均伸长增量,由此计算出偏离直线段后各级负荷的弹性伸长。从总伸长中减去弹性伸长即残余伸长。通常以残余伸长0.2%的应力作为屈服强度。
33. √
34. ×
   【解析】弯曲记数是从起始位置向右弯曲90°,试样返回至起始位置为第一次,再向左弯曲90°,试样再返回起始位置为第二次以此类推至试样折断为止,试样折断的最后一次弯曲次数不计。
35. ×
   【解析】钢筋的屈服强度、抗拉强度和伸长率要求均应符合相应标准中规定的指标。
36. √
37. √
38. ×
   【解析】根据抗拉强度以及高应力和大变形条件下反复拉压性能的差异,接头分为下列3个等级:
   Ⅰ级:接头抗拉强度不小于被连接钢筋实际抗拉强度或1.10倍钢筋抗拉强度标准值,并具有高延性及反复拉压性能。

Ⅱ级:接头抗拉强度不小于被连接钢筋抗拉强度标准值,并具有高延性及反复抗压性能。

Ⅲ级:接头抗拉强度不小于被连接钢筋屈服强度标准值的1.35倍,并具有一定的延性及反复拉压性能。

39. ×

【解析】精轧粗螺纹钢筋表面允许有凸块,但不得超过横肋的高度,钢筋表面上其他缺陷的深度和高度不得大于所在部位尺寸的允许偏差。

40. ×

【解析】钢绞线表面质量要求:钢绞线表面不得带有降低钢绞线与混凝土黏结力的润滑剂、油渍等物质,允许有轻微的浮锈,但不得锈蚀成肉眼可见的麻坑。

41. √

42. √

43. ×

【解析】金属在恒定高温的承载状态下,总应变(弹性应变+塑性应变)保持不变,而应力随时间的延长逐渐降低的现象,简称应力松弛。

44. √

45. √

46. √     47. √     48. √     49. √     50. √

51. ×

【解析】石料的单轴抗压强度试验时,对试样的加工要求:试件的上下端面应平行和磨平,试件的端面的平面度公差应小于0.05mm,端面对于试件轴线垂直度偏差不应超过0.25mm。

52. √

53. ×

【解析】混凝土制作抗压试件公称最大粒径的要求:试件为150mm×150mm×150mm集料的公称最大粒径为31.5mm;试件为200mm×200mm×200mm集料的公称最大粒径为53mm;试件为100mm×100mm×100mm集料的公称最大粒径为26.5mm。

54. √

55. ×

【解析】粗集料粒径对混凝土抗折强度的影响主要来自三方面:一是颗粒内部缺陷,粒径越大,缺陷存在的概率越大;二是粗集料界面的黏结强度,粒径越大,粗集料的比表面积越小,界面的黏结力越小;三是颗粒越大,在施工振捣过程中下沉速度越快,容易造成混凝土内部颗粒分布不均匀,从而影响混凝土抗折强度。

56. √

57. ×

【解析】屈强比越大,机械零件越好(考虑节约材料,减轻重量),屈强比可以看作是衡量钢材强度储备的一个系数,屈强比太高则结构为脆性破坏。

58. √

59. √
60. ×

**【解析】**弹性形变:材料在外力作用下产生变形,当外力取消后,材料变形即可消失并能完全恢复原来形状的性质称为弹性。这种可恢复的变形称为弹性变形。

61. √
62. ×

**【解析】**钢筋牌号 HRB335 中,335 指钢筋的屈服强度。

63. √
64. √
65. √
66. √
67. √
68. √
69. ×

**【解析】**水泥混凝土粗集料最大粒径应根据混凝土的结构以及混凝土的施工运输工艺情况选用。

70. ×

**【解析】**符合现行国家标准《生活饮用水卫生标准》要求的饮用水,可直接作为混凝土拌制和养护用水。

71. √
72. ×

**【解析】**外加剂的品种应根据工程设计和施工要求选择,通过试验及技术经济比较确定。外加剂的掺量,应按其品种并根据使用要求、施工条件、混凝土原材料等因素通过试验确定。

73. ×

**【解析】**养护时间是一定的,不能随意变换。

74. √
75. ×

**【解析】**混凝土的坍落度,应根据建筑物的结构断面、钢筋含量、运输距离、浇筑方法、运输方式、振捣能力和气候等条件决定,在选定配合比时应综合考虑,并宜采用较小的坍落度。

76. √
77. √
78. ×

**【解析】**混凝土拌合物的坍落度应在搅拌地点和浇筑地点分别随机取样检测。每一工作班或每一单元结构物不应少于两次。评定时应以浇筑地点的测值为准。

79. ×

**【解析】**大体积混凝土宜选用低水化热和凝结时间长的水泥品种。

80. ×

【解析】大体积混凝土严禁采用早强剂、减水剂。

81. ×

【解析】C60～C90强度等级为高强度混凝土,一般要选用52.5级以上强度等级的普通硅酸盐水泥或硅酸盐水泥。

82. √

83. √

84. ×

【解析】石料有显著层理时,应分别沿平行和垂直层理方向各制取6个试件进行抗压强度试验。

85. ×

【解析】石料软化系数取3个试件试验结果算数平均值,且3个值中最大值与最小值之差不应超过平均值的20%。

86. ×

【解析】配制混凝土用细集料宜采用河沙或人工砂,选用海砂时应经冲洗处理。

87. ×

【解析】Ⅰ区砂宜提高砂率配制低流动性混凝土,Ⅱ区砂宜优先选用配制不同强度等级的混凝土。

88. √

89. ×

【解析】桥梁结构物混凝土粗集料不宜采用单粒级配或间断级配,必须使用时应通过试验验证。

90. ×

【解析】在预应力混凝土结构中,应力松弛导致预应力筋张拉力减小,进而导致结构承受的有效预应力减小。

91. ×

【解析】细集料宜采用级配良好、质地坚硬、颗粒洁净的河砂;当河砂不易得到时,可采用符合规定的其他天然砂或机制砂;细集料不得采用海砂。

92. ×

【解析】粗集料宜采用质地坚硬、洁净、级配合理、粒形良好、吸水率小的碎石或卵石。

93. √

94. √

95. √

96. ×

【解析】混凝土试配时应采用施工实际使用的材料,配制的混凝土拌合物应满足施工和易性和凝结时间等施工技术条件。

97. √

98. ×

【解析】实体结构混凝土耐久性具体指标包括混凝土保护层厚度、密实性和渗透性三项。

99. √

100. ×

【解析】钢筋加工调直时,HPB300 钢筋的冷拉率宜不大于2%;HRB400 钢筋的冷拉率宜不大于1%。

### 三、多项选择题

1. ABCDE
2. AB
   【解析】石料力学性能试验包括单轴抗压强度试验、单轴压缩变形试验。
3. ACD
   【解析】石料抗冻性评价指标有3个:冻融循环后强度变化、质量损失、外观变化。
4. ABCDE
5. ABCDE
6. BCDE
   【解析】混凝土收缩是指在混凝土凝结初期或硬化过程中出现的体积缩小现象。一般分为塑性收缩(又称沉缩)、化学收缩(又称自身收缩)、干燥收缩及碳化收缩,较大的收缩会引起混凝土开裂。
7. ABCD
   【解析】混凝土徐变是指混凝土在应力作用下,其应变随时间而持续增长的特性(注意:弹性变形应变不会随时间而持续增长)。
8. ABCDE
9. ABCE
   【解析】脆断属于材料本身的性能。
10. BCE
    【解析】公称直径属于物理指标。
11. ABCD
12. AB
    【解析】钢筋闪光对焊接头力学性能试验有强度、冷弯性能。
13. ABCDE
14. ABCD
15. ADE
    【解析】钢材在拉伸试验中影响屈服点的因素包括环境、变形速度、加荷速度。
16. ABCDE
17. CD
    【解析】冷轧带肋钢筋和热轧带肋钢筋需做反向或反复冷弯试验。
18. ABCD
19. ABCDE

20. ABC
21. ABD　　22. ABC　　23. BCDE　　24. ABCDE　　25. ABCE
26. ABCE

【解析】水泥混凝土粗集料性能应满足：质地坚硬、级配合理、粒形良好、洁净。

27. ABCDE
28. ABC
29. CDE

【解析】C60～C90 强度等级为高强度混凝土，一般要选用 52.5 级以上强度等级的普通硅酸盐水泥。

30. CDE

【解析】高性能混凝土用粗集料在满足普通混凝土的技术要求的同时，也应对压碎值、坚固性、吸水率、松散堆积密度、紧密孔隙率指标进行控制。

31. ABCDE

【解析】高性能混凝土配合比设计考虑的内容有：胶凝材料总量、掺合料、抗裂性、抗冻性、总碱含量。

32. ABCDE

【解析】后张法预应力混凝土构件，制约管道压浆密实性影响因素较多，施工中应严格控制压浆指标，防止后期预应力筋锈蚀影响桥梁结构耐久性。

33. ABCD
34. ACDE
35. ABC
36. ABCDE

# 第二章 工程制品试验检测

【主要知识点】

预应力混凝土用锚具、夹具、连接器力学性能要求,静载锚固性能试验方法与数据处理,硬度检测方法与试验结果判定;桥梁支座力学性能要求,试验方法与数据处理,试验结果判定;桥梁伸缩缝性能要求,产品质量判定;波纹管力学性能要求,产品质量判定;隧道用高分子防水卷材检测项目,产品质量判定;隧道用土工布检测项目,产品质量判定。

## 一、单项选择题(四个备选项中只有一个正确答案,每题1分)

1.《公路桥梁预应力钢绞线用锚具、夹具和连接器》(JT/T 329)规定:预应力钢绞线用圆锚张拉端锚具,钢绞线直径为12.7mm,锚固钢绞线7根,其正确标记应为( )。
   A. YJM13-7    B. JYM13-7    C. YMPB13-7    D. YM13-7

2.《公路桥梁预应力钢绞线用锚具、夹具和连接器》(JT/T 329)规定:预应力钢绞线圆锚连接器,钢绞线直径为15.2mm,锚固钢绞线9根,其正确标记应为( )。
   A. YMJ15-9    B. YMJ9-15    C. JYL15-9    D. JYL9-15

3. 预应力混凝土桥梁用锚具、连接器静载锚固性能应同时满足( )。
   A. 效率系数≥0.90,实测极限拉力时总应变≥1.0%
   B. 效率系数≥0.90,实测极限拉力时总应变≥2.0%
   C. 效率系数≥0.95,实测极限拉力时总应变≥2.0%
   D. 效率系数≥0.95,实测极限拉力时总应变≥1.0%

4. 预应力混凝土桥梁用锚具、连接器疲劳性能试验加载次数为( )。
   A. 50次    B. 100次    C. 100万次    D. 200万次

5. 预应力混凝土桥梁用锚具、连接器疲劳荷载试验后,钢绞线因锚具夹持作用发生疲劳破坏的面积不应大于原试样总面积的( )。
   A. 1%    B. 3%    C. 5%    D. 10%

6. 预应力混凝土桥梁用锚具、连接器经( )周期荷载试验后,钢绞线在锚具夹持区域不应发生破断、滑移和夹片松脱现象。
   A. 50次    B. 100次    C. 100万次    D. 200万次

7. 预应力混凝土桥梁用张拉端钢绞线内缩量应不大于( )。
   A. 2mm    B. 3mm    C. 5mm    D. 7mm

8. 预应力混凝土桥梁用锚具、连接器锚口摩阻损失率合计不应大于( )。
   A. 2%    B. 4%    C. 6%    D. 10%

9. 预应力混凝土桥梁用夹具静载锚固效率系数应满足( )。
   A. 效率系数≥0.90                  B. 效率系数≥0.92
   C. 效率系数≥0.93                  D. 效率系数≥0.95
10. 预应力混凝土桥梁用锚具、夹具、连接器组装件试验前,应进行单根钢绞线力学性能试验,试验根数应不少于( )。
    A. 3 根          B. 4 根          C. 5 根          D. 6 根
11. 预应力混凝土桥梁用锚具、夹具静载锚固性能试验组装件个数为( )。
    A. 1 个          B. 2 个          C. 3 个          D. 6 个
12. 预应力混凝土桥梁用锚具、夹具静载锚固性能试验,为保证各根钢绞线受力一致,其初应力一般取钢材标准抗拉强度的( )。
    A. 3%~5%        B. 5%~10%       C. 10%~15%      D. 5%~20%
13. 预应力混凝土桥梁用锚具、夹具静载锚固性能试验,加载速率应控制在( )。
    A. 50MPa/min     B. 100MPa/min    C. 5MPa/min      D. 10MPa/min
14. 预应力混凝土桥梁用锚具、夹具静载锚固性能试验,加载分( )完成。
    A. 2 级          B. 3 级          C. 4 级          D. 5 级
15. 预应力混凝土桥梁用锚具、夹具静载锚固性能试验,钢绞线锚具组装件实测极限拉力值为 $F_{apu}$,钢绞线锚具组装件各根钢绞线计算极限拉力之和 $F_{pm}$,钢绞线试样的极限抗拉强度平均值为 $f_{pm}$,钢绞线单根试样特征截面面积为 $A_{pk}$,钢绞线锚具组装件中钢绞线根数为 $n$,则锚具效率系数为( )。
    A. $F_{apu}/F_{pm}$   B. $F_{pm}/F_{apu}$   C. $nF_{apu}/F_{pm}$   D. $nF_{pm}/F_{apu}$
16. 预应力混凝土桥梁用锚具、夹具静载锚固性能试验,钢绞线计算长度 1500mm,钢绞线破断时从初应力到极限应力活塞伸长量为 30mm,从 0 张拉到初应力理论计算值为 10mm,钢绞线相对回缩量 3mm,则钢绞线总应变为( )。
    A. 2.5%          B. 2.6%          C. 2.7%          D. 2.9%
17. 预应力混凝土桥梁用锚具、夹具周期荷载试验合理应力加载范围为( )。
    A. 10%~40% 强度标准值            B. 20%~80% 强度标准值
    C. 30%~70% 强度标准值            D. 40%~80% 强度标准值
18. 预应力混凝土桥梁用锚具、夹具疲劳荷载试验应力幅值应不小于( )。
    A. 50MPa         B. 60MPa         C. 70MPa         D. 80MPa
19. 预应力混凝土桥梁用锚具、夹具硬度检测环境温度一般在 10~35℃室温下进行,有严格要求时应控制在( )。
    A. 23℃±3℃       B. 23℃±5℃       C. 25℃±3℃       D. 23℃±5℃
20. 采用洛氏硬度计检测锚具硬度时,相邻面压痕中心间距离至少应为压痕平均直径的( ),并应不小于2mm。
    A. 2.0 倍        B. 2.5 倍        C. 3.0 倍        D. 4.0 倍
21. 预应力混凝土桥梁用锚具、夹具抽检批数为( )。
    A. 500 件        B. 1000 件       C. 2000 件       D. 3000 件
22. 预应力混凝土桥梁用锚具、夹具硬度检测抽查频率为( )。

A.1%~2% B.2%~3% C.2%~4% D.3%~5%

23.《公路桥梁板式橡胶支座》规定:公路桥梁圆形四氟滑板氯丁橡胶支座,短边尺寸为400mm,长边尺寸为600mm,厚度为47mm,其正确标记为( )。
　　A. GJZ400×600×47(CR)　　　　B. GJZ400×600×47(NR)
　　C. GJZF4400×600×47(CR)　　　D. GJZF4400×600×47(NR)

24.《公路桥梁板式橡胶支座》规定:2007年盆式支座设计系列,设计竖向承载力60MN的常温型固定盆式支座,其正确标记为( )。
　　A. GPZ(2007)60GD　　　　　　B. GPZ(2007)60JZGD
　　C. GPZ(2007)60SXF±100　　　D. GPZ(2007)60DX±50

25.《公路桥梁板式橡胶支座》规定:单向活动球型支座设计竖向承载力40000kN,纵向位移量±200mm,转角为0.05rad,其正确标记为( )。
　　A. QZ40000DX/R0.05/Z±200　　B. QZ40000DX/Z±200/R0.05
　　C. QZ40000SX/R0.05/Z±200　　D. QZ40000SX/Z±200/R0.05

26.《公路桥梁板式橡胶支座》规定:桥梁板式橡胶支座实测极限抗压强度应满足( )。
　　A. 实测极限抗压强度≥50MPa　　B. 实测极限抗压强度≥60MPa
　　C. 实测极限抗压强度≥70MPa　　D. 实测极限抗压强度≥80MPa

27.《公路桥梁板式橡胶支座》规定:桥梁板式橡胶支座实测抗压弹性模量应满足( )。
　　A. $(E±E×10\%)$MPa　　　　B. $(E±E×20\%)$MPa
　　C. $(E±E×30\%)$MPa　　　　D. $(E±E×50\%)$MPa

28.《公路桥梁板式橡胶支座》规定:桥梁板式橡胶支座实测抗剪弹性模量应满足( )。
　　A. $(G±G×5\%)$MPa　　　　　B. $(G±G×10\%)$MPa
　　C. $(G±G×15\%)$MPa　　　　D. $(G±G×20\%)$MPa

29.《公路桥梁板式橡胶支座》规定:桥梁板式橡胶支座实测老化后抗剪弹性模量应满足( )。
　　A. $(G+G×10\%)$MPa　　　　B. $(G+G×15\%)$MPa
　　C. $(G-G×5\%)$MPa　　　　　D. $(G-G×10\%)$MPa

30.《公路桥梁板式橡胶支座》规定:对于混凝土桥梁,板式橡胶支座实测转角正切值应满足( )。
　　A. 转角正切值≥1/300　　　　B. 转角正切值≥1/500
　　C. 转角正切值≥1/600　　　　D. 转角正切值≥1/1500

31.《公路桥梁板式橡胶支座》规定:板式橡胶支座实测四氟滑板与不锈钢板表面摩擦系数应满足( )。
　　A. 摩擦系数≤0.01　　　　　　B. 摩擦系数≤0.02
　　C. 摩擦系数≤0.03　　　　　　D. 摩擦系数≤0.04

32.《公路桥梁板式橡胶支座》规定:盆式橡胶支座在竖向设计承载力作用下,支座压缩变形不大于支座总高度的( )。
　　A.0.5% B.1% C.2% D.3%

33.《公路桥梁板式橡胶支座》规定:在竖向设计承载力作用下,盆式橡胶支座盆环上口径向变形不得大于盆环外径的( )。

  A.0.01%    B.0.03%    C.0.05%    D.0.1%

34.《公路桥梁板式橡胶支座》规定:盆式橡胶支座残余变形应小于设计荷载下相应变形的( )。

  A.1%    B.2%    C.5%    D.10%

35.《公路桥梁板式橡胶支座》规定:固定盆式橡胶支座水平承载力应不小于支座竖向承载力的( )。

  A.3%    B.5%    C.10%    D.15%

36.《公路桥梁板式橡胶支座》规定:减震型固定盆式橡胶支座水平承载力应不小于支座竖向承载力的( )。

  A.5%    B.10%    C.15%    D.20%

37.《公路桥梁板式橡胶支座》规定:盆式橡胶支座设计竖向转动角度应不小于( )。

  A.0.01rad    B.0.02rad    C.0.03rad    D.0.05rad

38.《公路桥梁板式橡胶支座》规定:球型支座在竖向设计承载力作用下支座的竖向压缩变形应不大于支座总高度的( )。

  A.0.5%    B.1%    C.2%    D.5%

39.《公路桥梁板式橡胶支座》规定:球型支座在竖向设计承载力作用下盆环径向变形应不大于盆环外径的( )。

  A.0.01%    B.0.03%    C.0.05%    D.0.1%

40.《公路桥梁板式橡胶支座》规定:球型支座水平承载力应不小于支座竖向承载力的( )。

  A.5%    B.10%    C.15%    D.20%

41.桥梁支座试件应在标准温度( )的试验室内放置( ),并在该标准温度内进行试验。

  A.20℃±3℃,12h    B.23℃±5℃,24h

  C.20℃±3℃,24h    D.23℃±5℃,12h

42.板式橡胶支座抗压弹性模量试验最大加载应力值为( )。

  A.10MPa    B.20MPa    C.50MPa    D.70MPa

43.板式橡胶支座抗剪弹性模量试验最大加载剪应力值为( )。

  A.1.0MPa    B.2.0MPa    C.5.0MPa    D.10MPa

44.橡胶支座抗剪老化试验时,其老化温度控制在( ),放置( )取出试验。

  A.70℃±2℃,48h    B.75℃±2℃,72h

  C.70℃±2℃,72h    D.75℃±2℃,48h

45.板式橡胶支座抗压试验时,应先按( )加载至平均压应力10MPa,然后进行抗压试验。

  A.0.01~0.02MPa/s    B.0.02~0.03MPa/s

  C.0.03~0.04MPa/s    D.0.03~0.05MPa/s

46.板式橡胶支座抗剪试验时,应首先对支座加载至平均压应力10MPa,然后按照( )

速率施加水平力进行剪切试验。

A.0.01~0.02MPa/s	B.0.02~0.03MPa/s
C.0.03~0.04MPa/s	D.0.03~0.05MPa/s

47.板式橡胶支座极限抗压强度试验时,应以( )速率连续均匀加载至70MPa,观察试样是否完好。

A.0.02~0.03MPa/s	B.0.03~0.04MPa/s
C.0.1MPa/s	D.1MPa/s

48.盆式橡胶支座竖向承载力试验时,检验荷载应为支座竖向设计承载力的( )。

A.1.2倍	B.1.3倍	C.1.5倍	D.2.0倍

49.球型支座正式加载前应对支座预压3次,预压初始荷载应为竖向设计承载力的( )。

A.0.1%	B.0.5%	C.1%	D.5%

50.球型支座水平承载力试验荷载为支座水平承载力的( )。

A.1.2倍	B.1.5倍	C.2.0倍	D.2.5倍

51.球型支座水平承载力试验时,以支座设计水平力的( )作为初始推力,逐级加载至设计水平力90%后,再将竖向承载力加至设计荷载。

A.0.1%	B.0.5%	C.1%	D.10%

52.盆式支座实测荷载-竖向压缩变形曲线应呈线性关系,且卸载后残余变形应小于支座设计荷载下相应变形的( )。

A.1%	B.3%	C.5%	D.10%

53.模数式桥梁伸缩装置,其防水性能应满足注满水( )后无渗漏。

A.12h	B.24h	C.48h	D.72h

54.模数式桥梁伸缩装置,其拉伸、压缩时最大水平摩阻力应满足( )。

A.小于或等于1kN/m	B.小于或等于2kN/m
C.小于或等于4kN/m	D.小于或等于10kN/m

55.模数式桥梁伸缩装置,其拉伸、压缩时最大竖向变形应满足( )。

A.0.5~1mm	B.1~2mm	C.1~3mm	D.2~4mm

56.根据交通行业规定,桥梁用扁形塑料波纹管,产品代号为SBG,长轴方向内径为41mm,短轴方向内径为20mm,其正确标记为( )。

A.SBG-20B	B.SBG-41B	C.SBG-41×20B	D.SBG-20×41B

57.预应力混凝土桥梁用塑料波纹管环刚度应不小于( )。

A.3kN/m²	B.5kN/m²	C.6kN/m²	D.10kN/m²

58.预应力混凝土桥梁用塑料波纹管在800N作用下,管材残余变形量不得超过管材外径的( )。

A.3%	B.5%	C.7%	D.10%

59.预应力混凝土桥梁用塑料波纹管柔韧性试验,要求按规定的弯曲方法反复弯曲( ),专用塞规能顺利从管内通过。

A.3次	B.4次	C.5次	D.6次

60. 预应力混凝土桥梁用塑料波纹管低温落锤冲击试验的真实冲击率 TIR 最大允许值为（　　）。
  A. 3%    B. 5%    C. 10%    D. 15%

61. 预应力混凝土桥梁用圆形金属波纹管径向刚度试验集中荷载加载标准值为（　　）。
  A. 500N   B. 600N   C. 800N   D. 1000N

62. 预应力混凝土桥梁用扁形金属波纹管径向刚度试验集中荷载加载标准值为（　　）。
  A. 500N   B. 600N   C. 800N   D. 1000N

63. 预应力混凝土桥梁用标准型扁形金属波纹管径向刚度试验，要求在规定荷载作用下内径变形比应满足（　　）。
  A. $\delta \leq 0.10$  B. $\delta \leq 0.15$  C. $\delta \leq 0.20$  D. $\delta \leq 0.30$

64. 预应力混凝土桥梁用塑料波纹管环刚度试验试样从 5 根管材上各截取（　　）进行试验。
  A. 100mm ± 10mm    B. 200mm ± 10mm
  C. 300mm ± 10mm    D. 500mm ± 10mm

65. 预应力混凝土桥梁用塑料波纹管柔韧性试验试样长度为（　　）。
  A. 600mm   B. 700mm   C. 1000mm  D. 1100mm

66. 预应力混凝土桥梁用塑料波纹管不圆度检测时，实测最大值为 41.03mm，最小值为 40.01mm，则其不圆度为（　　）。
  A. 0.025   B. 0.030   C. 0.040   D. 0.050

67. 预应力混凝土桥梁用金属波纹管集中荷载作用下径向刚度试验试件长度取（　　），且不小于 300mm。
  A. 3$d$    B. 4$d$    C. 5$d$    D. 10$d$

68. 预应力混凝土桥梁用金属波纹管抗渗漏试验，应事先施加集中荷载至变形达到圆管内径（　　）后进行抗渗漏试验。
  A. 5%    B. 10%   C. 15%   D. 20%

69. 预应力混凝土桥梁用塑料波纹管外观检测 5 根试样中，当有（　　）不符合规定时，则该批产品不合格。
  A. 2 根   B. 3 根   C. 4 根   D. 5 根

70. 预应力混凝土桥梁用金属波纹管检测结果有不合格项时，应取（　　）个试件对该不合格项进行复检。
  A. 1    B. 2    C. 3    D. 4

71. 预应力混凝土桥梁用金属波纹管弯曲后抗渗漏性能试验，圆弧半径应取金属管内径（　　）且不大于 800 倍预应力钢丝直径。
  A. 10 倍   B. 15 倍   C. 20 倍   D. 30 倍

72. 预应力混凝土桥梁用金属波纹管弯曲后抗渗漏性能试验，采用水灰比为（　　）的普通硅酸盐水泥浆灌满试样，观察表面渗漏情况 30min。
  A. 0.4    B. 0.5    C. 0.6    D. 0.8

73. 预应力混凝土桥梁用金属波纹管在集中荷载作用下径向刚度试验，应在最小刻度不低于 10N 的万能试验机上,以不超过( )的加载速度加载至规定荷载。

  A.5N/s    B.10N/s    C.20N/s    D.40N/s

74.隧道用合成高分子防水卷材取样频率为( ),随机抽取 3 卷进行尺寸偏差和外观检查。

  A.5000m²    B.10000m²    C.15000m²    D.20000m²

75.隧道用合成高分子防水卷材试样截取前,在温度 20℃±2℃、相对湿度 60%±15% 的标准环境下状态调整时间不应少于( )。

  A.4h    B.12h    C.24h    D.48h

76.隧道用土工织物试样试验前,一般应置于温度为 20℃±2℃、相对湿度 65%±5% 的标准大气压环境中调湿( )。

  A.12h    B.24h    C.36h    D.48h

77.测厚仪测定土工织物厚度时,要求对试样施加的压力应为( )。

  A.0.5kPa    B.1.0kPa    C.1.5kPa    D.2.0kPa

78.土工织物拉伸试验试样数量至少为( )。

  A.3    B.6    C.5    D.10

79.土工织物垂直渗透性能试验,要求渗透仪能设定的最大水头差应不小于( )。

  A.50mm    B.70mm    C.90mm    D.100mm

80.公路桥梁模数式伸缩装置表示代号为( )。

  A.M    B.S    C.W    D.Z

81.锚具、夹具和连接器进场时,应从每批产品中抽取( )且不少于( )套样品进行外观检验,表面不得有裂纹和锈蚀。

  A.1%,5    B.1%,10    C.2%,5    D.2%,10

82.锚具、夹具和连接器进场时,应从每批产品中抽取( )且不少于( )套样品进行尺寸检验,其外形尺寸应符合产品质保书所示的尺寸范围。

  A.1%,5    B.1%,10    C.2%,5    D.2%,10

83.锚具、夹具和连接器进场时,应从每批产品中抽取( )且不少于( )套样品进行硬度检验,其硬度应符合产品质保书的规定。

  A.1%,5    B.2%,5    C.3%,5    D.3%,10

84.金属波纹管每批检验数量应不超过( );塑料波纹管每批检验数量应不超过( )。

  A.50000m,10000m      B.10000m,50000m
  C.10000m,10000m      D.50000m,50000m

85.预应力筋张拉千斤顶的额定张拉力宜为所需张拉力的( )倍,且不得小于1.2倍。

  A.1.3    B.1.4    C.1.5    D.2.0

86.预应力筋张拉用千斤顶使用时间超过( )个月应重新进行标定。

  A.3    B.4    C.5    D.6

87.预应力筋张拉用千斤顶张拉次数超过( )应重新进行标定。

  A.200 次    B.300 次    C.400 次    D.500 次

88. 预应力筋采用测力传感器测量张拉力时,测力传感器应按相关国家标准的规定( )个月送检一次。
  A. 3    B. 6    C. 12    D. 24

89. 预应力筋张拉锚固后,建立在锚下的实际有效预应力与设计张拉控制应力相对偏差应不超过( )。
  A. ±1%    B. ±2%    C. ±3%    D. ±5%

90. 预应力筋张拉锚固后,同一断面中预应力束的有效预应力不均匀度应不超过( )。
  A. ±1%    B. ±2%    C. ±3%    D. ±5%

91. 后张法预应力混凝土构件,要求孔道压浆浆液24h后自由泌水率满足( )。
  A. 0.0%    B. 0.5%    C. 1.0%    D. 2.0%

92. 后张法预应力混凝土构件,要求孔道压浆浆液水胶比在( )范围内。
  A. 0.26~0.28    B. 0.28~0.30    C. 0.30~0.32    D. 0.32~0.34

93. 后张法预应力混凝土构件,要求孔道压浆浆液24h后自由膨胀率满足( )。
  A. 0~1%    B. 0~2%    C. 0~3%    D. 0~4%

94. 后张法预应力混凝土构件,真空辅助压浆工艺中采用的真空泵应能达到( )的负压力。
  A. 0.05MPa    B. 0.10MPa    C. 0.15MPa    D. 0.20MPa

95. 后张法预应力混凝土构件,真空辅助压浆工艺中要求真空度宜稳定在( )的范围内。
  A. -0.04~-0.10MPa      B. -0.05~-0.10MPa
  C. -0.06~-0.10MPa      D. -0.07~-0.10MPa

## 二、判断题(正确的划"√",错误的划"×",请填在题后的括号里,每题1分)

1. 预应力混凝土结构永久留在结构中的连接器力学性能要求与锚具相同。 ( )
2. 桥梁用锚具、夹具静载锚固性能试验,以加载速率100MPa/min等速连续加载至试样破坏。 ( )
3. 桥梁用锚具、夹具静载锚固性能试验,如钢绞线相对位移与荷载不成比例变化,说明锚固不合格。 ( )
4. 桥梁用锚具、夹具静载锚固性能试验,在预加力达到0.8倍标准抗拉强度持荷1h期间,钢绞线相对位移仍持续增加,表明失去可靠锚固能力。 ( )
5. 桥梁用锚具、夹具静载锚固性能试验在满足锚固性能后,允许夹片出现微裂和纵向断裂,但不允许横向、斜向断裂及碎断。 ( )
6. 桥梁用锚具、夹具静载锚固性能试验在满足锚固性能后,预应力筋达到极限破断时,锚板和锥形锚孔不允许出现过大弹性变形。 ( )
7. 桥梁用锚具、夹具静载锚固性能试验结果应取3个试件试验结果平均值。 ( )
8. 桥梁用锚具、夹具周期荷载试验主要用于检测其抗疲劳性能。 ( )
9. 桥梁用锚具、夹具疲劳试验主要用于验证其承受反复车辆作用能力。 ( )
10. 桥梁用锚具、夹具辅助性试验主要用于检测其工作性能。 ( )

11. 桥梁用锚具锚口损失越大越好。（   ）
12. 桥梁用钢绞线锚固后内缩量越小越好。（   ）
13. 桥梁用锚具、夹具张拉锚固工艺试验主要用于检测其分级张拉、分级放松的性能。
（   ）
14. 桥梁用锚具、夹具常规检测项目为硬度和静载锚固性能试验。（   ）
15. 桥梁用锚具、夹具如表面无裂缝，尺寸符合设计要求即可判定为合格。（   ）
16. 桥梁用锚具、夹具硬度二次检测仍有一个试件不合格，则该批产品不合格。（   ）
17. 桥梁用锚具、夹具静载锚固性能二次试验仍有一个试件不合格，则应逐个检查合格者方可使用。（   ）
18. 桥梁用普通板式橡胶支座无固定支座和活动支座之分。（   ）
19. 桥梁用盆式橡胶支座可适应梁体的单向或双向位移。（   ）
20. 桥梁用板式橡胶支座抗压弹性模量试验取3次试验结果最小值作为检测值。（   ）
21. 桥梁用板式橡胶支座抗剪弹性模量施加10MPa竖向荷载的目的是保证其接近实际受力状态。（   ）
22. 桥梁用板式橡胶支座抗剪弹性模量试验取3个试样试验结果平均值。（   ）
23. 桥梁用板式橡胶支座抗剪老化试验计算承载力时，按实际承压面积计算。（   ）
24. 桥梁用板式橡胶支座抗剪老化试验计算水平拉力时，按支座毛面积计算。（   ）
25. 桥梁用板式橡胶支座抗剪老化试验主要检测橡胶抗老化性能。（   ）
26. 桥梁用板式橡胶支座抗剪黏结试验最大剪应力为2MPa。（   ）
27. 桥梁用板式橡胶支座摩擦系数试验应保持试件在设计竖向荷载作用下施加水平推力。
（   ）
28. 桥梁用板式橡胶支座转角试验主要验证支座受力后是否出现局部脱空现象。（   ）
29. 桥梁用盆式橡胶支座竖向承载力试验前应预压加载至设计承载力。（   ）
30. 桥梁用盆式橡胶支座摩擦系数试验取4次试验结果平均值。（   ）
31. 桥梁用盆式橡胶支座竖向承载力试验正式加载前应预压3次，预压荷载为支座竖向设计承载力的1%。（   ）
32. 桥梁用盆式橡胶支座竖向承载力试验，盆环径向变形取每次、每级加载时4个径向位移传感器读数绝对值之和。（   ）
33. 桥梁用球型支座竖向承载力试验预压初始荷载为支座竖向设计承载力1.0%。
（   ）
34. 桥梁用球型支座竖向承载力试验每级加载稳压2min后记录每一级荷载位移量，加载至检验荷载稳压3min后卸载至零荷载。（   ）
35. 桥梁用球型支座摩擦系数试验预压时，应分10级加载到竖向设计承载力。（   ）
36. 桥梁用球型支座摩擦系数试验，当球型支座试样发生滑动时，即可停止施加水平力，据此计算摩擦系数。（   ）
37. 桥梁用球型支座水平承载力试验，应竖向加载至设计承载力后施加水平荷载。（   ）
38. 桥梁用板式橡胶支座力学性能试验，3块试样若有一块支座不满足要求时，应重新随机抽取双倍试样进行所有项目检测。（   ）

39. 桥梁用板式橡胶支座力学性能试验,若有两块不满足要求,则该批产品不合格。（   ）
40. 桥梁用盆式橡胶支座实测荷载-竖向压缩变形曲线和荷载-盆环径向变形曲线呈线性关系,则该支座竖向承载力合格。（   ）
41. 桥梁用球型支座水平承载力试验后如支座变形不能恢复,则该支座不合格。（   ）
42. 桥梁用球型支座整体试验结果若有两个支座各有一项不合格或有一个支座两项不合格,则该批支座不合格。（   ）
43. 桥梁用球型支座整体试验结果若有一个支座3项不合格,则应取双倍试样对不合格项目进行复检。（   ）
44. 目前桥梁伸缩缝较多地使用异型钢单缝伸缩装置。（   ）
45. 桥梁伸缩装置拉伸、压缩最大水平摩阻力是保证其适应梁体变形重要指标。（   ）
46. 桥梁伸缩装置拉伸、压缩时最大竖向偏差是保证行车平顺性的重要指标。（   ）
47. 桥梁伸缩装置最大荷载时,中梁应力、横梁应力是检验其承受车辆荷载作用的重要指标。（   ）
48. 桥梁伸缩装置整体性能试验,其全部项目满足要求则该批产品合格。（   ）
49. 预应力混凝土桥梁用金属波纹管在集中荷载作用下允许水泥浆渗出,但不超过总量的5%。（   ）
50. 预应力混凝土桥梁用塑料波纹管环刚度取其垂直方向变形为内径3%时所对应荷载值。（   ）
51. 预应力混凝土桥梁用塑料波纹管局部横向荷载试验加载点为波峰部位。（   ）
52. 预应力混凝土桥梁用塑料波纹管抗冲击性能与管内径有关。（   ）
53. 预应力混凝土桥梁用金属波纹管承受集中荷载作用下抗渗漏性能试验介质应为纯水泥浆。（   ）
54. 桥梁用塑料波纹管外观检测有3根不符合规定,则该批产品不合格。（   ）
55. 预应力混凝土桥梁用塑料波纹管外观检测合格,若其他指标中有一项不合格,则取双倍试样对不合格项进行复检。（   ）
56. 预应力混凝土桥梁用塑料波纹管环刚度试验目的是保证其密闭性。（   ）
57. 土工织物拉伸试验采用宽条法更加符合实际受力状况。（   ）
58. 土木织物顶破强度试验时,《公路工程土工合成材料试验规程》推荐采用圆球顶破试验。（   ）
59. 土工织物刺破强度试验的目的,是验证其抵抗隧道衬砌石子、支护钢构件端头等集中荷载的能力。（   ）
60. 土工织物顶破强度试验的目的,是验证其处于紧绷状态下承受法向集中力的能力。（   ）
61. 对锚具用量较少的一般中、小桥梁工程,如生产厂家提供能提供有效的静载锚固性能试验合格证明文件,则其用锚具可仅进行外观检验和硬度检验。（   ）
62. 锚具、夹具和连接器检验合格的产品,在现场的存放期超过1年,再用时应进行外观、尺寸和硬度等指标的检测。（   ）
63. 锚具静载锚固性能试验如有1个试件不符合要求,则应另取双倍数量的样品重做试

验；如仍有1个试件不符合要求,则应逐一进行试验,满足要求者方可使用。（  ）

64. 后张法预应力混凝土构件,压浆料所用外加剂应与水泥具有良好的相容性。（  ）

65. 后张法预应力混凝土构件,压浆时每一工作班应制作留取不少于3组尺寸为7.07cm的立方体试件,进行抗压强度试验。（  ）

三、多项选择题（每题所列的备选项中,有2个或2个以上正确答案,选项全部正确得满分,选项部分正确按比例得分,出现错误选项本题不得分,每题2分）

1. 预应力混凝土桥梁用锚具、夹具力学性能要求包括（     ）。
   A. 静载锚固性能   B. 疲劳荷载性能   C. 周期荷载性能   D. 力筋内缩量
   E. 锚口摩阻损失

2. 预应力混凝土桥梁用锚具、夹具静载锚固性能试验检测项目包括（     ）。
   A. 效率系数   B. 总应变   C. 力筋破坏面积   D. 锚具破损面积
   E. 锚口摩阻损失

3. 预应力混凝土桥梁用锚具、夹具静载锚固性能试验系统组成包括（     ）。
   A. 加载设备   B. 测力装置   C. 测变形装置   D. 控制系统
   E. 承力台架

4. 预应力混凝土桥梁用锚具、夹具静载锚固性能试验过程测量项目包括（     ）。
   A. 力筋长度   B. 力筋相对位移   C. 夹片相对位移   D. 承力台架变形
   E. 力筋断面收缩

5. 预应力混凝土桥梁用锚具、夹具静载锚固性能试验过程观察项目包括（     ）。
   A. 力筋变形与受力关系     B. 夹片回缩与受力关系
   C. 力筋锚固状态           D. 锚环塑性变形状态
   E. 夹片破损状态

6. 预应力混凝土桥梁用锚具、夹具静载锚固性能试验不合格现象包括（     ）。
   A. 夹片出现纵向断裂       B. 夹片出现横向、斜向断裂
   C. 锚板出现过大塑性变形   D. 锚板出现明显残余变形
   E. 夹片回缩成倍增大

7. 预应力混凝土桥梁用锚具、夹具常规检测项目为（     ）。
   A. 外观   B. 硬度   C. 静载锚固性能   D. 疲劳性能
   E. 工艺性能

8. 预应力混凝土桥梁用锚具、夹具辅助性试验项目包括（     ）。
   A. 硬度   B. 静载锚固性能   C. 力筋内缩量   D. 锚具摩阻损失
   E. 张拉锚固工艺

9. 预应力混凝土桥梁用锚具、夹具张拉锚固工艺试验观测项目包括（     ）。
   A. 分级张拉可能性   B. 力筋放松可能性   C. 力筋回缩值   D. 夹片回缩值
   E. 力筋受力均匀性

10. 预应力混凝土桥梁用锚具外形尺寸检测项目包括（     ）。
    A. 锚环直径   B. 锚环高度   C. 锚环平整度   D. 夹片高度

E. 夹片厚度

11. 预应力混凝土桥梁用锚具产品不合格评定标准包括(　　)。
    A. 效率系数<0.95,总应变<2.0%
    B. 效率系数<0.95,总应变<2.0%,且力筋在夹片处破断
    C. 效率系数<0.95,总应变<2.0%,且力筋在距夹片(2~3)$d$范围内破断
    D. 效率系数≥0.95,总应变≥2.0%,但锚具断裂
    E. 效率系数≥0.95,总应变≥2.0%,但锚具失效

12. 桥梁板式橡胶支座一般分为(　　)。
    A. 固定支座　　　　B. 活动支座　　　　C. 抗震支座　　　　D. 普通支座
    E. 四氟滑板支座

13. 桥梁球型支座标记一般包括(　　)。
    A. 名称代号　　　　B. 分类代号　　　　C. 设计竖向承载力　　D. 位移量
    E. 转角

14. 桥梁板式橡胶支座力学性能指标包括(　　)。
    A. 抗压强度　　　　B. 抗压弹性模量　　C. 抗剪弹性模量　　D. 转角值
    E. 四氟板与混凝土摩擦系数

15. 桥梁盆式橡胶支座力学性能指标包括(　　)。
    A. 竖向承载力　　　B. 水平承载力　　　C. 转角　　　　　　D. 摩擦系数
    E. 抗老化性能

16. 桥梁支座试验仪器设备应满足(　　)。
    A. 压力机示值相对误差±1%　　　　　B. 压力机示值相对误差±2%
    C. 使用负荷范围20%~80%　　　　　　D. 使用负荷范围0.4%~90%
    E. 测力计负荷范围1%~90%

17. 桥梁板式橡胶支座抗剪弹性模量试验参数正确的为(　　)。
    A. 竖向加载速率0.02~0.03MPa/s　　B. 竖向加载速率0.03~0.04MPa/s
    C. 水平加载速率0.02~0.03MPa/s　　D. 水平加载速率0.03~0.04MPa/s
    E. 剪应力分级加载标准0.1MPa

18. 桥梁盆式橡胶支座竖向承载力试验检测项目包括(　　)。
    A. 抗压强度　　　　B. 弹性模量　　　　C. 剪切模量　　　　D. 竖向压缩变形
    E. 盆环径向变形

19. 桥梁盆式橡胶支座竖向承载力试验参数正确的为(　　)。
    A. 预压荷载为竖向设计承载力　　　　B. 预压荷载为竖向设计承载力的1.0%
    C. 检验荷载为竖向设计承载力的1.2倍　D. 检验荷载为竖向设计承载力的1.5倍
    E. 初始压力为竖向设计承载力的1.0%

20. 桥梁球型支座水平承载力试验参数正确的为(　　)。
    A. 水平试验荷载为水平承载力的1.2倍　B. 水平试验荷载为水平承载力的1.5倍
    C. 预推荷载为水平承载力的10%　　　　D. 预推荷载为水平承载力的20%
    E. 初始推力取水平承载力的0.5%

21. 桥梁伸缩装置按照结构的不同分为( )。
    A. 模数式伸缩装置  B. 梳齿板式伸缩装置
    C. 橡胶式伸缩装置  D. 异型钢单缝式伸缩装置
    E. 毛勒伸缩装置
22. 桥梁模数式伸缩装置力学性能包括( )。
    A. 摩阻力  B. 变形均匀性  C. 竖向变形偏差  D. 梁体应力
    E. 防水性能
23. 桥梁用塑料波纹管力学性能包括( )。
    A. 强度  B. 环刚度  C. 局部横向荷载  D. 柔韧性
    E. 抗冲击性
24. 桥梁用金属波纹管力学性能包括( )。
    A. 强度  B. 径向刚度  C. 柔韧性  D. 抗冲击性
    E. 抗渗漏性
25. 桥梁用塑料波纹管外观及规格尺寸检测项目包括( )。
    A. 外观  B. 厚度  C. 外直径  D. 内直径
    E. 不圆度
26. 桥梁用金属波纹管试验检测项目包括( )。
    A. 刚度  B. 强度  C. 抗渗漏性  D. 外观
    E. 尺寸
27. 桥梁用金属波纹管外观及规格尺寸检测项目包括( )。
    A. 外观  B. 内外径  C. 钢带厚度  D. 波纹高度
    E. 表面粗糙度
28. 影响桥梁板式橡胶支座形状系数的因素包括( )。
    A. 橡胶性能  B. 几何尺寸  C. 橡胶厚度  D. 钢板厚度
    E. 钢板深度
29. 隧道用防水卷材外观质量检测包括( )。
    A. 长度  B. 宽度  C. 厚度  D. 平直度
    E. 平整度
30. 隧道用合成高分子防水卷材理化性能试验,除检测拉伸性能、热处理尺寸变化、抗穿孔性等指标外,还应检测( )。
    A. 不透水性  B. 低温弯折性  C. 黏合性  D. 耐化学侵蚀性
    E. 人工老化
31. 隧道用土工布力学性能除抗拉强度及延伸率外,还包括( )。
    A. 抗压缩性能  B. 握持强度及延伸率
    C. 抗撕裂强度  D. 顶破强度
    E. 刺破强度
32. 土工布在隧道排水系统中主要起到( )作用。
    A. 过滤  B. 排水  C. 隔离  D. 加筋
    E. 防护

33. 后张法预应力混凝土构件,孔道压浆浆液性能指标包括水灰比、凝结时间、流动度、泌水率和( )等。
   A. 压力泌水率　　B. 自由膨胀率　　C. 充盈度　　D. 抗压强度
   E. 抗折强度
34. 锚具应满足( )等要求。
   A. 良好自锚性能　B. 补张拉　　　　C. 安全重复使用　D. 单根张拉
   E. 锚口损失
35. 夹具应满足( )等要求。
   A. 良好自锚性能　B. 松锚性能　　　C. 安全重复使用　D. 防锈功能
   E. 松弛性能

**四、综合题**[根据所列资料,以选择题的形式(单选或多选题)选出正确的选项。每小题2分,选项部分正确按比例得分,出现错误选项该题不得分。]

1. 某桥梁上部结构为 7×30m 装配式预应力混凝土简支箱梁。主梁设置 8 束预应力筋,每束预应力筋由 6 根直径 15.2mm 的钢绞线组成,锚具采用圆形夹片式锚具;预应力孔道采用塑料波纹管成型;桥梁支座采用板式橡胶支座,分别设置固定支座和活动支座两种;全桥设置 3 道伸缩缝,伸缩缝采用模数式伸缩缝。就该工程所用工程制品回答以下问题。

(1) 该桥梁所用锚具正确的标记为( )。
   A. YJM15-6　　B. YJM6-15　　C. JYM15-6　　D. JYM6-15
(2) 对锚具进行静载锚固性能试验时,要求其效率系数满足( )。
   A. ≥0.8　　　B. ≥0.9　　　C. ≥0.92　　　D. ≥0.95
(3) 对锚具和夹具进行静载锚固性能试验时,要求组装件数量为( )。
   A. 3　　　　　B. 4　　　　　C. 5　　　　　D. 6
(4) 锚具、夹具常规检查项目包括( )。
   A. 强度　　　　B. 硬度　　　　C. 静载锚固性能　D. 锚口损失
(5) 塑料波纹管使用前除进行外观和规格尺寸检测外,还应检测( )。
   A. 环刚度试验　　　　　　　　B. 局部横向荷载试验
   C. 柔韧性试验　　　　　　　　D. 抗冲击试验
(6) 该桥梁活动支座采用矩形四氟滑板天然橡胶支座,短边尺寸 400mm,长边尺寸 600mm,厚度 50mm,则该活动支座正确的标记为( )。
   A. GJZ400×600×50(CR)　　　B. GJZ400×600×50(NR)
   C. GJZ600×400×50(CR)　　　D. GJZ600×400×50(NR)
(7) 该桥梁支座实测极限抗压强度要求满足( )。
   A. ≥65MPa　　B. ≥70MPa　　C. ≥75MPa　　D. ≥80MPa
(8) 该桥梁支座进行抗剪弹性模量试验时,为与桥梁支座实际受力状态相一致,需对支座施加( )压应力后再施加水平剪切荷载。
   A. ≥1MPa　　B. ≥2MPa　　C. ≥10MPa　　D. ≥70MPa
(9) 该桥梁活动支座进行摩擦系数试验时,支座承受的竖向压应力为 500kN,在施加

12kN 水平剪切力作用下,试验装置中不锈钢板和四氟滑板接触面之间产生活动,则该支座摩擦系数为(    )。

  A. ≥0.024  B. ≥0.023  C. ≥0.021  D. ≥0.02

（10）为保证支座均匀受压,要求该桥梁支座实测转角正切值应满足(    )。

  A. ≥1/300  B. ≥1/500  C. ≥1/600  D. ≥1/1500

（11）该桥梁用伸缩缝装置,对拉伸、压缩时最大竖向变形偏差要求满足(    )。

  A. ≤1.0mm  B. ≤2.0mm  C. ≤3.0mm  D. ≤5.0mm

◆◆ 习题参考答案及解析 ◆◆

## 一、单项选择题

1. D

2. A

【解析】锚具种类：圆锚张拉端锚具（YM）、扁锚张拉端锚具（YMB）、圆锚固定端压花锚具（YMH）、扁锚固定端压花锚具（YMHB）、圆锚固定端挤压锚具（YMP）、扁锚固定端挤压锚具（YMPB）、夹具（YJ）、连接器（YMJ）。

3. C

【解析】锚具静载锚固性能试验：钢绞线-锚具组装件进行静载试验,测定锚具效率系数 $\eta_a$ 和达到实测极限拉力时组装件受力长度的总应变 $\varepsilon_{apu}$。应满足：锚具效率系数 $\eta_a$≥0.95；总应变 $\varepsilon_{apu}$≥2.0%。

4. D

5. C

【解析】锚具疲劳荷载性能试验：钢绞线-锚具组装件经200万次循环荷载后,锚具零件不应发生疲劳破坏,钢绞线因锚具夹持作用发生疲劳破坏面积不应大于原试件总面积5%。

6. A

【解析】锚具周期荷载性能试验：用于抗震结构中的锚具,经钢绞线-锚具组装件50次周期荷载试验后,钢绞线在锚具夹持区域不应发生破断、滑移、夹片松脱现象。

7. C

【解析】钢绞线内缩量试验/辅助性试验：张拉端钢绞线内缩量<5mm。

8. C

【解析】锚口（含锚下垫板）摩阻损失率/辅助性试验：<6%。

9. B

【解析】夹具的静载锚固性能：由钢绞线-夹具组装件静载试验测定夹具效率系数 $\eta_g$ 来确定, $\eta_g$≥0.92；钢绞线-夹具组装件达到实测极限拉力 $F_{gpu}$ 时,应是钢绞线断裂,不应是由锚具失效而导致试验终止。夹具应具有可靠自锚性能,重复使用>300次,并具有安全性。

10. D

【解析】钢绞线锚具组装件试验之前,必须进行单根钢绞线的力学性能试验,进行试验的试件应同组装件试验的钢绞线是同一盘,并从中每次随机抽取6个试件。

11. C

【解析】静载锚固性能试验:在通过外观检查和硬度检验的锚具中抽取6套样品,与符合试验要求的预应力筋组装成3个预应力筋-锚具组装件,并应由国家或省级质量技术监督部门授权的专业质量检测机构进行静载锚固性能试验。

12. B
13. B
14. C

【解析】加载之前,必须先将各根预应力钢材的初应力调匀,初应力取钢材抗拉强度标准值的5%~10%。正式加载步骤为:按预应力钢材抗拉强度标准值的20%、40%、60%、80%分4级等速加载,加载速度宜为100MPa/min,达到80%后,持荷1h,随后逐步加载至破坏。

15. A
16. A
17. D

【解析】周期荷载性能:当锚固的预应力筋为钢丝、钢绞线或热处理钢筋时,试验应力上限取预应力钢材抗拉强度标准值的80%,下限取预应力钢材抗拉强度标准值的40%;当锚固的预应力筋为有明显屈服台阶的预应力钢材时,试验应力上限取预应力钢材抗拉强度标准值的90%,下限取预应力钢材抗拉强度标准值的40%。

18. D

【解析】疲劳荷载性能:当锚固的预应力筋为钢丝、钢绞线或热处理钢筋时,试验应力上限取预应力钢材抗拉强度标准值的80%,疲劳应力幅度取80MPa。

19. B

【解析】锚具、夹具硬度试验:环境要求试验一般在10~35℃室温进行。对于精度要求较高的试验,室温应控制在23℃±5℃。

20. D

【解析】洛氏硬度试验:两相邻压痕中心间距离至少应为压痕直径的4倍,但不得小于2mm,任一压痕中心距试样边缘距离至少为压痕直径的2.5倍,但不得小于1mm。

21. C
22. B

【解析】锚具、夹具和连接器以同一类产品、同一批原材料、同一种工艺一次投料生产锚具和夹片以不超过2000套为一验收批,连接器以不超过500套为一个验收批,主要检验指标为外观检查、硬度和静载锚固性能。外观检查从每批中抽取2%,且不少于10套。对其中有硬度要求的零件,硬度检验应从每批中抽取3%,且不少于5套,对多孔夹片式锚具的夹片,每套至少抽取5片。

23. C

【解析】矩形板式橡胶支座(代号GJZ)、圆形板式橡胶支座(代号GYZ)、矩形四氟滑板橡胶支座(代号GJZF4)、圆形四氟滑板橡胶支座(代号GYZF4)。

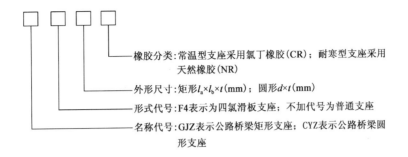

24. A

【解析】按使用性能分类:双向活动支座代号为 SX;单向活动支座代号为 DX;固定支座代号为 GD。按适用温度范围分类:常温型支座适用于 $-25 \sim +60$℃ 使用;耐寒型支座适用于 $-40 \sim +60$℃ 使用,代号为 F。

25. B

【解析】如图所示。

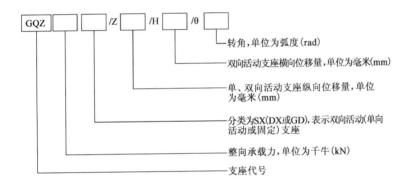

26. C
27. B
28. C
29. B

【解析】

| 项目 | 指标 |
|---|---|
| 极限抗压强度 $R_U$(MPa) | ≥70 |
| 实测抗压弹性模量 $E_1$(MPa) | $E \pm E \times 20\%$ |
| 实测抗剪弹性模量 $G_1$(MPa) | $G \pm G \times 15\%$ |
| 实测老化后抗剪弹性模量 $G_2$(MPa) | $G \pm G \times 15\%$ |

30. A
31. C

**【解析】**

| 项　　目 | | 指　　标 |
|---|---|---|
| 实测转角正切值 tanθ | 混凝土桥 | ≥1/300 |
| | 钢桥 | ≥1/500 |
| 实测四氟板与不锈钢板表面摩擦系数μ(加硅脂时) | | ≤0.03 |

32. C
33. C
34. C

**【解析】** 支座竖向承载力性能：在竖向设计荷载作用下，支座压缩变形值不得大于支座总高度的2%，盆环上口径向变形不得大于盆环外径的0.05%，支座残余变形不得超过总变形量的5%。

35. C
36. D

**【解析】** 水平承载力：标准系列中，固定支座在各方向和单向活动支座非滑移方向的水平承载力均不得小于支座竖向承载力的10%。抗震型支座水平承载力不得小于承载力的20%。

37. B

**【解析】** 支座转动角度不得小于0.02rad。

38. B
39. C
40. B

**【解析】** 在竖向设计承载力的作用下，支座的竖向压缩变形不应大于支座总高度的1%，盆环径向变形不应大于盆环外径的0.05%；固定支座和单向活动支座非滑移方向的水平承载力均不应小于支座竖向设计承载力的10%。

41. B

**【解析】** 支座竖向/水平承载力试验：试验条件(试验室的标准温度为23℃±5℃)；试件停放(试验前将试样直接暴露在标准温度下停放24h)。

42. A

**【解析】** 预压：将压应力以0.03~0.04MPa/s速率连续地增至平均压应力σ=10MPa，持荷2min，然后以连续均匀的速度将压应力卸至1.0MPa，持荷5min。正式加载：每一加载循环自1.0MPa开始，将压应力以0.03~0.04MPa/s速率均匀加载至4MPa，持荷2min后，采集支座变形值，然后以同样速率每2MPa为一级逐级加载，每级持荷2min后，采集支座变形数据直至平均压应力为止，绘制的应力-应变图应呈线性关系。然后以连续均匀的速度卸载至压应力为1.0MPa。

43. A

**【解析】** 预加水平力：以0.002~0.003MPa/s的速率连续施加水平剪应力至剪应力τ=1.0MPa，持荷5min，然后以连续均匀的速度卸载至剪应力为0.1MPa，持荷5min，绘制应力-

应变图,预载三次。正式加载:每一加载循环自 $\tau=0.1$ MPa 开始,每级剪应力增加 0.1MPa,持荷 10min,采集支座变形数据,至 $\tau_1=1.0$ MPa 为止,绘制的应力-应变图应呈线性关系。然后以连续均匀的速度卸载至剪应力为 0.1MPa。

44. C

【解析】抗剪老化试验:将试样置于老化箱内,在 70℃±2℃ 温度下经 72h 后取出,将试样在标准温度 230℃±5℃ 下,停放 48h,再在标准试验室温度下进行剪切试验,试验与标准抗剪弹性模量试验方法步骤相同。

45. C

【解析】同上第 42 题。

46. B

【解析】同上第 43 题。

47. C

【解析】极限抗压强度试验:以 0.1MPa/s 的速率连续地加载至试样极限抗压强度 $R_u$ 不小于 70MPa 为止,绘制应力-时间图,并随时观察试样受力状态及变化情况,试样是否完好无损。

48. C

【解析】荷载试验:其检验荷载应是支座设计承载力的 1.5 倍,并以 10 个相等的增量加载。

49. B

【解析】竖向承载力试验:加载至设计承载力的 0.5% 后,核对承载板四周的位移传感器和千分表,确认无误后进行预压。

50. A

【解析】水平承载力试验:试验荷载为支座水平承载力的 1.2 倍。

51. B

【解析】正式加载时,试验荷载由零至检验荷载均分 10 级,试验时先将竖向设计承载力加至 50% 后,再以支座设计水平力的 0.5% 作为初始推力,然后逐级加载,每级荷载稳压 2min 后读取百分表数据,待设计水平力达到 90% 后,再将设计荷载加至设计承载力,然后将水平承载力加至试验荷载稳压 3min 后卸载。

52. C

【解析】支座卸载后,如残余变形超过总变形量的 5%,应重复上述试验;若残余变形不消失或有增长趋势,则认为该支座不合格。

53. B

54. C

55. B

【解析】如下表所示。

| 项 目 | 模数式伸缩缝标准 |
|---|---|
| 拉伸、压缩时最大水平摩阻力(kN/m) | ≤4 |
| 拉伸、压缩时最大竖向偏差或变形(mm) | 1~2 |
| 防水性能 | 注满水 24h 无渗漏 |

56. B

【解析】如图所示。

57. C
58. D
59. C
60. C

【解析】原材料技术要求:塑料波纹管原材料应使用原始粒状原料,严禁使用粉状和再造粒状颗粒原料。外观要求:塑料波纹管的外观应光滑,色泽均匀,内外壁不允许有隔体破裂、气泡、裂口、硬块及影响使用的划伤;环刚度要求塑料波纹管环刚度应不小于$6kN/m^2$。局部横向荷载:塑料波纹管承受横向局部荷载时,管材表面不应破裂,卸荷5min后管材变形量不得超过管材外径的10%。柔韧性要求:塑料波纹管按规定的弯曲方法反复弯曲5次后,专用塞规能顺利地从塑料波纹管中通过,则塑料波纹管的柔韧性合格。抗冲击性要求:塑料波纹管低温落锤冲击试验的真实冲击率TIR最大允许值为10%。

61. C
62. A
63. C

【解析】如下表所示。

| 截面形状 | | 圆形 | 扁形 |
|---|---|---|---|
| 集中荷载(N) | 标准型 | 800 | 500 |
| | 增强型 | | |
| 均布荷载(N) | 标准型 | $F=0.31d^2$ | $F=0.15d$ |
| | 增强型 | | |
| 类型 | 标准型 $d\leq75mm$ | ≤0.20 | ≤0.20 |
| | 标准型 $d>75mm$ | ≤0.15 | |
| | 增强型 $d\leq75mm$ | ≤0.10 | ≤0.15 |
| | 增强型 $d>75mm$ | ≤0.08 | |

64. C

【解析】从五根管材上各取300mm±10mm长试样一段,两端应与轴线垂直切平。

65. D

【解析】柔韧性试验:将一根长1100mm的试件,垂直地固定在测试平台上。

66. D
67. C

【解析】 集中荷载作用下刚度试验方法:试件长度取 $5d(d_e)$ 且应不小于 300mm,通过放置在波谷位置的直径 10mm 圆钢,在最小刻度不低于 10N 的万能试验机上以不超过 20N/s 的加载速度施加集中荷载至规定值。

68. D

【解析】 金属波纹管抗渗漏试验:试件长度取 $5d(d_e)$ 且应不小于 300mm。按集中荷载作用下径向刚度试验方法,将直径 10mm 圆钢放置在金属波纹管咬口位置,施加集中荷载至变形达到圆管内径或扁管短轴尺寸的 20%,制成集中荷载作用后抗渗漏性能试验试件。

69. B

【解析】 外观质量的判定:在外观质量检测中抽取 5 根(段)产品中,当有 3 根(段)不符合规定时,则该 5 根(段)所代表的产品不合格;若有 2 根(段)不符合规定时,可再抽取 5 根(段)进行检测,若仍有 2 根(段)不符合规定,则该批塑料波纹管为不合格。

70. B

【解析】 检验结果判定:当检验结果有不合格项目时,应取双倍数量的试件对该不合格项目进行复验,复验仍不合格时,该批产品为不合格产品,型式检验不合格。

71. D

【解析】 弯曲后抗渗漏性能试验:将预应力混凝土用金属波纹管弯成圆弧,圆弧半径为:圆管为 30 倍内径且不大于 800 倍组成预应力筋的钢丝直径;扁管短轴方向为 4000mm。

72. B

【解析】 弯曲后抗渗漏性能试验:试件底部沿切线水平方向放置,下端封严,用水灰比为 0.50 由普通硅酸盐水泥配制的纯水泥浆灌满试件,观察表面渗漏情况 35min;也可用清水灌满试件,如果试件不渗水,可不再用水泥浆进行试验。

73. C

【解析】 同上第 67 题。

74. A
75. C
76. B
77. D
78. D

【解析】 土工织物拉伸试验分别以纵向和横向作为试样长边,剪取试样各至少 5 个。

79. B
80. A

【解析】 公路桥梁模数式伸缩装置表示代号为 M,梳齿板式伸缩装置代号为 S,无缝式伸缩装置代号为 W。

81. D

【解析】 锚具、夹具和连接器进场时,应从每批产品中抽取 2% 且不少于 10 套样品进行外观检验,表面不得有裂纹和锈蚀。

82. D

【解析】 锚具、夹具和连接器进场时,应从每批产品中抽取 2% 且不少于 10 套样品进行尺寸检验,其外形尺寸应符合产品质保书所示的尺寸范围。

83. C

**【解析】** 锚具、夹具和连接器进场时,应从每批产品中抽取3%且不少于5套样品进行硬度检验,其硬度应符合产品质保书的规定。

84. A
85. C
86. D
87. B
88. C
89. D

**【解析】** 预应力筋张拉锚固后,建立在锚下的实际有效预应力与设计张拉控制应力的相对偏差应不超过±5%,且同一断面中预应力束的有效预应力不均匀度应不超过±2%。

90. B
91. A    92. A    93. C    94. B    95. C

## 二、判断题

1. √
2. ×

**【解析】** 加载之前必须先将各根预应力钢材的初应力调匀,初应力可取钢材抗拉强度标准值的5%~10%。正确的加载步骤为:按预应力钢材抗拉强度标准值的20%、40%、60%、80%分四级等速加载,加载速度为100MPa/min,达到80%后,持荷1h,再逐步加载至破坏。

3. √
4. √
5. √
6. ×

**【解析】** 预应力筋-锚具组装件的破坏形式应是预应力钢材的断裂(预应力钢丝逐根或多根同时断裂),锚具零件的变形不应过大或碎裂。夹片式锚具的夹片在预应力筋应力达到$0.8f_{ptk}$时不允许出现裂纹和破断;在满足合格标准后允许出现微裂和纵向断裂,不允许出现横向、斜向断裂及碎断。因受预应力筋多根或整束激烈破断的冲击引起夹片的破坏或断裂属正常情况。预应力筋拉力达到极限破断时,锚板及其锥形锚孔不允许出现过大塑性变形,锚板中心残余变形不应出现明显挠度。

7. ×

**【解析】** 桥梁用锚具、夹具静载锚固性能试验结果应按要求进行评定,3个试验结果均应满足标准规定,而不是取平均值作为试验结果。

8. ×

**【解析】** 周期荷载性能试验适用范围:有抗震要求的结构中使用的锚具、预应力筋-锚具组装件。

9. √

10. √
11. ×

**【解析】** 锚具的锚口摩擦损失率不宜大于6%。

12. √
13. √
14. √
15. √
16. ×

**【解析】** 应从每批中抽取5%的锚具且不少于5套,对其中有硬度要求的零件做硬度试验,对多孔夹片式锚具的夹片,每套至少抽取5片。每个零件测试3点,其硬度应在设计要求范围内,如有一个零件不合格,则应另取双倍数量的零件重做试验,如仍有一个零件不合格,则应逐个检查,合格者方可使用。

17. ×

**【解析】** 应从同批中抽取6套锚具(夹具或连接器)组成3个预应力筋锚具组装件,进行静载锚固性能试验,如有一个试件不符合要求,则应另取双倍数量的锚具(夹具或连接器)重做试验,如仍有一个试件不符合要求,则该批锚具(夹具或连接器)为不合格品。

18. √
19. √
20. ×

**【解析】** 每一块试样的抗压弹性模量为3次加载过程所得的3个实测结果的算术平均值。但单项结果和算术平均值之间的偏差不应大于算术平均值的3%,否则应对该试样重新复核试验一次,如果仍超过3%,应由试验机生产厂专业人员对试验机进行检修和检定,合格后再重新进行试验。

21. √
22. ×

**【解析】** 每对检验支座所组成试样的综合抗剪弹性模量,为该试件3次加载所得到的3个结果的算术平均值。但各单项结果与算术平均值之间的偏差应不大于算术平均值的3%,否则应对该试样重新复核试验一次,如果仍超过3%,应请试验机生产厂专业人员对试验机进行检修和检定,合格后再重新进行试验。

23. ×

**【解析】** 水平荷载下位移传感器所测得的试样累计水平剪切变形,按试样橡胶层的总厚度求出。

24. √
25. √
26. √
27. ×

**【解析】** 将压应力以0.03~0.04MPa/s的速率连续地增至平均压应力$\sigma$,绘制应力-时间图,并在整个摩擦系数试验过程中保持不变。其预压时间为1h;以0.002~0.003MPa/s的速率连续地施加水平力,直至不锈钢板与四氟滑板试样接触面间发生滑动为止,记录此时的水平剪应力作为初始值。

28. √
29. √
30. ×

【解析】支座或试件滑动摩阻系数取第 2 次~第 5 次实测平均值。3 组试件摩阻系数平均值作为该批聚四氟乙烯板的摩阻系数。

31. ×

【解析】测试盆环径向变形:加载前应对试验支座预压 3 次,预压荷载为支座设计承载力。

32. ×

【解析】支座压缩变形和盆环径向变形量分别取相应各测点实测数据的算术平均值。

33. ×

【解析】试验荷载为支座竖向承载力的 1.5 倍,加载至设计承载力的 0.5% 预压,将支座竖向设计承载力以连续均匀的速度加满。

34. ×

【解析】试验荷载由零至检验荷载均分 10 级,试验时以支座竖向设计承载力的 0.5% 作为初始压力,然后逐级加压,每级荷载稳压 2min 后读取百分表及千分表数据,直至检验荷载,稳压 3min 后卸载。

35. ×

【解析】将支座竖向设计荷载以连续均匀地速度加满,在整个摩擦系数试验过程中保持不变。其预压时间为 1h。

36. √
37. ×

【解析】将支座竖向承载力加至设计承载力的 50%,用水平承载力的 20% 进行欲推。

38. ×

【解析】支座力学性能试验时,随机抽取 3 块(或 3 对)支座,若有 2 块(或 2 对)不能满足要求,则认为该批产品不合格。若有 1 块(或 1 对)支座不能满足要求时,则应从该批产品中随机再抽取双倍支座对不合格项目进行复检,若仍有一项不合格,则判定该批产品不合格。

39. √
40. ×

【解析】根据实测各级加载的变形量分别绘制荷载-竖向压缩变形曲线和荷载-盆环径向变形曲线。两变形曲线均应呈线性关系。卸载后支座复原不能低于 95%。

41. √
42. ×

【解析】整体制作的试验结果,若有两个支座各有一项不合格或有一个支座两项不合格时,应取双倍试样对不合格项目进行复检,若仍有一个支座一项不合格,则判定该产品不合格。

43. ×

【解析】桥梁用球型支座整体试验结果若有一个支座 3 项不合格,则该产品不合格。

44. ×

【解析】目前,我国公路和城市桥梁中使用的伸缩缝种类有:U 形锌铁皮式伸缩缝、TST 碎石弹性伸缩缝、钢板式伸缩缝、钢板式伸缩缝、组合式伸缩缝。

45. √

46. √    47. √    48. √    49. √    50. √

51. ×

【解析】在试件中部位置波谷处取一点,用端部为 $\phi 12$ 的圆柱顶压头施加横向荷载 $F$,要求在 30s 内达到规定荷载值 800kN,持荷 2min 后观察管材表面是否破裂;卸荷 5min 后,在加载处测量塑料波纹管外径的变形量。

52. √

53. ×

【解析】试件竖放,将加荷部位置于下部,下端封严。用水灰比为 0.50 由普通硅酸盐水泥配制的纯水泥浆灌满试件,观察表面渗漏情况 30min;也可用清水灌满试件,如果试件不渗水,可不再用水泥浆进行试验。

54. √

55. √

56. ×

【解析】环刚度:管壁单位变形所需要的力。当管壁局部在外力作用下产生变形,这个变形是管在整体的环形组合抵抗作用下产生的变形,而非管局部独立抵抗作用,所以计算管壁变形要采用环刚度。

57. √

58. ×

【解析】《公路工程土工合成材料试验规程》推荐采用圆柱形顶压杆顶破试验。

59. √

【解析】隧道用土工织物作为隧道防水板内部垫层,需能够抵抗隧道初次衬砌表面石子、支护钢构件端头等集中荷载作业,防止破损。

60. √

61. √

62. ×

【解析】锚具、夹具和连接器检验合格的产品,在现场的存放期超过 1 年,再用时应进行外观检测。

63. ×

【解析】锚具静载锚固性能试验如有 1 个试件不符合要求,则应另取双倍数量的样品重做试验;如仍有 1 个试件不符合要求,则该批锚具不合格。

64. √

65. ×

【解析】后张法预应力混凝土构件,压浆时每一工作班应制作留取不少于3组尺寸为40mm×40mm×160mm的棱柱体试件,进行抗压强度试验和抗折强度试验。

### 三、多项选择题

1. ABCDE

【解析】预应力混凝土桥梁用锚具、夹具力学性能要求包括:①静载锚固性能;②疲劳性能;③周期荷载性能;④张拉性能;⑤防松性能;⑥低温锚固性能;⑦锚口损失率性能等。

2. AB

【解析】锚具的静载锚固性能,应由预应力筋-锚具组装件静载试验测定的锚具效率系数和达到实测极限抗拉时组装件中预应力筋中的总应变确定。

3. ABCDE

4. ABC

5. ABCDE

【解析】静载锚固试验装置包括:加荷载用千斤顶、荷载传感器、测量总应变的装置、自动控制系统和承力台座。试验过程中,应测量和观察项目:①选取有代表性预应力钢材,逐级测量其与锚具的相对位移,相对位移若与受力筋受力增量不成比例,可能失锚滑动;②若锚具与受力筋受力增量不成比例,可能发生塑性变形;③预应力筋应力达到$0.8f_{ptk}$时,持荷1h,以上相对位移若不能保持稳定,表明失去可靠锚固能力;④试件达到最大拉力时记录极限拉力和受力筋自由长度的总应变;⑤夹片在受力筋达到$0.8f_{ptk}$时不允许出现裂纹和破断;⑥预应力受力筋的破损状况观察。

6. BCDE

【解析】锚具组装件的破坏形式应是预应力筋的断裂,锚具零件不应破坏。夹片式锚具的夹片在预应力筋拉应力未超过$0.8f$时不应出现裂纹。锚具破坏时夹片式锚具的夹片可出现微裂或一条纵向断裂裂缝,锥形锚孔不应出现过大的塑性变形,锚板中心残余挠度不应大于锚板直径的1/600。

7. ABC

【解析】常规检测项目有:外观、硬度和静载锚固性能试验。

8. CDE

【解析】辅助性试验:①内缩量试验;②摩阻损失试验;③张拉锚固工艺试验。

9. ABE

【解析】张拉锚固试验观察:①分级张拉或因张拉设备倒换行程需要临时锚固的可能性;②经过张拉锚固后,预应力筋内各根预应力钢材受力的均匀性;③张拉发生故障时,将预应力全部放松的可能性。

10. ABD

【解析】锚具外形尺寸检测项目包括:①锚环直径;②锚环高度;③夹片高度。

11. BCDE

【解析】 钢绞线-锚具组装件进行静载试验,测定锚具效率系数 $\eta_a$ 和达到实测极限拉力时组装件受力长度的总应变 $\varepsilon_{apu}$。应满足:锚具效率系数 $\eta_a \geq 0.95$;总应变 $\varepsilon_{apu} \geq 2.0\%$。

12. DE

【解析】 按结构形式分类:①普通板式橡胶支座区分为矩形板式橡胶支座(代号 GJZ)、圆形板式橡胶支座(代号 GYZ);②四氟滑板式橡胶支座区分为矩形四氟滑板橡胶支座(代号 GJZF4)、圆形四氟滑板橡胶支座(代号 GYZF4)。

13. ABCDE

【解析】 如图所示。

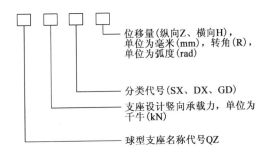

14. ABCD

【解析】 支座力学性能包括:①极限抗压强度;②实测抗压弹性模量;③实测抗剪弹性模量;④实测老化后抗剪弹性模量;⑤实测转角正切值 $\tan\theta$;⑥实测四氟板与不锈钢板表面摩擦系数。

15. ABCD

【解析】 盆式橡胶支座力学性能:①竖向承载力;②水平承载力;③转角;④摩阻系数。

16. ADE

【解析】 试验机的级别为Ⅰ级,示值相对误差最大允许值为 ±1.0%,试验机正压力使用可在最大力值的 0.4%~90% 范围内。水平力的使用可在最大力值的 1%~90% 范围内,其示值的准确度和相关的技术要求应满足 JJG 175 的规定。

17. BCE

【解析】 将压应力以 0.03~0.04MPa/s 的速率连续地增至平均压应力,绘制应力-时间图,并在整个抗剪试验过程中保持不变;以 0.002~0.003MPa/s 的速率连续施加水平剪应力至剪应力 $\tau = 1.0$MPa,持荷 5min,然后以连续均匀的速度卸载至剪应力为 0.1MPa,持荷 5min,记录初始值,绘制应力-应变图。正式加载:每一加载循环自 $\tau = 0.1$MPa 开始,每级剪应力增加 0.1MPa,持荷 10min,采集支座变形数据,至 $\tau = 1.0$MPa 为止,绘制的应力-应变图应呈线性关系。然后以连续均匀的速度卸载至剪应力为 0.1MPa。

18. DE

【解析】 在竖向设计荷载作用下,支座竖向压缩变形值不得大于支座总高度的 2%,盆环上口径向变形不得大于盆环外径的 0.5%,支座残余变形不得超过总变形量的 5%。

19. ADE

【解析】荷载试验:其检验荷载应是支座设计承载力的1.5倍,并以10个相等的增量加载。在支座顶底板间均匀安装四只百分表,测试支座竖向压缩变形;在盆环上口相互垂直的直径方向安装四只千分表,测试盆环径向变形。加载前应对试验支座预压3次,预压荷载为支座设计承载力。试验时检验荷载以10个相等的增量加载,加载前先给支座一个较小的初始压力,初始压力的大小可视试验机精度具体确定,然后逐级加载,每级加载稳压后即可读数,并在支座设计荷载时加测读数,直至加载到检验荷载,卸载至初始压力,测定残余变形,此时一个加载程序完毕。一个支座需往复加载3次。

20. ADE

【解析】试验荷载为支座水平承载力的1.2倍;将支座竖向承载力加至设计承载力的50%,用水平承载力的20%进行欲推;试验时先将支座竖向承载力加至设计承载力的50%后再以支座设计水平力的0.5%作为初始推力,然后分10级逐级加载。

21. ABCD

【解析】伸缩装置按照伸缩体结构的不同分为四类:①模数式伸缩装置;②梳齿板式伸缩装置;③橡胶式伸缩装置;④异型钢单缝式伸缩装置。

22. ABCD

【解析】模数式伸缩装置性能:①拉压最大水平摩阻力;②拉压变位均匀性;③拉压最大竖向偏差或变形;④相对错位;⑤最大荷载时的应力;⑥防水性能。其中①~⑤属于力学性能。

23. BCDE

【解析】塑料波纹管性能:原材料、外观、环刚度、局部横向荷载、柔韧性、抗冲击性。

24. BE

【解析】金属波纹管力学性能:径向刚度(集中荷载、均布荷载)、抗渗漏性。

25. ABCDE

【解析】尺寸检测项目:内径、外径、壁厚、不圆度。

26. ACDE

【解析】试验检测项目:外观、尺寸、径向刚度、抗渗漏性能。

27. ABCD

【解析】规格尺寸检测项目:内径尺寸、外径尺寸、长度、波纹高度、钢带厚度。

28. BE

【解析】桥梁板式橡胶支座形状系数是由几何尺寸和钢板深度决定的。

29. ABCDE
30. ABCDE
31. ABCDE    32. ABE    33. ABCDE    34. ABCDE    35. ABCD

## 四、综合题

1. (1) A    (2) D    (3) A    (4) BC    (5) ABCD
   (6) B

(7) B

(8) C

**【解析】** 板式橡胶支座成品力学性能指标见下表。

| 项　　目 | | 指　标　标　准 |
|---|---|---|
| 实测极限抗压强度(MPa) | | ≥70 |
| 实测抗压弹性模量(MPa) | | E ± E × 20% |
| 实测抗剪弹性模量(MPa) | | G ± G × 15% |
| 实测老化后抗剪弹性模量(MPa) | | G ± G × 15% |
| 实测转角正切值 | 混凝土桥 | ≥1/300 |
| | 钢桥 | ≥1/500 |
| 实测四氟滑板与不锈钢板表面摩擦系数 | | ≤0.03 |

(9) A

(10) A

(11) B

# 第三章 构件材质无损检测

【主要知识点】

回弹仪技术要求,回弹法检测适用范围、检测抽样数量与测区布设,回弹值计算方法与修订,回弹测强曲线应用;超声波仪技术要求,超声-回弹综合法检测抽样数量与测区布设,超声波检测方法与测值修正,超声回弹测强曲线适用范围及测强曲线应用;钻芯法检测部位、芯样制作及强度测定方法;混凝土锈蚀电位、氯离子含量、钢筋分布与保护层厚度、碳化深度、电阻率等技术状况指标的检测原理、方法和评定标准;混凝土缺陷超声波无损检测原理、适用范围和检测技术要求。

## 一、单项选择题(四个备选项中只有一个正确答案,每题1分)

1. 钻芯法检测混凝土构件强度,按单个构件检测时,每个构件的钻芯数量不少于( )。
   A.2个　　　　B.3个　　　　C.4个　　　　D.6个
2. 钻芯法检测混凝土构件强度,钻取的芯样直径一般不宜小于集料最大粒径的( )。
   A.1倍　　　　B.2倍　　　　C.3倍　　　　D.4倍
3. 钻芯法检测混凝土构件强度,芯样抗压试件的高度和直径之比应在( )范围。
   A.0.5~1.0　　B.1.0~1.5　　C.1.0~2.0　　D.1.5~2.0
4. 对混凝土强度等级低于( )的结构,不宜采用钻芯法检测。
   A.C10　　　　B.C15　　　　C.C20　　　　D.C25
5. 钻芯法检测混凝土强度,每个试件内最多只允许含有2根直径小于( )的钢筋。
   A.6mm　　　　B.8mm　　　　C.10mm　　　D.12mm
6. 回弹仪在洛氏硬度HRC为60±2的钢砧上,率定值应为( )。
   A.40±2　　　B.60±2　　　C.80±2　　　D.100±2
7. 回弹仪法检测混凝土构件,每一结构或构件测区数一般不应少于( )。
   A.4　　　　　B.6　　　　　C.8　　　　　D.10
8. 回弹仪法检测混凝土构件,相邻两测区的间距应控制在( )以内。
   A.0.5m　　　B.1.0m　　　C.1.5m　　　D.2.0m
9. 回弹仪法检测混凝土构件,测区距构件端部不宜大于0.5m,且不宜小于( )。
   A.0.05m　　　B.0.1m　　　C.0.15m　　　D.0.2m
10. 回弹仪法检测混凝土构件,测区面积不宜大于( )。
    A.0.01m²　　B.0.02m²　　C.0.03m²　　D.0.04m²
11. 回弹仪法检测混凝土构件,测点宜在测区内均匀分布,相邻测点的净距不宜小于

(    )。

  A.10mm    B.15mm    C.20mm    D.40mm

12.回弹仪法检测混凝土构件,回弹值测量完毕,应在有代表性的位置上测量碳化深度,测点数不少于构件测量数的(　　)。

  A.10%    B.20%    C.30%    D.40%

13.回弹仪法检测混凝土构件,当碳化深度极值差大于(　　)时,应在每一个测区测量碳化深度。

  A.0.5mm    B.1mm    C.2mm    D.4mm

14.检测混凝土碳化深度需用浓度为(　　)的酚酞酒精溶液。

  A.1%    B.2%    C.3%    D.4%

15.检测混凝土回弹强度,每个测区应记录(　　)回弹值。

  A.8个    B.16个    C.20个    D.32个

16.检测混凝土碳化深度,按批量检测的构件,混凝土强度平均值小于C25,标准偏差大于(　　)时,应按单个构件评定。

  A.2.5MPa    B.3.0MPa    C.4.5MPa    D.5.5MPa

17.回弹法检测混凝土强度,全国测强曲线适用的龄期为(　　)。

  A.28～500d    B.28～1000d    C.14～500d    D.14～1000d

18.全国统一测强曲线进行测区混凝土强度换算,适用的强度等级为(　　)。

  A.5～50MPa    B.10～50MPa    C.5～60MPa    D.10～60MPa

19.回弹仪法检测混凝土碳化深度,按批量进行检测的构件,抽检数量不得少于同批构件总数的(　　),且不得少于10件。

  A.10%    B.20%    C.30%    D.40%

20.超声波检测混凝土的均匀性,一般采用(　　)。

  A.对测法    B.斜测法    C.平测法    D.钻孔法

21.超声波检测表面损伤层厚度时,一般采用(　　)。

  A.对测法    B.斜测法    C.平测法    D.钻孔法

22.当混凝土预计裂缝深度大于500mm时,应采用(　　)检测。

  A.对测法    B.斜测法    C.平测法    D.钻孔法

23.钢管混凝土缺陷一般采用(　　)检测。

  A.径向对测法    B.斜测法    C.平测法    D.钻孔法

24.扭剪型高强螺栓连接副件的抽样套数为(　　)。

  A.3    B.5    C.8    D.10

25.高强度大六角头螺栓连接副扭矩系数的抽样套数为(　　)。

  A.3    B.5    C.8    D.10

26.漆膜磁性测厚仪测量精度要求(　　)。

  A.1μm    B.2μm    C.5μm    D.10μm

27.下列能够测定成桥后索力的方法是(　　)。

  A.电阻应变片法    B.千斤顶法    C.传感器法    D.振动测定法

28. 钻芯法按自然干燥状态进行试验时,芯样试件在受压前应在室内自然干燥( )。
   A. 1d          B. 2d          C. 3d          D. 5d
29. 钻芯法按潮湿状态进行试验时,芯样试件应在(20±5)℃的清水中浸泡( ),从水中取出后应立即进行抗压强度试验。
   A. 10~20h      B. 20~30h      C. 30~40h      D. 40~48h
30. 用回弹法测强时,其碳化深度为0.3mm,其计算深度取值为( )。
   A. 0mm         B. 0.3mm       C. 0.5mm       D. 1.0mm
31. 用回弹法测强时,其碳化深度为大于( )时,应对其进行修正。
   A. 1mm         B. 2mm         C. 4mm         D. 6mm
32. 回弹值的计算中,当测试混凝土底面时,数据处理时首先应进行( )。
   A. 角度的修正   B. 浇筑面的修正  C. 不需修正    D. 同时修正
33. 回弹仪在每次使用前应进行( )。
   A. 比对        B. 校验         C. 率定         D. 常规保养
34. 混凝土的强度越低,则塑性变形越大,从而回弹值就( )。
   A. 越大        B. 越小         C. 不变         D. 无法判定
35. 用回弹法测强时,其碳化深度为9mm,计算时取为( )。
   A. 0.0mm       B. 3mm          C. 6mm          D. 9mm
36. 在诸多混凝土缺陷无损检测方法中,应用最广泛的是( )。
   A. 超声法       B. 回弹法        C. 钻芯法        D. 拔出法
37. 在工程混凝土强度检测中,回弹测点一般要求布置在构件混凝土浇筑方向的( )。
   A. 侧面        B. 顶面         C. 底面         D. 内部
38. 当采用钻孔法检测深裂缝的深度时,需要向测孔中( )。
   A. 直接放入换能器进行检测即可      B. 注入泥浆
   C. 应注满清水                    D. 注入黄油
39. 目前工程中超声波法主要采用( )来判别混凝土缺陷。
   A. 波速        B. 波形         C. 频率         D. 波幅
40. 调试超声波检测仪时,测得 $t_0 = 5\mu s$,已知某测点声距 $L = 40cm$,仪器显示声时为105μs,则超声波在混凝土中传播的声速为( )。
   A. 3636m/s     B. 3810m/s      C. 4000m/s      D. 4200m/s
41. 所谓浅裂缝,是指局限于结构表层,开裂深度不大于( )的裂缝。
   A. 500mm       B. 600mm        C. 700mm        D. 800mm
42. 评定水泥混凝土的抗压强度,每批的试件组数一般不超过( )。
   A. 30~50组     B. 50~80组      C. 80~100组     D. 100~120组
43. 电位法检测钢筋锈蚀状态,混凝土含水率对量测值有明显影响,因此测量时构件应在自然状态,含水率为( )。
   A. 1%~2%       B. 2%~3%        C. 2%~5%        D. 5%~10%
44. 电位法检测钢筋锈蚀状态,当环境温度在( )范围之外,要对铜/硫酸铜电极做温度修正。

A. 20℃±3℃ B. 22℃±5℃ C. 25℃±3℃ D. 25℃±2℃

45. 电位法检测钢筋锈蚀状态,表示无锈蚀活动的电位水平标准为( )。
　　A. 0~-200　　B. -200~-300　　C. -300~-400　　D. -400~-500

46. 电位法检测钢筋锈蚀状态,表示构件存在锈蚀开裂区域的电位水平标准为( )。
　　A. 0~-200　　B. -200~-300　　C. -300~-400　　D. <-500

47. 混凝土氯离子含量检测每一测区取粉的钻孔数量不宜少于( )。
　　A. 1个　　B. 2个　　C. 3个　　D. 4个

48. 混凝土中氯离子含量检测时,钻孔取粉后应将样品放置( )环境温度下2h。
　　A. 20℃±3℃　　B. 20℃±5℃　　C. 63℃±5℃　　D. 105℃±5℃

49. 混凝土中诱发钢筋锈蚀活化的氯离子含量标准为( )。
　　A. <0.15　　B. 0.4~0.7　　C. 0.7~1.0　　D. >1.0

50. 混凝土中会诱发钢筋锈蚀的氯离子含量标准为( )。
　　A. <0.15　　B. 0.4~0.7　　C. 0.7~1.0　　D. >1.0

51. 混凝土中对钢筋锈蚀影响很小的氯离子含量标准为( )。
　　A. <0.15　　B. 0.4~0.7　　C. 0.7~1.0　　D. >1.0

52. 混凝土电阻率测量采用( )。
　　A. 二电极　　B. 三电极　　C. 四电极　　D. 五电极

53. 混凝土电阻率对钢筋锈蚀影响很快的电阻率标准为( )。
　　A. >20000Ω·cm　　　　　　B. 10000~15000Ω·cm
　　C. 5000~10000Ω·cm　　　　D. <5000Ω·cm

54. 混凝土钢筋分布测区按照单个构件检测时,每个构件上的测区数不少于( )。
　　A. 2个　　B. 3个　　C. 4个　　D. 5个

55. 混凝土钢筋分布检测相邻两个测区间距不宜小于( )。
　　A. 0.5m　　B. 1m　　C. 1.5m　　D. 2m

56. 混凝土钢筋分布检测每个测区测点数不少于( )。
　　A. 5个　　B. 10个　　C. 16个　　D. 20个

57. 对某一类构件进行混凝土钢筋分布检测时,抽样数不少于同类构件总数的( )。
　　A. 5%　　B. 10%　　C. 30%　　D. 50%

58. 当两根钢筋横向并列在一起时,其等效直径为( )。
　　A. $d_1+d_2$　　B. $2(d_1+d_2)$　　C. $1/2(d_1+d_2)$　　D. $3/4(d_1+d_2)$

59. 当两根钢筋竖向并列在一起时,其等效直径为( )。
　　A. $d_1+d_2$　　B. $2(d_1+d_2)$　　C. $1/2(d_1+d_2)$　　D. $3/4(d_1+d_2)$

60. 混凝土保护层易使钢筋失去碱性保护,造成钢筋锈蚀的评定标度为( )。
　　A. >0.95　　B. 0.70~0.85　　C. 0.55~0.70　　D. <0.55

61. 用校准钻孔法修正钢筋保护层厚度,实测保护层厚度为52mm,仪器测量厚度为56mm,则修正系数为( )。
　　A. 1.08　　B. 0.93　　C. 1.15　　D. 0.9

62. 混凝土的碳化是由于混凝土中碱性物质与( )等气体发生的中性反应。

A. $CO_2$ B. $N_2$ C. $Cl_2$ D. $S_2O_3$

63. 桥梁结构技术状况评定等级为1、2、3、4、5,对应的缺陷状况评定标度为( )。
    A. 1、2、3、4、5 B. 5、4、3、2、1
    C. 100、90、80、70、60 D. 好、较好、差、较差、危险

64. 在用桥梁混凝土强度状况为良好时,对应的评定标度为( )。
    A. 1 B. 2 C. 3 D. 4

65. 在用桥梁混凝土强度均质系数介于(0.95,0.9)之间时,对应的评定标度为( )。
    A. 1 B. 2 C. 3 D. 4

66. 混凝土桥梁钢筋锈蚀电位每一测区的测点数不宜少于( )。
    A. 5 B. 10 C. 15 D. 20

67. 混凝土桥梁钢筋锈蚀电位检测宜采用( )。
    A. 全电池电位 B. 半电池电位 C. 桥式电位 D. 半桥式电位

68. 评定混凝土桥梁钢筋发生锈蚀活性的指标为( )。
    A. 电位 B. 氯离子含量 C. 电阻率 D. 碳化

69. 混凝土桥梁钢筋锈蚀电位≥−200时,对应评定标度为( )。
    A. 1 B. 2 C. 3 D. 4

70. 混凝土桥梁构件存在锈蚀开裂区域时,对应的锈蚀电位为( )。
    A. ≥−200 B. (−200,−300)
    C. (−400,−500) D. <−500

71. 混凝土桥梁氯离子含量及其分布,要求每一被检测构件测区数量不宜少于( )。
    A. 2 B. 3 C. 4 D. 5

72. 对混凝土桥梁进行电阻率检测时,要求被检测构件的测区数量不宜少于( )。
    A. 10 B. 20 C. 30 D. 40

73. 当混凝土桥梁电阻率<5000时,对应的评定标度为( )。
    A. 2 B. 3 C. 4 D. 5

74. 混凝土桥梁构件钢筋混凝土保护层厚度特征值与设计值的比值≤0.55时,对应的评定标度为( )。
    A. 2 B. 3 C. 4 D. 5

75. 采用半电池电位对混凝土桥梁主要构件中钢筋锈蚀电位检测时,每一测区的测点数一般不宜小于( )。
    A. 8 B. 12 C. 16 D. 20

76. 超声回弹综合法测定混凝土强度适用于( )。
    A. 轻型回弹仪 B. 中型回弹仪 C. 重型回弹仪 D. 三者均可

77. 模拟式超声波检测仪连续静止1h数字变化不超过( )。
    A. ±0.1μs B. ±0.2μs C. ±0.5μs D. ±1μs

78. 数字式超声波检测仪自动测读时,在同一测试条件下,在1h内每5min测读一次声时值的差异不超过( )。
    A. ±0.1μs B. ±0.2μs C. ±0.5μs D. ±1μs

79. 超声波检测仪换能器的实测主频与标称频率相差不应超过（　　）。
    A. ±1%　　　　　B. ±3%　　　　　C. ±5%　　　　　D. ±10%
80. 专用测强曲线的抗压强度相对误差应满足（　　）。
    A. ≤6%　　　　　B. ≤8%　　　　　C. ≤10%　　　　D. ≤12%

## 二、判断题（正确的划"√"，错误的划"×"，请填在题后的括号里，每题1分）

1. 钻芯法测定混凝土构件强度，芯样直径在任何情况下不得小于集料最大粒径的2倍。（　　）
2. 钻芯芯样试件宜在与被检测结构或构件混凝土湿度基本一致的条件下进行抗压试验。（　　）
3. 硫黄胶泥补平钻芯芯样一般适用于自然干燥状态下试件，水泥砂浆补平法一般适用于潮湿状态下试件。（　　）
4. 回弹法测定混凝土强度是属于一种表面硬度法。（　　）
5. 混凝土强度越低，则塑性变形越大，回弹值越大。（　　）
6. 回弹仪不使用时，应将弹击杆压入仪器内，装入仪器箱，平放在干燥阴凉处。（　　）
7. 回弹测区应尽可能使回弹仪处于水平方向检测混凝土浇筑侧面。（　　）
8. 回弹测点不应在气孔或外露石子上，距外露钢筋预埋件的距离不宜小于30mm。（　　）
9. 测量混凝土碳化深度时，应采用适当的工具在测区表面形成直径约15mm的孔洞，用水将孔洞内粉末冲洗干净。（　　）
10. 测区回弹值取16个测点值的平均值。（　　）
11. 当检测时回弹仪为非水平方向且测试面为非浇筑侧面时，应先进行浇筑面修正，再进行角度修正。（　　）
12. 回弹法测定混凝土应首先选用专用测强曲线进行推算。（　　）
13. 回弹法测定混凝土强度，当测区数少于10个时，应按最小测区强度检算值作为混凝土强度评定值。（　　）
14. 掺加引气型外加剂的混凝土不能采用全国统一测强曲线进行混凝土强度检算。（　　）
15. 当混凝土构件强度大于50MPa时，可采用标准能量大于2.207J的混凝土回弹仪，并用专用测强曲线进行检测。（　　）
16. 超声波仪仪器显示的时间（声时）即为超声波在被检测物体中的传播时间。（　　）
17. 当采用一只厚度振动式换能器和一只径向振动式换能器进行检测时，声时初读数可取该厚度振动式换能器和径向振动式换能器的初读数之和的一半。（　　）
18. 当混凝土的组成材料、工艺条件、内部质量及测试距离一定时，各测点超声传播速度首波波幅和接收信号主频率等声学参数一般无明显差异。（　　）
19. 超声换能器应通过耦合剂与结构表面接触，耦合层中不得夹杂泥沙或空气。（　　）
20. 超声换能器一般利用脉冲在缺陷界面的反射信号作为判别缺陷状态的依据。（　　）
21. 超声波检测混凝土相对均匀性，声波传播方向保持与主钢筋的方向一致。（　　）

22. 由于超声波声速与混凝土厚度之间是线性关系,可以作为混凝土均匀性等级评定的依据。（　）

23. 超声波检测混凝土表面损伤层厚度,测点布置应避免两换能器的连线方向与附近主钢筋的轴线平行。（　）

24. 混凝土表面损伤层检测宜选用频率较低的径向振动式换能器。（　）

25. 大体积混凝土最好在气温较高的季节或结构受荷状态下进行裂缝检测。（　）

26. 超声回弹综合法与单一的回弹法或超声波相比,受混凝土龄期和含水率影响小,测试精度高,适用广。（　）

27. 超声回弹综合法对同批构件进行检测时,构件抽样数应不少于同批构件的30%,且不少于4件,每个构件的测区数不少于10个。（　）

28. 当用超声回弹综合法检测混凝土浇筑顶面及底面时,应对声速进行修正。（　）

29. 超声回弹综合法检测单个构件时,混凝土强度推定值取各测区中最小的混凝土强度换算值。（　）

30. 拔出法是一种介于钻芯法和无损检测方法之间的检测方法,操作简单易行,有足够精度。（　）

31. 不同强度等级及不同配合比的混凝土应在浇筑地点或拌和地点分别随即制取试件。（　）

32. 当混凝土试件组数大于或等于10组时,应采用数理统计方法进行评定。（　）

33. 同一类构件当混凝土浇筑间隔时间较长时,应分别评定。（　）

34. 钢结构若焊缝表面出现缺陷,焊缝内部便有存在缺陷的可能。（　）

35. 采用磁粉检测方法检测磁性材料的表面缺陷,比使用超声波或射线检测的灵敏度高。（　）

36. 用钻芯法测得的混凝土强度可以直接用来评定结构混凝土的强度等级。（　）

37. 混凝土芯样的高度与直径之比对所测抗压强度影响不大。（　）

38. 回弹法测强的误差比较大,因此对比较重要的构件或结构物强度检测必须慎重使用。（　）

39. 回弹法对弹击时产生颤动的薄壁、小型构件应进行固定。（　）

40. 用回弹仪测定水泥混凝土强度时,混凝土碳化使混凝土表面回弹值变小。（　）

41. 当粗集料最大粒径大于60mm时,不能采用回弹法测强。（　）

42. 在超声波测试混凝土内部缺陷时,钢筋轴线与声波传播方向平行时,钢筋对波速的影响不大。（　）

43. 预应力可使混凝土构件在使用荷载作用下不致开裂或推迟开裂,或者使裂缝宽度减小。（　）

44. 电位法检测钢筋锈蚀是利用混凝土中钢筋的电化学反应引起的电压变化来测定钢筋锈蚀状态。（　）

45. 电位法是通过测定钢筋-混凝土电极与在混凝土表面的铜/硫酸铜参考电极之间的电位差评定钢筋锈蚀状态。（　）

46. 电位法检测钢筋锈蚀状态时要求混凝土表面应处于干燥状态。（　）

47. 电位法检测钢筋锈蚀状态时,铜/硫酸铜电极一般接二次仪表的负输入端,钢筋接二次仪表的正输入端。（  ）

48. 为保证电位法检测钢筋锈蚀状态时能保证良好的导电性,两个测点之间应保留自由表面水。（  ）

49. 由于混凝土含水量对电位法量测精度影响较大,一般要进行现场比较性试验以提高评定可靠度。（  ）

50. 混凝土中氯离子可诱发并加速钢筋的锈蚀,测量混凝土中氯离子含量可以直接评定钢筋锈蚀活化的可能性。（  ）

51. 混凝土中氯离子含量检测时,钻孔取粉应分层收集。每次收集后,钻头、硬塑料管及钻孔内都应用水清理干净。（  ）

52. 混凝土中氯离子含量检测时,钻孔取粉时同一测区不同孔相同深度的粉末可收集在一个塑料袋内,质量不应少于25g。（  ）

53. 混凝土中氯离子含量检测时,钻孔取粉时不同测区测孔相同深度的粉末可收集在一个塑料袋内,质量不应少于25g。（  ）

54. 采用滴定条法测定氯离子含量,当分析取样 5g,加硝酸 50mL,则查表所得的值即为氯离子百分比含量。（  ）

55. 混凝土电阻率可通过混凝土表面两电压电极间的混凝土电阻测出。（  ）

56. 混凝土内部钢筋检测时,将测试仪传感器在构件表面平行移动,当仪器显示值最大时,传感器正方即是所测钢筋的位置。（  ）

57. 混凝土内部钢筋位置确定后,将测试仪传感器在原处左右转动一定角度,仪器显示最小值时传感器长轴线的方向即是钢筋的走向。（  ）

58. 混凝土保护层测读时,将测试仪传感器置于钢筋位置正上方,仪器显示最小值即是该处保护层厚度。（  ）

59. 钢筋保护层测量,对于不同钢种和直径应确定各自的修正系数,每一修正系数应采用三次平均值。（  ）

60. 钢筋分布测量用标准垫块进行综合修正时,修正系数为传感器在标准垫块上的测量值与在混凝土表面上的测量值之差。（  ）

61. 钢筋保护层测量经过修正后,准确度可在 5% 以内。（  ）

62. 钢筋锈蚀电位是指钢筋混凝土在干燥状态下半电池电极与测试参考电极之间的电位差。（  ）

63. 钢筋锈蚀电位差越大,混凝土中钢筋发生锈蚀的可能性越小。（  ）

64. 测量混凝土中氯离子含量可直接评判钢筋锈蚀活化的可能性。（  ）

65. 混凝土中氯离子含量越高,钢筋发生锈蚀的可能性越大。（  ）

66. 混凝土电阻率反映了混凝土的导电性,可直接判断钢筋的可能锈蚀速率。（  ）

67. 混凝土电阻率越大,钢筋锈蚀发展越快。（  ）

68. 根据混凝土中钢筋处氯离子含量评判诱发钢筋锈蚀可能性时,应按照测区最低氯离子含量确定。（  ）

69. 混凝土氯离子含量越高,钢筋发生锈蚀的可能性越大。（  ）

70. 评定钢筋锈蚀速率时,应按照测区电阻率最大值确定混凝土电阻率评定标度。
（　）
71. 混凝土碳化评定标度由实测保护层厚度平均值与测区混凝土碳化深度平均值的比值确定。
（　）
72. 通过测试混凝土碳化深度评定其对钢筋锈蚀影响。（　）
73. 混凝土桥梁钢筋保护层厚度可采用电磁检测法进行无损检测。（　）
74. 钢筋保护层厚度评定标度由实测保护层厚度特征值直接确定。（　）
75. 混凝土保护层厚度是影响结构钢筋耐久性的一个重要因素。（　）
76. 超声回弹法计算混凝土抗压强度换算值时,非同一测区内的回弹值和声速值不得混用。
（　）
77. 当结构或构件的测区抗压强度换算值中出现小于 10MPa 的值时,该构件的混凝土抗压强度推定值取小于 10MPa。
（　）
78. 当结构或构件的测区少于 10 个时,该构件的混凝土抗压强度推定值取最大的测区混凝土抗压强度换算值。
（　）
79. 所采用的混凝土超声波检测仪应通过技术鉴定,必须具有产品合格证。（　）
80. 回弹仪当天使用前,应在钢砧上进行率定试验。（　）

### 三、多项选择题（每题所列的备选项中,有 2 个或 2 个以上正确答案,选项全部正确得满分,选项部分正确按比例得分,出现错误选项本题不得分,每题 2 分）

1. 目前混凝土无破损检测方法有（　　）。
   A. 钻芯法　　　　　　　　　B. 回弹法
   C. 超声法　　　　　　　　　D. 超声-回弹综合法
   E. 拉拔法

2. 钻芯法检测混凝土强度,需对芯样测量的指标包括（　　）。
   A. 平均直径　　B. 芯样高度　　C. 垂直度　　D. 平整度
   E. 重量

3. 以下（　　）情况下不得采用钻芯法评定混凝土强度。
   A. C10 以下混凝土　　　　　B. 含有两根直径小于 10mm 的钢筋
   C. 芯样有裂缝　　　　　　　D. 芯样高度小于 0.95 倍直径
   E. 芯样大于 2.05 倍直径

4. 在下列（　　）情况下需对回弹仪进行标定。
   A. 新仪器启用　　　　　　　B. 累计弹击超过 6000
   C. 使用 1 年以上　　　　　　D. 保养后钢砧率定值为 70±2
   E. 受严重撞击

5. 回弹法检测混凝土强度,下列（　　）情况能采用全国统一测强曲线进行换算。
   A. 普通成型工艺　　　　　　B. 标准模板
   C. 掺加引气型外加剂　　　　D. 混凝土处于潮湿状态
   E. 混凝土抗压强度为 50MPa

6. 回弹法检测混凝土强度,下列( )情况不能采用全国统一测强曲线进行换算。
   A. 掺加引气型外加剂　　　　　　　　B. 特种成型工艺
   C. 龄期 5 年　　　　　　　　　　　　D. 钢模浇筑
   E. 抗压强度为 70MPa

7. 回弹法检测混凝土强度,下列( )情况必须采用专用测强曲线进行换算。
   A. 粗集料最大粒径大于 40mm　　　　B. 粗集料最大粒径大于 60mm
   C. 特种成型工艺　　　　　　　　　　D. 检测部位曲率半径小于 250mm
   E. 潮湿或浸水混凝土

8. 平面振动式换能器声时初读数标定方法有( )。
   A. 直接相对法　　B. 长短测距法　　C. 标准试棒法　　D. 水测法
   E. 共振法

9. 超声换能器检测混凝土质量布置方法有( )。
   A. 对测法　　　　B. 斜测法　　　　C. 平测法　　　　D. 钻孔法
   E. 重叠法

10. 超声波检测混凝土相对均匀性要求满足( )。
    A. 有相对平行测试面　　　　　　　　B. 测点间距 200～500mm
    C. 测点间距 500～1000mm　　　　　　D. 靠近主钢筋方向
    E. 避开主钢筋方向

11. 超声波检测混凝土浅裂缝可采用( )。
    A. 对测法　　　　B. 平测法　　　　C. 双面斜测法　　D. 钻孔法
    E. 重叠法

12. 超声波检测混凝土结合面施工质量可采用( )。
    A. 对测法　　　　B. 平测法　　　　C. 斜测法　　　　D. 钻孔法
    E. 重叠法

13. 钢结构构件焊接过程检验项目包括( )。
    A. 原材料　　　　B. 焊接规范　　　C. 焊缝尺寸　　　D. 装配质量
    E. 内部探伤检测

14. 下列属于焊接规范检查的项目是( )。
    A. 焊接电流　　　B. 焊接电压　　　C. 焊接速度　　　D. 焊条直径
    E. 焊接顺序

15. 能够进行施工过程索力测试的方法有( )。
    A. 电阻应变片法　　　　　　　　　　B. 拉索伸长量测定法
    C. 张拉千斤顶测定法　　　　　　　　D. 压力传感器测定法
    E. 振动测定法

16. 钻芯法钻取芯样的部位应满足( )。
    A. 结构或构件受力较小的部位　　　　B. 混凝土强度质量具有代表性的部位
    C. 便于钻芯机安放与操作的部位　　　D. 避开主筋、预埋件和管线的位置
    E. 与非破损法取同一测区

17. 回弹测区的选择应符合( )。
    A. 测区数一般不少于 10 个　　　　B. 测区面积为 20cm×20cm
    C. 避开外露预埋铁件　　　　　　　D. 避开粗集料
    E. 薄壁构件应进行固定

18. 回弹法测强影响因素包括( )。
    A. 水泥品种　　B. 粗集料品种　　C. 成型方法　　D. 模板种类
    E. 混凝土龄期

19. 超声法检测浅裂纹时,应注意( )。
    A. 裂缝中不得有水或水泥等夹杂物　　B. 换能器必须对称裂缝轴线布置
    C. 混凝土中应无主钢筋　　　　　　　D. 裂缝走向应接近直线
    E. 与钢筋轴线相距 1.5 倍预计裂缝深度

20. 超声波法检测混凝土缺陷的依据有( )。
    A. 超声脉冲波在混凝土中遇到缺陷时产生绕射
    B. 超声脉冲波在缺陷界面产生散射和反射
    C. 超声脉冲波中各频率成分在缺陷界面衰减程度不同
    D. 超声脉冲波通过缺陷时,部分声波会产生路径和相位变化,产生波形畸变
    E. 超声波对混凝土的组成材料、内部质量及测试距离一定时,参数变化明显

21. 超声波法可以检测混凝土的( )缺陷。
    A. 混凝土浅裂缝　　　　　　　B. 混凝土均匀性
    C. 混凝土结合面质量　　　　　D. 混凝土中不密实区和空洞
    E. 混凝土深裂缝

22. 有缺陷处混凝土的超声波与无缺陷混凝土相比较,可能发生( )。
    A. 声时明显偏大　　　　　　　B. 波幅明显降低
    C. 频率明显降低　　　　　　　D. 声径长度变短
    E. 声径长度变长

23. 混凝土结构物的缺陷和损伤的形成原因有( )。
    A. 施工原因
    B. 非外力作用形成的裂缝
    C. 长期在腐蚀介质或冻融作用下由表及里的层状疏松
    D. 外力作用所产生的裂缝
    E. 人为破坏

24. 电位法检测钢筋锈蚀状态时,测区的选择与测点布置应满足( )。
    A. 检测范围为承重构件主要受力部位
    B. 检测范围为次要受力部位
    C. 测点数量一般不少于 20 个
    D. 测点位置距构件边缘大于 50mm
    E. 测区内相邻测点读数大于 150mV 时,应减少测点间距

25. 电位法检测钢筋锈蚀状态时,测量值的采集应满足( )。

A. 测点读数变动不超过 2mV

B. 测点读数变动不超过 5V

C. 不同的电极重复测读的差异不超过 10mV

D. 不同的电极重复测读的差异不超过 20mV

E. 同一测点,同一参考电极,重复读数差异不超过 10mV

26. 电位法检测钢筋锈蚀状态时,测量值将会受( )因素影响。

A. 温度影响　　　　　　　　　　B. 电磁场干扰影响

C. 混凝土保护层影响　　　　　　D. 混凝土含水率影响

E. 仪器输入阻抗影响

27. 混凝土氯离子含量检测时,测区的选择与测点布置应满足( )。

A. 检测范围为承重构件主要受力部位

B. 检测范围为次要受力部位

C. 测点数量一般不少于 20 个

D. 测点位置距构件边缘大于 50mm

E. 钢筋有明显锈蚀部位

28. 桥梁伸缩缝主要评定指标包括( )。

A. 凹凸不平　　　B. 锚固区缺陷　　　C. 破损　　　D. 失效

E. 断裂

29. 实验室化学法测定混凝土中氯离子总含量,需配制合成试剂包括( )。

A. 10% 铁矾溶液　　　　　　　　B. $0.02N$ 硫氰酸钾标准溶液

C. $6N$ 硝酸溶液　　　　　　　　D. $0.02N$ 氯化钠标准溶液

E. $0.02N$ 硝酸银溶液

30. 影响混凝土中钢筋锈蚀影响因素包括( )。

A. 碳化深度　　　　　　　　　　B. 混凝土含水率

C. 混凝土电阻率　　　　　　　　D. 氯离子含量

E. 环境温度

31. 混凝土电阻率测量基本要求包括( )。

A. 混凝土表面洁净　　　　　　　B. 混凝土表面与电极充分耦合

C. 测试探头垂直混凝土表面　　　D. 合适的探头间距

E. 混凝土表面自然状态

32. 混凝土内部钢筋分布检测范围包括( )。

A. 主要承重构件　　　　　　　　B. 承重构件主要受力部位

C. 钢筋可能锈蚀活化部位　　　　D. 结构验算薄弱部位

E. 联结构件

33. 影响钢筋分布测量精度的因素包括( )。

A. 外加磁场　　　　　　　　　　B. 混凝土本身磁性

C. 钢筋品种　　　　　　　　　　D. 钢筋间距

E. 保护层厚度

34. 在用桥梁缺损状况评价内容包括( )。
    A. 基础          B. 下部结构       C. 上部结构        D. 桥面系
    E. 附属设施

35. 在用桥梁几何形态参数包括( )。
    A. 桥跨纵向线形  B. 墩台顶变位     C. 拱轴线          D. 索塔顶水平变位
    E. 主缆线形

36. 在用桥梁混凝土构件强度检测应布设在以下( )部位。
    A. 主要受力部位  B. 主要构件       C. 损伤严重部位    D. 横向连接部位
    E. 材质较差部位

37. 在用桥梁混凝土强度检测可采用( )。
    A. 取芯法        B. 地质雷达法     C. 回弹法          D. 超声波法
    E. 超声回弹综合法

38. 在用桥梁钢筋锈蚀电位评定标度为( )的主要构件或主要受力部位,应测试混凝土中氯离子含量。
    A. 1            B. 2             C. 3              D. 4
    E. 5

39. 在用桥梁钢筋锈蚀电位评定标度为( )的主要构件或主要受力部位,应测试混凝土碳化深度。
    A. 1            B. 2             C. 3              D. 4
    E. 5

40. 在用桥梁缺失相关资料,钢筋混凝土保护层厚度检测内容包括( )。
    A. 钢筋规格      B. 钢筋位置       C. 保护层厚度      D. 钢筋直径
    E. 钢筋数量

41. 在用桥梁混凝土保护层厚度检测部位包括( )。
    A. 主要构件                        B. 主要受力部位
    C. 钢筋可能锈蚀部位                 D. 钢筋锈蚀胀裂部位
    E. 混凝土碳化测区部位

42. 超声回弹综合法不适用于检测( )等已造成表面疏松、剥落的混凝土。
    A. 冻害          B. 化学侵蚀       C. 火灾            D. 高温
    E. 开裂

43. 回弹仪有下列( )情况之一者,应进行常规保养。
    A. 弹击超过 1000 次                B. 弹击超过 2000 次
    C. 对检测值有怀疑                  D. 钢砧上率定值不符合要求
    E. 每次使用前

44. 超声波检测仪应具有波形清晰、显示稳定的示波装置;并满足以下( )技术指标。
    A. 声时最小分度值 0.1μs            B. 最小分度值 1dB 信号幅度调整系数
    C. 接收灵敏度不大于 50μV           D. 总增益不小于 80dB
    E. 连续正常工作时间不少于 4h

45. 混凝土构件按照批量抽样检测时,符合下列( )条件的构件可作为同批构件。
   A. 混凝土设计强度等级相同
   B. 混凝土原材料、配合比、成型工艺、养护条件和龄期基本相同
   C. 构件种类相同
   D. 施工阶段所处状态基本相同
   E. 使用阶段受力基本相同

**四、综合题**[根据所列资料,以选择题的形式(单选或多选题)选出正确的选项。每小题2分,选项部分正确按比例得分,出现错误选项该题不得分]

1. 某桥梁预制厂进行梁体预制,混凝土设计强度为C30。实测某批梁体强度(单位:MPa)见下表,结合表中数据,回答下列问题(其中 $K_1 = 1.7$, $K_2 = 0.90$)。

| 30.5 | 31.6 | 31.6 | 32.5 | 28.6 | 29.7 | 30.4 | 28.6 | 33.0 | 32.1 | 30.5 | 32.2 | 30.0 |
| --- | --- | --- | --- | --- | --- | --- | --- | --- | --- | --- | --- | --- |

(1) 试件≥10组时,应以( )方法进行评定。
   A. 数理统计    B. 平均值    C. 正态分布    D. 非统计

(2) 评价该批梁体强度所用公式为( )。
   A. $R_n - K_1 S_n \geq 0.9R$    B. $R_n \geq 1.15R$    C. $R_{min} \geq K_2 R$    D. $R_{min} \geq 0.95R$

(3) 该批梁体强度均方差为( )。
   A. 0.925MPa    B. 1.423MPa    C. 1.598MPa    D. 2.356MPa

(4) 该批梁体强度平均值为( )。
   A. 20.11MPa    BC. 23.56MPa    C. 30.87MPa    D. 35.12MPa

(5) 该批梁体强度是否满足设计要求( )。
   A. 满足    B. 不满足    C. 条件不够    D. 无法判断

2. 某装配式预应力混凝土简支梁桥修建于20世纪90年代,桥梁设计荷载等级为汽车—20级,挂车—100,下部结构为桩柱式墩台,钻孔灌注桩基础。随着桥梁使用性能的退化和重载交通不断增加,该桥上部梁板存在一定的安全隐患。为保证桥梁安全使用需对该桥进行加固设计,以满足现行公路—Ⅰ级荷载标准。结合该桥梁板技术状况检测情况,回答以下问题。

(1) 采用回弹法测定梁板强度时,要求梁板设置测区数不应少于( ),且应选取( )的测区数进行碳化深度检测。
   A. 5个,20%    B. 5个,30%    C. 10个,20%    D. 10个,30%

(2) 在选用回弹测强曲线时,应优先选用( )。
   A. 全国测强曲线    B. 地区测强曲线    C. 专用测强曲线    D. 没区别

(3) 在检测过程中,发现梁板存在局部火灾损伤状况,为进一步确定混凝土表面损伤厚度,决定采用超声波仪进行损伤厚度检测。超声波检测应采取以下哪种方式( )。
   A. 对测法    B. 平测法    C. 斜测法    D. 钻孔法

(4) 采用超声波法判断混凝土内部缺陷主要指标包括( )。
   A. 波速    B. 波幅    C. 频率    D. 波形

(5) 为检测梁板钢筋锈蚀状况,采用半电池电位法测得电位值为-50mV,可确定梁板内

部钢筋状况为( )。

  A.无锈蚀活动性　　　　　　　　B.可能存在坑蚀
  C.严重锈蚀可能性极大　　　　　D.存在锈蚀开裂区域

（6）通过钻取梁板混凝土粉末,测得混凝土中氯离子含量为0.1%,可判定该梁板钢筋锈蚀的可能性( )。

  A.很小　　　B.不确定　　　C.有锈蚀可能性　　　D.钢筋锈蚀活化

（7）采用钢筋保护层测试仪测得保护层厚度特征值与设计值的比值为0.98,则保护层对结构耐久性影响( )。

  A.影响不显著　　　　　　　　　B.有轻度影响
  C.有较大影响　　　　　　　　　D.钢筋失去碱性保护发生锈蚀

（8）采用混凝土电阻率测试仪测得混凝土电阻率为22000Ω·cm,可判定钢筋锈蚀速率( )。

  A.很慢　　　B.慢　　　C.一般　　　D.很快

（9）在对该桥支座进行外观检测时,应注意观测以下哪些内容( )。

  A.支座是否完好有无断裂、错位、脱空　　B.支承垫石有无开裂
  C.橡胶是否老化　　　　　　　　　　　　D.四氟滑板是否完好

（10）对该桥墩台身和基础进行外观检测时,应注意观察以下哪些内容( )。

  A.墩台及基础有无滑动、倾斜　　　　　B.台背填土有无沉降
  C.墩台身混凝土开裂、剥落、露筋情况　　D.基础冲蚀情况

## ◆◆ 习题参考答案及解析 ◆◆

### 一、单项选择题

**1. B**

【解析】钻芯法检测混凝土构件强度,按单个构件检测时,有效芯样数量不少于3个,对于较小构件,有效芯样数量不少于2个。

**2. C**

【解析】抗压的芯样试件宜采用标准试件,其公称直径不宜小于集料最大粒径的3倍,也可采用小直径芯样试件,但其公称直径不应小于70mm且不得小于集料最大粒径的2倍。

**3. C**

**4. A**

【解析】当混凝土的龄期过短或强度低于10MPa时,在钻芯法过程中容易破坏砂浆与粗集料之间的黏结力,钻出的芯样表面变得较粗糙,甚至很难取出完整芯样。因此在钻芯前,应根据混凝土的配合比、龄期等情况对混凝土的强度予以预测,以保证钻芯工作的顺利进行和检测结果的准确性。

**5. C**

【解析】标准芯样试件,每个试件内最多只允许有2根直径小于10mm的钢筋;公称直

径小于100mm的芯样试件,每个试件内最多只允许有一根直径小于10mm的钢筋;芯样内的钢筋应与芯样试件的轴线基本垂直并离开端面10mm以上。

6. C

【解析】回弹仪应符合洛氏硬度HRC为60±2的钢砧上,率定值应为80±2。

7. D

【解析】《回弹法检测混凝土抗压强度技术规程》规定,单个构件,测区数目不宜少于10个。当受检构件数量大于30且不需要提供单个构件推定强度时,每个构件的测区数量可适当减少,但不应少于5个。

8. D

【解析】《回弹法检测混凝土抗压强度技术规程》规定,单个构件,相邻两测区的间距应控制在2m以内。

9. D

【解析】《回弹法检测混凝土抗压强度技术规程》规定,单个构件,测区距构件端部不宜大于0.5m,且不宜小于0.2m。

10. D

【解析】《回弹法检测混凝土抗压强度技术规程》规定,单个构件,测区面积不宜大于$0.04m^2$。

11. C

【解析】《回弹法检测混凝土抗压强度技术规程》回弹值测量规定,测点宜在测区内均匀分布,相邻测点的净距不宜小于20mm。

12. C

【解析】《回弹法检测混凝土抗压强度技术规程》碳化深度值测量规定,应在有代表性的位置上测量碳化深度,测点数不少于构件测量数的30%,应取平均值作为该构件每个测区的碳化深度值。当碳化深度极值差大于2mm时,应在每一个测区测量碳化深度。

13. C

14. A

15. B

【解析】《回弹法检测混凝土抗压强度技术规程》回弹值测量规定,每个测区应记录16个回弹值,每一测点的回弹值读数应精确至1。

16. C

17. D

【解析】《回弹法检测混凝土抗压强度技术规程》统一测强曲线规定,全国测强曲线适用自然养护,且龄期为14~1000d。

18. D

【解析】《回弹法检测混凝土抗压强度技术规程》统一测强曲线规定,适用的强度等级为10~60MPa。

19. C

【解析】《回弹法检测混凝土抗压强度技术规程》混凝土按单个构件或者按批量进行

检测时规定,按批量进行检测的构件,抽检数量不得少于同批构件总数的30%,且不得少于10件。

20. A
21. C

【解析】 超声波平测法是指两只换能器布置在同一平面。

22. D

【解析】《超声法检测混凝土缺陷技术规程》规定,预计裂缝深度大于500mm时,应采用钻孔法检测。

23. A

【解析】 发射换能器和接收换能器分别置于被测结构相互平行的两个表面,且两个换能器的轴线位于同一支线上时,称为对测法。

24. C
25. C

【解析】 高强度大六角头螺栓连接副扭矩系数的抽样一组代表一个批次的螺栓,一个批次螺栓最多3000套,每批螺栓随机抽样8套做扭矩系数试验。

26. B
27. D
28. C
29. D
30. A

【解析】《回弹法检测混凝土抗压强度技术规程》碳化深度值测量规定,应取3次测量的平均值作为检测结果,并精确至0.5mm。

31. B

【解析】 构件的混凝土强度的检测应符合下列规定:其碳化深度为大于2mm时,应对其进行修正。

32. A
33. C

【解析】 在仪器行业,对仪器的校准测定称为率定。

34. B

【解析】 混凝土的强度越低,则塑性变形越大,从而回弹值就越小。

35. C

【解析】《回弹法测定混凝土抗压强度技术规程》规定,酚酞兰指示剂1%酒精溶液测的碳化深度大于6mm的取6mm,精确度0.5mm,小于0.5mm取0。并不是修正碳化深度,碳化深度是按技术规程规定取平均值。修正系数是按碳化深度修正强度。

36. B

【解析】 回弹法是用一弹簧驱动的重锤,通过弹击杆(传力杆),弹击混凝土表面,并测出重锤被反弹回来的距离,以回弹值(反弹距离与弹簧初始长度之比)作为与强度相关的指标,来推定混凝土强度的一种方法。由于测量在混凝土表面进行,所以应属于一种表面硬度法,是基于混凝土表面硬度和强度之间存在相关性而建立的一种检测方法。

37. A
38. C
39. A
40. C
41. A
42. C
43. B

【解析】《公路桥梁承载能力检测评定规程》规定,电位法检测钢筋锈蚀状态,混凝土含水率对量测值有明显影响,在自然状态,含水率为2%~3%。

44. B

【解析】《公路桥梁承载能力检测评定规程》规定,当环境温度在22℃±5℃范围之外,要对铜/硫酸铜电极做温度修正。

45. A
46. D

【解析】《公路桥梁承载能力检测评定规程》规定,电位水平(mV)0~-200,钢筋状态无锈蚀活动性或锈蚀活动性不确定;-200~-300,有锈蚀活动性,但锈蚀状态不确定,可能坑蚀;-300~-400,有锈蚀活动性,发生锈蚀概率大于90%;-400~-500,有锈蚀活动性,严重锈蚀可能性极大;<-500,构件存在锈蚀开裂区。

47. C

【解析】《公路桥梁承载能力检测评定规程》规定,混凝土粉末分析样品的取样部位和数量,每一测区取粉的钻孔数量不宜少于3个。

48. D

【解析】《公路桥梁承载能力检测评定规程》规定,滴定条法分析步骤,钻孔取粉后应将样品放置在105℃±5℃环境温度下2h。

49. D
50. C
51. A

【解析】《公路桥梁承载能力检测评定规程》规定,氯离子含量对钢筋锈蚀影响程度的评定标准:氯离子含量<0.15,诱发钢筋锈蚀的可能性很小;0.15~0.4,不确定;0.4~0.7,有可能诱发钢筋锈蚀;0.7~1.0,会诱发钢筋锈蚀;>1.0,钢筋锈蚀活化。

52. C

【解析】《公路桥梁承载能力检测评定规程》规定,混凝土电阻率测量采用四电极方法。

53. D

【解析】《公路桥梁承载能力检测评定规程》规定,混凝土电阻率大,若钢筋发生锈蚀,则发展速度慢;混凝土电阻率小,若钢筋发生锈蚀,则发展速度快。

54. B

55. D
56. B
57. C

【解析】《公路桥梁承载能力检测评定规程》规定,测区布置及测点要求:①混凝土钢筋分布测区按照单个构件检测时,每个构件上的测区数不少于3个;②混凝土钢筋分布检测相邻两个测区间距不宜小于2m;③混凝土钢筋分布检测每个测区测点数不少于10个;④对某一类构件进行混凝土钢筋分布检测时,抽样数不少于同类构件总数的30%,且不少于3件。

58. A
59. D

【解析】《公路桥梁承载能力检测评定规程》规定,仪器测量直径档的选择:当两根钢筋横向并列在一起时,其等效直径为 $d_1 + d_2$;当两根钢筋竖向并列在一起时,其等效直径为 $3/4(d_1 + d_2)$。

60. D

【解析】《公路桥梁承载能力检测评定规程》规定,混凝土保护层厚度对结构钢筋耐久性的影响:评定标准 >0.95,影响不显著;0.85~0.95,有轻度影响;0.70~0.85,有影响;0.55~0.70,有较大影响;<0.55,钢筋易失去碱性保护,发生锈蚀。

61. A

【解析】《公路桥梁承载能力检测评定规程》规定,修正系数公式为: $K = S_m/S_r$,$S_m$ 为仪器测量厚度,$S_r$ 为实测保护层厚度。

62. A

【解析】《公路桥梁承载能力检测评定规程》规定,混凝土的碳化是由于混凝土中碱性物质与 $CO_2$ 等气体发生的中性反应。

63. A
64. A

【解析】《公路桥梁承载能力检测评定规程》规定,桥梁结构构件技术状况,分为好、较好、差、较差、危险,对应的最终评定标度值为1、2、3、4、5。

65. B
66. B

【解析】《公路桥梁承载能力检测评定规程》规定,测区布置及测点要求:①混凝土钢筋分布测区按照单个构件检测时,每个构件上的测区数不少于3个;②混凝土钢筋分布检测相邻两个测区间距不宜小于2m;③混凝土钢筋分布检测每个测区测点数不少于10个;④对某一类构件进行混凝土钢筋分布检测时,抽样数不少于同类构件总数的30%,且不少于3件。

67. B

【解析】《公路桥梁承载能力检测评定规程》规定,混凝土中钢筋锈蚀状况的检测主要为半电池电位。半电池电位是利用混凝土中钢筋锈蚀的电化学反应引起的电位变化来测定钢筋锈蚀状态的方法。

68. A

【解析】《公路桥梁承载能力检测评定规程》规定,评定混凝土桥梁钢筋发生锈蚀活性的指标为电位。

69. A

70. A

71. B

【解析】《公路桥梁承载能力检测评定规程》规定,电位水平(mV)0~-200,评定标度为1,钢筋状态无锈蚀活动性或锈蚀活动性不确定;-200~-300,评定标度为2,有锈蚀活动性,但锈蚀状态不确定,可能坑蚀;-300~-400,评定标度为3,有锈蚀活动性,发生锈蚀概率大于90%;-400~-500,评定标度为4,有锈蚀活动性,严重锈蚀可能性极大;<-500,评定标度为5,构件存在锈蚀开裂区。

72. C

73. D

【解析】《公路桥梁承载能力检测评定规程》规定,混凝土电阻率对钢筋锈蚀程度的评判:评定标度为5,电阻率<5000,可能锈蚀速度很快。

74. D

【解析】《公路桥梁承载能力检测评定规程》规定,混凝土保护层厚度对结构钢筋耐久性的影响:评定标度1,>0.95,影响不显著;评定标度2,0.85~0.95,有轻度影响;评定标度3,0.70~0.85,有影响;评定标度4,0.55~0.70,有较大影响;评定标度5,<0.55,钢筋易失去碱性保护,发生锈蚀。

75. D

76. B        77. B        78. B        79. D        80. D

## 二、判断题

1. √
2. √
3. √
4. √
5. ×

【解析】混凝土强度越低,则塑性变形越大,回弹值越小。

6. ×

【解析】回弹仪不用时,应将弹击杆压入仪器内,经弹击后按下按钮锁住机芯,将回弹仪装入仪器箱平放在干燥阴凉处。

7. √

8. √

9. ×

【解析】孔洞中的粉末和碎屑应除净,不得用水冲洗。

10. ×

【解析】回弹法测构件强度一个测区16个点,舍去3个最高点,3个最低点,算出10个点的平均值,然后根据碳化深度查表得出混凝土强度换算值。

11. ×

【解析】检测时仪器非水平方向且测试面非混凝土的浇筑侧面,则应先对回弹值进行角度修正,然后再对修正后的值进行浇筑面修正。

12. √
13. √
14. √
15. ×

【解析】当混凝土构件强度大于60MPa时,可采用标准能量大于2.207J的混凝土回弹仪,并应另行制定检测方法及专用测强曲线进行检测。

16. ×

【解析】声时是指由发射到接收这两个电信号之间的时间。

17. √
18. √
19. √
20. √
21. ×

【解析】超声波检测混凝土相对均匀性时,测点的布置应避开与声波传播方向相一致的主钢筋。

22. ×

【解析】混凝土的声速与其强度之间并非线性关系,因此只能作同类结构、相同测距混凝土均匀性的相对比较,而不能用于均匀性等级的评定。

23. √
24. ×

【解析】混凝土表面损伤层检测宜选用频率较低的厚度振动式换能器。

25. ×

【解析】最好在气温较低的季节或结构卸荷状态下进行裂缝检测。

| 26. √ | 27. √ | 28. √ | 29. √ | 30. √ |
| 31. √ | 32. √ | 33. √ | 34. √ | 35. √ |

36. ×

【解析】用钻芯法测得的混凝土强度值,按规范给的公式计算其强度匀质系数,再按规范确定混凝土强度评定标度。

37. ×

【解析】混凝土芯样的高度与直径之比对所测抗压强度影响很大。

38. √
39. √
40. √
41. √
42. ×

【解析】 在超声波测试混凝土内部缺陷时,钢筋轴线与声波传播方向平行时,超声波沿钢筋传播,钢筋对波速的影响大。

43. √

44. ×

【解析】 利用钢筋锈蚀程度与电位间建立一定的关系,由电位高低变化的规律,可以判断钢筋是否锈蚀及其锈蚀程度。

45. √

46. ×

【解析】 混凝土表面不仅要清洁,还要保持湿润,来保证良好的电接触。

47. ×

【解析】 铜/硫酸铜电极一般接二次仪表的正输入端,钢筋接二次仪表的负输入端。

48. ×

【解析】 为保证电位法检测钢筋锈蚀状态时能保证良好的导电性,两个测点之间不应保留自由表面水。

49. √

50. ×

【解析】 混凝土中的氯离子可诱发并加速钢筋锈蚀,测量混凝土中氯离子含量可间接评判钢筋锈蚀活化的可能性。

51. ×

【解析】 每次收集后,钻头、硬塑料管及钻孔内都应用毛刷将残留粉末清理干净,以免不同粉末混杂。

52. √

53. ×

【解析】 不可收集在一个塑料袋内。

54. ×

【解析】 采用滴定条法测定氯离子含量,当分析取样5g,加硝酸50mL,用石蕊试纸检查溶液是否呈酸性(石蕊试纸变红);加入约5g无水碳酸钠($Na_2CO_3$),用石蕊试纸检查溶液是否呈中性(石蕊试纸不变);用过滤纸做一锥斗加入液体,当纯净的溶液渗入锥头后,把滴定条插入液体中;待到滴定条顶端水平黄色细条转变成蓝色,取出滴定条读取滴定条颜色变化处的最高值,然后,在该批滴定表中查出所对应的氯离子含量值,此值是以百万分之几表示的。

55. √

56. ×

【解析】 探头越过钢筋时蜂鸣器报警;当前距离值由大变小,然后又变大,该值最小的位置即是钢筋位置;滚动条逐渐加长,然后又缩短,滚动条最长的位置即是钢筋位置;信号值由小变大,然后又变小,该值最大的位置即是钢筋位置。

57. √

58. √

59. √

60. ×

**【解析】** 修正系数为传感器在标准垫块上的测量值与在混凝土表面上的测量值之差除以厚度。

61. ×

**【解析】** 钢筋保护层测量经过修正后,准确度可在2%以内。

62. ×

**【解析】** 半电池电位法是利用混凝土中钢筋锈蚀的电化学反应引起的电位变化来测定钢筋锈蚀状态的一种方法。通过测定钢筋/混凝土半电池电极与在混凝土表面的铜/硫酸铜参考电极之间电位差的大小,评定混凝土中锈蚀活化程度。

63. ×

**【解析】** 钢筋锈蚀电位差越大,混凝土中钢筋发生锈蚀的可能性越大。

64. ×

**【解析】** 测量混凝土中氯离子含量可间接评判钢筋锈蚀活化的可能性。

65. √

66. ×

**【解析】** 混凝土电阻率反映了混凝土的导电性,可间接判断钢筋的可能锈蚀速率。混凝土的电阻率反映其导电性。混凝土电阻率大,若钢筋发生锈蚀,则发展速度慢,扩散能力弱;混凝土电阻率小,锈蚀发展速度快,扩散能力强。

67. ×

**【解析】** 混凝土电阻率越大,钢筋锈蚀发展越慢。

68. ×

**【解析】** 根据混凝土中钢筋处氯离子含量评判诱发钢筋锈蚀可能性时,应按照测区最高氯离子含量确定。

69. √

70. ×

**【解析】** 评定钢筋锈蚀速率时,应按照测区电阻率最小值确定混凝土电阻率评定标度。

71. ×

**【解析】**《公路桥梁承载能力检测评定规程》规定,混凝土碳化评定标度由测区混凝土碳化深度平均值与实测保护层厚度平均值的比值确定。

72. ×

**【解析】** 通过测试混凝土碳化深度,并结合钢筋保护层厚度状况,可评定其对钢筋锈蚀影响。

73. √

74. ×

**【解析】** 应根据实测保护层厚度特征值与设计值的比值,按《公路桥梁承载能力检测评定规程》的规定确定钢筋保护层的厚度。

75. ×

【解析】混凝土保护层厚度及其分布均匀性是影响结构钢筋耐久性的一个重要因素。

76. √
77. √
78. ×

【解析】当结构或构件的测区少于10个时,该构件的混凝土抗压强度推定值取最小的测区混凝土抗压强度换算值。

79. ×

【解析】所采用的混凝土超声波检测仪应通过技术鉴定,必须具有产品合格证和检定证。

80. ×

【解析】回弹仪当天使用前后,应在钢砧上进行率定试验。

## 三、多项选择题

1. BCD

【解析】由《建筑基桩检测技术规范》知,混凝土无破损检测方法有回弹法、超声法、超声-回弹综合法。

2. ABCD

【解析】钻芯法检测混凝土强度,需对芯样的平均直径、芯样高度、垂直度、平整度测量进行测量。

3. ACDE

【解析】由《钻芯法检测混凝土强度技术规程》知,①检测结构的强度不大于80MPa的普通混凝土。②结构中混凝土芯样应加工成符合规定的试件。③抗压的芯样试件宜采用标准试件,其公称直径不宜小于骨料最大粒径的3倍,也可采用小直径芯样试件,但其公称直径不应小于70mm且不得小于骨料最大粒径的2倍。④钻芯法可用于确定检测批或单个构件的混凝土强度推定值,也可用于钻芯修正方法修正间接强度检测方法得到的混凝土抗压强度换算值。

4. ABDE

【解析】如果遇到新仪器启用,累计弹击超过6000,保养后钢砧率定值70±2,受严重撞击时需对回弹仪进行标定。

5. ABE
6. ABCE

【解析】《回弹法检测混凝土抗压强度技术规范》规定,采用全国统一测强曲线进行换算应符合:混凝土采用的水泥、砂石、外加剂、掺合料、拌和用水符合国家现行有关标准;采用普通成型工艺;自然养护且龄期为14~1000d;抗压强度为10~60MPa。

7. BCDE
8. ABC

【解析】平面振动式换能器声时初读数标定有三种方法:直接相对法、长短测距法、标准试棒法。

9. ABCD

【解析】超声换能器检测混凝土质量布置有四种方法：对测法、斜测法、平测法、钻孔法。

10. ADE

【解析】由《超声法检测混凝土缺陷技术规程》知，超声波检测混凝土相对均匀性要求满足有相对平行测试面、靠近主钢筋方向、避开主钢筋方向。

11. BC

【解析】由《超声法检测混凝土缺陷技术规程》知，超声波检测混凝土浅裂缝可采用平测法、双面斜测法。当结构的裂缝部位具有两个相互平行的测试表面时，可采用双面穿透斜测法检测。

12. AC

【解析】由《超声法检测混凝土缺陷技术规程》知，超声波检测混凝土结合面施工质量可采用对测法、斜测法。

13. BCD

【解析】由《钢结构焊接规范》知，钢结构构件焊接过程检验项目包括焊接规范、焊缝尺寸、装配质量。

14. ABCDE

【解析】由《钢结构焊接规范》知，焊接规范检查的项目有焊接电流、焊接电压、焊接速度、焊条直径、焊接顺序。

15. CD

16. ABCDE

17. ABCDE

【解析】《回弹法检测混凝土抗压强度技术规范》规定，回弹测区的选择应符合：测区数一般不少于10个、测区面积为20cm×20cm、避开外露预埋铁件、避开粗集料、薄壁构件应进行固定。

18. ABCDE

【解析】《回弹法检测混凝土抗压强度技术规范》规定，回弹法测强影响因素包括泥品种、粗集料品种、成型方法、模板种类、混凝土龄期。

19. ABE

【解析】由《超声法检测混凝土缺陷技术规程》知，超声法检测浅裂纹时，应注意裂缝中不得有水或水泥等夹杂物；换能器必须对称裂缝轴线布置；与钢筋轴线相距1.5倍预计裂缝深度。

20. ABCD

【解析】由《超声法检测混凝土缺陷技术规程》知，超声波法检测混凝土缺陷的依据有超声脉冲波在混凝土中遇到缺陷时产生绕射；超声脉冲波在缺陷界面产生散射和反射；超声脉冲波中各频率成分在缺陷界面衰减程度不同；超声脉冲波通过缺陷时，部分声波会产生路径和相位变化，产生波形畸变。

21. ABCDE

【解析】 由《超声法检测混凝土缺陷技术规程》知,超声波法可以检测混凝土的混凝土浅裂缝、混凝土均匀性、混凝土结合面质量、混凝土中不密实区和空洞、混凝土深裂缝的缺陷。

22. ABCE

【解析】 由《超声法检测混凝土缺陷技术规程》知,有缺陷处混凝土的超声波与无缺陷混凝土相比较,可能发生声时明显偏大、波幅明显降低、频率明显降低、声径长度变长。

23. ABCD

24. ACDE

【解析】 由《公路桥梁承载能力检测评定规程》知,电位法检测钢筋锈蚀状态时,测区的选择与测点布置应满足:检测范围为承重构件主要受力部位;测点数量一般不少于20个;测点位置距构件边缘大于50mm;测区内相邻测点读数大于150mV时,应减少测点间距。

25. ADE

【解析】 由《公路桥梁承载能力检测评定规程》知,电位法检测钢筋锈蚀状态时,测量值的采集应满足:测点读数变动不超过2mV;不同的电极重复测读的差异不超过20mV;同一测点,同一参考电极,重复读数差异不超过10mV。

26. ABCDE

【解析】 由《公路桥梁承载能力检测评定规程》知,电位法检测钢筋锈蚀状态时,测量值将会受温度影响、电磁场干扰影响、混凝土保护层影响、混凝土含水率影响、仪器输入阻抗影响。

27. ACDE

【解析】 由《公路桥梁承载能力检测评定规程》知,混凝土氯离子含量检测时,测区的选择与测点布置应满足:检测范围为承重构件主要受力部位;测点数量一般不少于20个;测点位置距构件边缘大于50mm;钢筋有明显锈蚀部位。

28. ABCD

【解析】 由《公路桥梁技术状况评定标准》知,桥梁伸缩缝主要评定指标包括:凹凸不平、锚固区缺陷、破损、失效。

29. ABCDE

【解析】 由《公路桥梁承载能力检测评定规程》知,实验室化学法测定混凝土中氯离子总含量,需配制合成试剂包括:10%铁矾溶液、0.02$N$硫氰酸钾标准溶液、6$N$硝酸溶液、0.02$N$氯化钠标准溶液、0.02$N$硝酸银溶液。

30. ABCD

【解析】 由《公路桥梁承载能力检测评定规程》知,影响混凝土中钢筋锈蚀影响因素包括碳化深度、混凝土含水率、混凝土电阻率、氯离子含量。

31. ABCDE

【解析】 由《公路桥梁承载能力检测评定规程》知,混凝土电阻率测量基本要求包括混凝土表面洁净、混凝土表面与电极充分耦合、测试探头垂直混凝土表面、合适的探头间距、混凝土表面自然状态。

32. BCDE

【解析】 由《公路桥梁承载能力检测评定规程》知,混凝土内部钢筋分布检测范围包括承重构件主要受力部位、钢筋可能锈蚀活化部位、结构验算薄弱部位、联结构件。

33. ABCDE

【解析】 由《公路桥梁承载能力检测评定规程》知,影响钢筋分布测量精度的因素包括外加磁场、混凝土本身磁性、钢筋品种、钢筋间距、保护层厚度。

34. BCD

【解析】 由《公路桥梁承载能力检测评定规程》知,在用桥梁缺损状况评价内容包括下部结构、上部结构、桥面系。

35. ABCDE

【解析】 由《公路桥梁承载能力检测评定规程》知,在用桥梁几何形态参数包括桥跨纵向线形、墩台顶变位、拱轴线、索塔顶水平变位、主缆线形。

36. AB

【解析】 由《公路桥梁承载能力检测评定规程》知,在用桥梁混凝土构件强度检测应布设在主要受力部位和主要构件。

37. ACE

【解析】 由《公路桥梁承载能力检测评定规程》知,在用桥梁混凝土强度检测可采用取芯法、回弹法、超声回弹综合法。

38. CDE

【解析】 由《公路桥梁承载能力检测评定规程》知,在用桥梁钢筋锈蚀电位评定标度为3、4、5的主要构件或主要受力部位,应测试混凝土中氯离子含量。

39. CDE

【解析】 由《公路桥梁承载能力检测评定规程》知,在用桥梁钢筋锈蚀电位评定标度为3、4、5的主要构件或主要受力部位,应测试混凝土碳化深度。

40. BCD

【解析】 由《公路桥梁承载能力检测评定规程》知,在用桥梁缺失相关资料,钢筋混凝土保护层厚度检测内容包括钢筋位置、保护层厚度、钢筋直径。

41. ABCDE

【解析】 由《公路桥梁承载能力检测评定规程》知,在用桥梁混凝土保护层厚度检测部位包括主要构件、主要受力部位、钢筋可能锈蚀部位、钢筋锈蚀胀裂部位、混凝土碳化测区部位。

42. ABCD

【解析】 由《超声回弹综合法检测混凝土强度技术规程》知,本规程不适用于检测因冻害、化学侵蚀、火灾、高温等已造成表面疏松、剥落的混凝土。

43. BCD

【解析】 由《超声回弹综合法检测混凝土强度技术规程》知,回弹仪有下列情况之一时,应进行常规保养:弹击超过2000次;对检测值有怀疑;钢砧上率定值不符合要求。

44. ABCDE

【解析】 由《超声回弹综合法检测混凝土强度技术规程》知,超声波检测仪应具有波形清晰、显示稳定的示波装置,并满足以下技术指标:声时最小分度值 $0.1\mu s$;最小分度值 $1dB$ 信号幅度调整系数;接收灵敏度不大于 $50\mu V$;总增益不小于 $80dB$;连续正常工作时间不少于 $4h$。

45. ABCD

【解析】由《超声回弹综合法检测混凝土强度技术规程》知，符合下列条件的构件可作为同批构件：混凝土设计强度等级相同；混凝土原材料、配合比、成型工艺、养护条件和龄期基本相同；构件种类相同；施工阶段所处状态基本相同。

### 四、综合题

1. (1) A　　　(2) AC　　　(3) B　　　(4) C　　　(5) A
2. (1) B
   (2) C
   (3) B
   (4) ABCD
   (5) A

【解析】混凝土中钢筋锈蚀电位判断钢筋锈蚀状况标准见下表。

| 电位水平(mV) | 钢筋状况 | 评定标度 |
| --- | --- | --- |
| ≥-200 | 无锈蚀活动性或锈蚀活动性不确定 | 1 |
| (-200,-300] | 有锈蚀活动性，可能坑蚀 | 2 |
| (-300,-400] | 有锈蚀活动性，发生锈蚀概率大于90% | 3 |
| (-400,-500] | 有锈蚀活动性，严重锈蚀可能性极大 | 4 |
| <-500 | 存在锈蚀开裂区域 | 5 |

(6) A

【解析】混凝土中氯离子评定标准见下表。

| 氯离子含量(%) | 诱发钢筋锈蚀的可能性 | 评定标度 |
| --- | --- | --- |
| <0.15 | 很小 | 1 |
| [0.15,0.40) | 不确定 | 2 |
| [0.40,0.70) | 有可能诱发钢筋锈蚀 | 3 |
| [0.70,1.00) | 会诱发钢筋锈蚀 | 4 |
| ≥1.00 | 钢筋锈蚀活化 | 5 |

(7) A

【解析】混凝土保护层厚度评定标准见下表。

| 实测特征值/设计值 | 诱发钢筋锈蚀的可能性 | 评定标度 |
| --- | --- | --- |
| >0.95 | 影响不显著 | 1 |
| (0.85,0.95] | 有轻度影响 | 2 |
| (0.70,0.85] | 有影响 | 3 |
| (0.55,0.70] | 有较大影响 | 4 |
| ≤0.55 | 钢筋易失去碱性保护，发生锈蚀 | 5 |

（8）A

【解析】混凝土电阻率评定标准见下表。

| 电阻率($\Omega \cdot cm$) | 钢筋可能的锈蚀速率 | 评定标度 |
|---|---|---|
| ≥20000 | 很慢 | 1 |
| [15000,20000) | 慢 | 2 |
| [10000,15000) | 一般 | 3 |
| [5000,10000) | 块 | 4 |
| <5000 | 很快 | 5 |

（9）ABCD

（10）ABCD

# 第二篇 桥 梁

# 第一章 地基与基础检测

【主要知识点】

桥梁扩大基础地基容许承载力确定方法,荷载板试验加载设备、加载程序、现场测试基本要求,地基承载力确定方法;动力触探确定地基承载力方法;桥梁钻孔灌注桩成孔质量要求;反射波法、超声波法检测桩身完整性原理、仪器设备技术要求、现场检测方法及完整性评价依据;桥梁桩基础静载试验设备、加载程序基本要求,单桩竖向承载力确定方法;桩基高应变动力试桩法基本原理、测试设备要求。

一、单项选择题（四个备选项中只有一个正确答案,每题1分）

1. 桥涵地基承载力检测用于（　　）基础。
   A. 扩大　　　　　　B. 桩　　　　　　C. 沉井　　　　　　D. 管柱
2. 按规范法确定地基承载力容许值,目前一般将地基土分为（　　）。
   A. 三类　　　　　　B. 四类　　　　　　C. 五类　　　　　　D. 六类
3. 老黏土的承载力容许值可按照（　　）确定。
   A. 天然孔隙比　　　B. 压缩模量　　　　C. 液性指数　　　　D. 液限比
4. 砂土的承载力容许值可按照（　　）确定。
   A. 密实程度　　　　B. 压缩模量　　　　C. 液性指数　　　　D. 液限比
5. 新近堆积黄土的承载力容许值可按照（　　）确定。
   A. 密实程度　　　　B. 压缩模量　　　　C. 含水比　　　　　D. 液限比
6. 地基在荷载作用下达到破坏状态的过程分为（　　）阶段。
   A. 一　　　　　　　B. 二　　　　　　　C. 三　　　　　　　D. 四
7. 地基荷载板试验,每级荷载增量一般取土层预估极限承载力的（　　）。
   A. 1/10～1/8　　　B. 1/8～1/6　　　　C. 1/12～1/10　　　D. 1/20～1/10
8. 地基承载板试验,荷载的量测精度应达最大荷载的（　　）。
   A. 0.5%　　　　　　B. 1%　　　　　　　C. 2%　　　　　　　D. 4%
9. 地基承载板试验,沉降值的量测精度应达（　　）。

A.1mm　　　　　B.0.1mm　　　　　C.0.01mm　　　　　D.0.001mm

10. 标准贯入试验,将贯入器打入土中( )的锤击数作为标准贯入试验的指标。
A.15cm　　　　　B.45cm　　　　　C.30cm　　　　　D.15~45cm

11. 标准贯入试验,当钻杆长度超过( )时,应进行锤击数修正。
A.2m　　　　　B.3m　　　　　C.6m　　　　　D.9m

12. 标准贯入试验,当土层较密实,贯入不足30cm的锤击数已超过( )时,应换算成贯入30cm的锤击数。
A.20击　　　　　B.30击　　　　　C.40击　　　　　D.50击

13. 保持泥浆中土粒悬浮状态的指标是( )。
A.相对密度　　　B.黏度　　　　C.含砂率　　　　D.胶体率

14. 控制泥浆沉淀层厚度的主要指标是( )。
A.相对密度　　　B.黏度　　　　C.含砂率　　　　D.胶体率

15. 钻孔灌注桩单排桩桩位偏差不得大于( )。
A.10mm　　　　B.20mm　　　　C.50mm　　　　D.100mm

16. 钻孔灌注桩竖直桩倾斜度偏差不超过( )。
A.±0.1%　　　B.±0.5%　　　C.±1%　　　　D.±2.5%

17. 钻孔灌注桩斜桩倾斜度偏差不超过( )。
A.±0.1%　　　B.±0.5%　　　C.±1%　　　　D.±2.5%

18. 摩擦桩孔底沉淀层厚度,当桩径≤1.5m时应不超过( )。
A.100mm　　　B.300mm　　　C.500mm　　　D.600mm

19. 摩擦桩孔底沉淀层厚度,当桩径大于1.5m时或桩长大于40m或土质较差的桩,应不超过( )。
A.100mm　　　B.300mm　　　C.500mm　　　D.600mm

20. 桩基完整性检测方法中,属于振动检测法的是( )。
A.锤击法　　　B.超声脉冲法　　C.射线法　　　D.钻芯法

21. 反射波法检测桩身完整性,宜在混凝土灌注成桩( )以后进行。
A.3d　　　　　B.7d　　　　　C.14d　　　　　D.28d

22. 反射波法检测桩身完整性,传感器宜安装在距桩中心( )部位。
A.半径1/2处　　　　　　　　B.半径1/3处
C.半径1/3~1/2处　　　　　D.半径2/3~1/2处

23. 反射波法检测桩身完整性,传感器距桩的主筋不宜小于( )。
A.50mm　　　　B.40mm　　　C.30mm　　　D.20mm

24. 反射波法检测桩身完整性,当桩径不大于1000mm时不宜少于( )测点。
A.2个　　　　　B.3个　　　　C.4个　　　　D.5个

25. 反射波法检测桩身完整性,当桩径大于1000mm时不宜少于( )测点。
A.2个　　　　　B.3个　　　　C.4个　　　　D.5个

26. 钻孔灌注桩实测桩长为30m,时域信号第一峰与桩端反射波峰间的时间差为15.79ms,计算该桩的桩身波速为( )。

A.2000m/s　　　　B.3800m/s　　　　C.4000m/s　　　　D.6000m/s

27.反射波法检测桩身完整性,测得桩端反射较明显,但有局部缺陷所产生的反射信息,混凝土波速处于正常范围,则该桩属于(　　)桩。

A.Ⅰ类　　　　B.Ⅱ类　　　　C.Ⅲ类　　　　D.Ⅳ类

28.反射波法检测桩身完整性,测得桩端反射不明显,可见缺陷二次反射波信号,则该桩属于(　　)桩。

A.Ⅰ类　　　　B.Ⅱ类　　　　C.Ⅲ类　　　　D.Ⅳ类

29.超声波法检测桩身完整性适用于桩径大于(　　)以上的桩。

A.0.5m　　　　B.0.8m　　　　C.1.0m　　　　D.1.2m

30.超声波法检测桩身完整性判断缺陷有无和计算缺陷大小的基本物理量是(　　)。

A.声时值　　　　B.波幅　　　　C.频率　　　　D.波形

31.超声波法检测桩身完整性,当桩径不大于1.6m且小于2.5m时,应埋设(　　)声测管。

A.2根　　　　B.3根　　　　C.4根　　　　D.5根

32.超声波法检测桩身完整性,当桩径大于2.5m时,应埋设(　　)声测管。

A.2根　　　　B.3根　　　　C.4根　　　　D.5根

33.超声波法检测桩身完整性,则其量测间距不宜大于(　　)。

A.200mm　　　　B.250mm　　　　C.400mm　　　　D.500mm

34.超声波法检测桩身完整性,声速临界值取(　　)。

A.$v-\sigma$　　　　B.$v-2\sigma$　　　　C.$v-3\sigma$　　　　D.$v-4\sigma$

35.超声波法检测桩身完整性,PSD判据增大了(　　)权数。

A.波形　　　　B.波幅　　　　C.频率　　　　D.声时差值

36.超声波法检测桩身完整性,波幅临界值取(　　)。

A.$A_m-2$　　　　B.$A_m-4$　　　　C.$A_m-5$　　　　D.$A_m-6$

37.超声波法检测桩身完整性,各声测剖面每个测点的声速、波幅均大于临界值,波形正常,则该类桩属于(　　)。

A.Ⅰ类　　　　B.Ⅱ类　　　　C.Ⅲ类　　　　D.Ⅳ类

38.超声波法检测桩身完整性,某一声测剖面连续各个测点或某一深度桩截面处的声速、波幅值小于临界值,PSD值变大,波形畸形,则该类桩属于(　　)。

A.Ⅰ类　　　　B.Ⅱ类　　　　C.Ⅲ类　　　　D.Ⅳ类

39.采用锚桩承载梁作为基桩静荷载试验承载反力装置,要求提供反力应不小于最大试验荷载的(　　)。

A.1~2倍　　　　B.1~1.5倍　　　　C.1.3~1.5倍　　　　D.1.3~2.0倍

40.基桩静载试验采用压重平台反力装置时,要求压重不得小于预估最大试验荷载的(　　)。

A.1.2倍　　　　B.1.5倍　　　　C.2.0倍　　　　D.2.5倍

41.基桩静载试验,对施工检验性试验,一般可采用设计荷载的(　　)。

A.1.2倍　　　　B.1.5倍　　　　C.2.0倍　　　　D.2.5倍

42. 基桩静载试验,每级加载下沉量,在规定的时间内如不大于( )可认为稳定。
    A. 0.001mm　　　　B. 0.01mm　　　　C. 0.1mm　　　　D. 1mm

43. 基桩静载试验,每级加载量一般为预估最大荷载的( )。
    A. 1/10～1/5　　　B. 1/15～1/5　　　C. 1/15～1/8　　　D. 1/15～1/10

44. 高应变检测单桩轴向抗压承载力时,激振锤的质量不得小于基桩极限承载力的( )。
    A. 1.0%　　　　　B. 1.2%　　　　　C. 1.5%　　　　　D. 2.0%

45. 高应变检测单桩轴向抗压承载力时,采用自由落锤为激振设备,宜重锤低击,锤的最大落距不宜大于( )。
    A. 0.5m　　　　　B. 1m　　　　　　C. 2m　　　　　　D. 3m

46. 一般正常混凝土的波速是( )m/s。
    A. 3500～4500　　B. 2500～3500　　C. 1500～2000　　D. 4000～5000

47. 标准贯入试验触探落锤质量为( )。
    A. 10.0kg　　　　B. 28.0kg　　　　C. 60.0kg　　　　D. 63.5kg

48. 标准贯入试验对估计( )的天然密度十分有用。
    A. 砂类土　　　　B. 黏性土　　　　C. 粉土　　　　　D. 黄土

49. 采用钻孔法判断桩内缺陷时,在检测管内应( )。
    A. 直接放入换能器进行检测即可　　B. 注入泥浆
    C. 应注满清水　　　　　　　　　　D. 注满机油

50. 基桩垂直静载试验中,对于砂类土,在最后( )内,如果下沉量小于0.1mm,即可视为休止。
    A. 10min　　　　　B. 20min　　　　　C. 30min　　　　　D. 40min

51. 桩长25m的钻孔桩,灌注水下混凝土应制取( )组混凝土试件。
    A. 1　　　　　　　B. 2　　　　　　　C. 3　　　　　　　D. 4

52. 在桩超声波脉冲检测中,换能器在声测管内用( )耦合。
    A. 空气　　　　　B. 清水　　　　　C. 泥水　　　　　D. 盐水

53. 基桩静荷载试验时正确的卸载方法是( )。
    A. 卸载应分级进行,每级卸载量为2倍加载级的荷载值
    B. 卸载应分级进行,每级卸载量为加载级的荷载值
    C. 卸载应分级进行,每级卸载量为2倍加载级的荷载值。每级荷载卸载后,应观测桩顶的回弹量,直到回弹稳定后,再卸载下一级荷载
    D. 一次卸载到零

54. 按规范法确定地基承载力容许值时,当基础宽度$b>2m$,埋置深度$h>3m$,对基地承载力需进行修正提高的条件为( )。
    A. $h/b>1/4$　　　B. $h/b>2$　　　　C. $h/b\leq 4$　　　D. $h/b\geq 4$

55. 重要工程钻孔灌注桩应埋设声测管,检测的桩数不应少于( )。
    A. 20%　　　　　　B. 30%　　　　　　C. 50%　　　　　　D. 100%

56. 高应变动测法的抽检率可由工程设计或监理单位酌情决定,但不宜少于相近条件下总

桩数的( )。
A.1%且不少于1根　　　　　　　B.2%且不少于2根
C.3%且不少于3根　　　　　　　D.5%且不少于5根

57.低应变反射波法检测桩基完整性,要求数据采集装置的模-数转换器的位数不宜低于( )。
A.16bit　　　　B.24bit　　　　C.36bit　　　　D.48bit

58.低应变反射波法检测桩基完整性,要求单通道采样点数不少于( )。
A.200　　　　B.500　　　　C.1000　　　　D.1024

59.低应变反射波法检测桩基完整性,要求频率范围应满足( )。
A.10Hz~1kHz　　B.10Hz~2kHz　　C.10Hz~4kHz　　D.10Hz~5kHz

60.低应变反射波法检测桩基完整性,预应力混凝土管柱的激振点、检测点与桩中心连线的夹角宜为( )。
A.30°　　　　B.45°　　　　C.60°　　　　D.90°

61.高应变动测法激振锤应材质均匀、形状对称、底面平整,高径比不得小于( )。
A.0.5　　　　B.1　　　　C.2　　　　D.3

62.高应变动测法检测预制桩极限承载力,对于砂土地基最短休止期应大于( )。
A.7d　　　　B.10d　　　　C.15d　　　　D.25d

63.高应变动测法检测预制桩极限承载力,对于粉土地基最短休止期应大于( )。
A.7d　　　　B.10d　　　　C.15d　　　　D.25d

64.高应变动测法检测预制桩极限承载力,对于非饱和黏性土地基最短休止期应大于( )。
A.7d　　　　B.10d　　　　C.15d　　　　D.25d

65.高应变动测法检测预制桩极限承载力,对于饱和黏性土地基最短休止期应大于( )。
A.7d　　　　B.10d　　　　C.15d　　　　D.25d

66.高应变动测法检测预制桩极限承载力,加速度传感器和位移传感器与桩顶距离不得小于( )桩径或边长。
A.0.5倍　　　B.1倍　　　　C.1.5倍　　　D.2倍

67.高应变动测法推算桩极限承载力,桩的单击贯入度不得低于( )。
A.2mm且不大于6mm　　　　　　B.4mm且不大于6mm
C.2mm且不大于10mm　　　　　　D.4mm且不大于10mm

68.超声波法检测桩基完整性,要求声发射脉冲电压宜为( )。
A.220~1000V　　B.250~1000V　　C.360~1000V　　D.480~1000V

69.超声波法检测桩基完整性,径向振动换能器谐振频率宜大于( )。
A.5Hz　　　　B.5kHz　　　　C.25Hz　　　　D.25kHz

70.超声波法检测桩基完整性,单孔检测采用一发双收一体型换能器,其发射换能器至接收换能器的最近距离不应小于( )。
A.20cm　　　B.30cm　　　C.40cm　　　D.50cm

71. 重型圆锥动力触探试验,落锤的重量为( )。
 A. 10kg     B. 63.5kg     C. 120kg     D. 150kg

72. 重型圆锥动力触探试验,落锤的落距为( )。
 A. 50cm     B. 76cm     C. 100cm     D. 120cm

73. 轻型圆锥动力触探试验一般用于贯入深度小于( )的黏性土、粉性土。
 A. 2m     B. 3m     C. 4m     D. 5m

74. 圆锥动力触探试验时,当探杆杆长进行大于( )时应对锤击数进行修正。
 A. 2m     B. 3m     C. 4m     D. 5m

75. 圆锥动力触探试验时,当遇到地下水影响时其锤击数修正公式为( )。
 A. $N_{63.5} = 1.1 N'_{63.5} + 1.0$
 B. $N_{63.5} = 1.1 N'_{63.5} - 1.0$
 C. $N_{63.5} = 1.2 N'_{63.5} + 1.0$
 D. $N_{63.5} = 1.2 N'_{63.5} - 1.0$

76. 根据《公路桥涵地基与基础设计规范》(JTG 3363—2019)规定,多年压实未遭破坏的非岩石旧桥,在墩台与基础无异常变位的情况下,地基承载力抗力系数可适当提高;当修正后的地基承载力特征值小于150kPa时,地基承载力抗力系数取值为( )。
 A. 1.0     B. 1.25     C. 1.5     D. 2.0

77. 根据《公路桥涵地基与基础设计规范》(JTG 3363—2019)规定,岩石按软化系数可分为软化岩石和不软化岩石,当软化系数( )应定为软化岩石。
 A. ≤0.55     B. ≤0.65     C. ≤0.75     D. ≤0.8

78. 根据《公路桥涵地基与基础设计规范》(JTG 3363—2019)规定,岩石坚硬程度按照( )评定。
 A. 干燥状态单轴抗压强度标准值     B. 饱和状态单轴抗压强度标准值
 C. 完整性指数     D. 节理间距

79. 根据《公路桥涵地基与基础设计规范》(JTG 3363—2019)规定,碎石土密实度可根据( )锤击数进行分级。
 A. 轻型动力触探     B. 中型动力触探
 C. 重型动力触探     D. 超重型动力触探

80. 根据《公路桥涵地基与基础设计规范》(JTG 3363—2019)规定,地基承载力特征值宜由荷载试验或其他原位测试方法取得,其值不应大于地基极限承载力的( )。
 A. 2.0倍     B. 1.0倍     C. 1/2     D. 1/3

81. 根据《公路桥涵地基与基础设计规范》(JTG 3363—2019)规定,浅层平板荷载试验可用于确定地基承压板下压力主要影响范围内土层的承载力。承压板面积不应小于0.25m²,特殊情况下软土地基不应小于( )。
 A. 0.25m²     B. 0.50m²     C. 1.5m²     D. 2.0m²

82. 根据《公路桥涵地基与基础设计规范》(JTG 3363—2019)规定,浅层平板荷载试验试验基坑宽度不应小于承压板宽度或直径的( ),应保持试验土层的原状结构和天然湿度。
 A. 1倍     B. 2倍     C. 3倍     D. 4倍

83. 根据《公路桥涵地基与基础设计规范》(JTG 3363—2019)规定,浅层平板荷载试验加载,当连续2h内每小时的沉降量小于( )时,则认为地基已趋于稳定,可进行下一级加载。

A. 0.01mm B. 0.05mm C. 0.1mm D. 0.5mm

84. 根据《公路桥涵地基与基础设计规范》(JTG 3363—2019)规定,浅层平板荷载试验加载,当沉降量与承压板宽度或直径之比满足( )时,即可终止加载。

A. ≥0.01 B. ≥0.02 C. ≥0.05 D. ≥0.06

85. 根据《公路桥涵地基与基础设计规范》(JTG 3363—2019)规定,桩基后压浆对粉土压浆压力宜为( )。

A. 1~2MPa B. 2~5MPa C. 3~10MPa D. 5~12MPa

86. 根据《公路桥涵施工技术规范》(JTG/T 3650—2020)规定,钻孔灌注桩清孔后,泥浆的相对密度宜控制在( )。

A. 1.0~1.2 B. 1.03~1.10 C. 1.05~1.10 D. 1.05~1.20

87. 根据《公路桥涵施工技术规范》(JTG/T 3650—2020)规定,支承桩孔底沉淀厚度应不大于设计规定;设计未规定时宜不大于( )。

A. 10mm B. 50mm C. 200mm D. 300mm

88. 根据《公路桥涵施工技术规范》(JTG/T 3650—2020)规定,钻孔灌注桩水下混凝土浇筑宜采用钢导管灌注,导管使用前应进行水密承压和接头抗拉试验。进行水密试验的水压力应不小于孔内水深的( )。

A. 1.0倍 B. 1.1倍 C. 1.2倍 D. 1.3倍

89. 根据《公路桥涵施工技术规范》(JTG/T 3650—2020)规定,大直径、超长桩水下混凝土灌注前,宜采用相对密度不小于( )的优质泥浆循环置换孔内泥浆。

A. 1.02 B. 1.03 C. 1.04 D. 1.05

90. 根据《公路桥涵施工技术规范》(JTG/T 3650—2020)规定,灌注桩后压浆的平均压力大于设计要求的终止压力,当总压浆量大于设计要求的( )时,可终止压浆。

A. 60% B. 70% C. 80% D. 90%

91. 根据《公路工程基桩检测技术规程》(JTG/T 3512—2020)规定,钻孔桩孔深测量每孔沿孔壁间隔布置不应少于( )测点,取其最小值为测量孔深。

A. 1个 B. 2个 C. 3个 D. 4个

92. 根据《公路工程基桩检测技术规程》(JTG/T 3512—2020)规定,采用接触式孔径仪检测孔径时,应自孔底向孔口连续进行,测点距不宜大于( ),在孔径检测可疑测点周围应加密测点进行复测。

A. 100mm B. 200mm C. 500mm D. 1000mm

93. 根据《公路工程基桩检测技术规程》(JTG/T 3512—2020)规定,单桩抗压竖向静载试验,对工程桩抽样检测和评价时,最大加载量宜采用承载力容许值的2.0倍或达到设计要求;检测数量应满足设计要求,不宜少于( )。

A. 1根 B. 2根 C. 3根 D. 5根

94. 根据《公路工程基桩检测技术规程》(JTG/T 3512—2020)规定,高应变法检测单桩竖向抗压极限承载力,激振锤的重量不得小于预估单桩极限承载力的( )。

A. 1% B. 1.2% C. 1.5% D. 2%

95. 根据《公路工程基桩检测技术规程》(JTG/T 3512—2020)规定,高应变法检测单桩竖向抗压极限承载力,桩顶下两侧应对称安装2只加速度传感器和2只应变传感器,其与桩顶的距离不宜小于( )桩径或桩边长。

A.1倍　　　　　B.2倍　　　　　C.3倍　　　　　D.5倍

96.根据《公路工程基桩检测技术规程》(JTG/T 3512—2020)规定,高应变法检测单桩竖向抗压极限承载力,采用自由落锤为激振设备时,宜重锤低击,锤的最大落距不宜大于( )。

A.2.0m　　　　B.2.5m　　　　C.3m　　　　　D.3.5m

97.根据《公路工程基桩检测技术规程》(JTG/T 3512—2020)规定,钻芯法检测桩身质量,当桩径1200～1600mm时,钻孔数量不应少于( )。

A.1孔　　　　　B.2孔　　　　　C.3孔　　　　　D.4孔

98.根据《公路工程基桩检测技术规程》(JTG/T 3512—2020)规定,低应变检测桩身质量时,当桩长已知,桩底反射信号明显时,应选取相同条件下不少于( )Ⅰ类桩的桩身波速值计算波速平均值。

A.3根　　　　　B.5根　　　　　C.10根　　　　　D.15根

99.根据《公路工程基桩检测技术规程》(JTG/T 3512—2020)规定,超声波法桩孔测量仪器孔径测量精度应不低于( )。

A.0.1%　　　　B.0.2%　　　　C.0.3%　　　　D.0.4%

100.根据《公路工程基桩检测技术规程》(JTG/T 3512—2020)规定,单桩抗压竖向静载试验,加、卸载时应使荷载传递均匀、连续、无冲击,每级荷载在维持过程中的变化幅度不得超过分级荷载的( )。

A. ±1%　　　　B. ±3%　　　　C. ±5%　　　　D. ±10%

## 二、判断题(正确的划"√",错误的划"×",请填在题后的括号里,每题1分)

1.当基础最小边长超过2m或基础埋深超过3m时,应对地基容许承载力进行修正。（　）

2.修正地基承载力容许值,基础的埋置深度对于受水流冲刷的基础,由局部冲刷线算起。（　）

3.老黏土的承载力容许值可按土的压缩模量确定。（　）

4.一般黏性土的承载力容许值可按土的液性指数和天然孔隙比确定。（　）

5.砂土地基的承载力容许值可按土的分类、湿度和密实程度确定。（　）

6.一般黄土的承载力容许值可按土的天然含水率和天然孔隙比确定。（　）

7.当地基土不均匀时,必须通过现场荷载试验确定承载力容许值。（　）

8.地基承载力原位测试要求在土体原有位置上,在保持土的天然结构、天然含水率及天然应力状态下测定。（　）

9.地基荷载板试验过程中,压密阶段土体处于弹性平衡状态,该阶段对应拐点称为极限荷载。（　）

10.地基荷载板试验过程中,剪切阶段土体处于塑性发展阶段,对应的拐点为比例极限。（　）

11. 地基荷载板试验荷载板一般用刚性的方形板或圆形板,承压面积为 2500cm² 或 5000cm²。( )
12. 地基荷载板试验,各级荷载下沉相对稳定标准一般采用连续2h 的每小时沉降量不超过 0.1mm。( )
13. 地基荷载板试验,一般用 P-S 曲线第一个拐点作为地基土的承载力。( )
14. 如果地基压缩层范围内土层是成层变化的,应进行不同尺寸承压板或不同深度的荷载板试验。( )
15. 标准贯入试验用贯入器打入土中 30cm 的锤击数作为标准贯入试验的锤击数。( )
16. 钻孔灌注桩,当地下水位高或流速大时,泥浆指标应取高限。( )
17. 钻孔灌注桩,地质状态较好,孔径或孔深较小时,泥浆指标应取高限。( )
18. 支承桩孔底沉淀层厚度不大于 300mm。( )
19. 嵌岩桩影响桩底支承条件的主要因素是清孔不彻底、孔底沉淀层超厚。( )
20. 钻芯法检测桩基完整性是目前普遍采用的检测方法。( )
21. 射线法是在桩顶激振,使桩体和桩土体系产生振动,通过波形和振动参数推定混凝土质量。( )
22. 反射波法适用于混凝土灌注桩和预制桩等刚性桩的桩身完整性检测。( )
23. 反射波法可以用来检测桩身的完整性,判断缺陷位置及桩端嵌固情况。( )
24. 反射波法检测桩基完整性,传感器安装可采用黄油等耦合剂,黏结应牢固,并与桩顶面垂直。( )
25. 反射波法检测桩基完整性,短桩或浅部缺陷桩的检测宜采用轻锤宽脉冲激振。( )
26. 反射波法检测桩基完整性,长桩、大直径桩或深度缺陷桩的检测宜采用重锤宽脉冲激振。( )
27. 超声波法检测桩基完整性,当检测剖面 n 个测点的声速值普遍偏低且离散性很小时,宜采用声速平均值判据。( )
28. 反射波法检测桩基完整性,当混凝土灌注桩桩身截面多变,且变化幅度较大,应结合其他检测方法评定。( )
29. 超声波检测桩基完整性,当超声脉冲穿过缺陷时,其声时值将减小。( )
30. 超声波检测桩基完整性,当超声脉冲穿过缺陷时,其波幅将增大。( )
31. 超声波检测桩基完整性,测得的声时值即为超声脉冲在混凝土中的传播时间。( )
32. 超声波检测桩基完整性,理想状态下声时-深度曲线应为一直线。( )
33. 超声波检测桩基完整性,PSD 判据对缺陷十分敏感,而对因声测管不平行或混凝土强度不均匀等原因所引起的声时变化,基本上没有反应。( )
34. 超声波检测桩基完整性,临界 PSD 判据反映了测点间距、声波穿透距离、介质性质、测量的声时值等参数之间的综合关系,这一关系与缺陷性质有关。( )

35. 超声波检测桩基完整性,当实测超声波幅大于波幅临界值时,应将其作为可疑缺陷区。（　　）
36. 桩基动载试验是确定单桩承载力最基本、最可靠的方法。（　　）
37. 桩基静载试验,测量下沉值的基准梁应两端支承,不受深度影响而产生上拱或下挠。（　　）
38. 桩基静载试验,桩端下为巨粒土时,下沉稳定的标准是每级加载最后 2h 的下沉量不大于 0.1mm。（　　）
39. 桩基静载试验,总位移量大于或等于 40mm,或本级荷载下沉量大于或等于前一级荷载下沉量的 5 倍,即可终止加载,该级荷载即为极限荷载。（　　）
40. 高应变动力检测法可以直接用来测定单桩的轴向抗压极限承载力。（　　）
41. 高应变动力检测桩基承载力,应对桩头进行专门的加固处理。（　　）
42. 高应变动力检测,桩顶下两侧面应对称安装加速度传感器和应变传感器各一只,其与桩顶的距离不应小于 1.5 倍的桩径或边长。（　　）
43. 在吊入钢筋骨架后,灌注水下混凝土之前,应再次检查孔内泥浆性能指标和孔底沉淀厚度。（　　）
44. 采用声波透射法判断桩内缺陷时,检测管可焊接或绑扎在钢筋笼的内侧,检测管之间应相互平行。（　　）
45. 利用声波透射法检测桩基混凝土内部缺陷时,不平行的影响可在数据处理中予以鉴别和消除,所以对平行度不必苛求,但必须严格控制。（　　）
46. 采用声波透射法检测灌注桩质量时,PSD 判据法基本上消除了由于声测管不平行或混凝土不均匀等因素造成的声时变化对缺陷判断的影响。（　　）
47. 确定桩基承载力的检测方法有两种,一种是静载试验,另一种是动载试验。（　　）
48. 对于空洞、泥团、蜂窝等局部基桩缺陷范围的判断,可以采用扇形扫测和高差同步相结合的方法检测。（　　）
49. 钻孔灌注桩无论采用何种方法清孔,清孔后泥浆试样从孔中随机提取,进行性能指标检测。（　　）
50. 桩的各种不利缺陷最终都表现为桩的承载力下降。（　　）
51. 桩基检测单位具备行政主管部门颁发的专项检测资质证书即可承担检测任务。（　　）
52. 桩基检测人员取得桥梁试验检测工程师证书即可承担检测工作。（　　）
53. 低应变反射波法检测桩基完整性,应根据桩长和检测目的,选择不同材质和质量的力锤或力棒。（　　）
54. 低应变反射波法进行桩基完整性分析,宜以时域曲线为主,辅以频率分析。（　　）
55. 超长桩、大直径扩底桩和嵌岩桩不宜采用低应变反射波法测定单桩轴向抗压极限承载力。（　　）
56. 高应变动测法,桩身锤击拉应力宜在预计桩端进入软土层时测试。（　　）
57. 高应变动测法,桩身锤击压应力宜在预计桩端进入硬土层时测试。（　　）
58. 高应变动测法分析桩承载力时,宜在第三击实测有效信号中选取能量和贯入度较

大者。 ( )
59. 凯司法阻尼系数 $J_c$ 可由不少于30%被检桩的拟合结果推算。 ( )
60. 圆锥动力触探试验随着探杆长度的加长,其锤击修正系数越大。 ( )
61. 一般岩石地基可根据其强度等级、节理等确定其承载力特征值。 ( )
62. 碎石土地基可根据类别确定其承载力特征值。 ( )
63. 砂土地基可根据密实度确定其承载力特征值。 ( )
64. 粉土地基可根据天然孔隙比和天然含水率确定其承载力特征值。 ( )
65. 根据《公路桥涵地基与基础设计规范》(JTG 3363—2019)规定,浅层平板荷载试验同一土层参加统计的试验点数不应少于3个。当试验实测值的极差不超过其平均值的20%时,取此平均值作为该土层的地基承载力特征值。 ( )
66. 根据《公路桥涵地基与基础设计规范》(JTG 3363—2019)规定,深层平板荷载试验可用于确定深部地基及大直径桩桩端在承压板压力主要影响范围内土层的承载力。 ( )

**三、多项选择题**(每题所列的备选项中,有2个或2个以上正确答案,选项全部正确得满分,选项部分正确按比例得分,出现错误选项本题不得分,每题2分)

1. 确定地基承载力容许值的方法有( )。
   A. 参照法　　　　　　　　　　B. 理论计算法
   C. 现场荷载试验法　　　　　　D. 经验公式法
   E. 假设法

2. 规范法确定地基承载力容许值可适用于( )。
   A. 黏性土　　　B. 砂土　　　C. 碎石土　　　D. 黄土
   E. 多年冻土

3. 地基静力荷载板试验终止加载的情况包括( )。
   A. 承压板周围土体明显挤出　　B. 24h 内沉降等速增加
   C. P-S 曲线出现陡降段　　　　D. 加载至设计荷载
   E. 试验时间超过5d

4. 标准贯入试验可以用来判定砂土的( )。
   A. 密实度　　　　　　　　　　B. 承载力容许值
   C. 稠度　　　　　　　　　　　D. 砂土振动液化
   E. 砂桩承载力

5. 泥浆性能指标包括( )。
   A. 相对密度　　B. 黏度　　　C. 静切力　　　D. 含砂率
   E. 胶体率

6. 钻孔灌注桩成孔质量检测的项目包括( )。
   A. 桩径　　　　B. 孔形　　　C. 倾斜度　　　D. 孔深
   E. 孔底沉淀层厚度

7. 钻孔灌注桩桩身完整性常见质量缺陷包括( )。
   A. 桩底承载力不足　B. 断桩　　C. 缩径　　　D. 夹泥

E. 混凝土严重离析

8. 超声波检测桩基完整性依据的物理量包括( )。
   A. 声时值　　　　B. 波幅　　　　C. 频率　　　　D. 波形

9. 超声波检测桩基完整性,声时修正值包括( )。
   A. 系统延迟时间　　　　　　　　B. 检测管壁传播修正
   C. 水中传播声时修正　　　　　　D. 倾斜修正
   E. 高差修正

10. 超声波检测桩基完整性,适用 PSD 判据确定有缺陷区段,应综合运用( )指标。
    A. 声时　　　　B. 波幅　　　　C. 频率　　　　D. 波形
    E. 波速

11. 高应变动力检测法检测桩身完整性,出现( )情况时,采集信号不得作为有效信号。
    A. 传感器安装处混凝土开裂
    B. 传感器安装处混凝土出现严重塑性破坏
    C. 传感器安装松动
    D. 传感器损坏
    E. 锤击严重偏心

12. 地基荷载板试验 $P$-$S$ 曲线包括( )几个阶段。
    A. 压密阶段　　B. 剪切阶段　　C. 破坏阶段　　D. 隆起阶段
    E. 恢复阶段

13. 下列( )方法可以用于测定地基土的承载力。
    A. 标准贯入试验　B. 现场荷载试验　C. 压缩试验　　D. 固结试验
    E. 取样法

14. 水下灌注桩成孔质量检查的主要内容包括( )。
    A. 桩位偏差检查　　　　　　　　B. 孔径检查
    C. 桩倾斜度检查　　　　　　　　D. 孔底沉淀土厚度检查
    E. 泥浆指标检测

15. 超声波透射法可以采用( )法对检测数据进行处理。
    A. 声速判据　　B. 波幅判据　　C. PSD 判据　　D. 多因素概率分析
    E. 抽样

16. 基桩低应变动力检测法的优点有( )。
    A. 设备轻便灵活　　　　　　　　B. 现场检测工作量小
    C. 检测效率高　　　　　　　　　D. 多处缺陷容易判定
    E. 检测费用低

17. 根据检测原理,混凝土钻孔灌注桩桩身完整性无损检测常用的方法有( )。
    A. 钻芯检验法　B. 振动检验法　C. 超声脉冲检验法　D. 射线法
    E. 回弹法

18. 钻孔灌注桩钻孔过程中泥浆的作用包括( )。
    A. 悬浮钻渣　　B. 增大静水压力　C. 护壁防止塌孔　D. 减小钻孔阻力

E. 切断水流渗透路径

19. 桥梁基础形式包括(    )。
    A. 扩大基础　　　B. 桩基础　　　C. 沉井基础　　　D. 地下连续墙基础
    E. 组合式基础

20. 高应变动测法检测单桩极限承载力适用于(    )。
    A. 混凝土灌注桩　　B. 打入钢管桩　　C. 预制桩　　　D. 嵌岩桩
    E. 扩底桩

21. 低应变反射波法可用于检测桩基(    )。
    A. 完整性　　　B. 缺陷位置　　　C. 桩端嵌固情况　　　D. 承载力
    E. 几何尺寸

22. 低应变反射波法可用于检测(    )完整性。
    A. 混凝土灌注桩　　B. 混凝土预制桩　　C. 混凝土挖孔桩　　D. 钢桩
    E. 木桩

23. 低应变反射波法检测桩基完整性,出现下列(    )情况时,应结合其他方法检测。
    A. 桩底反射信号不明显　　　　B. 桩身截面多变
    C. 桩长推算值与实际值不符　　D. 实测信号复杂、无规律
    E. 预制桩时域曲线在接头处反射明显

24. 高应变动测法检测单桩极限承载力,出现下列(    )情况时,应结合其他方法检测。
    A. 桩身有扩径　　　　　　　　B. 桩身截面多变
    C. 桩身存在多处缺陷　　　　　D. 力和速度曲线在峰值附近出现异常
    E. 桩身波阻抗变化复杂

25. 超声波法检测桩基完整性,检测前应做好以下准备工作(    )。
    A. 声测管清空　　　　　　　　B. 声测管注满清水
    C. 标定系统延迟时间　　　　　D. 测量声测管内外径
    E. 实测混凝土强度

26. 圆锥动力触探试验可用于(    )。
    A. 评价地基密实度　　　　　　B. 评价地基承载力
    C. 确定地基变形模量　　　　　D. 确定地基持力层
    E. 对地基进行力学分层

27. 桩基试验桩设置应满足以下哪些要求(    )。
    A. 混凝土强度达到设计要求　　B. 满足规定休止时间
    C. 试桩成桩工艺与工程桩一致　D. 桩头混凝土强度不低于C30
    E. 桩头高处试坑地面不小于600mm

28. 桩基试桩加载终止条件包括(    )。
    A. 总位移量大于或等于40mm,本级荷载沉降量大于前一级荷载沉降量的5倍
    B. 总位移量大于或等于40mm,本级荷载施加后24h沉降不稳定
    C. 总沉降量小于40mm,荷载大于规定的安全系数
    D. 按照2倍设计荷载加载,总沉降量小于40mm且最后一级荷载沉降量小于前一级

荷载沉降量的 2 倍

  E. 按照 2 倍设计荷载加载,总沉降量小于 40mm 且最后一级荷载沉降量小于前一级荷载沉降量的 5 倍

29. 桩基试桩单桩竖向抗压极限承载力确定包括( )。

  A. 总位移量大于或等于 40mm,本级荷载沉降量大于前一级荷载沉降量的 5 倍,取本级荷载为极限承载力

  B. 总位移量大于或等于 40mm,本级荷载沉降量大于前一级荷载沉降量的 5 倍,取前一级荷载为极限承载力

  C. 总沉降量大于或等于 40mm,本级荷载加载 24h 后沉降未稳定,取本级荷载为极限承载力

  D. 总沉降量大于或等于 40mm,本级荷载加载 24h 后沉降未稳定,取前一级荷载为极限承载力

  E. 总沉降量小于 40mm,但荷载大于规定的安全系数,取本级荷载为极限承载力

30. 高应变动力试桩法出现以下( )情况时,不得作为承载力分析计算依据。

  A. 传感器安装处混凝土开裂或严重塑性变形

  B. 严重锤击偏心,两力信号幅值相差 1 倍

  C. 四通道测试数据不全

  D. 力与速度信号时域变形不一致

  E. 波形存在明显杂波干扰

31. 根据《公路桥涵地基与基础设计规范》(JTG 3363—2019)规定,对具有下列情况( )之一的大桥、特大桥,应通过静载试验确定单桩承载力。

  A. 桩的入土深度远超过常用桩  B. 地基情况复杂,难以确定桩的承载力

  C. 新型桩基础  D. 采用新工艺施工的桩基础

  E. 有其他特殊要求的桥梁桩基础

32. 根据《公路桥涵地基与基础设计规范》(JTG 3363—2019)规定,岩石地基可按( )进行分级。

  A. 坚硬程度  B. 风化程度  C. 完整程度  D. 地下水位

  E. 埋置深度

33. 根据《公路桥涵地基与基础设计规范》(JTG 3363—2019)规定,浅层平板荷载试验加载,当出现下列( )情况之一时,即可终止加载。

  A. 承载板周围土体明显侧向挤出

  B. 沉降急剧增大,沉降曲线出现陡降段

  C. 在某一级荷载下,12h 内沉降速率不能达到稳定

  D. 在某一级荷载下,24h 内沉降速率不能达到稳定

  E. 沉降量与承压板宽度或直径之比大于或等于 0.06

34. 根据《公路桥涵地基与基础设计规范》(JTG 3363—2019)规定,地基承载力特征值可按以下取值( )。

  A. 荷载沉降曲线有比例界限时,取该比例界限所对应的荷载值

B. 在某一级荷载下,24h 内沉降速率不能达到稳定时,取该级荷载为极限荷载

C. 在某一级荷载下,24h 内沉降速率不能达到稳定时,取对应的前一级荷载为极限荷载

D. 在某一级荷载下,沉降量与承压板宽度或直径之比大于或等于 0.06 时,取该级荷载为极限荷载

E. 在某一级荷载下,沉降量与承压板宽度或直径之比大于或等于 0.06 时,取对应的前一级荷载为极限荷载

35. 根据《公路桥涵地基与基础设计规范》(JTG 3363—2019)规定,深层平板荷载试验加载,当出现下列( )情况之一时,即可终止加载。

A. 承载板周围土体明显侧向挤出

B. 沉降急剧增大,沉降曲线出现陡降段,且沉降量超过 0.04 倍的承压板直径

C. 在某一级荷载下,24h 内沉降速率不能达到稳定

D. 本级沉降量大于前一级沉降量的 5 倍

E. 当持力层土层坚硬、沉降量很小时,最大加载量不小于设计要求的 2 倍

36. 根据《公路工程基桩检测技术规程》(JTG/T 3512—2020)规定,单桩竖向抗压静载试验检测的目的及内容包括( )。

A. 确定单桩竖向抗压极限承载力

B. 评判竖向抗压承载力是否满足设计要求

C. 通过桩身内力测试,测定桩侧及桩端阻力

D. 通过桩身内力测试,测定桩的抗拔力

E. 通过桩身内力测试,测定桩身弯矩

37. 根据《公路工程基桩检测技术规程》(JTG/T 3512—2020)规定,桩基成孔质量检查的目的及内容包括( )。

A. 成孔孔径　　B. 成孔深度　　C. 桩孔倾斜度　　D. 孔底沉淀厚度

E 孔底高程

38. 根据《公路工程基桩检测技术规程》(JTG/T 3512—2020)规定,低应变反射波法检测桩基的目的及内容包括( )。

A. 检测桩身缺陷及位置　　B. 判定桩身完整性类别

C. 推算单桩抗压极限承载力　　D. 检测混凝土均质性

E. 评判桩端持力层岩土性状

39. 根据《公路工程基桩检测技术规程》(JTG/T 3512—2020)规定,高应变法检测桩基的目的及内容包括( )。

A. 检测桩身缺陷及位置　　B. 判定桩身完整性类别

C. 推算单桩抗压极限承载力　　D. 分析桩侧和桩端土阻力

E. 评判桩端持力层岩土性状

40. 根据《公路工程基桩检测技术规程》(JTG/T 3512—2020)规定,超声透射法检测桩基的目的及内容包括( )。

A. 检测桩身缺陷及位置　　B. 判定桩身完整性类别

C. 推算单桩抗压极限承载力　　　D. 检测声测管间混凝土均质性
E. 评判桩端持力层岩土性状

41. 根据《公路工程基桩检测技术规程》(JTG/T 3512—2020)规定,钻芯法检测桩基的目的及内容包括(　　)。

A. 检测桩身缺陷及位置　　　　B. 判定桩身完整性类别
C. 推算单桩抗压极限承载力　　D. 检测桩底沉淀层厚度
E. 评判桩端持力层岩土性状

42. 根据《公路工程基桩检测技术规程》(JTG/T 3512—2020)规定,采用低应变反射波法或声波透射法检测桩基质量,要求桩基应满足以下(　　)条件。

A. 被检桩混凝土强度不得低于设计强度的 70% 且不得小于 15MPa
B. 被检桩混凝土强度不得低于设计强度的 80% 且不得小于 20MPa
C. 龄期不应少于 7d
D. 龄期不应少于 14d
E. 龄期达到 28d

43. 根据《公路工程基桩检测技术规程》(JTG/T 3512—2020)规定,用于检测灌注桩孔深、孔径和倾斜度的方法有(　　)。

A. 专用测绳法　　B. 接触式测量法　　C. 超声波测量法　　D. 比较法
E. 探杆法

44. 根据《公路工程基桩检测技术规程》(JTG/T 3512—2020)规定,接触式孔径仪应符合(　　)。

A. 被测孔径小于 1.2m 时,孔径测量允许误差 ±15mm
B. 被测孔径不小于 1.2m 时,孔径测量允许误差 ±25mm
C. 孔深测量精度应不低于 0.3%
D. 孔深测量精度应不低于 0.5%
E. 孔深测量精度应不低于 1.0%

45. 根据《公路工程基桩检测技术规程》(JTG/T 3512—2020)规定,桩基专用测斜仪应符合(　　)。

A. 顶角测量范围 0°~10°　　　　B. 顶角测量误差在 ±10′之间
C. 分辨率优于 36″　　　　　　D. 孔深测量精度应不低于 0.5%
E. 孔深测量精度应不低于 0.3%

46. 根据《公路工程基桩检测技术规程》(JTG/T 3512—2020)规定,单桩竖向抗压静载试验检测仪器设备应包括(　　)。

A. 加载装置　　　　　　　　　B. 反力装置
C. 荷载测量装置　　　　　　　D. 变形测量装置
E. 温度测量装置

47. 根据《公路工程基桩检测技术规程》(JTG/T 3512—2020)规定,单桩竖向抗压承载试验应符合(　　)规定。

A. 加载反力装置的承载能力不应小于最大加载量的 1.3 倍

B. 加载反力装置的承载能力不应小于最大加载量的 1.5 倍

C. 采用工程桩做锚桩时,锚桩数量不宜少于 4 根

D. 压重施加于地基的压应力不应大于地基承载力容许值的 1.5 倍

E. 在压重平台反力装置中,应确保消除压重平台对试验的影响,压重宜在检测前一次加足,并均匀稳固地放置于平台上

48. 根据《公路工程基桩检测技术规程》(JTG/T 3512—2020)规定,单桩竖向抗压承载试验沉降量测宜采用位移传感器或大量程百分表,其技术指标应符合(　　)规定。

    A. 测量误差不应大于 0.1%FS

    B. 分辨力应优于或等于 0.01mm

    C. 直径或边宽大于 500mm 的桩,应在其两个方向对称安装 4 个位移测试仪表

    D. 直径或边宽大于 500mm 的桩,应在其两个方向对称安装 2 个位移测试仪表

    E. 沉降测定平面离桩顶距离不宜小于 200mm,测点应牢固地固定于桩身

49. 根据《公路工程基桩检测技术规程》(JTG/T 3512—2020)规定,单桩竖向抗压承载试验出现下列情况(　　)之一时,可终止加载。

    A. 被检桩在某级荷载作用下的沉降量大于前一级荷载沉降量的 5 倍,且桩顶总沉降量大于 40mm

    B. 被检桩在某级荷载作用下的沉降量大于前一级的 2 倍且经 24h 尚未稳定,同时桩顶总沉降量大于 40mm

    C. 工程桩验收时,荷载已达到承载力容许值的 2.0 倍或设计要求的最大加载量且沉降达到稳定

    D. 工程桩验收时,荷载已达到承载力容许值的 1.5 倍或设计要求的最大加载量且沉降达到稳定

    E. 桩身出现明显破坏现象

50. 根据《公路工程基桩检测技术规程》(JTG/T 3512—2020)规定,单桩竖向抗压极限承载力可按下列(　　)方法综合分析确定。

    A. 根据沉降随荷载变化的特征确定:对于陡降型沉降曲线,取其发生明显陡降的起始点对应的荷载值

    B. 根据沉降随时间变化的特征确定:取沉降曲线尾部出现明显向下弯曲的前一级荷载值

    C. 对于缓变型沉降曲线可根据沉降量确定,宜取 $s=40mm$ 对应的荷载

    D. 对直径大于或等于 800mm 的灌注桩,可取 $s=0.05D$ 对应的荷载值

    E. 对直径大于或等于 800mm 的灌注桩,可取 $s=0.06D$ 对应的荷载值

51. 根据《公路工程基桩检测技术规程》(JTG/T 3512—2020)规定,单桩竖向抗拔试验当出现下列(　　)情况之一时,可终止加载。

    A. 在某级荷载作用下,桩顶上拔量大于前一级上拔荷载作用下上拔量的 2 倍

    B. 在某级荷载作用下,桩顶上拔量大于前一级上拔荷载作用下上拔量的 5 倍

    C. 按桩顶上拔量控制时,累计桩顶上拔量超过 100mm

    D. 按钢筋抗拉强度控制时,桩顶上拔荷载达到受拉钢筋抗拉强度设计值

E. 对验收抽样检测的工程桩,达到设计要求的最大上拔荷载或最大上拔位移

52. 根据《公路工程基桩检测技术规程》(JTG/T 3512—2020)规定,单桩竖向抗拔极限承载力应按下列(　　)方法综合确定。

　　A. 根据上拔量随荷载变化的特征确定:对陡升型 $U$-$\delta$ 曲线,取陡升起始点对应的荷载值

　　B. 根据上拔量随时间变化的特征确定:取 $\delta$-$\lg t$ 曲线斜率明显变陡或曲线尾部明显向上弯曲的前一级荷载值

　　C. 当在某级荷载下抗拔钢筋断裂时,取其前一级荷载值

　　D. 对抽样检测的工程桩在最大加载量下,未出现以上三款情况,且桩顶上拔量达到相对稳定标准时,可取最大加载

　　E. 对验收抽样检测的工程桩,达到设计要求的最大上拔荷载

53. 根据《公路工程基桩检测技术规程》(JTG/T 3512—2020)规定,单桩水平静载试验当出现下列(　　)情况之一时,可终止加载。

　　A. 在某级荷载作用下,桩顶上拔量大于前一级上拔荷载作用下上拔量的 2 倍

　　B. 在某级荷载作用下,桩顶上拔量大于前一级上拔荷载作用下上拔量的 5 倍

　　C. 桩身折断

　　D. 水平位移超过 30~40mm(软土取 40mm)

　　E. 达到设计要求的最大加载量或水平位移允许值

54. 根据《公路工程基桩检测技术规程》(JTG/T 3512—2020)规定,单位工程同一条件下单桩水平承载力容许值按(　　)取值。

　　A. 当按桩身强度确定水平承载力时,取水平临界荷载统计值和单桩水平极限承载力统计值的一半的小值为单桩水平承载力容许值

　　B. 当按桩身强度确定水平承载力时,取水平临界荷载统计值和单桩水平极限承载力统计值的一半的大值为单桩水平承载力容许值

　　C. 当桩受长期水平荷载作用且桩不允许开裂时,取水平临界荷载统计值的 0.75 倍和单桩水平极限承载力统计值的一半的小值为单桩水平承载力容许值

　　D. 当桩受长期水平荷载作用且桩不允许开裂时,取水平临界荷载统计值的 0.75 倍和单桩水平极限承载力统计值的一半的大值为单桩水平承载力容许值

　　E. 当按设计要求的水平位移允许值确定水平承载力时,取设计要求的水平位移允许值对应的水平荷载统计值为单桩水平承载力容许值

55. 根据《公路工程基桩检测技术规程》(JTG/T 3512—2020)规定,低应变检测桩基完整性,测量传感器及激振设备正确操作的有(　　)。

　　A. 传感器应安装在桩头平整面上,并应与桩顶面垂直,确保传感器黏结稳固、耦合良好

　　B. 短桩或分辨浅部缺陷桩时,宜采用窄脉冲低能量激振

　　C. 短桩或分辨浅部缺陷桩时,宜采用宽脉冲低能量激振

　　D. 长桩或深部缺陷宜采用宽脉冲大能量激振

　　E. 长桩或深部缺陷宜采用窄脉冲大能量激振

56. 根据《公路工程基桩检测技术规程》(JTG/T 3512—2020)规定,桩身完整性分析中出现下列(　　)情况时,应结合其他检测方法综合评判。

　　A. 超过有效检测长度的超长桩,其测试信号不能反映桩身下部和桩底情况

　　B. 因地层和施工工艺原因引起桩身截面渐变或多变,且变化幅度较大的混凝土灌注桩

　　C. 当桩长的推算值明显与实际提供桩长不符,且缺乏相关资料加以解释或验证

　　D. 实测曲线复杂,无规律或呈现低频大振幅衰减振动,无法对其进行准确的桩身完整性分析与评判

　　E. 对预制桩,时域曲线在接头处有明确的同相反射,无法对其判定断裂错位或接桩不良

57. 根据《公路工程基桩检测技术规程》(JTG/T 3512—2020)规定,高应变检测桩基质量,当出现下列(　　)情况之一时,高应变锤击信号不得作为承载力分析依据。

　　A. 传感器安装处混凝土开裂或出现严重塑性变形,使力曲线最终未归零

　　B. 锤击严重偏心,两侧力信号幅值相差超过1倍

　　C. 触变效应的影响,桩在多次锤击下承载力下降

　　D. 桩身有明显缺陷

　　E. 四通道测试数据不全

58. 根据《公路工程基桩检测技术规程》(JTG/T 3512—2020)规定,高应变检测桩基质量,当出现下列(　　)情况之一时,应按工程地质条件、施工工艺和施工记录,采用实测曲线拟合法或其他检测方法综合评判桩身完整性。

　　A. 混凝土灌注桩桩身有扩径、截面渐变或多变

　　B. 混凝土灌注桩桩身有缩径、截面渐变或多变

　　C. 桩身存在多处缺陷

　　D. 桩身浅部存在缺陷

　　E. 力曲线在上升沿上升缓慢,力和速度曲线在上升沿出现异常

59. 根据《公路工程基桩检测技术规程》(JTG/T 3512—2020)规定,高应变法检测桩基完整性,实测波形应符合下列(　　)要求。

　　A. 力曲线和速度曲线在起始阶段应重合,两者峰值一般情况下出现在同一时刻 $t_1$ 且幅值基本相等

　　B. 力曲线和速度曲线在起始阶段应重合,在 $t_1$ 至 $t_1+2L/c$ 时间内,力曲线和速度曲线应逐渐分离

　　C. 力曲线和速度曲线在起始阶段应重合,在 $t_1$ 至 $t_1+2L/c$ 时间内,力曲线和速度曲线应逐渐平行

　　D. 力曲线和速度曲线应基本光滑、无振荡或低频噪音信号叠加,且曲线尾部应归零

　　E. 同一根被检桩相邻两次有效采样信号应有较好的重复性

60. 根据《公路工程基桩检测技术规程》(JTG/T 3512—2020)规定,超声波法检测桩基完整性,应绘制被测桩各剖面的(　　)。

　　A. 声速-深度曲线　　　　　　　　B. 波幅-深度曲线

C. 波幅-深度曲线 D. PSD-深度曲线
E. 斜率-深度曲线

**四、综合题** [根据所列资料,以选择题的形式(单选或多选题)选出正确的选项。每小题2分,选项部分正确按比例得分,出现错误选项该题不得分]

1. 某桥梁采用钻孔灌注桩基础,桩径1.8m,桩长45m,设计为摩擦桩,设计承载力为4000kN。该基础地层为卵石土层,采用反循环旋转钻进成孔,钻孔过程严格控制泥浆指标,成孔后进行严格清孔并对成孔质量进行检测。水下混凝土采用直升导管法灌注,施工完毕采用超声波法进行桩身完整性检测。为进一步验证桩基承载力,利用既有工程桩进行桩基静载试验,采用锚桩横梁反力装置。结合桩基础施工,回答以下问题。

(1)钻孔灌注桩钻孔过程中,设置泥浆的主要作用包括( )。
A. 护壁 B. 悬浮钻渣
C. 增大孔内静水压力 D. 冷却钻机钻头

(2)钻孔过程中,除检测泥浆的相对密度、黏度和含砂率外,还应检测( )。
A. 胶体率 B. 失水率 C. 泥皮厚度 D. 静切力和酸碱度

(3)钻孔过程中,泥浆相对密度应控制在( )。
A. 1.02~1.06 B. 1.06~1.10
C. 1.10~1.15 D. 1.20~1.40

(4)钻孔成孔后,成孔质量除检测孔径和孔深外,还应检测( )。
A. 孔中心位置 B. 孔倾斜度
C. 孔底沉淀层厚度 D. 孔内泥浆指标

(5)灌注水下混凝土前,要求孔底沉淀层厚度应满足( )。
A. ≤300mm B. ≤400mm C. ≤500mm D. ≤600mm

(6)该桩基础施工前,应在钢筋笼内设置( )声测管。
A. 2根 B. 3根 C. 4根 D. 5根

(7)超声波检测前,分别测得系统延迟时间为$t_0$,超声波通过声测管壁时间为$t_1$,超声波通过声测管内清水时间为$t_2$,超声波从发射到接受时间为$t$。则超声波在混凝土中的传播时间为( )。
A. $t+t_0-t_1-t_2$ B. $t-t_0-t_1-t_2$ C. $t+t_0+t_1-t_2$ D. $t+t_0+t_1+t_2$

(8)超声波检测声速临界值一般取( )。
A. 正常波速 -1倍均方差 B. 正常波速 -2倍均方差
C. 正常波速 +1倍均方差 D. 正常波速 +2倍均方差

(9)超声波PSD判读采用( )斜率变化来准确判定缺陷位置。
A. 声时深度曲线 B. 频率深度曲线
C. 波幅深度曲线 D. 波形深度曲线

(10)某根桩检测时发现某一声测剖面个别测点的声速、波幅略小于临界值,但波形基本正常,该桩可初步判定为( )。
A. Ⅰ类桩 B. Ⅱ类桩 C. Ⅲ类桩 D. Ⅳ类桩

(11)在进行桩基静载试验时,要求基准桩与试桩应保持( )距离。
　　A.≥1倍桩径　　B.≥1倍桩径　　C.≥3倍桩径　　D.≥4倍桩径
(12)静载试验锚桩横梁反力装置安全储备一般应取( )。
　　A.(1.0~1.2)×8000kN　　　　　B.(1.2~1.5)×8000kN
　　C.(1.5~1.8)×8000kN　　　　　D.(1.8~2.0)×8000kN
(13)静载试验最大加载值不应小于( )。
　　A.1.2×4000kN　　B.1.5×4000kN　　C.2.0×4000kN　　D.2.5×4000kN
(14)在进行桩基沉降观测时,沉降稳定的标准是( )。
　　A.加载最后30min沉降不大于0.1mm
　　B.加载最后30min沉降不大于0.2mm
　　C.加载最后60min沉降不大于0.1mm
　　D.加载最后60min沉降不大于0.2mm
(15)该试验加载至8000kN,桩总沉降量为26mm,且该级荷载的沉降量小于前一级荷载沉降量的5倍,该桩基承载力是否满足要求( )。
　　A.满足　　　　　　　　　　　　B.不满足

### ◆ 习题参考答案及解析 ◆

#### 一、单项选择题

1. A
2. D

【解析】按规范法确定地基容许承载力,首先要确定土的类别名称,通常是把一般地基土根据塑性指标、粒径、工程地质特征等分为六类,即:黏性土、砂类土、碎卵石类土、黄土、冻土及岩土石。

3. B
4. A
5. C

【解析】老黏土的承载力容许值可按照压缩模量来确定;砂土的承载力容许值按照密实程度确定;新近堆积黄土的承载力容许值可按照含水比确定。

6. C
7. A
8. B
9. C

【解析】地基在荷载作用下达到破坏状态的过程分为三个阶段。地基荷载板试验,每级荷载增量一般取土层预估极限承载力的1/10~1/8。荷载的量测精度应达到最大荷载的1%。沉降值的量测精度达到0.01mm。

10. C

【解析】 标准贯入试验:用63.5kg的锤,自1900px(76cm)的高度自由落下,将长度51cm、外径5.1cm、内径3.49cm的标准贯入器击入土中750px(30cm)所需的锤击数,称为标准贯入击数。

11. B

【解析】 当钻杆长度大于3m时,锤击数应按下式进行钻杆长度修正: $N_{63.5} = \alpha N$,式中$N_{63.5}$为标准贯入试验锤击数,$\alpha$为触探杆长度校正系数。

12. D

【解析】 根据标准贯入试验锤击数测定各类砂的地基承载力,一般为:
① 当击数大于30时,密实的砾砂、粗砂、中砂(孔隙比均小于0.60)为$4kg/cm^2$;
② 当击数小于或等于30而大于15时,中密的砾砂、粗砂、中砂(孔隙比均大于0.60而小于0.75)为$3kg/cm^2$,细砂、粉砂(孔隙比均大于0.70而小于0.85)为$1.5\sim 2kg/cm^2$;
③ 当击数小于或等于15而大于或等于10时,稍密的砾砂、粗砂、中砂(孔隙比均大于0.75而小于0.85)为$2kg/cm^2$,细砂、粉砂(孔隙比均大于0.85而小于0.95)为$1\sim 1.5kg/cm^2$。对于老黏土和一般黏性土的容许承载力,当锤击数分别为3、5、7、9、11、13、15、17、19、21、23时,则其相应的容许承载力分别为1.2、1.6、2.0、2.4、2.8、3.2、3.6、4.2、5.0、5.8、6.6$kg/cm^2$。

13. D

【解析】 泥浆胶体率:泥浆中黏土颗粒分散水化程度的粗略指标。将100mL泥浆倾入100mL的量筒中,盖上玻璃静置24h,观察量筒上部澄清液的体积。如澄清液5mL,则该泥浆胶体率为95%,沉淀率5%。泥浆胶体率一般应大于98%。

14. C

【解析】 含砂率是泥浆内所含的砂和黏土颗粒的体积百分比。钻孔灌注桩施工中泥浆护壁当中,含砂率大时,会降低黏度,增加沉淀,容易磨损泥浆泵和钻具;停钻时易造成埋钻、卡钻事故。

15. C

【解析】《公路桥涵施工技术规范》规定,单排桩桩位偏差不能超过5cm,多排桩桩位偏差不能超过10cm。

16. C

17. D

【解析】 一般要求对于竖直桩,其允许偏差不应超过1%,斜桩不应超过设计斜度的2.5%。

18. B

19. C

【解析】 规范规定:摩擦桩沉淀厚度应符合设计规定,设计无要求时,对于直径≤1.5m的桩≤300mm;对桩径>1.5m或桩长>40m或土质较差时≤500mm。支承桩的沉淀厚度不大于设计规定。

20. A

【解析】 桩基完整性检测有钻芯法、振动检验法(包括敲击法和锤击法、稳态激振机械阻抗法、瞬态激振机械阻抗法、水电效应法)、超声脉冲检验法和射线法。

21．C

22．D

23．A

24．A

25．C

【解析】桩基完整性检测方法中，锤击法属于振动检测法；反射波法检测桩身的完整性，宜在混凝土灌注成桩14d后进行；传感器宜安在距桩中心半径2/3～1/2处；距桩的主筋不宜小于50mm；当桩径不大于1000mm时不宜少于2个测点，当桩径大于1000mm时不宜少于4个测点。

26．B

27．B

【解析】类别特征：Ⅰ类各检测剖面的声学参数均无异常，无声速低于低限值异常；Ⅱ类某一检测剖面个别测点的声学参数出现异常，无声速低于低限值异常；Ⅲ类某一检测剖面连续多个测点的声学参数出现异常，两个或两个以上检测剖面在同一深度测点的声学参数出现异常；局部混凝土声速出现低于低限值异常；Ⅳ类某个检测剖面连续多个测点的升序参数出现明显异常；两个或两个以上检测剖面在同一深度测点的升序参数出现明显异常；桩身混凝土声速出现普遍低于低限值异常或无法检测首波或声波接收信号严重畸变。

28．C

29．B

30．A

31．C

【解析】当桩径小于1000mm时，应埋设二根管；当桩径大于或等于1000mm且小于或等于1600mm时，应埋设三根管；当桩径大于1600mm且小于2500mm时，应埋设四根管；当桩径大于或等于2500mm时，应增加声测管的数量。

32．D

33．B

34．B

【解析】$v_D = v - 2\sigma$。

35．D

36．D

【解析】$A_{pi} < A_m - 6$。

37．A

38．C

【解析】同上第27题。

39．C

40．C

【解析】基桩静载试验：采用压重平台反力装置时，要求压重不得小于最大试验荷载的 1.3~1.5 倍;对施工检验性试验,一般可采用设计荷载的 2 倍;每级加载下沉量,在规定的时间内如不大于 0.1mm 可认为稳定;每级加载量一般为预估最大荷载的 1/15~1/10。

41. C

【解析】为设计提供依据的静载试验,应加载至地基土破坏(抗拔:桩侧土体破坏。水平试验:桩侧土体破坏或桩身结构破坏);为工程验收而进行抽样检测的静载试验,最大加载量不应小于单桩竖向抗压、抗拔、水平承载力设计值的 2.0 倍。

42. C

【解析】慢速维持荷载法:沉降相对稳定标准:每一小时沉降量不超过 0.1mm,且连续出现两次(由 1.5h 三次 30min 测读值计算)。

43. D

【解析】同上第 41 题。

44. B

45. C

【解析】高应变检测单桩轴向抗压承载力时,急振锤的质量不得小于基桩极限承载力的 1.2%。采用自由落锤为急振设备,宜重锤抵击,锤的最大落距不宜大于 2m。

46. A

47. D

【解析】标准贯入试验:用质量为 63.5kg 的穿心锤,以 76cm 落距,将标准规格的贯入器,自钻孔底部预打 15cm,记录在打入 30cm 的锤击数,判定土的物理力学特性的一种原位试验方法。

48. A

【解析】标准贯入试验可用于以下地基检测:①推定砂土、粉土、黏性土、花岗岩残积土等天然地基的基地承载力,鉴别其岩土性状;②推定非碎石土换填地基、强夯地基、预压地基、不加填料振冲加密处理地基、注浆处理地基等处理土地基的地基承载力,评价地基处理效果;③评价复合地基增强体的施工质量。

49. C

【解析】采用钻孔法判断桩内缺陷时,在检测管内应注满清水。

50. C

【解析】基桩垂直静载试验时,对于砂类土最后 30min 内,如果下沉量小于 0.1mm,即可视为休止。

51. C

【解析】每根钻孔桩至少应制取两组;桩长 20m 以上者不少于 3 组。桩径大,浇筑时间很长时不应少于 4 组。

52. B

【解析】在桩基超声脉冲检测系统中,换能器在声测管内用清水耦合,因此换能器必须是水密式的径向发射和接收换能器。

53. C

【解析】卸载时每级荷载维持15min,测读时间为第5min、15min,即可卸下一级荷载。卸载至零后应测读稳定的残余沉降量,维持时间为2h,测读时间为5min、15min、30min,以后每隔30min测读一次。

54. C

【解析】当基础最小边宽超过2m或基础埋置超过3m,且$b/h \leq 4$时,一般地基土的容许承载力可按公式计算。

55. D

56. D

【解析】公路工程基桩检测:①公路工程基桩应进行100%的完整性检测,各种方法的选定应具有代表性和满足工程检测的特定要求;②重要工程的钻孔灌注桩应埋设声测管,检测的桩数不应少于50%;③高应变动测法的抽检率可由工程设计或监理单位酌情决定,但不宜少于相近条件下总桩数的5%且不少于5根。

57. A

58. D

59. D

60. D

【解析】信号采集及处理仪规定:①数据采集装置的模-数转换器的位数不宜低于16bit;②采样间隔宜为$10 \sim 500\mu s$,可调;③单通道采样点不少于1024点;④放大器增益宜大于60dB,可调,线性度良好,其频响范围应满足$10Hz \sim 5kHz$。预应力混凝土管柱的激振点、检测点与桩中心连线的夹角宜为90°。

61. B  62. A  63. B  64. C  65. D

66. C

【解析】高应变动测法激振锤应材质均匀、形状对称、底面平整,高径比不得小于1。检测预制桩极限承载力,对于砂土地基,最短休止期应大于7d,对于粉土地基最短休止期应大于10d,对于非饱和黏性土地基最短休止期为15d,对于饱和黏性土地基最短休止期为25d,加速度传感器和位移传感器与桩顶距离不得小于1.5倍桩径或边长。

67. A

【解析】高应变法,用重锤(重量为预估单桩极限承载力的1%~5%)自由下落锤击桩顶,使其应力和应变水平接近静力试桩的水平,使桩土之间的土产生塑性变形,即使桩产生贯入度,一般贯入度不小于2mm且不大于6mm。桩对外有抗力是通过位移产生,有了位移,桩侧土强度得到充分发挥,桩端土强度也得到一定程度发挥,此时,量测的信号含有承载力的因素。

68. B

【解析】发射系统应输出$250 \sim 1000V$的脉冲电压,其波形可为阶跃脉冲或矩形脉冲。

69. D

70. B

【解析】超声波法检测桩基完整性,要求发出脉冲电压不低于1000V,径向振动换能器谐振频率宜不大于25kHz,单孔检测采用一发双收一体型换能器,其发射换能器至接收换能器的最近距离不得小于30cm。

| 71. B | 72. B | 73. C | 74. A | 75. A |

76. B

【解析】根据《公路桥涵地基与基础设计规范》(JTG 3363—2019)规定,多年压实未遭破坏的非岩石旧桥,当修正后的地基承载力特征值大于或等于150kPa时,地基承载力抗力系数取值为1.5;当修正后的地基承载力特征值小于150kPa时,地基承载力抗力系数取值为1.25;岩石旧桥基础地基承载力抗力系数取值为1.0。

77. C

【解析】根据《公路桥涵地基与基础设计规范》(JTG 3363—2019)规定,岩石按软化系数可分为软化岩石和不软化岩石,当软化系数小于或等于0.75时,应定为软化岩石;当软化系数大于0.75时,应定为不软化岩石。

78. B

【解析】根据《公路桥涵地基与基础设计规范》(JTG 3363—2019)规定,岩石坚硬程度按照饱和状态单轴抗压强度标准值划分,岩石完整程度按照完整性指数划分,岩石节理发育程度按照节理间距划分。

79. C
80. C
81. B
82. C
83. C
84. D
85. C

【解析】根据《公路桥涵地基与基础设计规范》(JTG 3363—2019)规定,桩基后压浆对风化岩、非饱和黏性土及粉土,压浆压力宜为3~10MPa;对饱和土层压浆压力宜为1.2~4MPa,软土宜取低值,密实土宜取高值;桩侧压浆终止压力宜为桩端压浆的1/3~1/2。

| 86. B | 87. B | 88. D | 89. D | 90. C |
| 91. C | 92. C | 93. C | 94. B | 95. B |
| 96. B | 97. B | 98. B | 99. B | 100. D |

## 二、判断题

1. ×

【解析】当基础最小边宽超过2m或基础埋置超过3m且$b/h ≤ 4$时,应对地基容许承载力修正。

2. ×

【解析】为了保证地基和基础的稳定性,基础的埋置深度(除岩石地基外)应在天然地面或无冲刷河底以下不小于1m。

3. √
4. √
5. √

6. ×

【解析】一般黄土的承载力容许值可按土的天然含水率和液限比确定。

7. √

8. √

9. ×

【解析】土中各点的剪应力均小于土的抗剪强度,土体处于弹性平衡状态,这一阶段荷载板沉降主要是由于土中孔隙的减少引起,土颗粒主要是竖向变位,且随时间渐趋稳定而土体压密,所以也称为压密阶段。曲线上相应于 $a$ 点的荷载称为比例界限。

10. ×

【解析】沉降的增长率($\Delta S/\Delta P$)先随荷载的增加而增大。在这个阶段,除土体的压密外,在承压板边缘已有小范围局部土体的剪应力达到或超过了土体的抗剪强度,并开始向周围土体发生剪切破坏(产生塑性变形区);土体的变形是由于土中孔隙的压缩和土颗粒剪切移动同时引起的,土颗粒同时发生竖向和侧向变位,且随时间不易稳定,故称之为局部剪切阶段。随着荷载的继续增加,土中塑性区的范围也逐步扩大,直到土中形成连续的滑动面,由荷载板两侧挤出而破坏。因此,剪切阶段也是地基中塑性区的发生及发展阶段。相应于 $P\text{-}S$ 曲线上 $b$ 点的荷载称为极限荷载。

11. √

12. √

13. √

14. √

15. ×

【解析】用 63.5kg 的锤,自 1900px(76cm) 的高度自由落下,将长度 51cm、外径 5.1cm、内径 3.49cm 的标准贯入器击入土中 750px(30cm) 所需的锤击数,称为标准贯入击数。

16. √

17. ×

【解析】钻孔灌注桩,地质状态较好,孔径或孔深较小时,泥浆指标应取低值。

18. ×

【解析】摩擦桩沉淀厚度应符合设计规定,设计无要求时,对于直径≤1.5m 的桩,≤300mm;对桩径>1.5m 或桩长>40m 或土质较差时,≤500mm。支承桩的沉淀厚度不大于设计规定。

19. √

20. ×

【解析】桩基检测的主要方法有静载试验、钻芯法、低应变法、高应变法、声波透射法等。

21. ×

【解析】射线法是以放射性同位素辐射线在混凝土中的衰弱、吸收、散射等现象为基础的一种方法。当射线穿过混凝土时,因混凝土质量不同或因存在缺陷,接收仪所记录的射线强弱发生变化来判断桩的质量。

22. √
23. √
24. √
25. ×

【解析】一般大长桩用大力棒；短细桩用手锤；中间的桩用小力棒。

26. √
27. ×

【解析】当检测剖面 $n$ 个测点的声速值普遍偏低且离散性很小时，宜采用声速低限值判据。

28. √
29. ×
30. ×

【解析】(1)声时值：超声脉冲穿过缺陷或绕过缺陷时，声时值增大。
(2)波幅(或衰减)：当波束穿过缺陷区时，反映为波幅降低。
(3)接收信号的频率：当超声脉冲穿过缺陷区时，接收信号主频下降。
(4)接收波形的畸变：接收波形产生畸变。

31. ×

【解析】声时值除了在混凝土中传播时间，还包括水中和声测管中的传播时间。

32. √
33. √
34. √
35. √
36. ×

【解析】桩基检测试验中，除了静载试验，还要做大应变或者小应变检测，即动测试验。静载试验是为了检查桩基的极限承载力，动测试验动力响应是为了检查桩身完整性(桩身长度、有无断桩、缩颈等)。

37. √
38. √
39. √
40. ×

【解析】判定单桩竖向抗压承载力(简称单桩承载力)。单桩承载力是指单桩所具有的承受荷载的能力，其最大的承载能力称为单桩极限承载力。高应变法判定单桩承载力是在桩身结构强度满足轴向荷载的前提下，判定地基土对桩的支承能力。

41. ×

【解析】桩头破损的混凝土预制桩和桩头已出现屈服变形的钢桩，检测前应对桩头进行特殊处理，混凝土桩桩头的处理方法应符合规定。

42. √
43. √

44. √
45. √
46. √    47. √    48. √    49. √    50. √
51. ×

【解析】专项检测机构和见证取样机构应满足下列基本条件:(一)专项检测机构的注册资本不少于100万元人民币,见证取样机构不少于80万元人民币;(二)所申请检测资质对应的项目应通过计量认证;(三)有质量检测、施工、监理或设计经历,并接受相关检测技术培训的专业技术人员不少于10人;边远的县(区)的专业技术人员不少于6人;(四)有符合开展检测工作所需的仪器、设备和工作场所;其中,使用属于强制检定的计量器具,要经过计量检定合格后,方可使用;(五)有健全的技术管理和质量保证体系。

52. ×

【解析】检测人员必须要依托检测机构,经过培训取得上岗资格,对特殊的检测项目,检测人员应有相应的检测资格证书,且现场检测工作应由两名或两名以上检测人员承担。

53. ×

【解析】在实际检测过程中应根据桩长和需要检测的深度,反复比选,寻找合适的激振设备,才有可能获得正确的波形曲线。常见的激发力锤有小钢锤、小铜锤、尼龙锤、木锤等。

54. √
55. √
56. √
57. √
58. ×

【解析】高应变动测法分析桩的承载力时,宜在第一击和第二击实测有效信号中选取能量和贯入度较大者。

59. ×

【解析】阻尼系 $J_c$ 数宜根据同条件下静载试验结果校核,或应在已取得相近条件下可靠对比资料后,采用实测曲线拟合法确定 $J_c$ 值,拟合计算的桩数不应少于检测总桩数的30%,且不少于3根;同一场地、地质条件相近似和桩型及截面积相同情况下,$J_c$ 值的极差不宜大于平均值的30%。

60. ×
61. √
62. ×

【解析】碎石土地基可根据类别和密实程度确定其承载力特征值。

63. ×

【解析】砂土地基可根据密实度和水位情况确定其承载力特征值。

64. √
65. ×

【解析】根据《公路桥涵地基与基础设计规范》(JTG 3363—2019)规定,浅层平板荷载试验同一土层参加统计的试验点数不应少于3个。当试验实测值的极差不超过其平均值的

30%时,取此平均值作为该土层的地基承载力特征值。

66. √

### 三、多项选择题

1. ABCD

【解析】确定地基承载力容许值的有参照法、理论计算法、现场荷载试验法、经验公式法。

2. ABCDE

【解析】规范法规定地基承载力容许值可适用于黏性土、砂土、黄土、碎石土、多年冻土。

3. ABC

【解析】地基静力荷载板试验终止加载的情况承载板周围土明显挤出、24h 内沉降等速增加、P-S 曲线出现陡降段。

4. AB

【解析】标准贯入试验可以用来判定砂类土的密实度和承载力容许值。

5. ABCDE

【解析】泥浆性能指标包括相对密度、黏度、静切力、含砂率、胶体率。

6. ABCDE

7. ABCDE

【解析】钻孔灌注桩成孔质量检测的项目包括桩径、孔形、倾斜度、孔深、孔底沉淀厚度。桩身完整性常见质量缺陷包括桩底承载力不足、断桩、缩径、夹泥、混凝土严重离析。

8. ABCD

【解析】桩基检测依据的基本物理量有:声时值、波幅、接收信号的频率变化、接收波形的畸变。

9. ABC

【解析】声时值除了在混凝土中传播时间外,还包括水中和声测管中的传播时间。

10. ABCD

【解析】超声波检测桩基完整性,综合运用声时、波幅、频率、波形指标来判据 PSD 有缺陷区段。

11. ABCDE

12. ABC

【解析】共 3 个阶段:压密阶段(直线变形阶段)、剪切阶段、破坏阶段。

13. AB

【解析】常用试验方法有:现场荷载试验、标准贯入试验、触探试验等。

14. ABC

【解析】湿作业灌注桩成孔质量检查内容:桩位偏差检查、孔径检查、桩倾斜度检查等。

15. ABC

【解析】超声波检测桩基完整性,综合运用声速、波幅、频率、波形指标来判据 PSD 有缺陷区段。

16. ABCD

【解析】桩基小应变动力检测法的。优点:迅速、准确、简便、费用较低、设备简单;缺点:桩身缺陷种类复杂、外界影响较大、判断和解读波形较复杂,需实测经验丰富的操作人员及经验数据比较进行判断。

17. BCD

【解析】无损检测常用方法:振动检验法、超声脉冲检验法、射线法。

18. ABC

【解析】①护壁作用,防渗、防水帷幕。以孔内高于地下水位的泥浆的侧压力平衡孔壁土压力和孔周围水压力,抵抗孔周围水渗入孔内,维持孔壁稳定。②悬浮土渣,携带土渣出门桩孔。不使土渣沉入孔底造成钻孔困难、影响桩底沉渣厚度。

19. ABCDE

【解析】浅基础可分为刚性扩大基础和柔性基础;深基础可分为桩基础、沉井基础、地下连续墙和组合基础等。

20. ABC

【解析】高应变检测的适用范围:①打入式预制桩,打试桩时的打桩过程监测。②已进行单桩静载试验的一级建筑桩基的工程桩竖向抗压承载力和桩身完整性的检测。③不复杂的二级建筑桩基、一级建筑桩基的工程桩竖向抗压承载力和桩身完整性的检测。④一、二级建筑桩基静载试验检测的辅助检测。另外,高应变动测法用于工程设计进行校验和为工程验收而进行的现场试验,对多支盘灌注桩、大直径扩底桩,以及具有缓变形 $Q$-$S$ 曲线的大直径灌注桩,均不宜采用高应变法检测单桩竖向抗压承载力;对灌注桩及超长钢桩进行竖向抗压承载力检测时,应具有现场实测经验和本地区相近条件下的可靠对比验证资料。

21. ABC

【解析】低应变反射波法可用于检测桩基的完整性、缺陷位置、桩端嵌固情况。

22. AB

【解析】低应变反射波法可用于检测混凝土灌注桩、混凝土预制桩完整性。

23. ABCDE

【解析】低应变反射波法检测桩基完整性,当出现:①桩底反射信号不明显;②桩身截面多变;③桩长推算值与实际值不符;④实测信号复杂、无规律;⑤预制桩时域曲线在接头处反射明显等情况时,应结合其他方法检测。

24. ABCDE

【解析】采用静荷载试验对工程桩单桩竖向承载力进行检测:①设计等级为甲级的建筑桩基,应通过单桩静载试验确定;②设计等级为乙级的建筑桩基,当地质条件简单时,可参照地质条件相同的试桩资料,结合静力触探等原位测试和经验参数综合确定;其余均应通过单桩静载试验确定;③设计等级为丙级的建筑桩基,可根据原位测试和经验参数确定。

25. BCD

【解析】(1)被检桩的混凝土龄期应大于14d。

(2)声测管内应灌满清水,且保证畅通。
(3)标定超声波检测仪发射至接收的系统延迟时间 $t$。
(4)准确量测声测管的内、外径和相邻声测管外壁间的距离,量测精度为 ±1mm。

26. ABCDE     27. ABCDE     28. ABCE     29. BDE     30. ABCDE
31. ABCDE     32. ABC     33. ABD     34. ACE     35. BCDE
36. ABC

**【解析】** 根据《公路工程基桩检测技术规程》(JTG/T 3512—2020)第3.1.1条,单桩竖向抗压静载试验检测的目的及内容包括:确定单桩竖向抗压极限承载力;评判竖向抗拔承载力是否满足设计要求;通过桩身内力测试,测定桩侧及桩端阻力。

37. ABCD

**【解析】** 根据《公路工程基桩检测技术规程》(JTG/T 3512—2020)第3.1.1条,桩基成孔质量检查目的及内容包括:检测混凝土灌注桩成孔的孔径、孔深、桩孔倾斜度及沉淀厚度。

38. AB

**【解析】** 根据《公路工程基桩检测技术规程》(JTG/T 3512—2020)第3.1.1条,低应变反射波法检测桩基目的及内容包括:检测桩身缺陷及位置,评判桩身完整性类别。

39. ABCD

**【解析】** 根据《公路工程基桩检测技术规程》(JTG/T 3512—2020)第3.1.1条,高应变法检测桩基目的及内容包括:分析桩侧和桩端土阻力,推算单桩轴向抗压极限承载力;检测桩身缺陷及位置;评判桩身完整性类别;沉桩过程监控。

40. ABD

**【解析】** 根据《公路工程基桩检测技术规程》(JTG/T 3512—2020)第3.1.1条,超声透射法检测桩基目的及内容包括:检测灌注桩中声测管之间混凝土的均匀性和桩身缺陷及位置,评判桩身完整性类别。

41. ABDE

**【解析】** 根据《公路工程基桩检测技术规程》(JTG/T 3512—2020)第3.1.1条,钻芯法检测桩基目的及内容包括:检测灌注桩桩长、桩身混凝土强度、桩底沉淀厚度、桩身缺陷及位置;评判桩身完整性类别;评判桩端持力层岩土性状。

42. AC

**【解析】** 根据《公路工程基桩检测技术规程》(JTG/T 3512—2020)第3.4.1条,采用低应变反射波法或声波透射法检测时,被检桩混凝土强度不得低于设计强度的70%且不得小于15MPa,龄期不应少于7d。

43. BC

**【解析】** 根据《公路工程基桩检测技术规程》(JTG/T 3512—2020)第4.1.3条,接触式测量方法和超声波测量方法可用于检测灌注桩孔深、孔径、桩孔倾斜度。

44. ABC

**【解析】** 根据《公路工程基桩检测技术规程》(JTG/T 3512—2020)第4.2.2条,接触式孔径仪应符合下列规定:被测孔径小于1.2m时,孔径测量允许误差±15mm;被测孔径不小于1.2m时,孔径测量允许误差±25mm。孔深测量精度应不低于0.3%。

45. ABCE

**【解析】** 根据《公路工程基桩检测技术规程》(JTG/T 3512—2020)第4.2.3条,桩基专用测斜仪应符合下列规定:顶角测量范围0°~10°;顶角测量误差在±10′之间;分辨率优于36″;孔深测量精度应不低于0.3%。

46. ABCD

**【解析】** 根据《公路工程基桩检测技术规程》(JTG/T 3512—2020)第5.2.1条,单桩竖向抗压静载试验检测仪器设备应包括:加载装置、反力装置、荷载测量装置、变形测量装置等。

47. ACDE

**【解析】** 根据《公路工程基桩检测技术规程》(JTG/T 3512—2020)第5.2.3条,单桩竖向抗压承载试验应符合下列规定:(1)加载反力装置的承载能力不应小于最大加载量的1.3倍。(2)应对加载反力装置的全部构件进行强度和变形验算。(3)应对锚桩抗拔力以及抗力(含地基土、抗拔钢筋、桩的接头等)进行验算;采用工程桩做锚桩时,锚桩数量不宜少于4根,并应监测锚桩上拔量。(4)在压重平台反力装置中,应确保消除压重平台对试验的影响,压重宜在检测前一次加足,并均匀稳固地放置于平台上。(5)压重施加于地基的压应力不应大于地基承载力容许值的1.5倍,有条件时宜利用工程桩作为堆载支点。

48. ABCE

**【解析】** 根据《公路工程基桩检测技术规程》(JTG/T 3512—2020)第5.2.5条,单桩竖向抗压承载试验沉降量测宜采用位移传感器或大量程百分表,其技术指标应符合下列规定:(1)测量误差不应大于0.1%FS,分辨力应优于或等于0.01mm。(2)直径或边宽大于500mm的桩,应在其两个方向对称安装4个位移测试仪表;直径或边宽小于或等于500mm的桩可对称安置2个位移测试仪表。(3)沉降测定平面离桩顶距离不宜小于200mm,测点应牢固地固定于桩身。(4)基准梁应具有足够的刚度,一端固定在基准桩上,另一端应简支于基准桩上。(5)检测设备及量测仪表应有遮挡设施,严禁日光直射基准梁;被检桩区域应不受冲击、振动等影响;基准桩应打入地面以下一定深度,确保在试验过程中不变形。

49. ABCE

**【解析】** 根据《公路工程基桩检测技术规程》(JTG/T 3512—2020)第5.3.6条,单桩竖向抗压承载试验出现下列情况之一时,可终止加载:(1)被检桩在某级荷载作用下的沉降量大于前一级荷载沉降量的5倍,且桩顶总沉降量大于40mm。(2)被检桩在某级荷载作用下的沉降量大于前一级的2倍且经24h尚未稳定,同时桩顶总沉降量大于40mm。(3)荷载-沉降曲线呈缓变型时,可加载至桩顶总沉降量60~80mm;当桩长超过40m或被检桩为钢桩时,宜考虑桩身压缩变形,可加载至桩顶总沉降量超过80mm。(4)工程桩验收时,荷载已达到承载力容许值的2.0倍或设计要求的最大加载量且沉降达到稳定。(5)桩身出现明显破坏现象。(6)当工程桩作锚桩时,锚桩上拔量已达到允许值。

50. ABCD

**【解析】** 根据《公路工程基桩检测技术规程》(JTG/T 3512—2020)第5.4.2条,单桩竖向抗压极限承载力可按下列方法综合分析确定:(1)根据沉降随荷载变化的特征确定:对于陡降型$Q$-$s$曲线,取其发生明显陡降的起始点对应的荷载值。(2)根据沉降随时间变化的特征确定:取$s$-$\lg t$曲线尾部出现明显向下弯曲的前一级荷载值。(3)出现本规程第5.3.6条第2款情况,取前一级荷载值。(4)符合本规程第5.3.6条第4款情况,取本级荷载值。(5)对于缓变型 $Q$-$s$ 曲线可根据沉降量确定,宜取 $s=40\text{mm}$ 对应的荷载;对于钢管桩和桩长大于 $40\text{m}$ 的混凝土桩,宜考虑桩身弹性压缩量;对直径大于或等于 $800\text{mm}$ 的灌注桩或闭口桩,可取 $s=0.05D$ 对应的荷载值($D$ 为桩端全断面直径)。

51. BCDE

【解析】根据《公路工程基桩检测技术规程》(JTG/T 3512—2020)第6.3.3条,单桩竖向抗拔试验当出现下列情况之一时,可终止加载:(1)在某级荷载作用下,桩顶上拔量大于前一级上拔荷载作用下上拔量的5倍;(2)按桩顶上拔量控制时,累计桩顶上拔量超过 $100\text{mm}$;(3)按钢筋抗拉强度控制时,桩顶上拔荷载达到受拉钢筋抗拉强度设计值;(4)对验收抽样检测的工程桩,达到设计要求的最大上拔荷载或最大上拔位移。

52. ABCD

【解析】根据《公路工程基桩检测技术规程》(JTG/T 3512—2020)第6.4.2条,单桩竖向抗拔极限承载力应按下列方法综合确定:(1)根据上拔量随荷载变化的特征确定:对陡升型 $U$-$\delta$ 曲线,取陡升起始点对应的荷载值;(2)根据上拔量随时间变化的特征确定:取 $\delta$-$\lg t$ 曲线斜率明显变陡或曲线尾部明显向上弯曲的前一级荷载值;(3)当在某级荷载下抗拔钢筋断裂时,取其前一级荷载值;(4)对抽样检测的工程桩在最大加载量下,未出现以上三款情况,且桩顶上拔量达到相对稳定标准时,可取最大加载量。

53. CDE

【解析】根据《公路工程基桩检测技术规程》(JTG/T 3512—2020)第7.3.3条,单桩水平静载试验当出现下列情况之一时,可终止加载:(1)桩身折断;(2)水平位移超过 $30\sim40\text{mm}$(软土取 $40\text{mm}$);(3)达到设计要求的最大加载量或水平位移允许值。

54. ACE

【解析】根据《公路工程基桩检测技术规程》(JTG/T 3512—2020)第7.4.5条,单位工程同一条件下单桩水平承载力容许值按以下规定取值:(1)当按桩身强度确定水平承载力时,取水平临界荷载统计值和单桩水平极限承载力统计值的一半的小值为单桩水平承载力容许值;(2)当桩受长期水平荷载作用且桩不允许开裂时,取水平临界荷载统计值的0.75倍和单桩水平极限承载力统计值的一半的小值为单桩水平承载力容许值;(3)当按设计要求的水平位移允许值确定水平承载力时,取设计要求的水平位移允许值对应的水平荷载统计值为单桩水平承载力容许值;(4)单桩水平临界荷载统计值和本条第3款水平荷载统计值的确定方法应符合本规程第5.4.3条的有关规定。

55. ABD

【解析】根据《公路工程基桩检测技术规程》(JTG/T 3512—2020)第8.3.3条,测量传感器及激振设备的操作应符合下列规定:(1)传感器应安装在桩头平整面上,对灌注桩应安装在新鲜混凝土面上,并应与桩顶面垂直;确保传感器黏结牢固、耦合良好;(2)激振设备应进行现场对比试验选定,短桩或分辨浅部缺陷桩时,宜采用窄脉冲低能量激振,长桩或深部缺陷宜采用宽脉冲大能量激振,选用不同重量和材质的力锤(棒),也可采用软硬适宜的锤垫;(3)采用力锤(棒)激振时,其作用力方向应与桩顶面保持垂直。

56. ABCDE

【解析】根据《公路工程基桩检测技术规程》(JTG/T 3512—2020)第8.4.5条,桩身完整性分析中出现下列情况时,应结合其他检测方法综合评判:(1)超过有效检测长度的超长桩,其测试信号不能反映桩身下部和桩底情况;(2)因地层和施工工艺原因引起的桩身截面渐变或多变,且变化幅度较大的混凝土灌注桩;(3)当桩长的推算值明显与实际提供桩长不符,且缺乏相关资料加以解释或验证;(4)实测曲线复杂,无规律或呈现低频大振幅衰减振动,无法对其进行准确的桩身完整性分析与评判;(5)对预制桩,时域曲线在接头处有明确的同相反射,无法对其判定断裂错位或接桩不良。

57. ABCDE

【解析】根据《公路工程基桩检测技术规程》(JTG/T 3512—2020)第9.4.3条,当出现下列情况之一时,高应变锤击信号不得作为承载力分析计算依据:(1)传感器安装处混凝土开裂或出现严重塑性变形,使力曲线最终未归零;(2)锤击严重偏心,两侧力信号幅值相差超过1倍;(3)触变效应的影响,桩在多次锤击下承载力下降;(4)桩身有明显缺陷;(5)四通道测试数据不全。

58. ACDE

【解析】根据《公路工程基桩检测技术规程》(JTG/T 3512—2020)第9.4.7条,当出现下列情况之一时,应按工程地质条件、施工工艺和施工记录,采用实测曲线拟合法或其他检测方法综合评判桩身完整性:(1)混凝土灌注桩桩身有扩径、截面渐变或多变;(2)桩身存在多处缺陷;(3)桩身浅部存在缺陷;(4)力曲线在上升沿上升缓慢,力和速度曲线在上升沿出现异常。

59. ABDE

【解析】根据《公路工程基桩检测技术规程》(JTG/T 3512—2020)第9.4.1条,实测波形应符合下列要求:(1)力曲线和速度曲线在起始阶段应重合,两者峰值一般情况下出现在同一时刻 $t_1$ 且幅值基本相等;力曲线和速度曲线在起始阶段应重合,在 $t_1$ 至 $t_1 + 2L/c$ 时间内,力曲线和速度曲线应逐渐分离。(2)力曲线和速度曲线应基本光滑、无振荡或低频噪音信号叠加,且曲线尾部应归零。(3)同一根被检桩相邻两次有效采样信号应有较好的重复性。

60. ABD

【解析】根据《公路工程基桩检测技术规程》(JTG/T 3512—2020)第10.4.12条,应绘制被测桩各剖面的声速-深度曲线、波幅-深度曲线、PSD-深度曲线。

### 四、综合题

1. (1) ABCD  (2) ABCD  (3) C  (4) ABCD  (5) A
   (6) C     (7) B     (8) B  (9) A     (10) B
   (11) D    (12) B    (13) C (14) A    (15) A

# 第二章 桥梁技术状况评定

【主要知识点】

各类桥梁受力特点;桥梁经常检查、定期检查内容;桥梁技术状况评定方法、等级分类、总体技术状况评分方法、5 类桥梁单项控制指标;各类桥梁上部结构、下部结构和桥面系主要部件评价指标;结构存在缺陷桥梁排查要点。

### 一、单项选择题(四个备选项中只有一个正确答案,每题1分)

1. 对于设置支座的桥梁,相邻两个支座中心之间的水平距离称为(   )。
   A. 净跨径  B. 计算跨径  C. 标准跨径  D. 总跨径
2. 某桥梁多孔跨径总长为150m,则该桥属于(   )。
   A. 特大桥  B. 大桥  C. 中桥  D. 小桥
3. 桥梁承重结构主要承受弯矩,下部结构只产生竖向力的结构体系为(   )。
   A. 梁式桥  B. 拱式桥  C. 悬索桥  D. 刚架桥
4. 桥梁经常检查的周期根据桥梁技术状况而定,一般每月不得少于(   )。
   A. 1 次  B. 2 次  C. 3 次  D. 4 次
5. 桥梁定期检查的周期根据桥梁技术状况而定,最长不得超过(   )。
   A. 1 年  B. 2 年  C. 3 年  D. 5 年
6. 桥梁技术状况评定基本单元是(   )。
   A. 构件  B. 部件  C. 上部结构  D. 下部结构
7. 公路桥梁总体技术状况评定等级分为(   )。
   A. 2 类  B. 3 类  C. 4 类  D. 5 类
8. 桥梁次要部件技术状况评定标度分为(   )。
   A. 2 类  B. 3 类  C. 4 类  D. 5 类
9. 公路桥梁有轻微缺损,对桥梁使用功能无影响,则其技术状况等级为(   )。
   A. 1 类  B. 2 类  C. 3 类  D. 4 类
10. 公路桥梁主要构件存在严重缺损,不能正常使用,危及桥梁安全,处于危险状态,则其技术状况等级为(   )。
    A. 1 类  B. 2 类  C. 3 类  D. 5 类
11. 当桥梁上、下部结构技术状况等级为 3 类、桥面系技术状况等级为 4 类,且桥梁总体技术状况评分介于 40~60 时,桥梁总体技术状况评定等级为(   )。

A. 1 类　　　　　B. 2 类　　　　　C. 3 类　　　　　D. 4 类

12. 梁式桥上部结构有落梁或梁板断裂时,该桥梁技术状况评定等级为(　　)。
　　A. 2 类　　　　　B. 3 类　　　　　C. 4 类　　　　　D. 5 类

13. 桥梁扩大基础冲刷深度大于设计值,冲空面积达 20% 以上,则该桥梁技术状况评定等级为(　　)。
　　A. 2 类　　　　　B. 3 类　　　　　C. 4 类　　　　　D. 5 类

14. 桥梁结构技术状况评价时,上部结构、下部结构和桥面系组成权重为(　　)。
　　A. 0.4∶0.2∶0.4　　B. 0.4∶0.4∶0.2　　C. 0.2∶0.4∶0.4　　D. 0.4∶0.3∶0.3

15. 某桥梁技术状况评分值为 86 分,则高桥技术状况等级为(　　)。
　　A. 1 类　　　　　B. 2 类　　　　　C. 3 类　　　　　D. 4 类

16. 梁式桥进行技术状况评定时,上部结构各部件权重比例最大的部件为(　　)。
　　A. 主梁　　　　　B. 湿接缝　　　　C. 横隔板　　　　D. 支座

17. 悬索桥桥进行技术状况评定时,上部结构各部件权重比例最大的部件为(　　)。
　　A. 加劲梁　　　　B. 索塔　　　　　C. 主缆　　　　　D. 吊索

18. 斜拉桥桥进行技术状况评定时,上部结构各部件权重比例最大的部件为(　　)。
　　A. 斜拉索系统　　B. 主梁　　　　　C. 索塔　　　　　D. 支座

19. 桥梁基础冲空面积达到 25%,则其技术状况评定标度为(　　)。
　　A. 2　　　　　　B. 3　　　　　　C. 4　　　　　　D. 5

20. 预应力混凝土桥梁,部分钢绞线断裂,或齿板位置处裂缝严重,则该构件技术状况评定标度为(　　)。
　　A. 2　　　　　　B. 3　　　　　　C. 4　　　　　　D. 5

21. 根据公路等级和桥梁规模,公路桥梁养护检查分为(　　)。
　　A. 一级　　　　　B. 二级　　　　　C. 三级　　　　　D. 四级

22. 技术状况评定为(　　)的大、中、小桥应提高一级进行检查。
　　A. 2 类　　　　　B. 3 类　　　　　C. 4 类　　　　　D. 5 类

23. 技术状况评定为(　　)的桥梁,在加固维修前应按Ⅰ级进行检查。
　　A. 2 类　　　　　B. 3 类　　　　　C. 4 类　　　　　D. 5 类

24. 桥梁养护检查等级为Ⅱ、Ⅲ级的桥梁,定期检查周期不得超过(　　)。
　　A. 1 年　　　　　B. 2 年　　　　　C. 3 年　　　　　D. 5 年

25. 桥梁单孔跨径(　　)及以上桥梁,应设立永久观测点,定期进行控制检测。
　　A. 30m　　　　　B. 60m　　　　　C. 100m　　　　　D. 150m

**二、判断题**(正确的划"√",错误的划"×",请填在题后的括号里,每题 1 分)

1. 桥梁经常检查采用目测方法,也可配以既简单工具进行测量。　　　　　　　　(　　)
2. 桥梁定期检查以目测观察为主。　　　　　　　　　　　　　　　　　　　　　(　　)
3. 公路桥梁技术状况评定采用分层综合评定法。　　　　　　　　　　　　　　　(　　)
4. 当单个桥梁存在不同结构形式时,可根据结构形式的分布情况划分评定单元,分别对各单元进行技术状况等级评定。　　　　　　　　　　　　　　　　　　　　　　　　(　　)

5. 全桥总体技术状况等级评定时,当主要部件评分达到 4 类或 5 类且影响桥梁安全时,可按照桥梁主要部件最差的缺损状况评定。( )

6. 桥梁经常检查中发现重要部件的缺损明显达到 4、5 类技术状况时,应立即安排一次定期检查。( )

7. 桥梁技术状况一般评定是依据桥梁定期检查资料,通过对桥梁各部件技术状况的综合评定,确定桥梁技术状况等级,提出养护措施。( )

8. 桥梁技术状况适应性评定是依据桥梁定期检查资料,通过对桥梁各部件技术状况的综合评定,确定桥梁技术状况等级,提出养护措施。( )

9. 梁式桥上部承重构件控制截面出现超出规范规定裂缝宽度,则该桥梁直接评定为 5 类桥梁。( )

10. 桥梁出现桥墩(桥台或基础)不稳定,出现严重滑动、下沉、位移、倾斜等现象,则该桥梁直接评定为 5 类桥梁。( )

**三、多项选择题**(每题所列的备选项中,有 2 个或 2 个以上正确答案,选项全部正确得满分,选项部分正确按比例得分,出现错误选项本题不得分,每题 2 分)

1. 桥梁应进行特殊检查的情况包括( )。
   A. 定期检查难以查明损坏原因及程度
   B. 桥梁技术状况为 4、5 类
   C. 桥梁技术状况为 3、4、5 类
   D. 拟通过加固手段提高荷载等级
   E. 特殊桥梁可周期性进行荷载试验

2. 公路桥梁技术状况评定项目包括( )。
   A. 桥梁构件与部件  B. 桥面系  C. 上部结构  D. 下部结构
   E. 全桥

3. 公路桥梁技术状况评定部件分为( )。
   A. 主要部件  B. 次要部件  C. 上部结构  D. 下部结构
   E. 全桥

4. 梁式桥主要部件包括( )。
   A. 上部承重构件  B. 桥墩  C. 桥台  D. 基础
   E. 支座

5. 板式橡胶支座评定指标包括( )。
   A. 老化变质、开裂  B. 缺陷  C. 脱空  D. 转角
   E. 组件损坏

6. 沥青混凝土桥面铺装主要评定指标包括( )。
   A. 变形  B. 泛油  C. 破损  D. 裂缝
   E. 坑洞

7. 钢筋混凝土梁式桥上部承重构件技术状况检测,除检测蜂窝、麻面、剥落、掉角、空洞、孔洞等外观状况外,还应检测( )。

A. 混凝土保护层厚度与碳化深度　　　B. 钢筋锈蚀

C. 混凝土裂缝　　　　　　　　　　　D. 混凝土强度

E. 跨中挠度及结构变位

8. 钢筋混凝土梁式桥上部承重构件技术状况检测,除检测蜂窝、麻面、剥落、掉角、空洞、孔洞等外观状况外,还应检测(　　　)。

A. 混凝土保护层厚度与碳化深度　　　B. 钢筋锈蚀与预应力构件损伤

C. 混凝土裂缝　　　　　　　　　　　D. 混凝土强度

E. 跨中挠度及结构变位

9. 钢梁桥上部承重构件技术状况检测,除检测构件裂缝、跨中挠度、构件变形和结构变位外,还应检测(　　　)。

A. 涂层劣化　　　B. 钢材锈蚀　　　C. 铆钉(螺栓)损失　　　D. 焊缝开裂

E. 表面污染

10. 盆式支座技术状况检查指标包括(　　　)。

A. 橡胶老化　　　B. 位置脱空　　　C. 组件损坏　　　D. 位移

E. 转角超限

11. 桥梁检查分为(　　　)。

A. 初始检查　　　B. 日常巡查　　　C. 经常检查　　　D. 定期检查

E. 专项检查

12. 桥梁日常巡查内容包括(　　　)等。

A. 桥路连接处是否异常　　　　　　　B. 桥面铺装、伸缩缝是否有明显破损

C. 栏杆、护栏等有无明显缺损　　　　D. 标志标牌是否完好

E. 桥梁线形是否存在明显异常

13. 桥面系检查的内容包括(　　　)等。

A. 桥面铺装层　　　　　　　　　　　B. 伸缩缝

C. 人行道　　　　　　　　　　　　　D. 栏杆、护栏及交通标志

E. 排水系统

14. 混凝土桥梁上部结构检查内容包括(　　　)等。

A. 混凝土外观　　　　　　　　　　　B. 连接装置

C. 桥面线形及变位　　　　　　　　　D. 混凝土碳化、钢筋锈蚀

E. 主梁内积水、通风

15. 钢桥上部结构检查内容包括(　　　)等。

A. 构件涂层劣化情况

B. 构件锈蚀、裂缝、变形

C. 焊缝开裂或脱开,螺栓松动、脱落或断裂

D. 结构跨中挠度、结构变位情况

E. 钢箱梁内部湿度及除湿设施

16. 斜拉桥上部结构检查内容包括(　　　)等。

A. 桥塔有无异常变位及外观损伤　　　B. 拉索索力与线形

C. 拉索防护及锚具　　　　　　D. 主梁或加劲梁
E. 钢护筒、阻尼器

17. 悬索桥桥上部结构检查内容包括(　　)等。
    A. 桥塔有无异常变位及外观损伤　B. 主缆索线形及外观
    C. 吊索索力及外观　　　　　　D. 加劲梁
    E. 锚碇外观及变形

18. 桥梁墩台检查内容包括(　　)等。
    A. 墩台身变位情况　　　　　　B. 墩台身外观
    C. 墩台身顶面是否清洁　　　　D. 台背填土及排水系统
    E. 圬工砌体开裂情况

19. 桥梁基础检查内容包括(　　)等。
    A. 基础变位情况　　　　　　　B. 基础外观
    C. 基础冲刷与掏空现象　　　　D. 地基侵蚀情况
    E. 地下水位(水质)变化情况

20. 桥梁定期检查报告包括以下(　　)等内容。
    A. 桥梁基本状况卡片及检查记录表　B. 典型缺损和病害照片
    C. 三张总体照片　　　　　　　D. 与历次检查报告对比分析
    E. 桥梁技术状况评定等级及养护工作建议

**四、综合题**[根据所列资料,以选择题的形式(单选或多选题)选出正确的选项。每小题2分,选项部分正确按比例得分,出现错误选项该题不得分。]

1. 某4孔20m预应力混凝土空心板桥,上部结构横桥向由11块空心板组成,支座采用板式橡胶支座,伸缩缝采用仿毛勒伸缩缝,桥面铺装为沥青混凝土铺装;下部结构为桩基础。经对该桥进行技术状况检测发现:上部空心板均存在轻微裂缝,但裂缝宽度未超限;板式橡胶支座出现老化破裂,裂缝严重,且造成其他构件产生较严重病害;桥面铺装出现局部泛油、松散等病害,面积≤10%;伸缩缝锚固件松动,混凝土大面积破损,面积>20%;桩基础有局部冲蚀现象,部分外露,冲空面积<10%;经对上下部结构部件进行技术状况评分,桥面系得分为85分,上部结构得分为92分,下部结构得分为95分。就该桥梁技术状况检测回答以下问题。

   (1)该桥梁技术状况评定内容包括(　　)。
       A. 桥梁构件和部件　　　　　B. 桥面系
       C. 上部结构　　　　　　　　D. 下部结构
       E. 全桥

   (2)该桥梁技术状况评定方法为(　　)。
       A. 单指标评定　　　　　　　B. 5类桥梁单指标评定
       C. 合格率评定　　　　　　　D. 分层综合评定
       E. 分层评定法

   (3)该桥梁上部空心板技术状况评定标度为(　　)。

  A.1      B.2      C.3      D.4
  E.5

(4)该桥梁支座技术状况评定标度为(　　)。
  A.1      B.2      C.3      D.4
  E.5

(5)该桥梁伸缩缝技术状况评定标度为(　　)。
  A.1      B.2      C.3      D.4
  E.5

(6)该桥梁桩基础技术状况评定标度为(　　)。
  A.1      B.2      C.3      D.4
  E.5

(7)该桥梁总体技术状况评分为(　　)。
  A.80      B.85      C.90      D.92
  E.95

(8)该桥梁总体技术状况评定等级为(　　)。
  A.1 类     B.2 类     C.3 类     D.4 类
  E.5 类

## ◆◆◆ 习题参考答案及解析 ◆◆◆

### 一、单项选择题

1. B
2. B

【解析】桥梁分类见下表。

| 桥梁分类 | 多孔跨径总长 $L(m)$ | 单孔跨径 $L_k(m)$ |
| --- | --- | --- |
| 特大桥 | $L > 1000$ | $L_k > 150$ |
| 大桥 | $100 \leq L \leq 1000$ | $40 \leq L_k \leq 150$ |
| 中桥 | $30 < L < 100$ | $20 \leq L_k < 40$ |
| 小桥 | $8 \leq L \leq 30$ | $5 \leq L_k < 20$ |

3. A
4. A
5. C
6. A
7. D
8. C
9. B

**【解析】** 根据《公路桥梁技术状况评定标准》，桥梁总体技术状况评定等级见下表。

| 技术状况评定等级 | 桥梁技术状况描述 |
|---|---|
| 1 | 全新状态，功能完好 |
| 2 | 有轻微缺损，对桥梁使用功能无影响 |
| 3 | 有中等缺陷，尚能维持正常使用功能 |
| 4 | 主要构件有大的缺陷，严重影响桥梁使用功能；或影响承载力，不能保证正常使用 |
| 5 | 主要构件存在严重缺陷，不能保证正常使用，危机桥梁安全，桥梁处于危险状态 |

10. D
11. C

**【解析】** 根据《公路桥梁技术状况评定标准》，当上部结构和下部结构技术状况等级为 3 类、桥面系技术状况等级为 4 类，且桥梁总体技术状况评分为 $40 \leq D_r < 60$ 时，桥梁总体技术状况等级应评定为 3 类。

12. D

**【解析】** 根据《公路桥梁技术状况评定标准》，桥梁上部结构有落梁、梁板断裂属于 5 类桥梁中的 14 种单项控制指标之一。

13. D

**【解析】** 基础冲空面积 20% 以上，属于 5 类桥梁中的 14 种单项控制指标之一。

14. B

**【解析】** 根据《公路桥梁技术状况评定标准》，桥梁结构技术状况评价时，上部结构、下部结构和桥面系组成权重为 0.4∶0.4∶0.2。

15. B

**【解析】** 根据《公路桥梁技术状况评定标准》规定，桥梁技术状况分类见下表。

| 技术状况评分 | 技术状况等级 $D_j$ | | | | |
|---|---|---|---|---|---|
| | 1 类 | 2 类 | 3 类 | 4 类 | 5 类 |
| $D_r$ | [95,100] | [80,95) | [60,80) | [40,60) | [0,40) |

16. A  17. C  18. A  19. D  20. C
21. C  22. B  23. C  24. C  25. B

## 二、判断题

1. √

2. ×

**【解析】** 桥梁定期检查以目测观察结合仪器观测进行，必须接近各部件仔细检查其缺损情况。

3. ×

**【解析】** 公路桥梁技术状况评定采用分层综合评定和 5 类桥梁单项控制指标结合的方法。

4. √

5. √

6. ×

【解析】桥梁经常检查中发现重要部件的缺损明显达到3、4、5类技术状况时,应立即安排一次定期检查。

7. √

8. ×

【解析】桥梁技术状况适应性评定是依据桥梁定期及特殊检查资料,结合试验和结构受力分析,评定桥梁实际承载力、通行能力、抗洪能力,提出桥梁养护、改造方案。

9. ×

【解析】梁式桥上部承重构件控制截面出现全截面开裂,则该桥梁直接评定为5类桥梁。

10. √

## 三、多选题

| | | | | |
|---|---|---|---|---|
| 1. ABDE | 2. ABCDE | 3. AB | 4. ABCDE | 5. ABC |
| 6. ABCD | 7. ABCDE | 8. ABCDE | 9. ABCD | 10. CDE |
| 11. ABCDE | 12. ABCDE | 13. ABCDE | 14. ABCDE | 15. ABCDE |
| 16. ABCDE | 17. ABCDE | 18. ABCDE | 19. ACDE | 20. ABCDE |

## 四、综合题

1. (1) ABCDE  (2) BD  (3) B  (4) D  (5) D
   (6) C  (7) D  (8) B

# 第三章 桥梁荷载试验与承载力评定

【主要知识点】

桥梁荷载试验用仪器设备用途、适用范围、技术指标;桥梁静载试验控制截面、试验荷载确定、加载程序与要求、试验结果(承载力)评定;基于技术状况检算的承载力检算系数确定方法、基于荷载试验的承载力评价方法。

## 一、单项选择题(四个备选项中只有一个正确答案,每题1分)

1. 桥梁静载试验效率一般情况下不宜小于(　　)。
   A.0.5　　　　　B.0.85　　　　　C.0.95　　　　　D.1.05

2. 桥梁动载试验效率一般采用(　　)。
   A.0.85　　　　B.0.95　　　　　C.1.0　　　　　D.1.05

3. 桥梁荷载试验静载加载分级一般分(　　)。
   A.2~3级　　　B.3~4级　　　　C.4~5级　　　　D.5~6级

4. 桥梁荷载试验加载称量误差不得超过(　　)。
   A.1%　　　　　B.2%　　　　　C.3%　　　　　D.5%

5. 桥梁荷载试验挠度观测点一般设在(　　)。
   A.桥中轴线　　B.各车道中线　　C.桥边缘　　　　D.各车道线

6. 百分表的分辨率为(　　)。
   A.1mm　　　　B.0.1mm　　　　C.0.01mm　　　D.0.001mm

7. 测混凝土用电阻应变片,标距一般为(　　)。
   A.5~20mm　　B.10~20mm　　C.20~40mm　　D.40~150mm

8. 梁桥最大剪应力截面为(　　)。
   A.跨中　　　　B.$L/4$截面　　C.支座附近　　　D.支座上

9. 桥梁荷载试验加载稳定时间要求相对读数差满足(　　)。
   A.1%　　　　　B.2%　　　　　C.5%　　　　　D.10%

10. 某简支梁,跨径$L=20$mm,加载后测得跨中挠度25mm,支点$A$沉降量4mm,支点$B$沉降量为6mm,则跨中实际挠度为(　　)。
    A.20mm　　　B.21mm　　　　C.19mm　　　　D.35mm

11. 在用桥梁混凝土桥面铺装与梁体结合较好,且缺损评定标度小于(　　)时,可扣除2cm磨耗层后参与梁体共同受力。
    A.2　　　　　B.3　　　　　　C.4　　　　　　D.5

12. 圬工拱桥一个桥跨范围内,正负挠度的最大绝对值之和不小于( )。
    A.1/600　　　　B.1/800　　　　C.1/1000　　　　D.1/1600

13. 某简支梁在动荷载作用下跨中挠度为32mm,在静荷载作用下跨中挠度为25mm,则该结构冲击系数$1+\mu$应为( )。
    A.32/(1+25)　　B.25/(1+32)　　C.32/25　　　　D.25/32

14. 当负弯矩控制无铰拱设计时,加载检测最大拉应力时,其应变片贴在( )。
    A.拱顶下缘　　B.拱顶上缘　　C.拱脚下缘　　D.拱脚上缘

15. 在测定简支梁的一阶振型时,激振力应作用在( )。
    A.1/4截面　　　B.跨中截面　　C.3/8截面　　　D.支点截面

16. 检测简支梁的剪应力时,其应变片应贴在( )。
    A.跨中下缘　　B.跨中中性轴处　　C.支点中性轴处　　D.支点附近下缘

17. 桥梁静载荷载试验时间最好选择在( )。
    A.8:00—16:00　　　　　　　　　B.16:00—23:00
    C.22:00—次日6:00　　　　　　　D.10:00—17:00

18. 某桥梁静载试验荷载作用下控制截面内力计算值为200kN,控制设计内力值为180kN,冲击力系数$1+\mu=1.2$,则静载效验系数为( )。
    A.0.93　　　　B.0.96　　　　C.1.03　　　　D.1.06

19. 桥梁荷载试验挠度观测点横桥向测点设置一般不少于( )处。
    A.2　　　　　B.3　　　　　C.4　　　　　D.6

20. 桥梁荷载试验荷载在桥上的稳定时间不少于( )。
    A.2min　　　B.5min　　　C.10min　　　D.15min

21. 桥梁荷载试验在控制荷载工况下相对残余变位一般不大于( )。
    A.5%　　　　B.10%　　　　C.15%　　　　D.20%

22. 对于一般的桥梁结构,基频取( )固有频率。
    A.第一阶　　B.第二阶　　C.第三阶　　D.第五阶

23. 在试验荷载作用下,主要测点挠度校验系数应大于( )。
    A.0.90　　　　B.0.95　　　　C.1.00　　　　D.1.05

24. 桥梁动载试验控制荷载为( )。
    A.人群　　　B.挂车　　　C.履带车　　D.汽车

25. 当需要在现场长期连续观测结构的应变时,选用( )比较合适。
    A.机械式应变计　　B.手持式应变仪　　C.连同管　　D.电阻应变仪

26. 在用桥梁承载能力检算的基本方法为( )。
    A.容许应力法　　B.极限状态法　　C.安全系数法　　D.弹性理论计算法

27. 桥梁承载能力评定期内反映桥梁结构质量状况衰退的指标是( )。
    A.构件截面损伤折减系数　　　　B.钢筋截面损伤折减系数
    C.承载能力恶化系数　　　　　　D.活载影响修正系数

28. 桥梁承载能力评定时,大吨位车辆混入率指车辆质量超过( )的车辆。
    A.12t　　　　B.24t　　　　C.30t　　　　D.40t

29. 桥梁承载能力评定时,试验荷载作用下计算效应与设计控制效应的比值在(　　)范围。
   A. 0.95~1.05　　B. 1.0~1.1　　C. 1.1~1.2　　D. 1.2~1.5

30. 当桥梁结构承载能力检算系数评定标度为(　　)时,应进行正常使用极限状态计算。
   A. $D \geqslant 2$　　B. $D \geqslant 3$　　C. $D \geqslant 4$　　D. $D \geqslant 5$

31. 经久压实的桥梁地基土,在墩台与基础无异常变位时,其承载能力最大可提高(　　)。
   A. 1.05倍　　B. 1.1倍　　C. 1.2倍　　D. 1.25倍

32. 在用桥梁承载能力检算系数确定时,缺损状况、材质强度和自振频率对应的权重为(　　)。
   A. 0.4:0.3:0.3　　B. 0.3:0.3:0.4　　C. 0.3:0.4:0.3　　D. 0.2:0.4:0.4

33. 在用桥梁承载能力检算系数确定时,轴荷载分布影响修正系数确定时,按轴重超过(　　)所占的百分比确定。
   A. 6t　　B. 10t　　C. 12t　　D. 14t

34. 桥梁静力荷载试验结构校验系数为(　　)。
   A. 实测变位/理论计算变位
   B. 实测弹性变位/理论计算变位
   C. 理论计算变位/实测变位
   D. 理论计算变位/实测弹性变位

35. 桥梁静力荷载试验主要测点相对残余变位为(　　)。
   A. 实测残余变位/实测总变位
   B. 实测总变位/实测残余变位
   C. 实测弹性变位/实测总变位
   D. 实测总变位/实测弹性变位

36. 根据检算系数 $Z_2$ 计算桥梁荷载效应与抗力效应比值小于(　　)时,应判定桥梁承载能力满足要求。
   A. 1.2　　B. 1.05　　C. 1.0　　D. 0.95

37. 桥梁桥跨结构纵向线形检测应按照(　　)工程水准测量要求进行。
   A. 一等　　B. 二等　　C. 三等　　D. 四等

38. 桥梁桥跨结构纵向线形检测,对大跨径桥梁单跨测量截面不宜少于(　　)。
   A. 3个　　B. 5个　　C. 6个　　D. 9个

39. 桥梁宽度可沿桥纵向分断面采用钢尺测量,测量断面每跨不宜少于(　　)。
   A. 1个　　B. 2个　　C. 3个　　D. 4个

40. 在用桥梁拉吊索索力采用振动法测量时,其索力应根据不少于前(　　)特征频率计算索力平均值。
   A. 3个　　B. 4个　　C. 5个　　D. 6个

41. 桥梁荷载试验不宜在强风下进行,悬索桥、斜拉桥、大跨径桁架拱及特高墩桥梁,宜在(　　)以下实施。
   A. 6级及以下　　B. 5级及以下　　C. 4级及以下　　D. 3级及以下

42. 桥梁荷载试验预计实测值,通常处于试验测试设备量程的(　　)。
   A. 5%~95%　　B. 10%~90%　　C. 15%~85%　　D. 都可以

43. 桥梁索力测试温度宜于主梁合龙温度一致,两者温差宜控制在(　　)范围内。

A. ±2℃     B. ±5℃     C. ±10℃     D. ±15℃

44. 桥梁荷载试验测试设备安装完成后,应进行系统调试,并进行不少于( )的稳定观测。

A. 5min     B. 10min     C. 15min     D. 20min

45. 装配式空心板桥,应变测试要求每片板底面测点不宜少于( )。

A. 2个     B. 3个     C. 4个     D. 5个

46. 桥梁荷载试验分级加载,当进行主要控制截面最大内力加载试验时,分级加载的稳定时间不应少于( )。

A. 5min     B. 10min     C. 15min     D. 20min

47. 桥梁荷载试验分级加载,新建桥梁进行主要控制截面最大内力加载试验时,分级加载的稳定时间不应少于( )。

A. 5min     B. 10min     C. 15min     D. 20min

48. 桥梁荷载试验主要控制测点的相对残余变形大于( ),表明桥梁结构弹性状态不佳。

A. 5%     B. 10%     C. 15%     D. 20%

49. 简支梁桥动载试验测试阶次应不少于( )。

A. 1阶     B. 3阶     C. 6阶     D. 9阶

50. 斜拉桥、悬索桥动载试验测试阶次应不少于( )。

A. 1阶     B. 3阶     C. 6阶     D. 9阶

51. 桥梁动载试验,用于冲击效应分析的动挠度测点每个截面应至少布设( )。

A. 1个     B. 2个     C. 3个     D. 4个

52. 桥梁动载试验,用于动应变评价冲击效应时,每个截面在结构最大活载效应部位的测点数不宜少于( )。

A. 1个     B. 2个     C. 3个     D. 4个

53. 桥梁动载试验,采用无障碍行车试验时,车辆行驶速度宜控制在( )范围。

A. 5~80km/h     B. 5~20km/h     C. 30~50km/h     D. 30~80km/h

54. 桥梁动载试验正式试验前应进行预加载试验,桥梁空载状态下动应变、动挠度信号在预定采集时间内的零点漂移不宜超过预计最大值的( )。

A. 1%     B. 2%     C. 3%     D. 5%

55. 桥梁动载试验,用于冲击系数计算分析的动挠度、动应变信号的幅值分辨率不应大于最大实测幅值的( )。

A. 1%     B. 2%     C. 3%     D. 5%

56. 桥梁动载试验,进行数据采集和频谱分析时,应合理设置采用、分析参数,频率分辨率不宜大于实测自振频率的( )。

A. 1%     B. 2%     C. 3%     D. 5%

57. 桥梁动载试验,采用频率宜取( )以上的最高有用信号频率,信号采集时间宜保证频谱分析时谱平均次数不小于20次。

A. 5倍     B. 10倍     C. 15倍     D. 20倍

58. 桥梁动载试验,结构自振频率宜取用多次试验、不同分析方法的结果相互验证,单次试验的实测值与均值的偏差不应超过(　　)。
　　A. ±1%　　　　B. ±2%　　　　C. ±3%　　　　D. ±4%

59. 桥梁动载试验,结构阻尼参数宜取用多次试验结果的均值,单次试验的实测值与均值的偏差不应超过(　　)。
　　A. ±5%　　　　B. ±10%　　　　C. ±15%　　　　D. ±20%

60. 桥梁荷载试验,电阻应变片最小分划值为(　　)。
　　A. 1με　　　　B. 2με　　　　C. 3με　　　　D. 4με

61. 采用电阻应变片测量混凝土结构表面应变时,宜选用标距为(　　)。
　　A. 不大于6mm 的小标距应变计
　　B. 不大于10mm 的小标距应变计
　　C. 不小于80~100mm 的大标距应变计
　　D. 不小于20~50mm 的大标距应变计

62. 桥梁荷载试验,变形测量用百分表最小分划值为(　　)。
　　A. 0.001mm　　B. 0.01mm　　C. 0.3mm　　D. 0.1mm

63. 采用裂缝计测量混凝土表面裂缝宽度,其量测最小分划值为(　　)。
　　A. 0.001mm　　B. 0.01mm　　C. 0.3mm　　D. 0.1mm

64. 索力检测时传感器采样频率应大于或等于索股第5阶自振频率的(　　),宜不低100Hz。
　　A. 2倍　　　　B. 5倍　　　　C. 10倍　　　　D. 20倍

65. 混凝土桥梁钢筋锈蚀点位每一测区的测点数不宜少于(　　)。
　　A. 10个　　　　B. 15个　　　　C. 20个　　　　D. 30个

66. 对钢筋锈蚀电位评定标度值为3、4、5的主要构件或主要受力部位,应布设测区测定混凝土中氯离子含量及其分布,每一被测构件测区数不宜少于(　　)。
　　A. 3个　　　　B. 5个　　　　C. 10个　　　　D. 15个

67. 对钢筋锈蚀电位评定标度值为3、4、5的主要构件或主要受力部位,应布设测区测定混凝土电阻率,每一被测构件或部位测区数不宜少于(　　)。
　　A. 10个　　　　B. 15个　　　　C. 20个　　　　D. 30个

68. 对钢筋锈蚀电位评定标度值为3、4、5的主要构件或主要受力部位,应布设测区测定混凝土碳化状况,每一被测构件或部位测区数不宜少于混凝土强度测区数量(　　)。
　　A. 5%　　　　B. 10%　　　　C. 20%　　　　D. 30%

69. 对钢筋锈蚀电位评定标度值为3、4、5的主要构件或主要受力部位,应布设测区测定混凝土碳化状况,每一被测构件或部位测区数不宜少于(　　)。
　　A. 3个　　　　B. 5个　　　　C. 10个　　　　D. 15个

70. 简支梁桥墩台与基础均匀总沉降超过(　　),应采取措施进行加固处理。
　　A. $2.0\sqrt{L}$　　B. $1.0\sqrt{L}$　　C. $0.5\sqrt{L}$　　D. $0.1\sqrt{L}$

71. 简支梁相邻墩台均匀总沉降超过(　　),应采取措施进行加固处理。
　　A. $2.0\sqrt{L}$　　B. $1.0\sqrt{L}$　　C. $0.5\sqrt{L}$　　D. $0.1\sqrt{L}$

72. 简支梁墩台顶面水平位移超过( )，应采取措施进行加固处理。
　　A. $2.0\sqrt{L}$　　B. $1.0\sqrt{L}$　　C. $0.5\sqrt{L}$　　D. $0.1\sqrt{L}$
73. 经久压实的桥梁地基土，在墩台和基础无异常变位的情况下可适当提高其承载力，但最大提高系数不得超过( )。
　　A. 1.25 倍　　B. 1.3 倍　　C. 1.4 倍　　D. 1.5 倍
74. 旧桥荷载作用效应与结构抗力效应的比值在( )之间时，应通过荷载试验评定其承载力。
　　A. 1.0~1.05 倍　　B. 1.0~1.2 倍　　C. 1.1~1.2 倍　　D. 1.2~1.4 倍
75. 全预应力混凝土梁，梁体竖向裂缝限值为( )。
　　A. 0.20mm　　B. 0.25mm　　C. 0.30mm　　D. 不允许

## 二、判断题(正确的划"√"，错误的划"×"，请填在题后的括号里，每题1分)

1. 桥梁荷载试验孔应选在受力小、施工质量好的位置进行。　　　　　　　　　( )
2. 桥梁荷载试验用脚手架和测试支架应分开搭设，互不影响。　　　　　　　　( )
3. 桥梁动载试验以汽车荷载作为控制荷载。　　　　　　　　　　　　　　　　( )
4. 桥梁动载试验效率一般取1。　　　　　　　　　　　　　　　　　　　　　( )
5. 为减少温度变化时桥梁荷载试验造成影响，加载时间以22:00—次日6:00为宜。
　　　　　　　　　　　　　　　　　　　　　　　　　　　　　　　　　　　( )
6. 桥梁荷载试验测点一般布置在结构的最大应力和挠度部位。　　　　　　　　( )
7. 桥梁荷载试验挠度观测点一般布置在桥轴线位置。　　　　　　　　　　　　( )
8. 梁桥实际最大剪应力截面应设置在支座上。　　　　　　　　　　　　　　　( )
9. 金属导线的电阻应变效应，主要是受电阻丝几何尺寸改变的影响。　　　　　( )
10. 在一定范围内，应变片的电阻变化率与应变成反比例关系。　　　　　　　　( )
11. 选用应变片时应根据应变片的初始参数及试件的受力状态、应变梯度、应变性质、工作条件等综合考虑。　　　　　　　　　　　　　　　　　　　　　　　　　　　　　( )
12. 温度补偿片应贴在与构件材料相同并置于试件附近，具有同样温度变化条件和受力条件。　　　　　　　　　　　　　　　　　　　　　　　　　　　　　　　　　　　( )
13. 桥梁荷载试验加载应按照设计程序逐级加载、逐级卸载。　　　　　　　　　( )
14. 桥梁荷载试验当仪器测值误差小于1%时，可不予修正。　　　　　　　　　　( )
15. 桥梁结构校验系数一般要求大于1。　　　　　　　　　　　　　　　　　　( )
16. 桥梁结构校验系数值越小，说明结构安全储备越小。　　　　　　　　　　　( )
17. 桥梁结构测点实测弹性变位与现设计算值成正比，其关系曲线接近直线，说明结构处于良好的弹性工作状况。　　　　　　　　　　　　　　　　　　　　　　　　　( )
18. 测点在控制荷载作用下的相对残余变位越小，说明结构越接近弹性工作状况。
　　　　　　　　　　　　　　　　　　　　　　　　　　　　　　　　　　　( )
19. 桥梁结构在试验荷载作用下墩台沉降、水平位移及倾角较小，卸载后变位基本回复时，则认为地基与基础能正常工作。　　　　　　　　　　　　　　　　　　　　　　( )

20. 桥梁结构的动力特征只与结构本身的固有性质有关,而与荷载等其他条件无关。（　）
21. 使用激振器使结构产生连续的周期性强迫振动,在激振器振动频率与结构固有频率一致时,结构出现共振现象。（　）
22. 桥梁结构实测挠度大于理论值,说明桥梁结构的实测刚度偏小,可能开裂。（　）
23. 电阻应变片可在高温、低温、高压、高速旋转等特殊条件下使用。（　）
24. 混凝土构件的测试一般选用标距为 100mm 左右的应变片,且标距不宜小于 2~3 倍的最大集料粒径。（　）
25. 静载试验时必须达到试验荷载时才可停止试验。（　）
26. 重物作为均布荷载加载时,块材一定要分堆堆放,否则将产生不了均布荷载的效果。（　）
27. 对于超静定桥梁结构,可依据实测的几何参数推算桥梁在持久荷载作用下的内力。（　）
28. 桥梁结构自振频率变化仅能反映结构的整体性能和受力体系的变化。（　）
29. 对于跨径相同的多孔桥,宜选择施工质量较好的桥孔进行加载试验。（　）
30. 评定结构工作状况,确定桥梁承载能力的一个重要指标是校验系数。（　）
31. 应变片在电桥中的接法一般有单点测量、半桥和全桥测量。（　）
32. 电阻应变片对外界温度变化不敏感。（　）
33. 桥梁荷载试验时,应选择温度较稳定时的时段进行。（　）
34. 电测法补偿片与工作片位置应接近,使二者处于同一温度场条件下。（　）
35. 对某三孔等跨连续拱桥,加载孔一般应选两孔。（　）
36. 桥梁静载效率系数与挠度检验系数含义相同。（　）
37. 大中桥宜采用触探和取样做土工试验确定地基承载力。（　）
38. 桥梁静力荷载试验可按控制内力、应力或应变等效的原则确定。（　）
39. 桥梁静力荷载试验应针对检算存在疑问的构件或截面及结构主要控制截面进行。（　）
40. 桥梁静力荷载试验应分级进行,对结构变位或应变较大的测点,应绘制最大级荷载关系曲线。（　）
41. 桥梁静力荷载试验相对残余变位越大,说明结构越接近弹性工作状态。（　）
42. 桥梁静载试验荷载作用下裂缝宽度超过限制,且卸载后裂缝闭合宽度小于原裂缝宽度的 2/3 时即可评定承载力不满足要求。（　）
43. 桥梁静载试验荷载结构校验系数大于1,说明桥梁实际工作状况优于理论状况。（　）
44. 桥梁静载试验主要测点相对残余变位越大,说明结构有较大不可恢复变位。（　）
45. 根据检算系数 $Z_2$ 计算桥梁荷载效应与抗力效应比值小于 0.95 时,应判定桥梁承载能力满足要求。（　）
46. 桥梁承载能力荷载试验效率指设计荷载效应与试验荷载效应的比值。（　）
47. 桥梁承载能力荷载试验结构校验系数指试验荷载作用下实测应变或变形与计算值的

比值。 (　　)

48. 在进行桥梁承载能力检测评定时,有关作用及其组合在无特殊情况要求时,宜采用设计荷载标准。 (　　)

49. 桥梁承载能力检测评定所需技术参数,宜依据竣工资料或设计文件按相关标准规范取用。 (　　)

50. 对于多孔桥梁,应根据桥梁技术状况检验评定情况,选择 2~3 孔进行承载能力检测评定。 (　　)

51. 桥梁索力测试传感器(拾振器)应绑扎在拉索上,宜尽可能靠近锚固点测试。 (　　)

52. 桥梁动力响应的测点应布置在变位和应变较大的部位。 (　　)

53. 桥梁静载试验应按桥梁结构的最不利受力原则确定试验工况和测试截面。 (　　)

54. 桥梁静载试验采用车辆加载时,宜采用 5 轴载重车辆,装载的重物应稳妥置放。 (　　)

55. 桥梁荷载试验单向应变测点布置应体现左右对称、上下兼顾、突出重点的原则,并应反映截面高度方向的应变分布规律。 (　　)

56. 桥梁荷载试验主应变(应力)应采用应变花进行测试。 (　　)

57. 桥梁荷载试验应变测试应设置补偿片,补偿片位置应处于与结构相同材质、相同环境的受力部位。 (　　)

58. 桥梁荷载试验位移测点的测值应能反映结构的最大变位。 (　　)

59. 桥梁荷载试验正式加载前应进行预加载,预加载值一般取分级加载的第一级荷载。 (　　)

60. 当桥梁技术资料不全时,桥梁荷载试验分级加载应尽可能减少分级。 (　　)

61. 桥梁荷载试验同一级荷载内,结构最大变形测点在最后 5min 内的变形增量小于第一个 5min 变形增量的 10%,通常认为结构变形达到相对稳定。 (　　)

62. 桥梁荷载试验数据分析时,当温度变化对测试数据影响小于 5% 时,可不修正。 (　　)

63. 预应力混凝土桥梁荷载试验校验系数比钢筋混凝土桥梁荷载试验校验系数小。 (　　)

64. 桥梁荷载试验实测位移(或应变)与其理论值呈线性关系时,说明结构处于弹性工作状况。 (　　)

65. 桥梁荷载试验主要控制测点的相对残余变形越大,说明结构越接近弹性工作。 (　　)

66. 桥梁动载试验宜首选制动试验。 (　　)

67. 桥梁动载试验的测试截面应根据桥梁结构振型特征和行车动力响应最小的原则确定。 (　　)

68. 测试桥梁结构行车响应时,应选择桥梁结构振动响应幅值最大部位作为测试截面。 (　　)

69. 桥梁动载试验无障碍行车试验,车辆轴重产生的局部效应不应超过车辆荷载效应,避免对横系梁、桥面板等局部构件造成伤害。 (　　)

70. 桥梁动载试验计算冲击力系数时,应优先采用有障碍行车下的动挠度时程曲线计算。（　）

71. 桥梁动载试验实测频率大于计算频率时,可认为结构实际刚度小于理论刚度。（　）

72. 在一定条件下索股拉力与索的振动频率存在对应关系,因此在已知索的长度、分布质量及刚度时,可通过测量索股的振动频率计算索的拉力。（　）

73. 索力检测时传感器应采用专用夹具或绑带固定在索股上,测量索的面外纵向振动。（　）

74. 桥梁主要测点静力荷载试验结构效验系数越小,则结构检算系数 $Z_2$ 取值越大。（　）

75. 旧桥承载力检算时,活荷载影响修正系数一般大于1。（　）

**三、多项选择题**（每题所列的备选项中,有2个或2个以上正确答案,选项全部正确得满分,选项部分正确按比例得分,出现错误选项本题不得分,每题2分）

1. 桥梁进行荷载试验可用于（　　）。
   A. 检验设计正确性　　　　　　　B. 检验施工质量
   C. 检验旧桥承载力　　　　　　　D. 检验设计理论
   E. 评定荷载等级

2. 桥梁荷载试验,试验孔应选在（　　）处。
   A. 受力较小　　　　　　　　　　B. 施工质量好、缺陷少
   C. 受力较大　　　　　　　　　　D. 施工质量差、缺陷多
   E. 便于测设

3. 简支梁工况包括（　　）。
   A. 跨中最大正弯矩　　　　　　　B. $L/4$ 最大正弯矩
   C. 支点最大剪力　　　　　　　　D. 支点最大弯矩
   E. 桥墩最大竖向反力

4. 连续梁工况包括（　　）。
   A. 跨中最大正弯矩　　　　　　　B. 支点负弯矩
   C. 桥墩最大反力　　　　　　　　D. 支点最大剪力
   E. $L/4$ 截面弯矩

5. 拱桥工况包括（　　）。
   A. 跨中最大正弯矩　　　　　　　B. 拱脚最大负弯矩
   C. 拱脚最大推力　　　　　　　　D. 正负挠度绝对值之和
   E. 拱脚最大剪力

6. 简支梁主要测点应布设在（　　）处。
   A. 跨中挠度　　B. 支点沉降　　C. 支点水平位移　　D. 跨中应变
   E. 支点应变

7. 桥梁静载试验需测量（　　）。
   A. 应力　　　　B. 应变　　　　C. 位移　　　　　　D. 倾角

E. 裂缝

8. 桥梁荷载试验,试验数据修正包括( )。
   A. 测值修正　　B. 温度修正　　C. 支点沉降修正　　D. 加载方式修正
   E. 时间修正

9. 桥梁荷载试验评定内容包括( )。
   A. 工作状况　　　　　　　　　B. 结构强度和稳定性
   C. 地基与基础　　　　　　　　D. 结构刚度
   E. 裂缝

10. 桥梁动载试验测定结构的动力特性包括( )。
    A. 自振频率　　B. 阻尼　　C. 振型　　D. 动位移
    E. 动应力

11. 电阻应变片优点包括( )。
    A. 灵敏度高　　B. 尺寸小　　C. 黏结牢固　　D. 质量小
    E. 适用条件好

12. 应变片在电桥中的接法一般有( )。
    A. 单点测量　　B. 半桥测量　　C. 全桥测量　　D. 应变测量
    E. 应力测量

13. 应变仪测量电路有( )。
    A. 桥式电路　　B. 应变电路　　C. 电位计式电路　　D. 应力电路
    E. 剪力电路

14. 在用桥梁活载影响修正系数确定应考虑因素包括( )。
    A. 典型代表交通量　　　　　　B. 大吨位车辆混入率
    C. 轴荷载分布　　　　　　　　D. 荷载持续时间
    E. 荷载作用位置

15. 简支梁桥荷载试验主要加载测试项目控制截面为( )。
    A. 跨中截面最大正弯矩　　　　B. 跨中截面最大挠度
    C. 支点截面最大剪力　　　　　D. $L/4$ 截面正弯矩和挠度
    E. 墩台最大垂直力

16. 连续梁桥桥荷载试验主要加载测试项目控制截面为( )。
    A. 跨中截面最大正弯矩和挠度　B. 内支点截面最大负弯矩
    C. $L/4$ 截面弯矩和挠度　　　　D. 端支点截面最大剪力
    E. 墩台最大垂直力

17. 拱桥荷载试验主要加载测试项目控制截面为( )。
    A. 拱顶截面最大正弯矩和挠度　B. 拱脚截面最大负弯矩
    C. $L/4$ 截面弯矩和挠度　　　　D. 拱脚最大水平推力
    E. 刚拱架上弦杆跨中正弯矩

18. 斜拉桥荷载试验主要加载测试项目控制截面为( )。
    A. 主梁最大挠度　　　　　　　B. 主梁控制截面最大内力

C. 索塔塔顶水平位移 D. 斜拉索最大拉力
E. 主梁最大纵向漂移

19. 悬索桥桥荷载试验主要加载测试项目控制截面为( )。
    A. 主梁最大挠度 B. 主梁控制截面最大内力
    C. 索塔塔顶水平位移 D. 主缆最大拉力
    E. 主梁最大纵向漂移

20. 桥梁静载试验过程发生下列( )情况应立刻停止加载并查找原因。
    A. 测点应力值超过计算控制应力值 B. 出现少量新裂缝
    C. 裂缝宽度急剧增加 D. 发生其他影响正常使用的损坏
    E. 拱桥桥跨方向实测挠度曲线与计算结果偏差大

21. 桥梁静载试验出现下列情况之一时,应判定承载能力不满足要求( )。
    A. 主要测点静力荷载试验校验系数大于1
    B. 主要测点相对参与变位超过15%
    C. 主要测点相对参与变位超过20%
    D. 桥梁基础发生不稳定沉降变位
    E. 裂缝宽度超过限制,且卸载后闭合宽度小于扩展宽度的2/3

22. 在用桥梁出现下列( )情况应进行承载能力检测评定。
    A. 技术状况为三、四、五类桥梁 B. 技术状况为四、五类桥梁
    C. 需提高荷载等级的桥梁 D. 需通过特殊重型车辆的桥梁
    E. 遭受重大自然灾害或意外事件的桥梁

23. 在用桥梁承载能力检测评定包括( )。
    A. 桥梁缺损状况检测评定 B. 桥梁材质状况检测评定
    C. 桥梁结构状态检测评定 D. 桥梁承载能力检算
    E. 桥梁荷载试验

24. 在用桥梁恒载变异状况调查包括( )。
    A. 桥梁总体尺寸量测 B. 桥梁构件尺寸量测
    C. 桥面铺装厚度量测 D. 其他附加荷载
    E. 拱上填料重度

25. 在用桥梁拉吊索索力测量方法包括( )。
    A. 应力法 B. 振动法 C. 传感器测量 D. 千斤顶测量
    E. 拉力计测量

26. 在用桥梁基础变位检测评定内容包括( )。
    A. 基础沉降、水平变位和转角 B. 相邻基础沉降差
    C. 基础不均匀沉降 D. 基础滑移、倾斜
    E. 基础冻拔

27. 桥梁结构检算针对( )。
    A. 主要控制截面 B. 薄弱截面 C. 严重缺损部位 D. 横向连接系
    E. 支座

28. 钢板梁结构检算主要内容包括( )。
    A. 弯矩　　　　　　B. 剪力　　　　　　C. 稳定性　　　　　　D. 桥面系梁
    E. 支座

29. 钢箱梁结构检算主要内容包括( )。
    A. 正交异性板　　　B. 翼缘板　　　　　C. 腹板　　　　　　　D. 横隔板
    E. 基础

30. 混凝土梁桥结构检算主要内容包括( )。
    A. 跨中正弯矩　　　　　　　　　　　　B. 支点附近最不利剪力
    C. $L/4$ 处弯剪组合　　　　　　　　　　D. 连续梁墩顶负弯矩
    E. 支座强度

31. 在用桥梁有下列哪种情况时,应进行承载力检测评定( )。
    A. 技术状况等级为三、四、五类的桥梁
    B. 技术状况等级为四、五类的桥梁
    C. 拟提高荷载等级的桥梁
    D. 需通过特殊重型车辆荷载的桥梁
    E. 遭受重大自然灾害或意外事件的桥梁

32. 在用桥梁承载力检测评定应包含以下哪些内容( )。
    A. 桥梁缺损状况检查评定　　　　　　　B. 桥梁材质状况与状态参数检测评定
    C. 桥梁承载力检算评定　　　　　　　　D. 必要的荷载试验
    E. 基础承载力检测

33. 混凝土桥梁保护层厚度应检测部位包括( )。
    A. 主要构件或主要受力部位
    B. 钢筋锈蚀电位检测结果表明钢筋可能锈蚀活化部位
    C. 发生钢筋锈蚀胀裂的部位
    D. 布置混凝土碳化测区部位
    E. 混凝土强度钻芯部位

34. 桥梁荷载试验试验桥孔通常具有试验桥联(座)受力性能的代表性,即选取( )进行荷载试验。
    A. 结构受力最不利的　　　　　　　　　B. 技术状况较差的
    C. 损伤缺陷突出的　　　　　　　　　　D. 结构受力最小的
    E. 技术状况较好的

35. 桥梁荷载试验前应对桥梁结构( )进行理论计算,必要时尚应对裂缝宽度、动力响应等进行分析。
    A. 内力　　　　　　B. 应力(应变)　　　C. 变形　　　　　　　D. 强度
    E. 刚度

36. 桥梁动力响应一般应测试( )。
    A. 动位移　　　　　B. 动应变　　　　　C. 加速度　　　　　　D. 动力放大系数
    E. 冲击系数

37. 桥梁自振特性参数测试包括( )。
   A. 应力　　　　　B. 应变　　　　　C. 自振频率　　　D. 阻尼比
   E. 振型

38. 桥梁动位移可以采用( )测试。
   A. 位移传感器和测量放大器　　　B. 光电测量变形仪
   C. 电阻应变计　　　　　　　　　D. 动态应变仪
   E. 光纤光栅式应变计

39. 桥梁静载试验宜针对结构的( )的控制截面进行。
   A. 内力　　　　　B. 应力　　　　　C. 位移　　　　　D. 裂缝
   E. 沉降

40. 连续梁桥静载试验主要工况包括( )。
   A. 主跨支点位置最大负弯矩工况　　B. 主跨跨中截面最大正弯矩工况
   C. 边跨主梁最大正弯矩工况　　　　D. 主跨 1/4 截面主梁最大正弯矩工况
   E. 主跨支点附近主梁最大剪力工况

41. 斜拉桥静载试验主要工况包括( )。
   A. 主跨中孔跨中最大正弯矩及挠度工况
   B. 主梁墩顶最大负弯矩工况
   C. 主塔塔顶纵桥向最大水平位移与塔脚截面最大弯矩工况
   D. 中孔跨中附近拉索最大拉力工况
   E. 主梁最大纵向漂移工况

42. 简支梁桥静载试验主要内容( )。
   A. 跨中截面挠度和应力(应变)　　　B. 支点沉降
   C. 混凝土梁体裂缝　　　　　　　　D. $L/4$ 截面挠度
   E. 支点斜截面应力(应变)

43. 连续刚构桥静载试验主要内容( )。
   A. 主跨墩顶截面主梁应力(应变)
   B. 主跨最大正弯矩截面应力(应变)及挠度
   C. 边跨最大正弯矩截面应力(应变)及挠度
   D. 混凝土梁体裂缝
   E. 墩顶纵桥向水平位移

44. 桥梁荷载试验,当出现以下哪些情况时应停止加载( )。
   A. 控制测点应变值已达到或超过计算值
   B. 控制测点变形(或挠度)超过计算值
   C. 结构裂缝长度、宽度或数量明显增加
   D. 实测变形分布规律异常
   E. 桥梁发生异常响声或发生其他异常情况

45. 桥梁动载试验,激振方法可根据结构特点、测试精度要求、方便性和现场实际情况确定,宜采用以下哪些激振方法( )。

A. 环境随机激振法 B. 行车激振法
C. 跳车激振法 D. 起振机激振法
E. 其他适宜方法

46. 桥梁动载试验动力响应测试应包括( )。
   A. 动挠度 B. 动应变 C. 振动加速度 D. 速度
   E. 冲击系数

47. 桥梁动载试验结构自振频率可采用( )得到。
   A. 频谱分析法 B. 波形分析法 C. 模态分析法 D. 半功率宽带法
   E. 图解法

48. 桥梁结构检算应针对结构以下哪些部位( )。
   A. 主要控制截面 B. 薄弱部位 C. 严重缺损部位 D. 基础承载力
   E. 地基沉降

49. 钢板梁结构应检算以下哪些内容( )。
   A. 弯矩 B. 剪力 C. 稳定性 D. 桥面系梁
   E. 连接及接头强度

50. 钢桁梁结构应检算以下哪些内容( )。
   A. 杆件截面强度 B. 杆件截面稳定性
   C. 承受反复应力杆件疲劳强度 D. 连接系强度与稳定性
   E. 连接及接头强度

51. 圬工结构桥梁在计算桥梁结构承载力极限状态的抗力效应时,应根据技术状况检测结果,引入以下哪些参数进行检算( )。
   A. 检算系数 $Z_1$ B. 截面折减系数 $\xi_c$
   C. 钢筋折减系数 $\xi_s$ D. 承载力恶化系数 $\xi_e$
   E. 荷载增大系数 $\eta$

52. 配筋结构桥梁在计算桥梁结构承载力极限状态的抗力效应时,应根据技术状况检测结果,引入以下哪些参数进行检算( )。
   A. 检算系数 $Z_1$ B. 截面折减系数 $\xi_c$
   C. 钢筋折减系数 $\xi_s$ D. 承载力恶化系数 $\xi_e$
   E. 荷载增大系数 $\eta$

53. 配筋结构桥梁正常使用极限状态,宜按现行公路桥涵设计规范和养护规范及检测结果,对以下哪些方面进行计算评定( )。
   A. 限值应力 B. 限值变形
   C. 限值裂缝宽度 D. 限值地基承载力
   E. 限值基础水平位移

54. 圬工与配筋混凝土桥梁,承载能力检算系数 $Z_1$ 取决于( )。
   A. 构件表观缺损状况 B. 材质强度
   C. 结构自振频率 D. 环境条件
   E. 荷载变化

55. 配筋混凝土桥梁承载能力恶化系数 $\xi_c$ 的确定,除考虑构件缺损状况、钢筋锈蚀电位、混凝土电阻率外,还应考虑( )指标。

　　A. 混凝土碳化状况　　　　　　　　B. 混凝土保护层厚底
　　C. 混凝土氯离子含量　　　　　　　D. 混凝土强度
　　E. 桥梁所处环境区域

56. 圬工桥梁构件截面之间系数 $\xi_c$ 确定,主要由( )计算确定。

　　A. 材料风化　　　　　　　　　　　B. 材料碳化
　　C. 物理与化学损伤　　　　　　　　D. 保护层厚度
　　E. 材料强度

57. 配筋混凝土桥梁构件截面之间系数 $\xi_c$ 确定,主要由( )计算确定。

　　A. 材料风化　　　　　　　　　　　B. 材料碳化
　　C. 物理与化学损伤　　　　　　　　D. 保护层厚度
　　E. 材料强度

58. 桥梁荷载试验过程,发生以下哪些情况应立即停止加载并查明原因,在确保结构及人员安全的情况下方可继续试验( )。

　　A. 控制测点应力、变位已达到或超出计算的控制应力值
　　B. 结构裂缝的长度和宽度急剧增加
　　C. 新裂缝大量出现,或裂缝宽度超出允许值的裂缝大量增多
　　D. 拱桥沿跨径方向的实测挠度曲线分布规律与计算结果相差过大
　　E. 发生影响桥梁承载力或正常使用的损坏

**四、综合题**[根据所列资料,以选择题的形式(单选或多选题)选出正确的选项。每小题 2 分,选项部分正确按比例得分,出现错误选项该题不得分]

1. 某高速公路一座三跨预应力混凝土连续梁桥,跨径布置为 25m+40m+25m,桥面宽度 12.5m(两车道布置),上部结构采用箱形截面,下部结构采用柱式墩,钻孔灌注桩基础。该桥梁原设计荷载等级为汽车—超 20 级,挂车—120,中跨跨中截面设计控制弯矩值为 30000 kN·m,汽车荷载冲击力系数取 1.15。现拟对该桥进行加宽设计,由两车道加宽为四车道,设计荷载等级为公路—Ⅰ级,中跨跨中设计控制弯矩值为 35000kN·m。为准确评价该桥实际承载力,对该桥进行动静载试验,试验荷载采用车辆加载。针对试验方案及试验数据回答下列有关问题。

(1)该桥静载试验效率系数初步确定取 0.9,则要求静载试验荷载作用下,中跨跨中截面加载弯矩值应为( )。

　　A. 30000kN·m　　　　　　　　　　B. 35000kN·m
　　C. 31050kN·m　　　　　　　　　　D. 29000kN·m
　　E. 33333kN·m

(2)该桥静载试验主要测试截面应布置在( )。

　　A. 主跨(中)支点截面　　　　　　　B. 主跨最大弯矩截面
　　C. 边跨最大弯矩截面　　　　　　　D. $L/4$ 截面
　　E. $L/8$ 截面

(3)该桥静载试验检测内容应包括(　　)。
　　A. 主跨支点斜截面应力　　　　　B. 主跨最大正弯矩截面应力及挠度
　　C. 主跨最大正弯矩截面应力及挠度　D. 支点沉降
　　E. 梁体裂缝

(4)进行应变检测时,应变测点在板底应至少布置(　　)。
　　A. 2个　　　　B. 3个　　　　C. 4个　　　　D. 5个
　　E. 6个

(5)为检测全桥变形状态,一般采用(　　)。
　　A. 千分表　　　B. 百分表　　　C. 连通管　　　D. 挠度计
　　E. 全站仪

(6)进行跨中挠度检测时,加载前仪器测值为10mm,加载稳定后测值为60mm,卸载后稳定时测值为20mm,则跨中产生的弹性位移为(　　)。
　　A. 20mm　　　B. 30mm　　　C. 40mm　　　D. 50mm
　　E. 60mm

(7)该桥跨中挠度理论计算值为60mm,则挠度效验系数为(　　)。
　　A. 20/60　　　B. 30/60　　　C. 40/60　　　D. 50/60
　　E. 60/60

(8)进行支点最大负弯矩工况加载时,应将车辆荷载集中布置在(　　)。
　　A. 主跨跨中范围　B. 支点范围　　C. $L/4$ 截面范围　D. $L/8$ 截面范围
　　E. 全跨布置

(9)进行动载试验时,要求动应变信号的幅值分辨率不应大于实测值的(　　)。
　　A. 1%　　　　B. 2%　　　　C. 3%　　　　D. 4%
　　E. 5%

(10)该桥实测最大动挠度幅值为60mm,则该桥冲击力系数 $\mu$ 为(　　)。
　　A. 0.1　　　　B. 0.2　　　　C. 0.3　　　　D. 0.4
　　E. 0.5

2. 某高速公路一座 $5\times16$m 装配式预应力混凝土简支板桥,原设计荷载等级为汽车—超20级、挂车—120,跨中截面作用效应弯矩值为 900kN·m,抗力效应弯矩值为 1050kN·m,结构重要性系数为1.2。该高速公路需进行加宽改造,设计荷载等级为公路—Ⅰ级,跨中截面作用效应弯矩值为 1200kN·m。拟对该桥梁进行加固利用,加固设计前对该桥上部空心板进行全面技术状况检测,并基于技术状况检测结果进行空心板承载力检算。下面就具体检测情况回答以下问题:

(1)该桥梁空心板按照承载能力极限状态法进行检算,检算评定公式为(　　)。
　　A. $S\leq R(f_d,\xi_c a_{dc},\xi_s a_{ds})Z_1$
　　B. $S\leq R(f_d,\xi_c a_{dc},\xi_s a_{ds})Z_1(1+\xi_e)$
　　C. $\gamma_0 S\leq R(f_d,\xi_c a_{dc},\xi_s a_{ds})Z_1(1-\xi_e)$
　　D. $\gamma_0 S\leq R(f_d,\xi_c a_{dc},\xi_s a_{ds})Z_1(1+\xi_e)$
　　E. $\gamma_0 S\leq R(f_d,\xi_c a_{dc},\xi_s a_{ds})Z_2$

(2)承载力检算系数 $Z_1$ 由以下哪几项指标确定(　　)。
　　A. 空心板缺损状况　　　　　　B. 空心板混凝土强度

C. 空心板自振频率  D. 空心板保护层厚度
E. 空心板锈蚀电位

(3)承载力恶化系数 $\xi_e$ 由空心板缺损状况、钢筋锈蚀电位及以下哪几项指标确定(　　)。
A. 氯离子含量　　B. 混凝土强度　　C. 混凝土电阻率　　D. 混凝土碳化状况
E. 混凝土保护层厚度

(4)该桥梁位于干燥、不冻且无侵蚀性介质环境条件下,检测评定空心板承载力恶化状况评定标度为1,则承载力恶化系数应取(　　)。
A. 0.00　　B. 0.02　　C. 0.05　　D. 0.10
E. 0.15

(5)空心板截面损伤综合评定标度由以下哪几项指标确定(　　)。
A. 材料风化  B. 混凝土碳化
C. 物理与化学损伤  D. 开裂尺寸
E. 裂缝长度

(6)在考虑交通量变化引起的荷载效应时,应考虑哪些因素(　　)。
A. 典型代表交通量变化  B. 大吨位车辆混入率影响
C. 轴载分布影响  D. 车道数变化
E. 交通流变化

(7)经检测评定确定检算系数 $Z_1=1.05$,环境状况恶化系数 $\xi_e=0$,空心板尺寸折减系数 $\xi_c=1.0$,钢筋折减系数 $\xi_s=1.0$,活载影响修正系数 $\xi_q=1.0$,基于技术状况检算该桥空心板能否满足公路—Ⅰ级荷载标准(　　)。
A. 满足  B. 不满足

(8)为进一步验证该桥承载力,对该桥进行静载试验,结构校验系数 $\lambda=0.35$,对应检算系数 $Z_2=1.30$,基于荷载试验该桥空心板能否满足公路—Ⅰ级荷载标准(　　)。
A. 满足  B. 不满足

## ◆◆ 习题参考答案及解析 ◆◆

### 一、单项选择题

1. C

【解析】对于验收性荷载效率试验,荷载效率 $\eta_q$ 宜介于 0.85~1.05 之间。对于鉴定性荷载试验,荷载效率 $\eta_q$ 宜介于 0.95~1.05 之间。

2. C

【解析】动载试验效率 $\eta_d$ 应尽量取高值,但不超过1。

3. C

【解析】当加载分级较为方便时,可按最大控制截面内应力工况分为 4~5 级。

4. D

【解析】无论采用何种方法确定加载重力,均应做到准确可靠,其称量误差最大不得超过5%,最好能采用两种称量方法互相校核。

5. A

【解析】 挠度观测测点布置:对于整体式梁桥,一般对称于桥轴线布置,截面设单点时,布置在桥轴线上;对于多梁式桥,可在每片梁底布置一个或两个测点。

6. C

【解析】 百分表的分辨率为0.01mm,千分表的分辨率为0.001mm。

7. D

【解析】 测混凝土用电阻应变片,标距一般为40~150mm。

8. C

【解析】 梁桥最大剪应力截面在支座上,最大弯矩在跨中截面上。

9. A

【解析】 当相对读数差值小于1%或小于量测仪器的最小分辨率时,即认为结构基本稳定。

10. A

【解析】 已知两支点的竖向位移,计算平均位移为(4+6)/2=5(mm),而跨中竖向位移等于跨中挠度与两支点平均位移之和。那么实际跨中挠度应该是25-5=20(mm),所以跨中挠度应该为20mm。

11. A

【解析】 对梁式结构桥梁,当水泥混凝土桥面铺装或整体浇筑的水泥混凝土垫层与梁体结合较好时,评定标度小于或等于3时,可考虑水泥混凝土桥面铺装(扣除表面2cm磨耗层)或整体浇筑的水泥混凝土垫层参与梁体共同受力。

12. C

【解析】 各点的挠度不超过桥规规定的允许值。圬工拱桥:一个桥范围内正负挠度的最大绝对值之和不小于1/1000,履带车和挂车要验算时提高20%。钢筋混凝土桥:梁桥主梁跨中:1/600,梁桥主要悬臂端:1/300,桁架、拱桥:1/300。

13. C

【解析】 $1+\mu = Y_{\text{dmax}}/Y_{\text{smax}}$。

14. D

【解析】 当负弯矩控制无铰拱设计时,加载检测最大拉应力时,其应变片贴在拱脚上缘。

15. B

【解析】 为了获得简支梁桥的第一振型,则冲击荷载作用于跨中部位,测定第二振型时冲击荷载应加于跨度的1/4处。

16. C

【解析】 检测简支梁的剪应力时,其应变片应贴在支点中性轴处及支点上下翼板铆距、栓距或焊缝强度处。

17. C

【解析】 为了减少温度变化对试验造成的影响,加载试验时间以22:00—晨6:00

为宜。

18. A

 【解析】$\eta_q = S_s/S(1+\mu)$。

19. B

 【解析】截面抗弯应变测点应设置在截面横桥向应力可能分布较大的部位沿截面上、下缘布设，横桥向测点一般不少于3处，以控制最大应力分布。

20. B

 【解析】进行主要控制截面最大内力荷载工况加载程序时荷载在桥上稳定时间应不少于5min，对尚未投入营运的新桥应适当延长加载稳定时间。

21. D

 【解析】测点在控制荷载工况作用下的相对残余变位(或应变)$S_p/S_t$越小，说明结构越接近弹性工作状况，一般要求$S_p/S_t$值不大于20%。当$S_p/S_t$大于20%时，应查明原因，如确定桥梁强度不足，应在结构评定时酌情降低桥梁的承载能力。

22. A

 【解析】通过测出的频率判断刚度，简单的结构一阶频率已经可以如实地反映结构的整体刚度，且一阶频率也要用于计算冲击系数。

23. C

 【解析】校验系数是评判桥梁承载能力和工作状态的一个重要指标。若校验系数大于1，则说明结构设计强度不足而不安全。

24. D

25. B

 【解析】当需要在现场较长期连续地观测结构的应变时，一般的应变仪不适用，手持式应变仪则比较适用。此仪器的主要部分是千分表，它固定在一根金属杆上，其测杆则自由地顶在另一金属杆的突出部分上，两金属杆之间用两片富有弹性的薄钢片相连，因而能平行地相对移动，每根金属杆的一端带有一个尖形插轴，两插轴间的距离$L$即仪器的标距。

26. B

 【解析】结构在正常使用期间，具有良好的工作性能。如不发生影响使用的过大变形(挠度、侧移)、振动(频率、振幅)，或产生让使用者感到不安的过大的裂缝宽度时，宜使用极限状态法检算桥梁承载能力。

27. C

 【解析】承载能力恶化系数：评定期内桥梁结构质量状况衰退恶化对结构抗力效应产生不利影响的修正系数。

28. C

29. A

 【解析】静力试验荷载可按控制内力、应力或变位等效原则确定。分别计算其对控制截面产生的最不利荷载效应(内力和位移)，用产生最不利荷载效应较大的荷载作为试验控制荷载。采用静力试验效率宜介于0.95~1.05。

30. B

【解析】当桥梁结构承载能力检算系数评定标度为 1 或 2 时,结构或构件的总体技术状况良好;当评定标度大于或等于 3 时,应引入检算系数进行正常使用极限状态评定计算。

31. D

【解析】《公路桥梁承载能力检测评定规程》桥梁地基评定中规定:经久压实的桥梁地基土,在墩台与基础无异常变位情况下可适当提高其承载能力,最大提高系数 1.25。

32. A

【解析】圬工与配筋混凝土桥梁,应综合考虑桥梁结构或构件表观缺损状况、材质强度和桥梁结构自振频率,缺损状况、材质强度和自振频率对应的权重为 0.4:0.3:0.3,再确定承载能力检算系数。

33. C

34. B

【解析】主要测点静力荷载试验结构校验系数 = 实测弹性变位或应变值/理论计算变位或应变值。

35. A

【解析】主要测点相对残余变位或相对残余应变 = 实测残余变位或残余应变/实测总变位或总应变。

36. B

【解析】桥梁荷载效应与抗力效应比值在 0.95~1.05 时,应判定桥梁承载能力满足要求。

37. B

38. D

【解析】桥跨结构纵向线形,宜沿桥纵向分断面布设测点,分三条线按照二等工程水准测量要求进行闭合水准测量。对大跨径桥梁单跨测量截面不宜少于 9 个,对中小跨径桥梁单跨测量截面不宜少于 5 个。

39. C

【解析】桥梁恒载变异状况调查评估规定:桥梁宽度可沿桥纵向分断面采用钢尺测量,测量断面每跨不宜少于 3 个。

40. C

【解析】在用桥梁拉吊索索力测量通常采用振动法,现场检测时事先解除阻尼装置并换算索长,并依据不少于前 5 阶特征频率计算索力平均值。

| 41. D | 42. C | 43. B | 44. C | 45. A |
| 46. A | 47. C | 48. D | 49. A | 50. D |

51. A

52. B

53. A

【解析】桥梁动载试验,采用无障碍行车试验时,车辆行驶速度宜控制在 5~80km/h;采用有障碍行车试验时,车辆行驶速度宜控制在 5~20km/h;采用制动试验时,车辆行驶速度宜控制在 30~250km/h。

54. D
55. A
56. A
57. B
58. C
59. D
60. A

**【解析】** 桥梁荷载试验应变(或应力)测试设备应满足下表。

| 仪表名称 | 最小分划值（με） | 常用量测范围（με） | 数据采集分析系统 仪器名称 | 数据采集分析系统 技术参数 | 备注 |
|---|---|---|---|---|---|
| 千分表 | 2 | ±(5~2000) | — | — | 配附件 |
| 杠杆引伸仪 | 2 | ±(50~200) | — | — | 配附件 |
| 手持应变仪 | 5 | ±(1000~2000) | — | — | 配表脚 |
| 电阻应变仪 | 1 | ±2000 | 应变测试分析系统 | 测量应变范围：±2000με；分辨率：1με | 贴电阻片 |
| 振弦式应变计 | 1 | ±3000 | 传感器频率测量仪综合测试仪 | 测量频率范围：400~6000Hz；量测精度：0.05Hz | 表面粘贴 |
| 光纤光栅式应变计 | 2 | ±6000 | 光纤光栅式解调仪 | 可接入传感单元>64；扫描频率>60Hz；波长分辨率不大于1pm | 表面粘贴、埋设 |

61. C

**【解析】** 采用电阻应变片测量钢构件表面应变时，宜选用标距不大于6mm的小标距应变计；采用电阻应变片测量混凝土结构表面应变时，宜选用标距不小于80~100mm的大标距应变计。

62. B

**【解析】** 桥梁荷载试验变形测试设备应满足下表。

| 仪表名称 | 最小分划值及精度 | 常用量测范围 | 备注 |
|---|---|---|---|
| 千分表 | 0.001mm | 0~10mm | 配备安装配件 |
| 百分表 | 0.01mm | 1~50mm | 配备安装配件 |
| 精密水准仪 | 0.3mm | ±(1000~2000) | 配备安装配件 |
| 全站仪 | 测角：精度0.5″；测距：1.0mm±$10^{-6}L$ | — | 必要时环境修正 |
| 位移计 | 0.01~0.03mm | 20~100mm | 配备安装配件 |
| 经纬仪 | 0.5mm | — | |
| 连通管 | 0.1mm | <300mm | 配备测读仪器 |
| 卫星定位系统 | 水平：5mm±$10^{-6}L$；垂直：10mm±2×$10^{-6}L$ | — | 满足大跨度桥梁变形量测需要 |

63. B

【解析】 裂缝测试设备刻度放大镜最小分划值为 0.01mm；裂缝计最小分划值为 0.01mm，量测范围 <200mm；千分表最小分划值为 0.001mm，量测范围 0~10mm。

64. B
65. C
66. A
67. D
68. D
69. A
70. A

【解析】 简支梁桥的墩台与基础沉降和位移,超过下列容许限值,且通过观察确认其仍有继续发展时,应采取措施进行加固处理:墩台均匀总沉降(不包括施工中沉降):$2.0\sqrt{L}$；相邻墩台均匀总沉降(不包括施工中沉降):$1.0\sqrt{L}$；墩台顶面水平位移:$0.5\sqrt{L}$。其中 $L$ 为相邻墩台间最小跨径(m),小于25m 时以25m 计。

71. B   72. C   73. A   74. B   75. D

## 二、判断题

1. ×

【解析】 桥梁荷载试验时,宜选择具有代表性或最不利的桥跨进行检测评定。

2. √
3. √
4. √
5. √
6. √
7. √
8. ×

【解析】 梁桥实际最大剪应力截面应设置在支座附近。

9. √
10. √
11. √
12. ×

【解析】 作为温度补偿的应变片应和工作应变片作相邻桥臂,且分别贴在与被测试件相同的置于同一温度场的材料上。

13. √
14. √
15. ×

【解析】 在大多数情况下,校验系数要小于1。

16. √  17. √  18. √  19. √  20. √
21. √
22. √
23. √
24. √
25. ×

【解析】静载试验逐级加载,当发生异常情况时立刻停止加载并查找原因,在确保结构及安全的情况下方可继续试验。

26. √
27. √
28. ×

【解析】还可反映桥梁结构损伤状况。

29. ×

【解析】应选择具有代表性或最不利桥跨进行静载试验。

30. √
31. √
32. ×

【解析】温度变化引起应变片电阻变化对测量精度影响很大。

33. √
34. √
35. √
36. √
37. √
38. √
39. √
40. ×

【解析】根据各工况的加载分级,按结构各测点在不同荷载等级下的理论应变(或变形),对加载试验过程进行分析和控制。对结构变形或应变较大的测点,应实时绘制测点变形或应变与荷载的关系曲线,以分析结构所处的工作状态。

41. ×

【解析】桥梁静力荷载试验相对残余变位越小,说明结构越接近弹性工作状态。

42. ×

【解析】试验荷载作用下新桥裂缝扩展宽度不应超过《公路钢筋混凝土及预应力混凝土桥涵设计规范》的容许值,并且卸载后应闭合到小于其容许值的1/3。

43. ×

【解析】校验系数过大可能说明组成结构的材料强度较低,结构各部分连接性能较差,刚度较低等等。

44. √

45. ×

【解析】根据检算系数 $Z_2$ 计算桥梁荷载效应与抗力效应比值小于1.0时,应判定桥梁承载能力满足要求。

46. ×

【解析】试验荷载效率是试验荷载产生的效应与相应的设计控制荷载效应的比值。

47. √
48. √
49. √
50. ×

【解析】对于多跨或多孔桥梁,应根据桥梁技术状况检查评定情况,选择具有代表性的或最不利的桥跨进行承载能力检测评定。

51. ×

【解析】桥梁索力测试传感器(拾振器)应绑扎在拉索上,宜远离锚固点测试。

52. √
53. ×

【解析】桥梁静载试验应按桥梁结构的最不利受力原则和代表性原则确定试验工况和测试截面。

54. ×

【解析】桥梁静载试验采用车辆加载时,宜采用3轴载重车辆,装载的重物应稳妥放置。

55. √
56. √
57. ×

【解析】桥梁荷载试验应变测试应设置补偿片,补偿片位置应处于与结构相同材质、相同环境的非受力部位,此时补偿片只测试温度应变。

58. ×

【解析】桥梁荷载试验位移测点的测值应能反映结构的最大变位及其变化规律。

59. √
60. ×

【解析】当桥梁技术资料不全时,桥梁荷载试验分级加载应增加分级。

61. ×

【解析】桥梁荷载试验同一级荷载内,结构最大变形测点在最后5min内的变形增量小于第一个5min变形增量的15%,或小于测量仪器的最小分辨值时,通常认为结构变形达到相对稳定。

62. ×

【解析】桥梁荷载试验数据分析时,当温度变化对测试数据影响小于1%时,可不修正。

63. ×

【解析】钢筋混凝土板桥校验系数为 0.2~0.4,钢筋混凝土梁桥校验系数为 0.4~0.8,预应力混凝土桥校验系数为 0.6~0.9。

64. √
65. ×

【解析】桥梁荷载试验主要控制测点的相对残余变形越小,说明结构越接近弹性工作。

66. ×

【解析】桥梁动载试验宜首选无障碍行车试验,有障碍行车试验和制动试验可根据实际情况选择。

67. ×

【解析】桥梁动载试验的测试截面应根据桥梁结构振型特征和行车动力响应最大的原则确定。

68. √
69. √
70. ×

【解析】桥梁动载试验计算冲击力系数时,应优先采用无障碍行车下的动挠度时程曲线计算。

71. ×

【解析】桥梁动载试验实测频率大于计算频率时,可认为结构实际刚度大于理论刚度。

72. √
73. ×

【解析】索力检测时传感器应采用专用夹具或绑带固定在索股上,测量索的面外横向振动。

74. √

【解析】荷载试验效验系数与结构检算系数取值见下表。

| 效验系数 $\xi$ | 检算系数 $Z_2$ | 效验系数 $\xi$ | 检算系数 $Z_2$ |
| --- | --- | --- | --- |
| 0.4 及以下 | 1.30 | 0.8 | 1.05 |
| 0.5 | 1.20 | 0.9 | 1.00 |
| 0.6 | 1.15 | 1.0 | 0.95 |
| 0.7 | 1.10 | — | — |

75. √

【解析】随着交通量增大、超重车辆出现及车辆轴重增大,导致现有车辆荷载引起的作用效应一般比原设计荷载作用效应大。

### 三、多项选择题

1. ABCDE

【解析】荷载试验依据检测结果通过检算方式评定承载能力,可用于检验设计正确性、检验施工质量、检验旧桥承载力、检验设计理论、评定荷载等级。

2. CDE

【解析】桥梁荷载试验,试验孔应选在计算受力最不利、施工质量差、缺陷多处、便于设置测点测试。

3. ABCE

4. ABCDE

5. ABCD

6. ABD

【解析】见下表。

| 序号 | 桥型 | | 内力或位移控制截面 |
|---|---|---|---|
| 1 | 简支梁桥 | 主要 | 跨中截面最大正弯矩和挠度;<br>支点截面最大剪力 |
| | | 附加 | L/4 截面正弯矩和挠度;<br>墩台最大垂直力 |
| 2 | 连续梁桥、连续刚构 | 主要 | 跨中最大正弯矩和挠度;<br>内支点截面最大负弯矩;<br>L/4 截面弯矩和挠度 |
| | | 附加 | 端支点截面的最大剪力;<br>L/4 截面最大弯剪力;<br>墩台最大垂直力;<br>连续刚构固结墩墩身控制截面的最大弯矩 |
| 3 | 拱桥 | 主要 | 拱顶截面最大正弯矩和挠度;<br>拱脚截面最大负弯矩;<br>刚架拱上弦杆跨中正弯矩 |
| | | 附加 | 拱脚最大水平推力;<br>L/4 截面最大正、负弯矩及其最大正、负挠度绝对值之和;<br>刚架拱斜腿根部截面最大负弯矩 |
| 4 | 斜拉桥与悬索桥 | 主要 | 主梁最大挠度;<br>主梁控制截面最大内力;<br>索塔塔顶水平变位;<br>主缆最大拉力、斜拉索最大拉力 |
| | | 附加 | 主梁最大纵向飘移;<br>主塔控制截面最大内力;<br>吊索最大索力 |

7. ABCDE

【解析】应力(应变)测试、变形测试及荷载试验现象观测是桥梁静载试验的主要测试内容,以验证在相当于设计荷载的活载作用下桥梁结构受力响应是否符合设计要求。

8. ABC

【解析】试验资料修正包括测值修正、温度影响修正、支点沉降影响修正。

9. ABCDE

【解析】通过对桥梁结构工作状况、强度稳定性、刚度和抗裂性进行综合评定并结合结构下部评定和动力性能评定,综合给出桥梁承载能力评定结论。

10. ABC

【解析】桥梁动力特性(自振频率、阻尼和振型)是评定桥梁承载力状态的重要参数。

11. ABCDE

【解析】电阻应变片灵敏度高、尺寸小且粘贴牢固、质量小且可在高、低温和高压、高速情况下适用。

12. ABC

【解析】根据电桥的测量电路,对应变电桥的测量方法分为单点测量、半桥测量和全桥测量。

13. AC

【解析】应变片电测一般采用桥式电路和电位计式电路两种。

14. ABC

【解析】依据实际调查的典型代表交通量、大吨位车辆混入率和轴荷分布情况确定活载影响修正系数。

15. ABC

16. ABC

17. ABE

18. ABCD

19. ABCD

【解析】见上多选题第6题。

20. ACDE

【解析】桥梁静载试验过程中发生下列情况应立刻停止加载并查找原因在确保结构及人员安全的情况下方可继续试验:①控制测点实测应力、变位(或挠度)超过计算控制应力值;②结构裂缝长度或宽度急剧增加,或新裂缝大量出现,或缝宽超过允许值的裂缝大量增多时;③拱桥桥跨方向实测挠度曲线分布规律与计算结果偏差大;④发生其他影响正常使用的损坏时。

21. ACDE

【解析】试验结果评定时,桥梁静载试验出现下列情况之一时,应判定承载能力不满足要求:①主要测点静力荷载试验校验系数大于1;②主要测点相对残余变位或相对残余应变超过20%;③试验荷载作用下裂缝宽度超过限制,且卸载后闭合宽度小于扩展宽度2/3;④桥梁基础发生不稳定沉降变位。

22. BCDE

【解析】在用桥梁有下列情况之一时,应进行承载能力检测评定:①技术状况为四、五类桥梁;②拟提高荷载等级的桥梁;③需通过特殊重型车辆的桥梁;④遭受重大自然灾害或意外事件的桥梁。

23. ABCDE

【解析】在用桥梁承载能力检测评定包括桥梁缺损状况检查评定、桥梁材质状况与状态检测评定和桥梁承载能力检算评定,必要时进行荷载试验。

24. ABCDE

【解析】在用桥梁恒载变异状况调查宜包括以下几个方面内容:①桥梁总体尺寸测量,主要包括桥梁长、宽、净空、跨径等;②桥梁构件尺寸量测,主要包括构件长度和截面尺寸等;③桥面铺装厚度量测和拱上填料重度测定;④其他附加荷载调查。

25. BC

【解析】拉吊索索力测量可采用振动法,也可利用锚下预先安装的测力传感器测量。

26. ABCDE

【解析】桥梁基础变位检测评定内容包括以下三个方面:①基础竖向沉降、水平变位和转角;②相邻基础沉降差;③基础不均匀沉陷、滑移、倾斜和冻拔。

27. ABC

28. ABCD

【解析】钢板梁结构检算主要内容包括:①弯矩:跨中点、腹板接头处、翼板接头处以及连续梁支点;②剪力:支点中性轴等;③稳定性:受压翼板等;④桥面系梁。

29. ABCD

【解析】钢箱梁检算内容:①正交异性板检算强度、稳定性和疲劳强度;②翼缘板横、纵向刚度;③腹板、横隔板强度和稳定性;④横向联系横向抗弯、纵向扭转刚度。

30. ABCD

【解析】混凝土梁桥结构检算包括板(梁)跨中正弯矩、支点附近最不利剪力、$L/4$ 处弯剪最不利组合效应、连续梁墩顶负弯矩和桥面板局部强度。

| 31. ABCD | 32. ABCD | 33. ABCD | 34. ABC | 35. ABC |
| 36. ABDE | 37. CDE | 38. AB | 39. ABCD | 40. ABCD |
| 41. ABC | 42. ABC | 43. ABCD | 44. ABCDE | 45. ABC |
| 46. ABCDE | 47. ABC | 48. ABC | 49. ABCD | 50. ABCDE |

51. AB

【解析】圬工桥梁一般指石拱桥、混凝土拱桥等,承重结构无受力主钢筋,因此无须考虑钢筋截面折减及环境对钢筋锈蚀引起的承载力恶化;荷载增大系数为荷载作用效应增大系数,与结构抗力效应无关。

52. ABCD

【解析】配筋架构桥梁需考虑钢筋截面折减及环境对钢筋锈蚀引起的承载力恶化;荷载增大系数为荷载作用效应增大系数,与结构抗力效应无关。

53. ABC

【解析】按照设计规范有关规定,桥梁结构正常使用极限状态需进行应力、变形和裂缝验算。

54. ABC

【解析】环境条件主要确定承载力恶化系数,荷载变化主要反映荷载效应变化,与结构抗力效应无关。

55. ABCD

56. AC

**【解析】**圬工桥梁影响构件截面尺寸变化主要因素是材料风化和物理与化学损伤,不存在碳化损伤;混凝土构件需考虑碳化影响。

57. ABC

58. ABCDE

### 四、综合题

1. (1) C

**【解析】**根据公式 $\eta = \dfrac{S_s}{S \times (1+\mu)}$ 确定。式中 $\eta=0.9,1+\mu=1.15,S=30000\text{kN}\cdot\text{m}$。

(2) ABC　　　(3) ABCDE　　(4) D　　　(5) C
(6) D　　　　(7) D　　　　(8) B　　　(9) A　　(10) B

2. (1) C　　　(2) ABC　　　(3) ABCDE　　(4) A　　(5) ABC
(6) ABC
(7) B

**【解析】**公路—Ⅰ级荷载效应为 $\gamma_0 S = 1.2 \times 1200 = 1440\text{kN}\cdot\text{m}$,旧桥空心板抗力效应 $R = 1050 \times 1.05 \times 1.0 = 1102\text{kN}\cdot\text{m}$,$\gamma_0 S > R$,不满足。

(8) B

**【解析】**公路—Ⅰ级荷载效应为 $\gamma_0 S = 1.2 \times 1200 = 1440\text{kN}\cdot\text{m}$,旧桥空心板抗力效应 $R = 1050 \times 1.3 \times 1.0 = 1365\text{kN}\cdot\text{m}$,$\gamma_0 S/R = 1.055 > 1.05$,不满足。

# 第三篇 隧 道

# 第一章 基础知识

## 一、单项选择题(四个备选项中只有一个正确答案,每题1分)

1. 某隧道全长2000m,则该隧道属于( )。
   A. 特长隧道　　　B. 长隧道　　　　C. 中隧道　　　　D. 短隧道
2. 公路隧道形状扁平,容易在围岩拱顶出现( )。
   A. 受压区　　　　B. 拉伸区　　　　C. 剪切区　　　　D. 扭弯区
3. 大跨度公路隧道一般指( )。
   A. 两车道　　　　B. 三车道　　　　C. 四车道及以上　D. 都是
4. 公路隧道衬砌属于隧道工程的( )。
   A. 单位工程　　　B. 分部工程　　　C. 分项工程　　　D. 施工工序
5. 公路隧道衬砌检测,采用回弹仪检测时,长隧道要求测区数不少于( )。
   A. 5个　　　　　 B. 10个　　　　　C. 15个　　　　　D. 20个

## 二、判断题(正确的划"√",错误的划"×",请填在题后的括号里,每题1分)

1. 公路隧道开挖断面越大,围堰稳定性越差。　　　　　　　　　　　　　( )
2. 公路隧道结构受力不确定,需根据实际情况进行动态设计。　　　　　　( )
3. 车辆进入公路隧道时会产生眩光现象。　　　　　　　　　　　　　　　( )
4. 公路隧道二次模筑混凝土衬砌空洞主要出现在边墙部位。　　　　　　　( )
5. 公路特长隧道有多个施工合同段时,应作为一个单位工程进行验收。　　( )

## 三、多项选择题(每题所列的备选项中,有2个或2个以上正确答案,选项全部正确得满分,选项部分正确按比例得分,出现错误选项本题不得分,每题2分)

1. 公路隧道的特点包括( )。
   A. 断面大　　　　B. 形状扁平　　　C. 需运营通风　　D. 需运营照明
   E. 防水要求高
2. 公路隧道常见的质量问题包括( )。

A. 隧道渗漏　　　　　　　　　　　B. 衬砌开裂
C. 限界受侵　　　　　　　　　　　D. 衬砌与围岩不密实
E. 通风和照明不良
3. 公路隧道竣工验收分部工程包括(　　)。
A. 衬砌　　　B. 总体　　　C. 路面　　　D. 防水设施
E. 通风和照明不良

◆◆ 习题参考答案及解析 ◆◆

## 一、单项选择题

1. B　　2. B　　3. C　　4. B　　5. D

## 二、判断题

1. √
2. √
3. ×

【解析】车辆进入公路隧道会产生黑洞效应,出洞时会产生黑框效应或眩光现象,需对隧道进行合理的照明设计。

4. ×

【解析】公路隧道二次模筑混凝土衬砌空洞主要出现在拱顶部位。

5. ×

【解析】公路特长隧道有多个施工合同段时,应以每个合同段作为一个单位工程进行验收。

## 三、多项选择题

1. ABCDE
2. ABCDE
3. ABC

# 第二章　洞身开挖质量检测

【主要知识点】

洞身开挖方法及适用范围，洞身开挖质量要求，激光断面仪技术要求及检测断面方法。

## 一、单项选择题（四个备选项中只有一个正确答案，每题1分）

1. 隧道开挖要求拱脚、墙脚以上（　　）范围内严禁欠挖。
   A. 0.5m　　　　B. 1.0m　　　　C. 1.5m　　　　D. 2.0m

2. 硬岩是指岩石抗压极限强度大于（　　）。
   A. 50MPa　　　B. 55MPa　　　C. 60MPa　　　D. 70MPa

3. 隧道拱部硬岩允许超挖值平均和最大分别为（　　）。
   A. 150mm，300mm　　　　　　B. 100mm，200mm
   C. 150mm，200mm　　　　　　D. 100mm，300mm

4. 隧道开挖在工程上应用最广的方法是（　　）。
   A. 机掘法　　　B. 机钻法　　　C. 人工法　　　D. 钻爆法

5. 激光断面仪法的测定原理是（　　）。
   A. 坐标法　　　B. 直角坐标法　　C. 极坐标法　　　D. 空间坐标法

6. 当石质坚硬完整且岩石抗压强度大于30MPa，并确认不影响结构稳定和强度时，允许岩石个别凸出部分在 $1m^2$ 内不大于（　　）。
   A. $0.05m^2$　　B. $0.1m^2$　　　C. $0.15m^2$　　D. $0.20m^2$

7. 当岩层完整、岩石抗压强度大于30MPa并确认不影响衬砌稳定和强度时，允许岩石个别突出部分欠挖，但其隆起量不得大于（　　）。
   A. 10mm　　　　B. 20mm　　　　C. 50mm　　　　D. 100mm

8. 对于硬岩炮眼痕迹保存率标准为（　　）。
   A. 90%　　　　B. 80%　　　　　C. 70%　　　　D. 50%

9. 隧道爆破周边炮眼痕迹保存率对于硬岩应满足（　　）。
   A. >50%　　　　B. >70%　　　　C. >80%　　　　D. >90%

10. 隧道爆破周边炮眼痕迹保存率对于中硬岩应满足（　　）。
    A. >50%　　　　B. >70%　　　　C. >80%　　　　D. >90%

11. 隧道爆破周边炮眼痕迹保存率对于软岩应满足（　　）。
    A. >50%　　　　B. >70%　　　　C. >80%　　　　D. >90%

12. 隧道岩石根据岩石的坚硬程度和岩体的完整性分为（　　）。

A. 四级      B. 五级      C. 六级      D. 七级

13. 公路隧道按长度分类,特长隧道的划分标准为( )。
    A. $L>3000\text{m}$      B. $3000\text{m} \geqslant L >1000\text{m}$
    C. $1000\text{m} \geqslant L >500\text{m}$      D. $L \leqslant 500\text{m}$

14. 公路隧道按长度分类,长隧道的划分标准为( )。
    A. $L>3000\text{m}$      B. $3000\text{m} \geqslant L >1000\text{m}$
    C. $1000\text{m} \geqslant L >500\text{m}$      D. $L \leqslant 500\text{m}$

15. 公路隧道按长度分类,中隧道的划分标准为( )。
    A. $L>3000\text{m}$      B. $3000\text{m} \geqslant L >1000\text{m}$
    C. $1000\text{m} \geqslant L >500\text{m}$      D. $L \leqslant 500\text{m}$

16. 公路隧道按长度分类,短隧道的划分标准为( )。
    A. $L>3000\text{m}$      B. $3000\text{m} \geqslant L >1000\text{m}$
    C. $1000\text{m} \geqslant L >500\text{m}$      D. $L \leqslant 500\text{m}$

17. 公路隧道按跨度分类,小跨度隧道的划分标准为( )。
    A. $B<9\text{m}$    B. $9\text{m} \leqslant B <14\text{m}$    C. $14\text{m} \leqslant B <18\text{m}$    D. $B \geqslant 18\text{m}$

18. 公路隧道按跨度分类,中跨度隧道的划分标准为( )。
    A. $B<9\text{m}$    B. $9\text{m} \leqslant B <14\text{m}$    C. $14\text{m} \leqslant B <18\text{m}$    D. $B \geqslant 18\text{m}$

19. 公路隧道按跨度分类,大跨度隧道的划分标准为( )。
    A. $B<9\text{m}$    B. $9\text{m} \leqslant B <14\text{m}$    C. $14\text{m} \leqslant B <18\text{m}$    D. $B \geqslant 18\text{m}$

20. 公路隧道按跨度分类,超大跨度隧道的划分标准为( )。
    A. $B<9\text{m}$    B. $9\text{m} \leqslant B <14\text{m}$    C. $14\text{m} \leqslant B <18\text{m}$    D. $B \geqslant 18\text{m}$

21. 隧道全断面开挖可用于( )。
    A. Ⅰ~Ⅲ级围岩中小跨度隧道      B. Ⅰ~Ⅲ级围岩大跨度隧道
    C. Ⅲ~Ⅵ级围岩中小跨度隧道      D. Ⅵ~Ⅴ级围岩中小跨度隧道

22. 隧道台阶法开挖可用于( )。
    A. Ⅰ~Ⅲ级围岩中小跨度隧道      B. Ⅰ~Ⅲ级围岩大跨度隧道
    C. Ⅲ~Ⅵ级围岩大跨度隧道      D. Ⅵ~Ⅴ级围岩中小跨度隧道

23. 隧道环形开挖留核心土法可用于( )。
    A. Ⅰ~Ⅲ级围岩中小跨度隧道      B. Ⅰ~Ⅲ级围岩大跨度隧道
    C. Ⅲ~Ⅵ级围岩中小跨度隧道      D. Ⅵ~Ⅴ级围岩中小跨度隧道

24. 软弱围岩隧道爆破后,围岩的扰动深度应小于( )。
    A. 0.5m      B. 0.8m      C. 1.0m      D. 1.2m

25. 硬岩隧道爆破后,围岩的扰动深度应小于( )。
    A. 0.5m      B. 0.8m      C. 1.0m      D. 1.2m

26. 隧道衬砌不得侵入隧道建筑限界,开挖放样时可将设计的轮廓线扩大( ),不得减少衬砌厚度。
    A. 10mm      B. 20mm      C. 50mm      D. 100mm

27.《公路隧道施工技术规范》(JTG/T 3660—2020)规定,隧道对向开挖的两个工作面相距达( )隧道跨度时,两端应加强联系,统一指挥;两工作面不得同时起爆。

  A.2 倍     B.3 倍     C.4 倍     D.5 倍

28.《公路隧道施工技术规范》(JTG/T 3660—2020)规定,土质和软弱破碎带,隧道对向开挖的两个工作面相距达( )隧道跨度时,应改为单向开挖。

  A.2.5 倍     B.3.5 倍     C.4.5 倍     D.5 倍

29.《公路隧道施工技术规范》(JTG/T 3660—2020)规定,围岩条件较好地段,隧道对向开挖的两个工作面相距达( )隧道跨度时,应改为单向开挖。

  A.2.5 倍     B.3.5 倍     C.4.5 倍     D.5 倍

30.《公路隧道施工技术规范》(JTG/T 3660—2020)规定,双车道隧道,围岩等级为Ⅱ级,则较适宜的开挖方式为( )。

  A. 全断面开挖   B. 两台阶开挖   C. 三台阶开挖   D. 分部开挖

31.《公路隧道施工技术规范》(JTG/T 3660—2020)规定,双车道隧道,围岩等级为Ⅴ级,则较适宜的开挖方式为( )。

  A. 全断面开挖   B. 两台阶开挖   C. 三台阶开挖   D. 分部开挖

32.《公路隧道施工技术规范》(JTG/T 3660—2020)规定,隧道施工应严格控制欠挖。当岩层完整、岩石抗压强度大于30MPa并确认不影响衬砌结构稳定和强度时,每1m²内欠挖面积不宜大于( )。

  A.0.05m²     B.0.1m²     C.0.2m²     D.0.3m²

33.《公路隧道施工技术规范》(JTG/T 3660—2020)规定,隧道爆破作业时,软岩周边炮孔痕迹保存率应满足( )。

  A.≥80%     B.≥70%     C.≥60%     D.≥50%

34.《公路隧道施工技术规范》(JTG/T 3660—2020)规定,隧道爆破作业时,硬岩周边炮孔痕迹保存率应满足( )。

  A.≥80%     B.≥70%     C.≥60%     D.≥50%

35.《公路隧道施工技术规范》(JTG/T 3660—2020)规定,隧道爆破作业时,中硬岩周边炮孔痕迹保存率应满足( )。

  A.≥80%     B.≥70%     C.≥60%     D.≥50%

**二、判断题**(正确的划"√",错误的划"×",请填在题后的括号里,每题1分)

1. 开挖是控制隧道施工工期和造价的关键工序。  ( )
2. 隧道超挖过多,只是增加工程造价,不会影响围岩稳定性。  ( )
3. 隧道开挖断面的规整度可以目测,而超欠挖则需进行专门测量。  ( )
4. 隧道开挖应严格控制欠挖,尽量减少超挖。  ( )
5. 隧道开挖断面采用直接丈量法,是以第一次衬砌外墙面作为参照物。  ( )
6.《公路隧道施工技术规范》(JTG/T 3660—2020)规定,隧道浅埋段的开挖施工应遵循"管超前、严注浆、短开挖、强支护、早封闭"的原则。  ( )
7.《公路隧道施工技术规范》(JTG/T 3660—2020)规定,隧道洞口开挖前,应结合设计文件,遵循"早进早出"的原则,复核明确明暗分界位置的合理性,控制边仰坡开挖高度。( )

8.《公路隧道施工技术规范》(JTG/T 3660—2020)规定,隧道爆破宜采用光面爆破。
(　　)

9.《公路隧道施工技术规范》(JTG/T 3660—2020)规定,隧道超挖应回填密实。当局部超挖量不超过 200mm 时,宜采用喷射混凝土回填密实。
(　　)

10.《公路隧道施工技术规范》(JTG/T 3660—2020)规定,隧道爆破作业时,松散岩土不规定炮孔痕迹保存率,但要求保证开挖周边轮廓平整圆顺。
(　　)

### 三、多项选择题(每题所列的备选项中,有2个或2个以上正确答案,选项全部正确得满分,选项部分正确按比例得分,出现错误选项本题不得分,每题2分)

1.隧道开挖的质量评定包括(　　)。
  A.断面的规整度          B.开挖顺序
  C.开挖方式              D.超欠挖控制
  E.开挖时间

2.隧道开挖的基本要求是(　　)。
  A.断面尺寸符合要求      B.严格控制欠挖
  C.尽量减少超挖          D.严格控制超挖
  E.尽量减少欠挖

3.隧道开挖超欠挖测定的方法有(　　)。
  A.直接测量法            B.直角坐标法
  C.三维近景摄影法        D.超声波法
  E.目测法

4.隧道爆破效果要求包括(　　)。
  A.开挖面圆顺、平整      B.爆破进尺达到设计要求
  C.周边炮痕迹保存率满足要求  D.炮眼台阶形误差满足要求
  E.光面爆破效果满足要求

5.隧道施工应符合(　　)。
  A.技术先进    B.生产安全    C.环境保护    D.经济合理
  E.快速高效

6.山岭公路隧道施工方法包括(　　)。
  A.盾构法      B.矿山法      C.掘进机法    D.盖挖法
  E.地下连续墙法

7.浅埋及软土隧道施工方法包括(　　)。
  A.明挖法      B.盾构法      C.掘进机法    D.盖挖法
  E.地下连续墙法

8.水底隧道施工方法包括(　　)。
  A.明挖法      B.盾构法      C.掘进机法    D.盖挖法
  E.沉管法

9.为保证隧道施工的安全性,应做好(　　),实施动态管理。

A. 地质勘探　　　　B. 地质预报　　　　C. 地质预测　　　　D. 施工监控量测
E. 地质调查
10. 在编制隧道施工组织设计时,应考虑(　　),确定合理的施工方法和施工进度。
A. 隧道长度　　　　B. 隧道宽度　　　　C. 工期要求　　　　D. 地质条件
E. 当地自然条件
11. 隧道洞口分项工程包括(　　)。
A. 边、仰坡土石工程　　　　　　　　B. 边墙
C. 翼墙　　　　　　　　　　　　　　D. 洞口排水
E. 挡墙
12. 浅埋段隧道施工为控制围岩变形,可采取以下技术措施(　　)。
A. 短进尺、弱爆破、早支护　　　　　B. 敷设拱脚锚杆,提高拱脚围岩承载力
C. 及时施工仰拱　　　　　　　　　　D. 地表预注浆结合洞内环形固结注浆
E. 大进尺、弱爆破、早支护
13. 隧道开挖方法有(　　)。
A. 全断面法　　　　B. 台阶法　　　　C. 中隔壁法　　　　D. 中导洞法
E. 双侧壁导坑法
14. 隧道钻爆设计内容包括(　　)。
A. 炮眼设计　　　　　　　　　　　　B. 装药量
C. 装药结构　　　　　　　　　　　　D. 起爆方法
E. 爆破顺序

**四、综合题**[根据所列资料,以选择题的形式(单选或多选题)选出正确的选项。每小题2分,选项部分正确按比例得分,出现错误选项该题不得分]

1. 修建某双车道公路隧道,已知洞口地质条件为破碎的Ⅴ级围岩,雨季地表水丰富,洞顶覆土为10m,结合上述内容,回答下列问题。
(1) 山岭公路隧道施工方法包括(　　)。
A. 盾构法　　　　　B. 矿山法　　　　C. 掘进机法　　　　D. 盖挖法
E. 地下连续墙法
(2) 本工程可采用(　　)施工。
A. 全断面法　　　　B. 台阶法　　　　C. 中隔壁法　　　　D. 台阶分部法
E. 双侧壁导坑法
(3) 激光断面仪法的测定原理是(　　)。
A. 坐标法　　　　　B. 直角坐标法　　　C. 极坐标法　　　　D. 空间坐标法
(4) 隧道开挖超欠挖测定的方法有(　　)。
A. 直接测量法　　　　　　　　　　　B. 直角坐标法
C. 三维近景摄影法　　　　　　　　　D. 超声波法
E. 目测法
(5) 隧道拱部硬岩允许超挖值,平均值和最大值分别为(　　)。

A. 150mm,300mm　　B. 100mm,200mm　　C. 150mm,200mm　　D. 100mm,300mm

## ◆◆ 习题参考答案及解析 ◆◆

### 一、单项选择题

1. B

【解析】应严格控制欠挖。拱脚、墙脚以上1m范围内断面严禁欠挖。

2. C

【解析】>60MPa,硬岩;30~60MPa,中硬岩;<30MPa,软岩。

3. B

【解析】对于拱部,硬岩(Ⅰ级围岩)平均和最大允许超挖值分别为100mm和200mm。

4. D

【解析】隧道开挖方法的选择应根据围岩级别、隧道长度、断面结构、支护衬砌设计、工期要求、机械设备的配置及装运等综合确定。目前我国隧道施工应用最多的方法是钻爆法。

5. C

【解析】原理:极坐标法,以某物理方向(如水平方向)为起算方向,按一定间距(角度或距离)依次一一测定仪器旋转中心与实际开挖轮廓线的交点之间的矢径(距离)及该矢径与水平方向的夹角,将这些矢径端点依次相连即可获得实际开挖的轮廓线。

6. B

7. C

【解析】当岩层完整、岩石抗压强度大于30MPa并确认不影响衬砌结构稳定和强度时,允许岩石个别突出部分(每1m²内不宜大于0.1m²)欠挖,但其隆起量不得大于50mm。

8. B

9. C

10. B

11. A

【解析】炮眼痕迹保存率依岩质不同,应满足:硬岩≥80%,中硬岩≥70%,软岩≥50%。

12. C

【解析】围岩分级分为6级,其中Ⅰ~Ⅴ级为岩质围岩,Ⅵ级是土质围岩,而且Ⅳ、Ⅴ级围岩中也包括部分土质围岩。

13. A

14. B

15. C

16. D

【解析】公路隧道按其长度可分为四类:L>3000m,特长隧道;3000m≥L>1000m,长隧道;1000m≥L>500m,中隧道;L≤500m,短隧道。

17. A
18. B
19. C
20. D

【解析】公路隧道按其跨度可分为四类:$B \geq 18m$,超大跨度隧道;$14m \leq B < 18m$,大跨度隧道;$9m \leq B < 14m$,中跨度隧道;$B < 9m$,小跨度隧道。

21. A
22. B
23. D

【解析】全断面法可用于Ⅰ~Ⅲ级围岩的中小跨度隧道,Ⅳ级围岩中跨度隧道和Ⅲ级围岩大跨度隧道在采用了有效的加固措施后,也可采用全断面法开挖。台阶法可用于Ⅲ~Ⅳ级围岩的中小跨度隧道,Ⅴ级围岩的中小跨度隧道在采用了有效的预加固措施后,也可采用台阶法开挖。环形开挖留核心土法可用于Ⅵ~Ⅴ级围岩或一般土质的中小跨度隧道。

24. C
25. A

【解析】开挖作业必须保证安全,宜减少对围岩的扰动。爆破后效果应达到下列要求:软弱围岩隧道爆破后,围岩稳定,无大的剥落或坍塌,爆破后围岩的扰动深度小于1m;对硬岩隧道爆破后,围岩稳定,无剥落现象,爆破后围岩的扰动深度小于0.5m。

26. C

【解析】隧道衬砌不得侵入隧道建筑限界,开挖放样时可将设计的轮廓线扩大50mm,不得减少衬砌厚度。

27. C
28. B
29. A
30. A
31. D    32. B    33. D    34. A    35. B

## 二、判断题

1. √
2. ×
3. √
4. √

【解析】开挖是控制隧道施工工期和造价的关键工序。超挖不仅会增加出渣量和衬砌量,导致时间工程造价上升,同时局部的过度超挖会引起应力集中,影响围岩稳定性。而欠挖则直接影响支护结构厚度,对工程质量和安全产生隐患。故隧道开挖应严格控制欠挖,尽量减少超挖。隧道开挖质量的评定包含两项内容:一是检测开挖断面的规整度;二是超欠挖控制。对于规整度,一般采用目测的方法进行评定;对于超欠挖,则需通过对大量实测开挖断面数据的计算分析,做出正确的评价。

5. ×

【解析】 以爆破设计开挖线为准。

6. ×

【解析】《公路隧道施工技术规范》(JTG/T 3660—2020)规定,隧道浅埋段的开挖施工应遵循"管超前、严注浆、短开挖、强支护、早封闭、勤量测、速反馈、控沉陷"的原则。

7. ×

【解析】《公路隧道施工技术规范》(JTG/T 3660—2020)规定,隧道洞口开挖前,应结合设计文件,遵循"早进晚出"的原则,复核明确明暗分界位置的合理性,控制边仰坡开挖高度。

8. ×

【解析】《公路隧道施工技术规范》(JTG/T 3660—2020)规定,隧道爆破应采用光面爆破。

9. √

10. √

## 三、多项选择题

1. AD

【解析】 见本章判断题第4题。

2. ABC

【解析】 隧道开挖的基本要求有:开挖断面尺寸要符合设计要求;应严格控制欠挖;应尽量减少超挖;隧道开挖轮廓应按设计要求预留变形量;超挖部分必须回填密实。

3. ABC

【解析】 隧道开挖超欠挖测定的方法有直接量测开挖断面积的方法(以内模为参照物直接测量法、使用激光束的方法、使用投影机的方法)和非接触观测法(断面仪法)。

4. ABCDE

【解析】 对于用钻爆法开挖的隧道,其爆破效果应符合系列规定:开挖轮廓圆顺、开挖面平整;周边炮痕迹保存率应满足规定;周边炮眼痕迹要在开挖轮廓面上均匀分布;两茬炮衔接时,出现的台阶形误差不得大于150mm;爆破进尺要达到设计要求,对于炮眼深度大于3m的情况,可根据实际情况另行确定。

5. ABCD

【解析】 隧道施工应具有技术先进、安全生产、经济合理、保护环境的特点。

6. BC

【解析】 山岭公路隧道常用的施工方法有钻爆法和掘进机法(TBM法)。

7. ABDE

【解析】 掘进机法适用于硬岩隧道的开挖,其余方法均可用于软岩及浅埋段。

8. BE

【解析】 水底隧道的常用施工方法有钻爆法、盾构法和沉管法。

9. BCD

【解析】 施工过程中的地质预报与地质预测可以进一步查明隧道开挖工作面前方的工

程地质与水文地质条件,而施工监控量测也是判断围岩和衬砌是否稳定、保证施工安全、指导施工顺序、进行施工管理、提供设计信息的主要手段,它们都实现了隧道施工的动态管理。

10. ABCDE

【解析】编制实施性施工组织设计时,应考虑隧道长度和断面、工期要求、地质条件和自然条件、重点及难点工程、正确的施工方法、合理施工进度,配备足够的施工机械,组织均衡生产,提高劳动生产效率。

11. ABCD

【解析】洞口工程指洞口土石方、边仰坡防护、洞门及其相邻的翼墙、边墙及洞口排水系统等。

12. ABCD

【解析】浅埋段工程控制围岩变形,应采取下列技术措施:爆破开挖时,应短进尺、弱爆破、早支护,减少对围岩的扰动;敷设拱脚锚杆,提高拱脚处围岩的承载力;及时施工仰拱或临时仰拱;地质条件差或有涌水时,可采用地表预注浆结合洞内环形固结注浆。

13. ABCDE

【解析】用钻爆法开挖时,主要施工方法有全断面法、台阶法、环形开挖预留核心土法、双侧壁导坑法、中隔壁法及中导洞法等。

14. ABCDE

【解析】钻爆设计应根据工程地质、地形环境、开挖断面、开挖方法、循环进尺、钻眼机具、爆破材料和出渣能力等因素综合考虑,并根据实际爆破效果及时对爆破设计参数进行调整。钻爆设计的内容应包括炮眼(掏槽眼、辅助眼、周边眼)的布置、数目、深度和角度、装药量和装药结构、起爆方法和爆破顺序等。

## 四、综合题

1. (1) BC　　　　(2) BD　　　　(3) C　　　　(4) ABC　　　　(5) B

【解析】(1) 山岭公路隧道常用的施工方法有钻爆法和掘进机法(TBM 法)。

(2) 可选择超短台阶法或台阶分部开挖法开挖隧道断面。

(3) 激光断面仪原理:极坐标法,以某物理方向(如水平方向)为起算方向,按一定间距(角度或距离)依次一一测定仪器旋转中心与实际开挖轮廓线的交点之间的矢径(距离)及该矢径与水平方向的夹角,将这些矢径端点依次相连即可获得实际开挖的轮廓线。

(4) 隧道开挖超欠挖测定的方法有直接量测开挖断面积的方法(以内模为参照物直接测量法、使用激光束的方法、使用投影机的方法)和非接触观测法(断面仪法)。

(5) 对于拱部,硬岩(Ⅰ级围岩)平均和最大允许超挖值分别为 100mm 和 200mm。

# 第三章 喷锚衬砌施工质量检测

【主要知识点】

复合式衬砌概念;锚杆加工质量检测和安装质量检测内容、标准,锚杆拉拔力检测方法,锚杆长度和密实度检测方法;喷射混凝土质量检测内容与标准,喷射混凝土施工质量控制,喷射混凝土强度检测方法与评定;钢拱架检测内容与标准。

## 一、单项选择题(四个备选项中只有一个正确答案,每题1分)

1. 隧道易在( )部位产生拉裂。
   A. 拱顶　　　　B. 侧墙　　　　C. 仰拱　　　　D. 拱脚
2. 对于隧道内喷射混凝土,施工中应主要检测其强度、( )和平整度。
   A. 密度　　　　B. 面积　　　　C. 厚度　　　　D. 湿度
3. 下列( )不属于支护质量。
   A. 锚杆安装质量　　　　B. 砌块质量
   C. 喷射混凝土质量　　　　D. 钢构件质量
4. 锚喷支护是对围岩( )。
   A. 主动加固　　B. 被动加固　　C. 主动支撑　　D. 被动支撑
5. 钢架支护是对围岩( )。
   A. 主动加固　　B. 被动加固　　C. 主动支撑　　D. 被动支撑
6. 锚杆在工作时主要承受( )。
   A. 拉力　　　　B. 压力　　　　C. 弯矩　　　　D. 剪力
7. 锚杆孔位允许偏差为( )。
   A. ±5mm　　　B. ±10mm　　　C. ±15mm　　　D. ±20mm
8. 水泥砂浆锚杆,允许钻孔深度偏差为( )。
   A. ±10mm　　　B. ±20mm　　　C. ±50mm　　　D. ±100mm
9. 锚杆每安装( )至少应抽样1组(3根)进行拉拔力测试。
   A. 100根　　　B. 200根　　　C. 300根　　　D. 500根
10. 锚杆拉拔力试验,要求同组单根锚杆的锚固力达到( )的设计值。
    A. ≥70%　　　B. ≥80%　　　C. ≥90%　　　D. ≥100%
11. 反映喷射混凝土物理力学性能及耐久性的综合指标是( )。
    A. 拉压强度　　B. 抗拉强度　　C. 疲劳强度　　D. 黏结强度
12. 喷射混凝土采用的速凝剂应保证初凝时间不大于( )。

A.5min　　　　　　B.10min　　　　　　C.15min　　　　　　D.30min

13.喷射混凝土采用的速凝剂应保证终凝时间不大于(　　)。

A.5min　　　　　　B.10min　　　　　　C.15min　　　　　　D.30min

14.喷射混凝土抗压强度试验,两车道隧道要求每隔(　　)应至少在拱部和边墙各制作一组试件。

A.5m　　　　　　　B.10m　　　　　　　C.20m　　　　　　　D.50m

15.喷射混凝土抗压强度试验,要求任意一组试块的抗压强度平均值,不得低于设计值的(　　)。

A.50%　　　　　　B.70%　　　　　　　C.80%　　　　　　　D.90%

16.喷射混凝土厚度要求每10延米至少检查一个断面,再从拱顶中线起每隔(　　)凿孔检查一个点。

A.1m　　　　　　　B.2m　　　　　　　　C.3m　　　　　　　　D.5m

17.每个断面拱墙分别统计,全部检查孔处喷层厚度应保证(　　)以上不小于设计厚度。

A.50%　　　　　　B.60%　　　　　　　C.70%　　　　　　　D.90%

18.喷射混凝土与围岩黏结力要求Ⅳ类及其以上围岩不低于(　　)。

A.0.5MPa　　　　　B.0.8MPa　　　　　C.1.0MPa　　　　　D.5MPa

19.喷射混凝土与围岩黏结力要求Ⅲ类及以下围岩不低于(　　)。

A.0.5MPa　　　　　B.0.8MPa　　　　　C.1.0MPa　　　　　D.5MPa

20.喷射混凝土回弹模量要求拱部不超过(　　)。

A.20%　　　　　　B.30%　　　　　　　C.40%　　　　　　　D.50%

21.喷射混凝土回弹量要求边墙不超过(　　)。

A.20%　　　　　　B.30%　　　　　　　C.40%　　　　　　　D.50%

22.目前公路隧道用量最大的钢支撑方式是(　　)。

A.钢格栅　　　　　B.型钢支撑　　　　C.钢台支撑　　　　D.钢筋支撑

23.钢架支撑在平面上应垂直于隧道中线,在纵断面上其倾斜度不得大于(　　)。

A.2°　　　　　　　B.3°　　　　　　　　C.4°　　　　　　　　D.5°

24.隧道支护与围岩之间存在空洞时,会导致围岩松弛,使支护结构产生(　　)。

A.拉应力　　　　　B.压应力　　　　　　C.剪应力　　　　　　D.弯曲应力

25.地质雷达天线要求具有屏蔽功能,最大探测深度大于2m,垂直分辨率应高于(　　)。

A.5mm　　　　　　B.10mm　　　　　　C.20mm　　　　　　D.50mm

26.地质雷达检测隧道初期支护以纵向布线为主,两车道断面需布设(　　)。

A.3条　　　　　　　B.4条　　　　　　　C.5条　　　　　　　D.6条

27.衬砌界面出现信号幅度较弱,甚至没有界面反射信号,说明衬砌混凝土(　　)。

A.密实　　　　　　B.不密实　　　　　　C.有空洞　　　　　　D.有离析

28.衬砌内钢筋反射信号是(　　)。

A.月牙形强反射信号　　　　　　　　　B.月牙形弱反射信号
C.连续的小双曲线形弱反射信号　　　D.连续的小双曲线形强反射信号

29.喷射混凝土用水必须是无杂质的洁净水,污水、pH值小于(　　)的酸性水均不得使用。

　　A.7　　　　　B.6　　　　　C.5　　　　　D.4

30.地质雷达探测初期支护纵向布线应采用连续测量方式,测量点距不宜大于( )。

　　A.10cm　　　B.20cm　　　C.30cm　　　D.50cm

31.钢架支护不得侵入二次衬砌( )。

　　A.5cm　　　　B.15cm　　　C.20cm　　　D.30cm

32.隧道衬砌喷射混凝土,当同批试件组数大于或等于10组时,强度平均值不小于设计值,任一组试件抗压强度不小于设计值的( )。

　　A.70%　　　B.80%　　　C.85%　　　D.90%

33.隧道衬砌喷射混凝土,当同批试件组数小于10组时,强度平均值不小于设计值的( ),任一组试件抗压强度不小于设计值的( )。

　　A.80%,100%　　B.105%,100%　　C.100%,90%　　D.105%,90%

34.下列属于隧道材料检测内容( )。

　　A.锚杆材质检测　　B.防排水检测　　C.粉尘检测　　D.有害气体检测

35.隧道衬砌采用湿喷混凝土时坍落度宜控制在( )。

　　A.50~60mm　　B.60~80mm　　C.80~100mm　　D.80~120mm

36.隧道湿喷混凝土衬砌每次作业区段纵向长度不宜超过( )。

　　A.2m　　　　B.4m　　　　C.5m　　　　D.6m

37.隧道湿喷混凝土衬砌,要求混凝土初凝时间和终凝时间不超过( )。

　　A.5min,10min　　B.5min,30min　　C.10min,10min　　D.10min,30min

38.隧道湿喷混凝土衬砌,要求混凝土终凝2h后喷水养护,养护时间不少于( )。

　　A.3d　　　　B.5d　　　　C.7d　　　　D.14d

39.隧道锚杆用各种水泥砂浆强度不应低于( )。

　　A.M5　　　　B.M7.5　　　C.M12.5　　　D.M20

40.隧道爆破作业应在上一循环喷射混凝土终凝不少于( )后进行。

　　A.2h　　　　B.4h　　　　C.6h　　　　D.8h

41.隧道冬季施工要求混凝土衬砌强度未达到( )前不得受冻。

　　A.4MPa　　　B.6MPa　　　C.8MPa　　　D.10MPa

42.隧道锚杆支护孔位偏差标准为( )。

　　A.±10mm　　B.±20mm　　C.±40mm　　D.±50mm

43.隧道锚杆支护钻孔深度偏差标准为( )。

　　A.±10mm　　B.±20mm　　C.±40mm　　D.±50mm

44.隧道钢筋网支护网格尺寸偏差标准为( )。

　　A.±10mm　　B.±20mm　　C.±40mm　　D.±50mm

45.隧道钢架支护安装间距偏差标准为( )。

　　A.±10mm　　B.±20mm　　C.±40mm　　D.±50mm

46.隧道混凝土衬砌,喷射混凝土每作业循环至少在拱部和边墙各制取试件( )。

　　A.1个　　　　B.2个　　　　C.3个　　　　D.4个

47. 隧道喷射混凝土,初喷混凝土厚度宜控制在( )。
    A.10~20mm　　　B.20~30mm　　　C.20~40mm　　　D.20~50mm
48. 隧道喷射混凝土,拱顶每次复喷厚度不宜大于( )。
    A.50mm　　　　B.100mm　　　　C.150mm　　　　D.200mm
49. 隧道喷射混凝土终凝2h后,应进行养护,养护时间不应少于( )。
    A.3d　　　　　B.5d　　　　　　C.7d　　　　　　D.14d
50. 隧道喷射混凝土强度未达到( )前不得受冻。
    A.2.5MPa　　　B.3.0MPa　　　　C.5.0MPa　　　　D.6.0MPa
51. 隧道分台阶开挖时,上部台阶锁脚锚杆砂浆强度达到设计强度的( )方可进行下一台阶开挖。
    A.50%　　　　B.60%　　　　　C.70%　　　　　D.100%
52. 隧道衬砌钢筋网应随受喷岩面起伏铺设,与初喷混凝土面的最大间隙不宜大于( )。
    A.30mm　　　　B.40mm　　　　 C.50mm　　　　 D.60mm
53. 隧道衬砌钢拱架安装时,应贴近初喷混凝土面安装,当钢架与围岩初喷混凝土面之间有间隙时,应采用钢楔块楔紧,多个楔块间距不宜大于( )。
    A.0.5m　　　　B.1.0m　　　　　C.1.5m　　　　　D.2.0m
54. 隧道衬砌喷射混凝土质量检测,采用钻孔法检测空洞时,要求每5m检测1个断面,每个断面检测不少于( )。
    A.1点　　　　　B.2点　　　　　C.3点　　　　　D.4点
55. 隧道衬砌钢拱架质量检测,要求临空侧保护层厚度满足( )。
    A.≥10mm　　　B.≥20mm　　　　C.≥30mm　　　　D.≥40mm

## 二、判断题(正确的划"√",错误的划"×",请填在题后的括号里,每题1分)

1. 锚喷支护属于被动支撑,因此一般用于自稳时间短、初期变形大或对地表下沉降有严格限制的地层。　　　　　　　　　　　　　　　　　　　　　　　　　　　　　( )
2. 对于管缝式锚杆,要求原材料应具有一定的弹性,使锚杆安装后管壁和孔壁紧密接触。
 　　　　　　　　　　　　　　　　　　　　　　　　　　　　　　　　　　　( )
3. 锚杆钻孔深度可以用带有刻度的塑料管量测。　　　　　　　　　　　　　( )
4. 锚杆应尽量与围岩壁面垂直,可采用目测法判定。　　　　　　　　　　　( )
5. 锚杆拉拔力是锚杆材料、加工和施工好坏的综合反映。　　　　　　　　　( )
6. 砂浆锚杆只要拉拔力合格,就说明砂浆灌注质量好。　　　　　　　　　　( )
7. 锚杆为一根空杆,超声波传播能量损失大,接收的反射波振幅较小。　　　( )
8. 锚杆扭力扳手作用在螺母上的力矩取决于锚杆拉力大小。　　　　　　　　( )
9. 隧道施工中,保证喷射混凝土的厚度是确保喷射混凝土质量的前提。　　　( )
10. 隧道喷射混凝土抗压强度不合格,应予以凿除重喷。　　　　　　　　　　( )
11. 喷射混凝土表面出现裂缝、脱落、露筋、渗漏水等情况时,应予以修补,凿除重喷或进行整治。　　　　　　　　　　　　　　　　　　　　　　　　　　　　　　　( )

12. 喷射混凝土回弹物不得重新用作喷射混凝土材料。( )
13. 钢格栅支撑用钢筋采用Ⅰ级或Ⅱ级,直径一般不小于22mm。( )
14. U形钢支撑的压缩性特点可以在许多软岩隧道中得到广泛应用。( )
15. 隧道衬砌背后不密实,超声波反射信号同相轴呈绕射弧形,且不连续、较分散。( )
16. 隧道围岩类别低于Ⅳ类时需采用各种钢支撑进行支护。( )
17. 隧道喷射混凝土宜采用干喷工艺。( )
18. 隧道喷射混凝土作业应按初喷混凝土和复喷混凝土分别进行,复喷混凝土可分层多次施作。( )
19. 隧道设置钢拱架部位,应在钢拱架安装就位后及时进行复喷混凝土,钢拱架背后与围岩之间的空隙可采用碎石填塞,然后喷射密实。( )
20. 隧道在设有系统锚杆的地段,系统锚杆宜在下一循环开挖前完成。其中有钢架地段,锚杆应在初喷混凝土、挂网钢筋网、立钢拱架、复喷混凝土前施作。( )

### 三、多项选择题(每题所列的备选项中,有2个或2个以上正确答案,选项全部正确得满分,选项部分正确按比例得分,出现错误选项本题不得分,每题2分)

1. 隧道检测包括( )。
   A. 材料检测　　B. 施工检测　　C. 环境检测　　D. 通风照明检测
   E. 安全检测

2. 隧道支护材料包括( )。
   A. 锚杆　　　　B. 喷射混凝土　C. 钢构件　　　D. 注浆
   E. 防水混凝土

3. 隧道初期支护的形式有( )。
   A. 锚杆支护
   B. 喷射混凝土支护
   C. 喷射混凝土与钢筋网联合支护
   D. 喷射钢纤维混凝土支护
   E. 钢架联合支护

4. 隧道开挖支护方式包括( )。
   A. 喷射混凝土　B. 锚杆　　　　C. 钢筋网　　　D. 钢架
   E. 组合支护

5. 锚杆起到( )。
   A. 支撑作用　　B. 组合梁作用　C. 加固拱作用　D. 悬吊作用
   E. 挤密作用

6. 喷射混凝土起到( )。
   A. 加固作用　　B. 支撑作用　　C. 填补作用　　D. 黏结作用
   E. 封闭作用

7. 锚杆加工后质量检验包括( )。
   A. 原材料　　　B. 规格　　　　C. 加工质量　　D. 焊接
   E. 间距

8. 锚杆材料检查包括( )。
   A. 抗拉强度　　　B. 抗压强度　　　C. 延展性　　　D. 弹性
   E. 可焊性

9. 锚杆安装尺寸检查包括( )。
   A. 位置　　　B. 方向　　　C. 深度　　　D. 孔径
   E. 孔形

10. 喷射混凝土质量检验指标包括( )。
    A. 强度　　　B. 厚度　　　C. 变形　　　D. 压缩模量
    E. 抗渗性

11. 影响喷射混凝土强度的因素包括( )。
    A. 原材料　　　B. 岩体性质　　　C. 气候　　　D. 地下水
    E. 施工作业

12. 影响喷射混凝土厚度的因素包括( )。
    A. 爆破效果　　　B. 回弹率　　　C. 施工管理　　　D. 喷射参数
    E. 气候

13. 喷射混凝土抗压试块制作方法有( )。
    A. 钻芯法　　　B. 喷大板切割法　　　C. 凿方切割法　　　D. 浇筑成型法
    E. 模筑法

14. 隧道钢支撑包括( )。
    A. 钢格栅　　　B. 型钢支撑　　　C. 钢管支撑　　　D. 木支撑
    E. 竹支撑

15. 隧道钢支撑加工质量检测包括( )。
    A. 尺寸　　　B. 强度　　　C. 刚度　　　D. 焊接
    E. 变形

16. 隧道钢支撑安装质量检测包括( )。
    A. 尺寸　　　B. 强度　　　C. 倾斜度　　　D. 连接与固定
    E. 变形

17. 地质雷达探测隧道衬砌厚度介质参数标定方法有( )。
    A. 在已知厚度部位测量　　　B. 在预制构件上测量
    C. 使用双天线直达波法测量　　　D. 钻孔实测
    E. 理论推算

18. 喷射混凝土的喷射工艺有( )。
    A. 干喷　　　B. 湿喷　　　C. 潮喷　　　D. 水喷
    E. 粉喷

19. 喷射混凝土强度包括( )。
    A. 抗压强度　　　B. 抗折强度　　　C. 抗剪强度　　　D. 疲劳强度
    E. 黏结强度

20. 隧道喷射混凝土喷射厚度应满足( )。

A. 平均厚度≥设计厚度　　　　　　　B. 检查点的90%≥设计厚度
C. 最小厚度≥0.6设计厚度　　　　　D. 最小厚度≥50mm
E. 最小厚度≥0.5设计厚度

21. 隧道锚杆支护锚拔力应满足(　　)。
A. 拔力平均值≥设计值　　　　　　　B. 最小拔力≥90%设计值
C. 拔力平均值≥1.2设计值　　　　　D. 最小拔力≥80%设计值
E. 拔力平均值≥1.1设计值

22. 隧道喷射混凝土施工质量检测项目包括(　　)。
A. 强度　　　　B. 厚度　　　　C. 空洞检查　　　　D. 位置
E. 轴线偏位

23. 隧道锚杆支护施工质量检测项目包括(　　)。
A. 锚杆数量　　B. 锚拔力　　　C. 孔位　　　　D. 钻孔深度
E. 锚杆长度

24. 隧道钢架支护施工质量检测项目包括(　　)。
A. 安装间距　　B. 净保护层厚度　　C. 倾斜度　　　　D. 安装偏差
E. 拼装偏差

**四、综合题** [根据所列资料,以选择题的形式(单选或多选题)选出正确的选项。每小题2分,选项部分正确按比例得分,出现错误选项该题不得分]

1. 有20组喷射混凝土试块,设计强度为25MPa,其标准养护28d的实测抗压强度见表1(单位:MPa)。

表1

| 30.2 | 28.6 | 31.5 | 29.7 | 29.2 | 29.0 | 31.7 | 32.8 | 33.4 | 35.1 |
| 26.8 | 29.5 | 29.6 | 34.2 | 33.5 | 30.8 | 30.1 | 24.8 | 36.6 | 27.9 |

有9组喷射混凝土试块,设计强度为25MPa,其标准养护28d的实测抗压强度见表2(单位:MPa)。

表2

| 26.8 | 29.5 | 29.6 | 34.2 | 33.5 | 30.8 | 30.1 | 22.8 | 26.6 |

结合上述内容,回答下列问题。
(1) 喷射混凝土质量检验指标包括(　　)。
A. 强度　　　　B. 厚度　　　　C. 变形　　　　D. 压缩模量
E. 抗渗性
(2) 喷射混凝土回弹量要求拱部不超过(　　)。
A. 20%　　　　B. 30%　　　　C. 40%　　　　D. 50%
(3) 隧道喷射混凝土喷射厚度应满足(　　)。
A. 平均厚度≥设计厚度　　　　　　　B. 检查点的90%≥设计厚度

C. 最小厚度≥0.6 设计厚度　　　　　D. 最小厚度≥50mm

E. 最小厚度≥0.5 设计厚度

(4)隧道冬季施工要求混凝土衬砌强度未达到(　　)前不得受冻。

A. 4MPa　　　　B. 6MPa　　　　C. 8MPa　　　　D. 10MPa

(5)上面两表中的试块质量(　　)。

A. 表1不合格,表2不合格　　　　B. 表1合格,表2不合格

C. 表1不合格,表2合格　　　　　D. 表1合格,表2合格

◆◆ 习题参考答案及解析 ◆◆

## 一、单项选择题

1. A

【解析】扁平状断面容易在拱顶围岩内出现拉伸区。

2. C

【解析】喷射混凝土的质量检验指标主要有喷射混凝土的强度和喷射混凝土的厚度。

3. B

【解析】锚杆、喷射混凝土及钢构件都属于隧道支护体系。

4. A

【解析】锚喷支护结构不仅能承受所谓的"围岩荷载",同时也有助于维护围岩稳定,而现代支护理论认为围岩是主要的承载单元,因此锚喷支护在限制围岩变形的过程中,具有某种主动性。

5. D

【解析】刚架支护主要用于浅埋、偏压和自稳时间很短要求即时提供支护的软弱围岩,通过其提供的强大支护抗力抑制围岩的变形,因此是一种被动支撑。

6. A

【解析】锚杆在工作时主要承受拉力,所以检查材质时首先应检测其抗拉强度。

7. C

【解析】孔位允许偏差为±15mm,钻孔数量应符合设计规定。

8. C

【解析】锚杆的钻孔深度,应符合下列规定:砂浆锚杆孔深度误差不宜大于±50mm。

9. C

10. C

【解析】锚杆拉拔测试要求:每安装300根锚杆至少随机抽样一组(3根),设计变更或材料变更时另做一组拉拔力测试;同组单根锚杆的锚固力或拉拔力,不得低于设计值的90%。

11. A

【解析】喷射混凝土强度包括拉压强度、抗拉强度、抗剪强度、疲劳强度、黏结强度等。其中,喷射混凝土抗压强度是表示其物理力学性能及耐久性的一个综合指标,所以工程实际往

往把它作为检测喷射混凝土质量的重要指标。

12. A

13. B

【解析】速凝剂:应根据水泥品种、水灰比等,通过不同掺量的混凝土试验选择掺量。使用前应做速凝效果试验,要求初凝不应大于5min,终凝不应大于10min。

14. B

15. C

【解析】对于喷射混凝土抗压强度试验,试件3件为1组。两车道隧道每10延米,至少在拱部和边墙各取一组试件;并且要求任意一组试块的抗压强度平均值不低于设计值的80%。

16. B

17. B

【解析】每一个断面的检查点应从拱部中线起,每间隔2m设一个,但每一个断面上拱部不应少于3个点,总计不应少于5个点。合格条件为:每个断面上,全部检查孔处的喷层厚度60%以上不应小于设计厚度,最小值不应小于设计厚度的50%,且不小于50mm。

18. B

19. A

【解析】喷射混凝土的黏结强度不仅与混凝土强度等级有关,而且与围岩级别有关,故规范作了对于Ⅳ类围岩不低于0.8MPa,而Ⅴ、Ⅵ类围岩不低于0.5MPa的规定。

20. C

21. B

【解析】喷射混凝土回弹模量边墙不应大于30%,拱部不应大于40%。

22. A

【解析】格栅钢架是目前工程上用量最大的钢架。它是由钢筋焊接加工而成的桁架式支架,在断面上有矩形和三角形之分。

23. A

【解析】钢架应垂直于隧道中线,竖向不倾斜、平面不错位,不扭曲。上、下、左、右允许偏差±50mm,钢架倾斜度应小于2°。

24. D

【解析】支护(衬砌)背部与围岩之间存在空洞时,会导致围岩松弛,使支护结构产生弯曲应力,从而损伤支护结构的功能,降低其承载能力,极大地影响隧道的安全使用。

25. C

【解析】地质雷达天线可采用不同频率的天线组合,技术指标应符合下列要求:具有屏蔽功能;最大探测深度应大于2m;垂直分辨率应高于2cm。

26. C

【解析】隧道施工过程中,质量检测应以纵向布线为主,横向布线为辅。纵向布线的位置应在隧道拱顶、左右拱腰、左右边墙各布1条,共5条。

27. A

【解析】衬砌背后回填密实度的主要判定特征应符合下列要求。密实:信号幅度较弱,甚至没有界面反射信号。不密实:衬砌界面的强反射信号同相轴呈绕射弧形,且不连续、较分散。空洞:衬砌界面反射信号强,三振相明显,在其下部仍有强反射界面信号,两组信号时程差较大。

28. D

【解析】衬砌内部钢架、钢筋位置分布的主要判定特征应符合下列要求。钢架:分散的月牙形强反射信号。钢筋:连续的小双曲线形强反射信号。

29. D

【解析】为保证喷射混凝土正常凝结和硬化,保证强度和稳定性,饮用水可作喷射用水,不得使用污水以及 pH 值小于 4 的酸性水和含硫酸盐(按 $SO_4^{2-}$ 计算)超过水量1%的水,也不得使用含有影响水泥正常凝结与硬化的有害物质的其他水。

30. B

【解析】纵向布线应采用连续测量方式,扫描速度不得小于40道(线)/s;特殊地段或条件不允许时可采用点测方式,测量点距不得大于20cm。

31. A

【解析】钢拱架应垂直于隧道中线,上下左右偏差应小于±5cm。

32. C

33. D

【解析】喷射混凝土抗压强度的合格标准:同批次试件组数大于或等于10时,试件抗压强度平均值不低于设计值,且任一组试件抗压强度不低于0.85倍的设计值;同批次试件组数小于10时,试件抗压强度平均值不低于1.05倍的设计值,且任一组试件抗压强度不低于0.9倍的设计值。

34. A

【解析】在隧道工程的常用原材料中,二次衬砌混凝土材料属于土建工程的通用材料,而初期支护的材料和防排水材料具有隧道和地下工程的特色,初期支护材料包括锚杆、喷射混凝土和钢架等。

35. D

36. D

37. A

38. C

【解析】喷射混凝土施工有湿喷和潮喷两种方式,宜采用湿喷工艺,湿喷混凝土的坍落度宜控制在 80~120mm。喷射作业应分段、分片由下而上顺序进行,每次作业区段纵向长度不宜超过6m。喷射混凝土材料应添加速凝剂,使用前应做速凝效果试验,要求初凝不应大于 5min,终凝不应大于10min。喷射混凝土终凝2h后,应喷水养护,养护时间不应少于7d。

39. D

【解析】锚杆用的各种水泥砂浆强度不应低于M20。

40. B

【解析】为了保证喷射混凝土的强度,需要足够的凝结时间,应在其终凝大于4h后再进行下一循环的爆破作业。

41. B

**【解析】** 冬期施工应遵守下列规定：

喷射混凝土强度在下列数值时不得受冻：普通硅酸盐水泥配制的喷射混凝土低于设计强度等级30%时；矿渣水泥配制的喷射混凝土低于设计强度等级40%时。

混凝土衬砌的强度未达到6MPa前不得受冻。

42. D

43. D

**【解析】** 钻孔前应根据设计要求定出孔位，做出标记。施工时可根据围岩壁面的具体情况，允许孔位偏差±50mm。适宜的钻孔深度是保证锚杆锚固质量的前提，锚杆的钻孔深度，应符合下列规定：砂浆锚杆孔深度误差不宜大于±50mm。

44. A

**【解析】** 钢筋网片应按设计及规范规定的规格、型号及网片尺寸、网格间距进行加工，网格尺寸允许偏差为±10mm，每50m²检查2个网眼。

45. D

**【解析】** 对于不同级别的围岩，设计中钢架有具体的安装间距，施工中容易将此间距拉大。检测时，应用钢卷尺测量，其误差不应超过设计尺寸50mm。

46. A

**【解析】** 每作业循环的喷射混凝土应至少在拱部和边墙各制取1个试件。

47. D

48. B

49. C

50. D

51. C        52. C        53. D        54. D        55. B

## 二、判断题

1. ×

**【解析】** 见本章单项选择题第4题。

2. √

**【解析】** 管缝式锚杆是一种摩擦型锚杆，其杆体一般要求材料具有较高的弹性极限，安装后应使锚杆管壁与孔壁紧密接触。

3. √

4. √

5. √

**【解析】** 钻孔深度可用带有刻度的塑料管或木棍等插孔量测，检测频率为锚杆数的10%。锚杆打设方向应根据围岩情况确定，尽量与围岩壁面或岩层主要结构面垂直。锚杆打设方向检查主要采用目测。锚杆拉拔力是指锚杆锚杆后能承受的最大拉力，它是锚杆材料、加工及安装质量的综合反映，是锚杆质量检测的一项基本内容。

6. ×

【解析】由于锚杆的安设质量主要采用了锚杆的拉拔力来检验,从理论上讲,只要锚固的水泥砂浆长度大于杆体钢筋直径的40倍,则直至拉拔至锚杆颈缩,锚杆也不会丧失锚固力。因此,许多拉拔力合格的锚杆,其砂浆灌注密实度并不好。

7. ×

【解析】如果无砂浆握裹,仅是一根空杆,则声波仅在钢筋中传播,能量损失不大,接收到的反射波振幅则较大。

8. ×

【解析】锚喷巷道的离层和塌方冒顶事故多是由于锚杆安装中锚杆锚固后拉紧螺母没达到紧固指标,紧固螺母的紧固程度是锚杆发挥作用的关键,其紧固程度的评判,只有凭借锚杆预应力扭力扳手的检测数据确定。

9. √

【解析】在施工中保证喷射混凝土厚度是确保喷射混凝土质量的前提。所以,喷射混凝土厚度也是喷射混凝土质量检验的一个重要指标。

10. ×

11. √

【解析】喷射混凝土抗压强度检查不合格时,应查明原因并采取措施,可用加厚喷层或增设锚杆的办法予以补强。当发现喷射混凝土表面出现裂缝、脱落、露筋、渗漏水等情况时,应予以修补、凿除重喷或进行整治。

12. √

【解析】回弹物不得重新用作喷射混凝土材料。

13. √

14. √

【解析】主筋材料采用HRB335或HRB400级钢筋,直径一般不小于22mm,次筋根据具体情况选用。当围岩变形较大,对支撑施工的荷载过大时,U形钢架可产生一定的收缩变形,使钢架上的压力减小,从而保证钢架不被压坏,并以更大的支护能力来维护围岩稳定。U形钢架的可缩性特点可以在许多软岩隧道的支护中发挥重要作用。

15. √

【解析】衬砌背后回填密实度的主要判断特征如下:不密实——衬砌界面的强反射信号同相轴呈绕射弧形,且不连续、较分散。

16. √

【解析】在围岩软弱破碎较严重、自稳性差的隧道地段(Ⅰ、Ⅱ类围岩和Ⅲ类围岩中的软岩),坑道开挖后要求早期支护,必须具有较大的刚度,以阻止围岩过度变形或承受部分松弛荷载,钢拱架具有这样的力学性能。

17. ×

【解析】《公路隧道施工技术规范》(JTG/T 3660—2020)规定,隧道喷射混凝土宜采用湿喷工艺。

18. √

19. ×

【解析】《公路隧道施工技术规范》(JTG/T 3660—2020)规定,隧道设置钢拱架部位,应在钢拱架安装就位后及时进行复喷混凝土,钢拱架背后与围岩之间的空隙不得填塞杂物,应喷密实。

20. ×

【解析】《公路隧道施工技术规范》(JTG/T 3660—2020)规定,隧道在设有系统锚杆的地段,系统锚杆宜在下一循环开挖前完成。其中有钢架地段,锚杆应在初喷混凝土、挂网钢筋网、立钢拱架、复喷混凝土后施作。

### 三、多项选择题

1. ABC

【解析】公路隧道检测包括材料检测、施工检测(分为施工质量检测、施工监控量测和超前地质预报)、环境检测、运营隧道健康检测。

2. ABC

【解析】隧道支护材料包括锚杆、喷射混凝土、钢筋网、钢架。

3. ABCDE

4. ABCDE

【解析】初期支护是指隧道开挖后,用于控制围岩变形及防止坍塌所及时施作的支护。其类型有锚杆支护、喷射混凝土支护、喷射混凝土与钢筋网联合支护、喷射混凝土与锚杆及钢筋网联合支护、喷射钢纤维混凝土支护、喷射钢纤维混凝土锚杆联合支护,以及上述几种类型加设钢架而成的联合支护。

5. BCD

【解析】锚杆是用机械方法或黏结方法将一定长度的杆体(通常多用钢筋)锚固在围岩预先钻好的锚杆孔内,由于锚杆具有"悬吊作用""组合梁作用"和"加固拱作用"等作用而使围岩得到加固。

6. BCDE

【解析】喷层凝固后具有"支撑作用""填补作用""黏结作用"和"封闭作用",从而使围岩得到加固,围岩自身的强度得到保护。

7. ABC

8. ACD

【解析】锚杆加工后质量检验包括锚杆材料(抗拉强度、延展性与弹性)、杆体规格、加工质量。

9. ABCDE

【解析】锚杆安装尺寸检查包括锚杆孔位、锚杆方向、钻孔深度、孔径与孔形。

10. AB

【解析】喷射混凝土的质量检验指标主要有喷射混凝土的强度和喷射混凝土的厚度。

11. AE

【解析】影响喷射混凝土强度的因素有原材料和施工作业。

12. ABCD

【解析】影响喷射混凝土厚度的因素有爆破效果、回弹率、施工管理和喷射参数。

13. BC

【解析】喷射混凝土抗压强度试验中,检查试件的制作方法有喷大板切割法和凿方切割法。

14. ABC

【解析】目前我国公路隧道施工中,常用的钢支撑有钢架支撑(格栅钢架、型钢钢架)和钢管支撑。

15. ABCD

【解析】隧道钢支撑加工质量检测包括加工尺寸、强度和刚度、焊接。

16. ACD

【解析】隧道钢支撑安装质量检测包括安装尺寸、倾斜度、保护层厚度、连接与固定。

17. ABCD

【解析】介质参数标定方法有在已知厚度部位或材料与隧道相同的其他预制件上测量;在洞口或洞内避车洞处使用双天线直达波法测量;钻孔实测。

18. ABC

【解析】喷射混凝土的施工工艺有三种:干喷、湿喷和潮喷。

19. ACDE

【解析】见本章单项选择题第11题。

20. ABDE

【解析】喷射混凝土厚度检测的合格标准:每个断面上,全部检查点喷层厚度应有90%以上不小于设计厚度。最小厚度不应小于设计厚度的50%,且不小于50mm。检查孔处的平均厚度不得小于设计厚度。

21. AB

【解析】锚杆拉拔力检测要求如下:检测数量为锚杆数的1%且每次不少于3根;同组锚杆抗拔力的平均值应不小于设计值;单根锚杆的抗拔力不得低于设计值的90%。

22. AB

【解析】见本章单项选择题第2题。

23. ABCDE

【解析】锚杆支护施工质量检测项目包括锚杆孔位、锚杆方向、钻孔深度、孔径与孔形、锚杆数量、锚杆垫板、锚杆拔力。

24. ABCDE

【解析】钢架支护安装质量检测项目包括安装尺寸、倾斜度、保护层厚度、连接与固定。

## 四、综合题

1. (1) AB     (2) C     (3) ABDE     (4) B     (5) D

【解析】(1)喷射混凝土的质量检验指标主要有喷射混凝土的强度和喷射混凝土的

厚度。

（2）喷射混凝土回弹模量拱部不应大于40%。

（3）喷射混凝土厚度检测的合格标准：每个断面上，全部检查点喷层厚度应有90%以上不小于设计厚度。最小厚度不应小于设计厚度的50%，且不小于50mm。检查孔处的平均厚度不得小于设计厚度。

（4）冬期施工应遵守下列规定：

喷射混凝土强度在下列数值时不得受冻：普通硅酸盐水泥配制的喷射混凝土低于设计强度等级30%时；矿渣水泥配制的喷射混凝土低于设计强度等级40%时。

混凝土衬砌的强度未达到6MPa前不得受冻。

（5）表1：$n=20$，其平均值 $R=29.3\text{MPa} \geqslant$ 设计强度 $R_d \times 0.85 = 21.3\text{MPa}$，最小值 $R_{\min}=24.8\text{MPa} \geqslant$ 设计强度 $R_d \times 0.85 = 25 \times 0.85 = 21.3\text{MPa}$，所以该批喷射混凝土试块抗压强度合格。

表2：$n=9$，其平均值 $R=29.5\text{MPa} \geqslant$ 设计强度 $R_d \times 1.05 = 25 \times 1.05 = 26.3\text{MPa}$，最小值 $R_{\min}=22.8\text{MPa} \geqslant$ 设计强度 $R_d \times 0.90 = 25 \times 0.90 = 22.5\text{MPa}$，所以该批喷射混凝土试块抗压强度也合格。

# 第四章　混凝土衬砌施工质量检测

【主要知识点】

模筑混凝土衬砌质量检测内容、方法与质量评定标准;地质雷达检测衬砌质量原理、设备技术要求、测线布置、实测要求及数据判读。

## 一、单项选择题(四个备选项中只有一个正确答案,每题1分)

1. (　　)是隧道重要支护措施,是隧道防水工程的最后一道防线。
   A. 超前支护　　　B. 围岩加固　　　C. 衬砌　　　D. 防水层

2. 隧道衬砌混凝土浇筑模板最大长度不应超过(　　)。
   A. 200cm　　　B. 150cm　　　C. 100cm　　　D. 50cm

3. 隧道仰拱宜超前拱墙二次衬砌,其超前距离宜保持(　　)倍以上衬砌循环作业长度。
   A. 1　　　B. 2　　　C. 3　　　D. 4

4. 隧道仰拱混凝土超前拱墙混凝土施工的超前距离,宜保持(　　)以上循环作业长度。
   A. 1倍　　　B. 2倍　　　C. 3倍　　　D. 5倍

5. 隧道衬砌模板拆除时间,对于非承重模板要求混凝土强度达到(　　)时进行。
   A. 1.0MPa　　　B. 2.0MPa　　　C. 5.0MPa　　　D. 10MPa

6. 隧道仰拱宜超前拱墙二次衬砌,对于承受围岩压力较大的拱墙,封顶和封口混凝土要求达到设计强度的(　　)时拆除。
   A. 30%　　　B. 50%　　　C. 70%　　　D. 100%

7. 隧道仰拱宜超前拱墙二次衬砌,对于承受围岩压力较小的拱墙,封顶和封口混凝土要求达到设计强度的(　　)时拆除。
   A. 50%　　　B. 70%　　　C. 80%　　　D. 90%

8. 隧道衬砌混凝土浇筑后,要求内部温度与环境温度差不超过(　　)。
   A. 5℃　　　B. 10℃　　　C. 15℃　　　D. 20℃

9. 隧道明洞拱背回填必须对称分层夯实,每层厚度不宜大于(　　)。
   A. 10cm　　　B. 20cm　　　C. 30cm　　　D. 40cm

10. 回弹法测定混凝土强度适用龄期为(　　)。
    A. 7~1000d　　　B. 7~500d　　　C. 14~1000d　　　D. 14~500d

11. 中型回弹仪适用于混凝土强度等级(　　)。
    A. ≤C60　　　B. ≤C50　　　C. ≤C40　　　D. ≤C30

12. 回弹仪钢砧率定平均值为(　　)。

A. 60 ±2　　　　　B. 70 ±2　　　　　C. 80 ±2　　　　　D. 90 ±2

13. 回弹仪测区大小为（　　）。
　　A. 0.05m×0.05m　　B. 0.1m×0.1m　　C. 0.2m×0.2m　　D. 0.3m×0.3m

14. 回弹法测定混凝土强度要求每个测区测读（　　）值。
　　A. 15　　　　　B. 10　　　　　C. 16　　　　　D. 20

15. 超声波检测混凝土构件强度，抽查频率为（　　）。
　　A. 10%　　　　　B. 20%　　　　　C. 30%　　　　　D. 50%

16. 超声回弹测强曲线应优选（　　）。
　　A. 专用测强曲线　　B. 地区测强曲线　　C. 国家测强曲线　　D. 国际测强曲线

17. 钻芯法测定混凝土强度，取芯数量同批构件不少于（　　）个。
　　A. 2　　　　　B. 3　　　　　C. 4　　　　　D. 6

18. 某隧道混凝土衬砌，用超声平测法测得超声波速为4200m/s，用冲击—回波法测定其平均峰值频率为68kHz，则衬砌厚度为（　　）。
　　A. 31cm　　　　　B. 38cm　　　　　C. 62cm　　　　　D. 68cm

19. 隧道厚度最直接、最准确的检测方法是（　　）。
　　A. 冲击-回波法　　B. 超声发射法　　C. 激光断面法　　D. 直接测量法

20. 隧道明洞拱背回填施工时，拱圈混凝土达到设计强度的（　　）且拱顶回填高度达到0.7m以上时，方可拆除拱架。
　　A. 30%　　　　　B. 50%　　　　　C. 70%　　　　　D. 100%

21. 隧道明洞拱圈混凝土达到设计强度（　　）且拱顶填土厚度大于（　　）以上时，方可拆除拱架。
　　A. 50%，50cm　　B. 70%，50cm　　C. 70%，100cm　　D. 70%，70cm

22. 回弹仪在每次使用前应该进行（　　）。
　　A. 可立即使用　　B. 校验　　　　　C. 率定　　　　　D. 常规保养

23. 混凝土碳化使混凝土回弹值（　　）。
　　A. 增大　　　　　B. 减小　　　　　C. 不变　　　　　D. 无法判定

24. 隧道衬砌钢筋相邻主筋搭接位置应错开，错开距离应不小于（　　）。
　　A. 600mm　　　　B. 1000mm　　　　C. 1200mm　　　　D. 1500mm

25. 隧道衬砌同一受力钢筋的两处搭接，距离应不小于（　　）。
　　A. 600mm　　　　B. 1000mm　　　　C. 1200mm　　　　D. 1500mm

26. 隧道模筑混凝土衬砌，在Ⅴ、Ⅵ级围岩中每隔（　　）应设沉降缝一道。
　　A. 10～20m　　　B. 20～40m　　　C. 20～50m　　　D. 30～80m

27. 隧道混凝土衬砌，天然砂采用硫酸钠溶液进行坚固性试验时，砂样5次循环后的总质量损失应小于（　　）。
　　A. 3%　　　　　B. 5%　　　　　C. 8%　　　　　D. 10%

28. 隧道混凝土衬砌，卵石或碎石采用硫酸钠溶液进行坚固性试验时，样品5次循环后的总质量损失应小于（　　）。
　　A. 3%　　　　　B. 5%　　　　　C. 8%　　　　　D. 10%

29. 隧道混凝土衬砌,卵石或碎石针片状颗粒含量,按质量计应小于( )。
   A.3%　　　　　　B.5%　　　　　　C.8%　　　　　　D.10%
30. 隧道混凝土衬砌,碎石单级最大压碎指标应小于( )。
   A.5%　　　　　　B.10%　　　　　　C.15%　　　　　　D.20%
31. 隧道混凝土衬砌,调制混凝土拌合物时,水泥质量偏差不得超过( )。
   A.±0.5%　　　　B.±1.0%　　　　C.±2.0%　　　　D.±3.0%
32. 隧道混凝土衬砌,调制混凝土拌合物时,集料质量偏差不得超过( )。
   A.±0.5%　　　　B.±1.0%　　　　C.±2.0%　　　　D.±3.0%
33. 隧道混凝土衬砌,调制混凝土拌合物时,水及外加剂质量偏差不得超过( )。
   A.±0.5%　　　　B.±1.0%　　　　C.±2.0%　　　　D.±3.0%
34. 隧道混凝土衬砌,有抗渗要求时混凝土养护时间不得少于( )。
   A.3d　　　　　　B.7d　　　　　　C.14d　　　　　　D.28d
35. 隧道仰拱以上混凝土应在仰拱混凝土强度达到设计强度的( )后施工。
   A.50%　　　　　B.70%　　　　　C.90%　　　　　D.100%
36. 隧道仰拱和底板应在混凝土强度达到设计强度的( )后,方可允许车辆通行。
   A.50%　　　　　B.70%　　　　　C.90%　　　　　D.100%
37. 连拱隧道主洞开挖时,左右两洞开挖掌子面错开距离宜大于( )。
   A.20m　　　　　B.30m　　　　　C.40m　　　　　D.50m
38. 隧道混凝土衬砌严禁使用含氯化物的水泥,对于钢筋混凝土,氯化物含量不得超过水泥含量的( )。
   A.0.1%　　　　　B.0.2%　　　　　C.0.3%　　　　　D.0.5%
39. 隧道混凝土衬砌严禁使用含氯化物的水泥,对于钢筋混凝土,潮湿环境下氯化物含量不得超过水泥含量的( )。
   A.0.1%　　　　　B.0.2%　　　　　C.0.3%　　　　　D.0.5%
40. 隧道混凝土衬砌中总碱含量不得大于( )。
   A.1kg/m³　　　　B.2kg/m³　　　　C.3kg/m³　　　　D.5kg/m³

二、判断题(正确的划"√",错误的划"×",请填在题后的括号里,每题1分)

1. 隧道衬砌开裂大多是由于施工管理不当造成的。　　　　　　　　　　　( )
2. 隧道混凝土衬砌质量检测是控制衬砌混凝土施工质量的主要手段,不是评价运营隧道的衬砌现状。　　　　　　　　　　　　　　　　　　　　　　　　　　( )
3. 一般情况下,隧道二次衬砌应在围岩和初期支护变形基本稳定后施工。拱脚水平相对净空变化速度小于0.2mm/d。　　　　　　　　　　　　　　　　　　　　( )
4. 二次衬砌宜采用全断面一次或先墙后拱法浇筑混凝土。　　　　　　　　( )
5. 二次衬砌背后需填充注浆时,应预留注浆孔。　　　　　　　　　　　　( )
6. 仰拱施工应优先选择各段一次成型,避免分部浇筑。　　　　　　　　　( )
7. 仰拱宜超前拱墙二次衬砌,其超前距离宜保持2倍以上衬砌循环作业长度。 ( )
8. 对于承受围岩压力较小的拱、墙,封顶和封口混凝土要求达到设计强度的70%方可拆

除模板。（　）

9. 隧道衬砌混凝土浇筑后,要求内部温度与环境温度差不超过20℃,且混凝土的降温速率不应超过3℃/d。（　）
10. 回弹法的检测面应为原状混凝土表面,并应清洁、平整,不应有疏松层。（　）
11. 回弹法测强度的误差比较大,因此对比较重要的构件或结构物强度检测必须慎重使用。（　）
12. 回弹法对弹击时产生颤动的薄壁、小型构件应进行固定。（　）
13. 回弹法测强度时,相邻两测区的间距不能小于2m,测区面积宜为400cm²。（　）
14. 混凝土碳化的主要危害是导致钢筋锈蚀。（　）
15. 虽然厂家已经进行了出厂检验,新回弹仪在使用前也应该进行标定。（　）
16. 回弹值的计算中,当测试混凝土底面时,也需进行角度的修正。（　）
17. 采用回弹法测强时,全国统一测强曲线不适用于龄期超过1000d的混凝土。（　）
18. 使用混凝土超声检测仪可评定隧道混凝土强度。（　）
19. 被测试的结构混凝土与测强曲线混凝土的条件越接近,回弹法所测的混凝土强度误差就越小。（　）
20. 用回弹仪测定水泥混凝土强度时,混凝土碳化使混凝土表面回弹值变小。（　）
21. 测定混凝土碳化深度值时,应先用水把凿成的孔洞冲洗干净后再测。（　）
22. 混凝土碳化对回弹测强有显著影响。（　）
23. 在洛氏硬度为60±2的钢砧上,回弹仪的率定值应为70。（　）
24. 当怀疑混凝土内外质量有明显差异时,可用回弹法检测。（　）
25. 超声仪上显示的时间是超声波在被测物体中的传播时间。（　）
26. 在混凝土中,水泥石的强度及其与集料的黏结能力对混凝土强度起决定作用。（　）
27. 根据声速的标准差和离散系数的大小,可以相对比较相同测距的同类结构混凝土质量均匀性的优劣。（　）
28. 在超声波测试混凝土内部缺陷时,钢筋轴线与声波传播方向平行时,钢筋对波速的影响不大。（　）
29. 在用超声法检测混凝土构件缺陷时,混凝土与两具换能器接触面之间的声耦合是无关紧要的。（　）
30. 混凝土表面与超声波换能器接触面之间的充分声耦合是很重要的。（　）
31. 回弹值随碳化深度的增加而增大。（　）
32. 超声波在混凝土内部的传播与混凝土的弹性模量成正比。（　）
33. 对于湿混凝土,声波的传播速度比干燥混凝土传播快。（　）
34. 在一般配筋情况下,当混凝土体积较大时,钢筋垂直于声波时对测量误差影响较小。（　）
35. 采用激光断面仪检测衬砌厚度,衬砌背后应不存在空洞或离缝。（　）
36. 单个构件取钻芯芯样抗压强度的最小值作为芯样抗压强度测定值。（　）

**三、多项选择题**(每题所列的备选项中,有2个或2个以上正确答案,选项全部正确得满分,选项部分正确按比例得分,出现错误选项本题不得分,每题2分)

1. 隧道衬砌混凝土检测包括(    )。
   A. 几何尺寸    B. 混凝土强度    C. 混凝土完整性    D. 混凝土裂缝
   E. 衬砌内部钢筋

2. 隧道混凝土衬砌常见质量问题有(    )。
   A. 混凝土开裂              B. 混凝土强度不够
   C. 混凝土厚度不够          D. 钢筋锈蚀
   E. 背后存在空洞

3. 隧道衬砌从结构形式上分有(    )衬砌。
   A. 复合式    B. 整体式    C. 明洞    D. 强制拼装
   E. 喷射混凝土

4. 衬砌混凝土施工期间质量检查包括(    )。
   A. 施工条件    B. 浇筑质量    C. 拆模    D. 养护
   E. 明洞回填

5. 隧道衬砌施工条件包括(    )。
   A. 开挖轮廓线    B. 围岩稳定    C. 地基承载力    D. 作业空间
   E. 施工设备

6. 隧道衬砌浇筑前对模板的检查项目包括(    )。
   A. 刚度    B. 外形    C. 尺寸    D. 位置
   E. 挡头

7. 影响回弹法测量精度的因素有(    )。
   A. 原材料    B. 成型方法    C. 养护方法    D. 碳化及龄期
   E. 表面缺陷

8. 影响超声波法测量精度的因素有(    )。
   A. 横向尺寸    B. 湿度和温度    C. 集料性质    D. 水灰比
   E. 龄期

9. 激光断面仪法可应用于检测(    )。
   A. 开挖断面质量控制           B. 初期支护喷射混凝土
   C. 衬砌混凝土强度             D. 二次衬砌断面轮廓
   E. 二次衬砌断面厚度

10. 隧道衬砌厚度常用的检测方法有(    )。
    A. 直接测量法    B. 冲击-回波法    C. 超声发射法    D. 激光断面仪法
    E. 地质雷达法

11. 隧道衬砌内部缺陷常用的检测方法有(    )。
    A. 水压法    B. 超声波法    C. 钻孔取芯法    D. 地质雷达法
    E. 红外成像法

12. 地质雷达法可检测混凝土衬砌背后的（　　）。
   A. 空洞　　　　　B. 厚度变化　　　　C. 钢架分布　　　　D. 钢筋分布
   E. 混凝土强度
13. 隧道混凝土衬砌施工质量检测项目包括（　　）。
   A. 强度　　　　　B. 边墙平面位置　　C. 拱部高程　　　　D. 衬砌厚度
   E. 表面平整度
14. 隧道衬砌钢筋施工质量检测项目包括（　　）。
   A. 主筋间距　　　　　　　　　　　B. 两层钢筋间距
   C. 箍筋间距　　　　　　　　　　　D. 搭接长度
   E. 保护层厚度

**四、综合题**[根据所列资料，以选择题的形式（单选或多选题）选出正确的选项。每小题2分，选项部分正确按比例得分，出现错误选项该题不得分]

1. 某隧道衬砌结构为一次喷护15cm厚混凝土和二次模筑30cm厚混凝土复合衬砌，两次混凝土之间有一层柔性防水层。用超声平测法测得超声波波速为4200m/s，用冲击-回波法测定其平均峰值频率为6.8kHz。结合上述内容，回答下列问题。
（1）隧道衬砌厚度常用的检测方法有（　　）。
   A. 直接测量法　　B. 冲击-回波法　　　C. 超声发射法　　D. 激光断面仪法
   E. 地质雷达法
（2）隧道厚度最直接、最准确的检测方法是（　　）。
   A. 冲击-回波法　　B. 超声发射法　　　C. 激光断面法　　D. 直接测量法
（3）冲击-回波法是（　　）测试方法。
   A. 双面对测　　　B. 单面反射　　　　C. 双面斜测　　　D. 双面双点
（4）冲击回波仪主要由（　　）组成。
   A. 计算机　　　　B. 冲击器　　　　　C. 磁粉装置　　　D. 接收器
（5）隧道二次衬砌厚度为（　　）。
   A. 29.1cm　　　　B. 30.1cm　　　　　C. 40.2cm　　　　D. 30.8cm

### ◆◆ 习题参考答案及解析 ◆◆

## 一、单项选择题

1. C

　　【解析】隧道混凝土衬砌是重要的支护措施，是隧道防水工程的最后一道防线，也是隧道外观美的直接体现者。

2. B

　　【解析】模板长度过大容易造成板块刚度不足，其长度一般可取100cm，最大不应超过150cm。

3. C

4. C

【解析】 仰拱混凝土超前拱墙混凝土施工的超前距离,宜保持3倍以上衬砌循环作业长度。仰拱施工宜整断面一次成型,不宜左右半幅分次浇筑。

5. C

6. D

7. B

【解析】 拆除拱架、墙架和模板,应符合下列规定:不承受外荷载的拱、墙混凝土强度应达到5.0MPa;承受围岩压力的拱、墙以及封顶和封口的混凝土强度应满足设计要求。对于承受围岩压力较小的拱墙,封顶和封口混凝土要求达到设计强度的70%时拆除。

8. D

【解析】 防止二次衬砌混凝土开裂应采取的措施之一:混凝土内外温差不得大于20℃。混凝土的降温速率最大不应超过3℃/d。

9. C

【解析】 明洞拱背回填应对称分层夯实,每层厚度不得大于0.3m,两侧回填高差不得大于0.5m,回填至拱顶齐平后应分层满铺填筑。

10. C

【解析】 根据《回弹法检测混凝土抗压强度技术规程》的规定,混凝土为自然养护且龄期为14~1000d。

11. B

12. C

13. C

14. C

【解析】 回弹仪按其冲击动能的大小,分为重型、中型和轻型回弹仪三种。中型回弹仪:其冲击动能为2.207J,可供重型构件、路面、大体积混凝土的强度检测,适用强度等级≤C50的混凝土。率定试验应分四个方向进行,且每个方向弹击前,弹击杆应旋转90°,每个方向的回弹平均值均应为80±2。测区尺寸宜为200mm×200mm;采用平测时宜为400mm×400mm。测量回弹值应在构件测区内超声波的发射和接收面各弹击8点;超声波单面平测时,可在超声波的发射和接收测点之间弹击16点。每一测点的回弹值,测读精确度至1。

15. C

【解析】 按批量进行检测时,应随机抽取构件,抽检数量不宜少于同批构件总数的30%且不宜少于10件。

16. A

【解析】 检测单位宜按专用测强曲线、地区测强曲线、统一测强曲线的顺序选用测强曲线。

17. B

【解析】 根据《钻芯法检测混凝土强度技术规程》的规定,钻芯确定单个构件的混凝土强度推定值时,有效芯样试件的数量不应少于3个;对于较小构件,有效芯样试件的数量不得少于2个。

18. A

【解析】$t = v/(2f) = 4200/(2 \times 68) = 31 \text{cm}$。

19. D

【解析】直接测量法就是在混凝土衬砌中打孔或凿槽,从而直接量测衬砌的厚度。该方法是量测衬砌混凝土厚度最直接、最准确的方法。不足之处在于该方法具有破坏性,会损伤衬砌及复合式衬砌结构中的防排水设施。

20. C

21. D

【解析】拱圈混凝土达到设计强度的70%且拱顶回填高度大于0.7m以上时,方可拆除拱架。

22. C

【解析】在下列情况之一时,回弹仪应在钢砧上进行率定试验:回弹仪当天使用前后;测试过程中对回弹仪性能有怀疑时。

23. A

【解析】碳化使混凝土表面硬度增加,回弹值 $R$ 增大,但对混凝土强度 $f_{cu}$ 影响不大。

24. B

25. D

【解析】衬砌钢筋连接应符合下列要求:相邻主筋搭接位置应错开,错开距离应不小于1000mm。同一受力钢筋的两处搭接,距离应不小于1500mm。

26. D

【解析】在围岩对衬砌有不良影响的硬软岩分界处,应设置沉降缝;明洞衬砌与洞内衬砌交界处或不设明洞的洞口段衬砌在距洞口 5~12m 的位置应设沉降缝;在连续Ⅴ、Ⅵ级围岩中每 30~80m 应设沉降缝一道。

27. C

28. C

【解析】衬砌混凝土应选用级配、质地良好的河砂,天然砂采用硫酸钠溶液法进行坚固性试验时,砂样5次循环后的总质量损失应小于8%。混凝土用粗集料(卵石和碎石)的级配应符合规定,粗集料采用硫酸钠溶液法进行坚固性试验时,砂样5次循环后的总质量损失应小于8%。

29. C

30. D

【解析】粗集料中不得混有杂物,粗集料中针片状颗粒含量,按质量计应小于8%。卵石单级最大压碎指标应小于16%,碎石单级最大压碎指标应小于20%。

31. B

32. C

33. B

【解析】混凝土拌制前,应测定砂、石含水率,并根据测试结果调整材料用量,提出施工配合比。调制混凝土拌合物时,水泥质量偏差不得超过±1%,集料质量偏差不得超过

±2%，水及外加剂质量偏差不得超过±1%。

34. C

【解析】采用硅酸盐水泥、普通硅酸盐水泥或矿渣硅酸盐水泥拌制的混凝土养护时间不得少于7d，有抗渗要求的混凝土养护时间不得少于14d。

35. B

36. D

【解析】仰拱填充应符合下列规定：仰拱以上的混凝土或片石混凝土应在仰拱混凝土达到设计强度的70%后，方可施工。仰拱和底板混凝土强度达到设计强度的100%后，方可允许车辆通行。

37. B

【解析】主洞开挖时，左、右两洞开挖掌子面错开距离宜大于30m。

38. C

39. A

【解析】严禁使用含氯化物的水泥。素混凝土中，氯化物的含量不超过水泥含量的2%；钢筋混凝土密实时，氯化物的含量不超过水泥含量的0.3%。环境潮湿且含有氯离子时，氯化物的含量不超过水泥含量的0.1%。

40. C

【解析】混凝土衬砌中总碱含量（$Na_2O + 0.658K_2O$）不得大于$3kg/m^3$。

## 二、判断题

1. √

【解析】隧道衬砌裂缝包括荷载裂缝、混凝土收缩裂缝、衬砌错台及各种施工缝发展而成的衬砌裂缝，是典型的隧道病害，裂缝发展可能导致衬砌局部失去稳定而产生坍塌、掉块，威胁到隧道的运营安全。但究其原因，大部分衬砌开裂都是由于施工管理不当所造成的。

2. ×

【解析】混凝土衬砌质量检测不仅是控制衬砌混凝土施工质量的主要手段，也是评价运营隧道衬砌现状所必需的。

3. √

4. √

5. √

【解析】二次衬砌宜采用全断面一次或先墙后拱法浇筑混凝土。按封顶工艺施作，确保拱顶混凝土密实。二次衬砌背后需填充注浆时，应预留注浆孔。

6. √

7. ×

【解析】仰拱宜超前拱墙衬砌施作，其超前距离宜保持3倍以上衬砌循环作业长度。仰拱施工应优先选择各段一次成型，避免分部浇筑。

8. √

【解析】见本章单项选择题第7题。

9. √

【解析】见本章单项选择题第8题。

10. √

11. √

12. √

13. √

【解析】在《回弹法检测混凝土抗压强度技术规程》中规定,回弹法检测混凝土的自然养护龄期为14～1000d,抗压强度为10～60MPa,不适用于表层及内部质量有明显差异或内部存在缺陷的混凝土构件和特种成型工艺制作的混凝土检测。这大大限制了回弹法的检测范围。另外,由于高强度混凝土的强度基数较大,即使只有15%的相对误差,其绝对误差也会很大,从而使检测结果失去意义。测区宜布置在构件的两个对称的侧面上。测区面积不宜大于$0.04m^2$,相邻两测区的间距不应大于2m。测区表面应为混凝土原浆面,应清洁、平整,不应有疏松层、浮浆、油垢以及蜂窝、麻面。对于弹击时产生颤动的薄壁、小型构件,应进行固定。

14. √

【解析】碳化对混凝土本身是无害的,但碳化会破坏钢筋表面的氧化膜,为钢筋锈蚀创造了前提条件;同时碳化会加剧混凝土的收缩,可导致混凝土开裂,使钢筋容易锈蚀。

15. √

【解析】见本章单项选择题第22题。

16. √

【解析】测试时回弹仪处于非水平状态,同时测试面又非混凝土浇筑方向的侧面,则应对测得的回弹值先进行角度修正,然后对角度修正后的值再进行顶面或底面修正。

17. √

【解析】统一测强曲线适用于自然养护且龄期超过14～1000d的混凝土。

18. ×

【解析】采用超声检测和推定混凝土的强度时,只有在混凝土强度波动符合正态分布的条件下,才能进行混凝土强度推定。

19. √

【解析】有条件的地区和部门,应制定本地区的测强曲线或专用测强曲线。使用地区或专用测强曲线时,被检测的混凝土应与制定该类测强曲线混凝土的适应条件相同,不得超出该类测强曲线的适用范围。

20. ×

21. ×

22. √

【解析】碳化使混凝土表面硬度增加,回弹值增大,但对混凝土强度影响不大。碳化深度值的测量应符合下列规定:可采用工具在测区表面形成直径约15mm的孔洞,其深度应大于混凝土的碳化深度;应清除孔洞中的粉末和碎屑,且不得用水擦洗。

23. ×

【解析】我国规定,在洛氏硬度HRC为60±2的钢钻上,回弹仪的率定值应为80±2。

24. ×

【解析】 回弹法不适用于表层与内部质量有明显差异或内部存在缺陷的混凝土强度检测。

25. ×

【解析】 该时间分为跨缝测量的混凝土声时和不跨缝测量的混凝土声时。

26. √

【解析】 在一般情况下,集料的强度都高于混凝土强度,甚至高出几倍。因此,混凝土的强度主要取决于起胶结作用的水泥石的质量以及它与集料的黏结能力。

27. √

【解析】 相同条件下,声速的标准差和离散系数越大,则混凝土的质量相对越差。

28. ×

29. ×

30. √

【解析】 当被测部位不平整时应打磨、清理表面,以保证换能器与混凝土表面耦合良好。当有钢筋穿过裂缝时,如果T、R换能器的连线靠近该钢筋,则沿钢筋传播的超声波首先到达接收换能器,检测结果也不能反映裂缝的真实深度。实际工程中最好使T、R换能器连线与穿缝钢筋轴线保持一定夹角(如40°~50°)。

31. ×

【解析】 回弹值随碳化深度的增加而增大,但碳化深度达到6mm时,这种影响基本不再增加。

32. √

33. √

34. √

【解析】 通过大量的研究表明,当超声波在混凝土中传播时,其纵波速度的平方与混凝土的弹性模型成正比。由于超声波在水中的传播速度为1.45km/s,在空气中仅为0.34km/s,因此声波在湿混凝土中传播速度比在干燥混凝土中的传播速度快。

35. √

【解析】 基于激光断面仪能快速检测各类隧道限界(内轮廓线),并根据衬砌浇筑前的初期支护内轮廓线或围岩开挖轮廓线的检测结果实现自动数据比较,快速指导施工决策或验收。利用该方法必须满足以下条件:衬砌浇筑前的初期支护内轮廓线或围岩开挖轮廓线的实测结果,可作为衬砌外轮廓线的测试结果;衬砌背后不存在空洞或空缝;必须将衬砌外轮廓线的测试结果与内轮廓线的测试结果换算至同一坐系中(或同一断面位置)。

36. ×

【解析】 单个构件取标准芯样试验抗压强度换算值的最小值为芯样抗压强度推定值。

### 三、多项选择题

1. ABCDE

【解析】 隧道衬砌混凝土检测包括:衬砌的几何尺寸检测、衬砌净空检测、混凝土强度检测、混凝土整体密实性检测、衬砌背后回填密度检测和衬砌钢筋检测。

2. ABCDE

【解析】隧道混凝土衬砌常见的质量问题有混凝土开裂和内部缺陷、混凝土强度不够、衬砌厚度不足、钢筋锈蚀和背后存在空洞、衬砌侵入建筑限界等。

3. ABC

【解析】从结构形式上,隧道混凝土衬砌可以分为:复合式衬砌结构中的喷射混凝土和模筑混凝土、整体式衬砌、明洞衬砌。

4. ABCDE

【解析】衬砌混凝土施工期间的质量检查包括以下5个方面:衬砌施工的条件、衬砌混凝土浇筑施工检查、拆模板检查、明洞回填、养护。

5. ABC

【解析】隧道衬砌施工条件包括:整体式衬砌的开挖轮廓线要求;隧道围岩稳定性要求;基础地基承载能力要求。

6. ABCDE

【解析】衬砌模板的质量在一定程度上决定着隧道衬砌的外观质量,并影响着衬砌的内在质量,因此,在施工前和施工过程中都应进行严格的质量检查。具体检查内容包括:模板及支架应有足够的刚度、强度和稳定性;拱架应有规整的外形;模板长度和宽度均不宜过大;拱架和模板设置位置应准确;挡头板安装可靠,封堵严实;浇筑模筑混凝土前应将模板内的杂物、积水和钢筋上的油污清除干净;模板安装施工质量应满足施工规范要求。

7. ABCDE

【解析】检测强度值的影响因素有:原材料、外加剂、成型方法、养护方法及湿度、碳化及龄期、泵送混凝土、混凝土表面缺陷、混凝土结构中表层钢筋对回弹值的影响。

8. ABCDE

【解析】超声波检测混凝土的强度主要是通过测量在一定测距内超声传播的平均声速来推定的。影响声速的因素主要有以下7个方面:横向尺寸效应;湿度和温度、混凝土结构中钢筋对超声波法测强的影响;粗集料品种、粒径和含量;水灰比和水泥用量;混凝土龄期;混凝土缺陷;混凝土损伤。

9. ABDE

【解析】见本章判断题第35题。

10. ABCDE

【解析】常用的衬砌厚度检测方法有:冲击-回波法、超声发射法、激光断面仪法、地质雷达法和直接测量法等。

11. ABCDE

【解析】内部缺陷检测是检测的难点和重点,常用的检测方法有:水压法、超声波法、钻孔取芯法、地质雷达法、红外成像法、冲击-回波法和敲击-回声法等。

12. ABCD

【解析】地质雷达法已广泛应用于检测支护(衬砌)厚度、背部的回填密实度、内部钢筋、钢架等分布。

**13. ABCDE**

【解析】衬砌混凝土的施工质量检测项目包括混凝土强度、边墙平面位置、拱部高程、衬砌厚度以及边墙、拱部表面平整度。

**14. ABCDE**

【解析】衬砌钢筋的施工质量检测项目包括主筋间距、两层钢筋间距、箍筋间距、绑扎搭接长度、钢筋加工长度及钢筋保护层厚度。

### 四、综合题

1. (1) ABCDE　　　(2) D　　　(3) B　　　(4) ABD　　　(5) D

【解析】(1) 常用的衬砌厚度检测方法有：冲击-回波法、超声发射法、激光断面仪法、地质雷达法和直接测量法等。

(2) 直接测量法就是在混凝土衬砌中打孔或凿槽，从而直接量测衬砌的厚度。该方法是量测衬砌混凝土厚度最直接、最准确的方法。不足之处在于该方法具有破坏性，会损伤衬砌及复合式衬砌结构中的防排水设施。

(3) 为了检测只存在单一测试面的结构混凝土厚度及其内部缺陷，如已建隧道的衬砌结构，从20世纪80年代中期开始研究一种新的无损检测方法：冲击-回波法。

(4) 冲击-回波测试系统一般由冲击器(为可更换系统)、接收器、采样分析系统(主机、可与计算机连接)等组成。

(5) 该隧道衬砌厚度：$h = v/(2f) = 4200/(2 \times 68) = 30.8 \text{cm}$。

# 第五章 隧道防排水检测

【主要知识点】

隧道防排水基本要求与组成;抗渗混凝土技术要求及试验方法;防水卷材铺设方法、焊接要求;防水层质量检测内容与质量评定标准;施工缝止水带检测内容与质量要求;排水系统组成与施工质量要求。

## 一、单项选择题(四个备选项中只有一个正确答案,每题1分)

1. 隧道防水材料包括注浆材料、高分子合成卷材、排水管和( )。
   A. 防水混凝土　　B. 沥青混凝土　　C. 木材　　D. 石块
2. 以防为主的隧道排水结构类型是( )。
   A. 水密型　　B. 泄水型　　C. 引流自排型　　D. 控制型
3. 目前隧道防水材料使用最多的是( )。
   A. 刷式　　B. 喷涂式　　C. 粘贴式　　D. 抹涂式
4. 合成高分子防水卷材验收批量为( )。
   A. 1000m　　B. 2000m　　C. 3000m　　D. 5000m
5. 土工合成材料的厚度一般在( )压力下测量。
   A. 0.5kPa　　B. 1.0kPa　　C. 1.5kPa　　D. 2.0kPa
6. 直接反映土工织物反滤和排水性能的指标是( )。
   A. 抗拉强度　　B. 渗透性　　C. 顶破强度　　D. 抗压缩性
7. 土工织物大多是通过( )承受荷载以发挥工程作用。
   A. 抗拉强度　　B. 顶破强度　　C. 撕裂强度　　D. 刺破强度
8. 隧道防水混凝土的抗渗等级不得小于( )。
   A. S2　　B. S4　　C. S6　　D. S8
9. 当隧道衬砌处于地下水环境中,混凝土的耐侵蚀系数不应小于( )。
   A. 0.4　　B. 0.6　　C. 0.8　　D. 1.0
10. 隧道防水混凝土抗渗等级应比设计要求提高( )。
    A. 0.1MPa　　B. 0.2MPa　　C. 0.4MPa　　D. 0.5MPa
11. 隧道防水混凝土抗渗等级试件每组( )个。
    A. 2　　B. 3　　C. 4　　D. 6
12. 隧道防水混凝土抗渗试验最大压力要求为( )。
    A. 0.5MPa　　B. 2MPa　　C. 3MPa　　D. 5MPa

13. 隧道防水混凝土抗渗等级以每组试件中有( )个未发现渗水现象时的最大水压力表示。
   A. 3　　　　　　B. 4　　　　　　C. 5　　　　　　D. 6

14. 隧道防水混凝土抗渗性能试验,6个试件中有( )个未出现最大水压值为合格。
   A. 3　　　　　　B. 4　　　　　　C. 5　　　　　　D. 6

15. 隧道防水层铺设前要求喷射混凝土边墙基面平整度应满足( )。
   A. $D/L \leq 1/4$　　B. $D/L \leq 1/6$　　C. $D/L \leq 1/8$　　D. $D/L \leq 1/10$

16. 隧道防水板铺设前,要求初期支护表面平整度应满足( )。
   A. $D/L \leq 1/2$　　B. $D/L \leq 1/3$　　C. $D/L \leq 1/5$　　D. $D/L \leq 1/6$

17. 防水板焊接要求每( )检查1处焊缝。
   A. 200m　　　　B. 500m　　　　C. 1000m　　　D. 5000m

18. 高分子防水卷材试样截取前,在温度23℃±2℃、相对湿度45%~55%的标准环境下进行状态调整,时间不少于( )。
   A. 8h　　　　　B. 10h　　　　　C. 12h　　　　　D. 16h

19. 高分子防水卷材试样热处理尺寸变化率试验时,标明每边的中点作为试样处理前后测量时的参考点,在标准环境下测量两参考点的初始长度,在80℃±2℃的温度下恒温6h,取出垫板置于标准环境中调节( ),再测量横向和纵向上两参考点的长度。
   A. 16h　　　　　B. 20h　　　　　C. 8h　　　　　D. 24h

20. 高分子防水卷材试样热老化处理试验程序80℃±2℃的温度下恒温( ),标准环境调节24h,按外观、拉伸性能试验试验规定的方法进行检查和试验。
   A. 7d　　　　　B. 14d　　　　　C. 21d　　　　　D. 28d

21. 土工织物试样调湿温度与饱和相对湿度分别为( )。
   A. 20℃±2℃,60%±2%　　　　　B. 25℃±2℃,60%±2%
   C. 20℃±2℃,90%±2%　　　　　D. 25℃±2℃,65%±2%

22. 土工织物垂直(水平)渗透系数指土工织物平面垂直(水平)方向渗流的水力梯度等于( )时的渗透流速。
   A. 4　　　　　　B. 3　　　　　　C. 2　　　　　　D. 1

23. 防水混凝土结构应该满足:裂缝宽度应小于或等于( ),并不贯通;迎水面主钢筋保护层厚度不应小于( );衬砌厚度大于或等于30cm。
   A. 0.2mm,30mm　　　　　　B. 0.1mm,50mm
   C. 0.2mm,50mm　　　　　　D. 0.1mm,30mm

24. 以排为主的隧道排水结构类型是( )。
   A. 水密型　　　B. 泄水型　　　C. 疏导型　　　D. 控制型

25. 目前我国隧道应用最多的衬砌防排水结构是( )。
   A. 明洞防排水结构　　　　　　B. 隔墙排水结构
   C. 单层式衬砌防排水结构　　　D. 复合式衬砌防排水结构

26. 隧道防水层铺设前要求喷射混凝土拱顶基面平整度应满足( )。
   A. $D/L \leq 1/4$　　B. $D/L \leq 1/6$　　C. $D/L \leq 1/10$　　D. $D/L \leq 1/8$

27. 下列属于隧道施工检测内容的是( )。
　　A. 锚杆材质检测　　B. 防排水检测　　C. 粉尘检测　　D. 有害气体检测

28. 隧道防水板搭接缝焊接质量按充气法检查时,当压力表达到 0.25MPa 时停止充气保持 15min,压力下降在( )以内,焊缝质量合格。
　　A. 2%　　　　　　B. 5%　　　　　　C. 10%　　　　　　D. 20%

29. 隧道墙体水平施工缝应设在高出底板面不小于( )墙体上。
　　A. 100mm　　　　B. 200mm　　　　C. 300mm　　　　D. 500mm

30. 隧道沉降变形缝的最大允许沉降差值应符合设计规定,当设计无规定时,不应大于( )。
　　A. 10mm　　　　B. 20mm　　　　C. 30mm　　　　D. 50mm

31. 隧道变形缝处混凝土结构厚度不应小于( )。
　　A. 100mm　　　　B. 200mm　　　　C. 300mm　　　　D. 500mm

32. 隧道止水带的接头应连接牢固,宜设在距铺底面不小于( )的边墙上。
　　A. 100mm　　　　B. 200mm　　　　C. 300mm　　　　D. 500mm

33. 隧道止水带在转弯处应做成圆弧形,橡胶止水带的转角半径不应小于( )。
　　A. 100mm　　　　B. 200mm　　　　C. 300mm　　　　D. 500mm

34. 隧道止水带在转弯处应做成圆弧形,钢片止水带的转角半径不应小于( )。
　　A. 100mm　　　　B. 200mm　　　　C. 300mm　　　　D. 500mm

35. 隧道止水带的搭接宽度不应小于( )。
　　A. 100mm　　　　B. 200mm　　　　C. 300mm　　　　D. 500mm

36. 隧道止水带冷黏或焊接的缝宽不应小于( )。
　　A. 10mm　　　　B. 20mm　　　　C. 30mm　　　　D. 50mm

37. 隧道单孔防水分段注浆注浆量应不小于设计注浆量的( )。
　　A. 70%　　　　　B. 80%　　　　　C. 90%　　　　　D. 100%

38. 隧道开挖超前预注浆,单孔注浆结束时要求进浆速度小于开始进浆速度的( )。
　　A. 1/2　　　　　B. 1/3　　　　　C. 1/4　　　　　D. 1/5

39. 隧道防水注浆结束后,宜采取钻孔取芯法对注浆效果进行检查,检查孔的数量应不少于注浆孔总数的( )且不少于3个。
　　A. 2%　　　　　B. 3%　　　　　C. 5%　　　　　D. 10%

40. 隧道防水注浆结束后,宜采取钻孔取芯法对注浆效果进行检查,当检查孔出水量不大于( )时注浆效果满足要求。
　　A. 0.1L/min　　B. 0.5L/min　　C. 1.0L/min　　D. 2.0L/min

41. 隧道防水板的搭接宽度不应小于( ),应采用自动爬焊机双缝焊接,双缝焊每条焊缝宽度不应小于( )。
　　A. 100mm,10mm　　　　　　　B. 100mm,20mm
　　C. 200mm,10mm　　　　　　　D. B. 200mm,20mm

42. 隧道防水板双面焊缝焊接质量应采用充气法检查,充气压力在( )保持15min后,压力下降应小于( )。

A. 0.25MPa,10%　　　　　　　　B. 0.25MPa,20%
C. 0.3MPa,10%　　　　　　　　 D. 0.3MPa,20%

43. 隧道止水带安装,纵向偏离施工控制值为(　　)。

　　A. ±20mm　　　B. ±30mm　　　C. ±40mm　　　D. ±50mm

44. 隧道防水无纺布应采用射钉加热熔垫固定,防水板应采用无钉铺挂,铺挂固定点间距在拱部宜为(　　)。

　　A. 0.2~0.5m　　　B. 0.3~0.5m　　　C. 0.4~0.7m　　　D. 0.5~0.7m

## 二、判断题(正确的划"√",错误的划"×",请填在题后的括号里,每题1分)

1. 良好的隧道排水与防水,是保证隧道耐久性和行车安全的重要条件。　　　　　(　　)
2. 隧道防排水设计应对地表水、地下水妥善处理,洞内外应形成一个完整畅通的防排水系统。　　　　　(　　)
3. 隧道防排水技术主要是以排为主,以防为辅。　　　　　(　　)
4. 隧道排水主要是排出围岩中渗出的地下水。　　　　　(　　)
5. 高分子防水卷材的取样方法:对于出厂合格的产品,同一生产厂家、同一品种、规格的产品3000m为一批进行验收,不足3000m也作为一批。　　　　　(　　)
6. 高分子防水卷材从每批产品中的1~3卷中取样,在距端部300mm处截取约3m,用于厚度允许偏差、最小单个值检验和截取各项物理力学性能试验所需的样片。　　　　　(　　)
7. 高分子防水卷材试样截取前,在温度20℃±2℃、相对湿度45%~55%的标准环境下进行状态调整,时间不少于16h。　　　　　(　　)
8. 高分子防水卷材试样拉伸性能试验所用拉力试验机的分度值为2N,示值精度为±1%。
　　　　　(　　)
9. 高分子防水卷材试样拉伸性能试验,若试件断在标距外,则该试样作废。　　　　　(　　)
10. 高分子防水卷材试样热老化处理试验程序,80℃±2℃的温度下恒温14d,标准环境调节24h,按外观、拉伸性能试验试验规定的方法进行检查和试验。　　　　　(　　)
11. 对于防水卷材的外观质量,面积允许偏差,卷材中的允许接头数,卷材平直度、平整度、厚度允许偏差和最小单个值6项要求,其中有1项不合格即为不合格卷材。　　　　　(　　)
12. 防水卷材如不合格卷材不多于2卷,且卷材的各项物理力学性能均符合要求,判定为该批合格。　　　　　(　　)
13. 防水卷材如不合格卷为2卷或有1项物理力学性能不符合要求,则判定为该批不合格。如不合格卷为2卷,但有2卷出现同1项不合格,则仍判该批不合格。　　　　　(　　)
14. 对于防水卷材判为不合格的批,允许在批中按规定重新加倍抽样,对不合格项目进行重检。如果仍有一组试样不合格,则判定为批不合格。　　　　　(　　)
15. 土工织物每项试验取样的要求为:试样应从样品长度与宽度方向随机取样,但距样品边缘至少100mm;同一试验剪取两个以上的试样时,应在同一纵向和横向位置剪取。(　　)
16. 土工织物厚度一般指1kPa压力下的厚度测定值,在未明确规定压力时,可只对试样施加1kPa±0.1kPa的压力。　　　　　(　　)
17. 土工织物条带拉伸试验的湿态试样,要求从水中取出到上机拉伸的时间间隔不大于

10min。
18. 土工织物刺破强度是反映土工织物抵抗小面积集中荷载的能力。（　）
19. 顶破强度试验和刺破强度试验的压力面积相等。（　）
20. 顶破强度试验和刺破强度试验的受力状态相同。（　）
21. 在铺设防水板时，应注意为下阶段预留不少于50cm的搭接余量。（　）
22. 隧道内应按地下水和运营清洗污水、消防污水分离排放的原则设置纵向排水系统，应能保证排水畅通，避免洞内积水。（　）
23. 隧道渗漏水大部分与施工缝和沉降缝有关。（　）
24. 止水条的施工质量检查不包括预留槽的检查。（　）
25. 隧道防排水措施应遵循"防、排、截、堵相结合"的原则。（　）
26. 隧道内施工废水、围岩渗水不应形成漫流和积水，应汇流集中引排。（　）
27. 隧道内环向排水盲管、竖向排水盲管与纵向排水盲管应采用三通连接，并应连接牢固。（　）
28. 隧道防水层铺设应超前二次衬砌施工1~2个循环距离衬砌段。（　）
29. 隧道防水无纺布应采用无钉铺挂，防水板应采用射钉加热熔垫固定。（　）
30. 隧道防水板焊接前应进行焊接试验，确定适宜的焊接温度，不得出现烧焦现象。（　）

**三、多项选择题**（每题所列的备选项中，有2个或2个以上正确答案，选项全部正确得满分，选项部分正确按比例得分，出现错误选项本题不得分，每题2分）

1. 隧道防水材料包括（　　）。
   A. 高分子合成卷材　B. 注浆材料　　C. 排水管　　D. 防水混凝土
   E. 衬砌

2. 隧道防排水的基本原则包括（　　）。
   A. 防　　　　　B. 排　　　　C. 堵　　　　D. 截
   E. 渗

3. 隧道防排水的类型包括（　　）。
   A. 引导型　　　B. 水密型　　C. 泄水型　　D. 控制型
   E. 渗透型

4. 隧道高分子防水卷材性能指标包括（　　）。
   A. 拉伸强度　　B. 断裂伸长率　C. 不透水性　D. 低温弯折性
   E. 热处理尺寸变化率

5. 土工织物具有（　　）特性。
   A. 过滤　　　　B. 排水　　　　C. 隔离　　　D. 加筋
   E. 防渗

6. 土工织物的机械性能包括（　　）。
   A. 抗拉强度及延伸率　　　　B. 握持强度及延伸率
   C. 抗撕裂强度　　　　　　　D. 顶破强度

E. 刺破强度

7. 土工织物的反滤三准则是( )。
   A. 保水性
   B. 保土性
   C. 渗水性
   D. 防水性
   E. 防堵性

8. 隧道排水系统包括( )。
   A. 环向排水管
   B. 纵向排水盲管
   C. 横向盲管
   D. 中央排水管
   E. 渗井

9. 在隧道防排水采用的高分子卷材主要有( )。
   A. ECB
   B. EVA
   C. HDPE
   D. LDPE
   E. DHPE

10. 防水卷材铺设工艺有( )。
    A. 无钉热合铺设法
    B. 有钉热合铺设法
    C. 有钉冷黏铺设法
    D. 无钉冷黏铺设法

**四、综合题**[根据所列资料,以选择题的形式(单选或多选题)选出正确的选项。每小题 2 分,选项部分正确按比例得分,出现错误选项该题不得分]

1. 在混凝土抗渗试验中,某组试件各块表面出现渗水现象时的最大压力见下表。

| 试件编号 | 1 | 2 | 3 | 4 | 5 | 6 |
|---|---|---|---|---|---|---|
| 最大水压力(MPa) | 0.9 | 1.0 | 1.1 | 1.0 | 0.8 | 0.7 |

结合上述内容,回答下列问题。

(1)第三个顶面开始有渗水的试块的水压力为( )。
   A. 1.0MPa
   B. 0.8MPa
   C. 0.9MPa
   D. 1.1MPa

(2)隧道防水混凝土的抗渗等级不得小于( )。
   A. S2
   B. S4
   C. S6
   D. S8

(3)防水混凝土抗渗试验的试件形状为( )。
   A. 圆柱体
   B. 圆台体
   C. 正方形
   D. 棱柱体

(4)隧道防水层铺设前要求喷射混凝土边墙基面平整度应满足( )。
   A. $D/L \leqslant 1/4$
   B. $D/L \leqslant 1/6$
   C. $D/L \leqslant 1/8$
   D. $D/L \leqslant 1/10$

(5)公路隧道常见的质量问题包括( )。
   A. 隧道渗漏
   B. 衬砌开裂
   C. 限界受侵
   D. 衬砌与围岩不密实
   E. 通风和照明不良

2. 某隧道用 $350g/m^2$ 的丙纶无纺布作防水板的垫层,施工前用窄条试件检测其抗拉强度。试件宽度 $B=50mm$,初始长度 $L_0=100mm$,当拉力加到 $P_f=950N$ 时拉力达到峰值,此时试件

伸长到 $L_f = 220$ mm。结合上述内容,回答下列问题。

(1)土工织物试样调湿温度与饱和相对湿度分别为（　　）。
　　A. 20℃±2℃,60%±2%　　　　　　B. 25℃±2℃,60%±2%
　　C. 20℃±2℃,90%±2%　　　　　　D. 25℃±2℃,65%±2%

(2)该试件的延伸率为（　　）。
　　A. 80%　　　　B. 100%　　　　C. 110%　　　　D. 120%

(3)高分子防水卷材检测项目包含（　　）。
　　A. 撕裂强度试验　　B. 拉伸强度试验　　C. 脆性温度试验　　D. 断面收缩率

(4)高分子防水卷材几何尺寸的检测项目有（　　）。
　　A. 长度　　　　B. 宽度　　　　C. 厚度　　　　D. 压缩比

(5)防水卷材铺设工艺有（　　）。
　　A. 无钉热合铺设法　　　　　　B. 有钉热合铺设法
　　C. 有钉冷黏铺设法　　　　　　D. 无钉冷黏铺设法

## ◆◆◆ 习题参考答案及解析 ◆◆◆

### 一、单项选择题

1. A

【解析】防水混凝土属于隧道自防水材料,而注浆材料、高分子合成卷材、排水管属于附加防水材料。

2. A

【解析】水密型防水:从围岩、结构和附加防水层入手,体现以防为主的防水,又称全包式防水。

3. C

【解析】目前隧道的防水材料一般采用防水板与止水带,都属于粘贴式的。

4. D

【解析】合成高分子防水卷材均应成批提交验收。对于出厂合格的产品,同一生产商、同一品种、规格的产品 $5000m^2$ 为一批进行验收,不足 $5000m^2$ 也作为一批。从每批产品中的 $1\sim3$ 卷中取样,在距端部 $300mm$ 处截取约 $3m$,用于厚度允许偏差、最小单个值检验和截取各项物理力学性能试验所需的样片。

5. D

【解析】土工织物在承受规定的压力下,正反两面之间的距离称为厚度。常规厚度是指在 $2kPa$ 压力下的试样厚度。

6. B

【解析】土工织物的渗透性表明其在反滤和排水方面的能力。

7. A

【解析】土工织物是柔性材料,大多通过其抗拉强度来承受荷载以发挥工程作用。

8. D
9. C

【解析】 隧道防水混凝土抗渗等级不得小于S8,处于侵蚀性介质中防水混凝土的耐侵蚀系数,不应小于0.8。

10. B
11. D

【解析】 防水混凝土的配合比应经试验确定,试配要求的抗渗水压值应比设计值提高0.2MPa;防水混凝土抗渗性能应采用标准条件下养护混凝土抗渗试件的试验结果评定,试件应在混凝土浇筑地点随机取样后制作,连续浇筑混凝土每500m³应留置一组6个抗渗试件。

12. D
13. B
14. B

【解析】 防水混凝土抗渗性能试验要求最大压力为5MPa,且6个试件中有4个未出现最大水压值为合格。

15. B
16. D

【解析】 初期支护表面应平整,无空鼓、裂缝、松酥,对支护表面外露的尖硬物和局部渗漏水处应先进行处理,不平处用喷射混凝土或砂浆找平。表面平整度应符合式 $D/L \leqslant 1/6$ 的规定。

17. C

【解析】 检查数量,焊接1000延米抽检1处焊缝,为切实保证质量,每天、每台热合机焊接均应取一个试样。

18. D
19. D
20. A

【解析】 高分子防水卷材检测标准应以《高分子防水材料 第1部分:片材》和《建筑防水卷材试验方法》为依据进行。

21. A

【解析】 土工合成材料试样调湿温度20℃±2℃,相对湿度65%±2%和标准大气压的环境中调湿24h。

22. D

【解析】 垂直渗透系数:水流垂直于土工织物平面水力梯度等于1时的渗透流速;水平渗透系数:水流沿土工织物平面水力梯度等于1时的渗透流速。

23. C

【解析】 处于一般环境中结构,按荷载效应标准组合并考虑长期作用的影响时,最大裂缝宽度允许值应不大于0.2mm,并不贯通;《地下工程防水技术规范》规定,迎水面主钢筋保护层厚度不应小于50mm。

24. B

【解析】泄水型或引流自排型防水:从疏水、泄水入手,体现以排为主的防水,又称半包式防水。

25. D

【解析】复合式衬砌是目前我国隧道工程中采用最多的一种结构形式。在此类结构形式中,最常用的是引流自排型防水结构。

26. D

【解析】喷射混凝土平整度要求:$D/L ≤ 1/6$,拱顶$D/L ≤ 1/8$,否则要进行基面处理。

27. B

【解析】施工监测内容包括:超前支护及预加固、开挖、初期支护、防排水和衬砌混凝土质量检测。

28. C

【解析】防水板铺设应符合下列规定:防水板的搭接缝焊接质量应按充气法检查,当压力表达到 0.25MPa 时停止充气,保持 15min,压力下降在 10% 以内,焊缝质量合格。

29. C

【解析】施工缝的施工应符合下列规定:墙体水平施工缝应设在高出底板面不小于 300mm 的墙体上。拱墙结合的水平施工缝,宜设在拱墙接缝线以下 150～300mm 处。

30. C

31. C

【解析】变形缝应满足密封防水、适应变形、施工方便、检修容易等要求,变形缝的施工应符合下列规定:沉降变形缝的最大允许沉降差值应符合设计规定,设计无规定时,不应大于 30mm。当计算沉降差值大于 30mm 时,应采取特殊措施。变形缝处混凝土结构的厚度不应小于 300mm。

32. C

33. B

34. C

35. A

36. D

【解析】止水带施工应符合下列规定:止水带的接头应连接牢固,宜设在距铺底面不小于 300mm 的边墙上。止水带在转弯处应做成圆弧形,橡胶止水带的转角半径不应小于 200mm,钢片止水带不应小于 300mm,且转角半径应随止水带的宽度增大而相应加大。橡胶止水带的接头形式应采用搭接或复合接;塑料止水带的接头形式应采用搭接或对接。止水带的搭接宽度不应小于 100mm,冷黏或焊接的缝宽不应小于 50mm。

37. B

38. C

【解析】单孔注浆结束标准应符合下列规定:分段注浆各孔段均达到设计终压并稳定 10min,且进浆速度小于初始速度的 25%,或注浆量不小于设计注浆量的 80%。

39. C

40. C

【解析】注浆结束后,宜采取钻孔取芯法对注浆效果进行检查,并测定钻孔出水量,检查孔的数量应不少于注浆孔总数的5%且不少于3个。当检查孔出水量不大于1.0L/min时,注浆效果满足要求,否则应进行补充注浆和重新检查。注浆钻孔及检查孔应封填密实。

41. A    42. A    43. D    44. D

## 二、判断题

1. √
2. √
3. ×
4. ×

【解析】隧道长期渗漏水,将极大地降低隧道内各种设施的使用寿命和功能,恶化隧道的运营条件。可见,良好的隧道排水与防水,是保证隧道耐久性和行车安全的重要条件。隧道防排水应遵循"防、排、截、堵相结合,因地制宜,综合治理"的原则,对地下水妥善处理,使洞内外形成一个完整畅通的防排水系统。目前隧道防排水技术根据"是以排为主,还是以堵为主"分为水密型防水、泄水型或引流自排型防水、防排结合的控制型防排水三种。隧道内水的来源一般有两种:一种是由围岩中渗出的地下水,另一种是在隧道使用过程中产生的污水。

5. ×
6. √

【解析】见本章单项选择题第4题。

7. √

【解析】见本章单项选择题第18题。

8. √
9. √

【解析】拉力试验机能同时测定拉力与延伸率,保证拉力测试值在量程的20%~80%,分度值为2N,精度1%。若试样断裂在标距外,则该试样作废,另取试样重做。

10. ×

【解析】见本章单项选择题第19题。

11. ×
12. √
13. √
14. √

【解析】结果评判:对于防水卷材的外观质量,面积允许偏差,卷材中的允许接头数,卷材平直度、平整度,厚度允许偏差和最小单个值6项要求,其中有2项不合格即为不合格卷材。不合格卷材不多于2卷,且卷材的各项物理力学性能均符合要求时,判定该批合格。如不合格卷为2卷或有1项物理力学性能不符合要求,则判定为该批不合格。如不合格卷为2卷,但有2卷出现上述6项中的同1项不合格,则仍判该批不合格。对于判为不合格的批,允许在批中按规定重新加倍抽样,对不合格项目进行重检。如果仍有一组试样不合格,则判为该批不合格。

15. ×

16. ×

【解析】每项试验的试样应从样品长度与宽度方向上随机抽取,但距样品边缘至少100mm。为同一试验剪取两个以上的试样时,不应在同一纵向和横向位置剪取,如不可避免时,应在试验报告中说明。土工织物厚度一般指2kPa压力下的厚度测定值。

17. √

18. √

19. ×

20. ×

【解析】对湿态试样,要求从水中取出到上机拉伸的时间间隔不大于10min。刺破强度是反映土工织物抵抗如有棱角的石子、支护用钢构件端头等小面积集中荷载的能力。与刺破强度试验相比,顶破强度试验试样压力作用面积相对较大,材料呈双向受力状态。

21. √

22. √

23. √

【解析】衬砌施工缝、沉降缝及伸缩缝是隧道防水的薄弱环节,据调查,95%的渗漏水与施工缝和沉降缝有关。在铺设防水板时,应注意为下一阶段预留不少于50cm的搭接余量。隧道内路面污水由路缘侧排水沟排出。山体内渗水通过衬砌后面纵向汇水管汇集,再通过横向导水管流入路面下中央主排水管排出洞外。

24. ×

【解析】止水条的施工质量检查主要是预留槽检查、止水条嵌入施工和接头粘接检查。

25. ×

【解析】《公路隧道施工技术规范》(JTG/T 3660—2020)规定,隧道防排水措施应遵循"防、排、截、堵相结合,因地制宜,综合治理"的原则。

26. √

27. √

28. √

29. ×

【解析】《公路隧道施工技术规范》(JTG/T 3660—2020)规定,隧道防水无纺布应采用射钉加热熔垫固定,防水板应采用无钉铺挂。

30. ×

【解析】《公路隧道施工技术规范》(JTG/T 3660—2020)规定,隧道防水板焊接前应进行焊接试验,确定适宜的焊接温度和速度,不得出现烧焦和溶穿现象。

### 三、多项选择题

1. ABCD

【解析】隧道防水材料包括:注浆材料、高分子合成卷材、排水管和防水混凝土等。

2. ABCD
3. BCD

【解析】 见本章判断题第 4 题。

4. ABCDE

【解析】 隧道高分子防水卷材性能指标有拉伸性能、热处理尺寸变化率、低温弯折性、抗渗透性、抗穿孔性、剪切状态下的黏合性、热老化处理。

5. ABCDE

【解析】 土工织物也称土工布,因其具有过滤、排水、隔离、加筋、防渗和防护等作用,在水利、冶金、电力、石油、海港、铁路、公路、机场、市政和建筑等部门均得到了广泛应用,特别是无纺土工织物在隧道工程中作为防水卷材的垫层和排水通道,用量十分可观。

6. ABCDE

【解析】 土工织物的力学性能包括抗拉强度及延伸率、握持强度及延伸率、抗撕裂强度、顶破强度、刺破强度、抗压缩性能等。

7. BCE

【解析】 隧道用土工织物,必须具有以下特性:保土性、渗水性、防堵性,这三个特性被称为反滤三准则。

8. ABCD

【解析】 隧道排水系统包括环向排水管、纵向排水盲管、横向盲管、中央排水管。

9. ABD

【解析】 我国自 20 世纪 80 年代起,相继研制出了三元乙丙橡胶防水卷材(EPDM)和氯丁橡胶薄膜、聚氯乙烯(PVC)和氯化聚乙烯(CPE)、聚乙烯(PE)、聚乙烯-醋酸乙烯(EVA)和聚乙烯-醋酸乙烯-沥青共聚物(ECB)防水卷材、高密度聚乙烯(HDPE)和低密度聚乙烯(LDPE)等。目前,PVC 应用较少,隧道防水采用的高分子防水卷材主要是 ECB、EVA 和 LDPE 等。

10. AC

【解析】 目前,防水卷材的铺设工艺有两种:一是无钉热合铺设法,二是有钉冷黏铺设法。

### 四、综合题

1. (1) C　　　(2) D　　　(3) B　　　(4) B　　　(5) ABCDE

【解析】 (1) 第一个开始有渗水的试块是 6 号(水压力为 0.7MPa),第二个开始有渗水的试块是 5 号(水压力为 0.8MPa),第三个开始有渗水的试块是 1 号(水压力为 0.9MPa)。

(2) 隧道防水混凝土抗渗等级不得小于 S8。

(3) 防水混凝土抗渗试验的试件形状一般做成圆柱体或圆台体。

(4) 初期支护表面应平整,无空鼓、裂缝、松酥,对支护表面外露的尖硬物和局部渗漏水处应先进行处理,不平处用喷射混凝土或砂浆找平。表面平整度应符合 $D/L \leq 1/6$ 的规定。

(5) 公路隧道常见的质量问题有:隧道渗漏、衬砌开裂、限界受侵、衬砌结构同围岩结合不密实、衬砌拱脚下沉或仰拱底鼓、路面开裂和冒水、通风和照明不良。

2. (1) A　　　　(2) D　　　　(3) ABC　　　　(4) ABC　　　　(5) AC

**【解析】**(1)土工合成材料试样调湿温度20℃±2℃,相对湿度65%±2%和标准大气压的环境中调湿24h。

(2)该试件的延伸率为[(220-100)/100]×100%=120%。

(3)高分子防水卷材检测项目有撕裂强度试验、拉伸强度试验、脆性温度试验。

(4)高分子防水卷材几何尺寸的检测项目有长度、宽度、厚度。

(5)目前,防水卷材的铺设工艺有两种:一是无钉热合铺设法,二是有钉冷黏铺设法。

# 第六章 隧道辅助施工质量检查

【主要知识点】

围岩超前支护措施及适用范围;隧道涌水处理措施;注浆材料技术要求与选用;超前管棚、超前小导管、超前锚杆实测项目及要求。

一、单项选择题(四个备选项中只有一个正确答案,每题1分)

1. 隧道的断面形状常为(　　)。
   A. 矩形　　　　B. 圆形　　　　C. 圆端形　　　　D. 扁平马蹄形
2. 对于浅埋洞口地段和某些偏压地段,隧道一般采用(　　)支护方式。
   A. 地表注浆加固　　　　　　B. 管棚钢架超前支护
   C. 超前小导管预注浆　　　　D. 超前围岩深孔预注浆
3. 对于浅埋松散破碎地层,隧道一般采用(　　)支护方式。
   A. 地表砂浆锚杆　B. 超前锚杆　C. 管棚钢架超前　D. 超前小导管注浆
4. 用砂浆锚杆进行地层预加固,要求锚固砂浆达到设计强度的(　　)以上方可开挖隧道。
   A. 30%　　　　B. 50%　　　　C. 70%　　　　D. 100%
5. 对极破碎地层、塌方体、岩堆等地段,隧道一般采用(　　)支护方式。
   A. 超前锚杆　B. 管棚钢架超前　C. 超前小导管　D. 地表砂浆锚杆
6. 管棚钢架超前支护,要求纵向两组管棚搭接长度应大于(　　)。
   A. 1m　　　　B. 2m　　　　C. 3m　　　　D. 4m
7. 对于大量漏水的松散地段,通常采用(　　)加固方式。
   A. 超前锚杆支护　　　　　　B. 管棚钢架超前支护
   C. 超前小导管支护　　　　　D. 超前围岩深孔预注浆
8. 砂性土的孔隙直径必须大于浆液颗粒直径(　　)以上方可注入。
   A. 2倍　　　　B. 3倍　　　　C. 4倍　　　　D. 5倍
9. 国内标准水泥粒径为0.085mm,只能注入(　　)的孔隙或粗砂中。
   A. 0.050mm　　B. 0.255mm　　C. 0.105mm　　D. 0.085mm
10. 锚杆插入孔内长度不得短于设计长度的(　　)。
    A. 60%　　　　B. 70%　　　　C. 90%　　　　D. 95%
11. 锚杆的搭接长度应不小于(　　)。
    A. 0.5m　　　B. 1.0m　　　C. 1.5m　　　D. 2.0m

12. 超前锚杆支护应保证前后两组支护在纵向水平搭接长度不小于( )。
    A. 50cm      B. 100cm      C. 150cm      D. 200cm
13. 超前锚杆与隧道轴线外插角宜为( )。
    A. 1°~2°     B. 5°~10°     C. 10°~15°    D. 15°~20°
14. 超前锚杆孔位偏差要求( )。
    A. ±10mm     B. ±20mm      C. ±50mm      D. ±100mm
15. 超前锚杆支护一般宜采用( )作为锚杆与孔壁间的胶结物,以使尽早发挥超前自护作用。
    A. 早强混凝土  B. 普通砂浆    C. 早强砂浆    D. 普通混凝土
16. 水泥细度检验是采用筛析法为( )。
    A. 40μm      B. 60μm       C. 80μm       D. 100μm
17. 对于自稳时间很短(12h)的砂层、砂砾石层、断层破碎带、软弱围岩浅埋地段或处理塌方等地段,一般采用( )预加固处理措施。
    A. 超前锚杆支护              B. 管棚钢架超前支护
    C. 超前小导管预注浆          D. 地表砂浆锚杆
18. 影响浆液扩散半径、注浆压力和流量的指标是( )。
    A. 黏度      B. 渗透能力    C. 胶凝时间    D. 渗透系数
19. 隧道开挖超前锚杆宜与钢架支撑配合使用,外插角宜为( )。
    A. 1°~2°     B. 5°~10°     C. 5°~20°     D. 5°~30°
20. 隧道开挖超前小导管预注浆,导管外插角宜小于( )。
    A. 5°        B. 10°        C. 15°        D. 20°

二、**判断题**(正确的划"√",错误的划"×",请填在题后的括号里,每题1分)

1. 地表注浆适用于浅埋松散破碎的地层。( )
2. 隧道开挖,当围岩自稳时间在12~24h之间必须采用先支护后开挖的措施。( )
3. 超前锚杆支护宜采用缓凝砂浆作为锚杆支孔壁的胶结物,以适应围岩变形。( )
4. 注浆材料胶凝时间长的通常采用手持玻璃棒搅拌浆液,以手感觉不流动为止来测定。( )
5. 超前小导管预注浆一般适用于大断面隧道注浆加固。( )
6. 超前围岩深孔预注浆多用于断面较大和不允许有过大沉陷的各类地下工程。( )
7. 隧道围岩注浆硬化后起到防水和加固双重作用。( )
8. 围岩注浆用浆液,颗粒直径大于0.1mm称为化学浆液,小于0.1mm称为悬浊液。( )
9. 注浆材料的黏度将影响浆液的扩散半径、注浆压力、流量等参数。( )
10. 注浆材料的渗透能力是指浆液固化后结石体透水性的高低。( )
11. 水泥浆液可以渗入中、细、粗砂中。( )
12. 注浆材料自身强度大者可以加固地层,小者仅能堵水。( )
13. 水泥细度表示水泥颗粒粒径大小。( )

14. 超前锚杆与钢架支撑配合使用时,应从钢架腹部穿过,中段与钢架焊接。( )
15. 悬浊液的渗透能力取决于颗粒大小和黏度。( )
16. 超前锚杆插入孔内的长度不得短于设计长度的90%。( )
17. 隧道超前管棚开孔前宜先施作导向墙,并应具有足够的强度和刚度。( )
18. 隧道涌水处理应遵循"预防为主、疏堵结合"的原则。( )
19. 隧道注浆堵水材料性能应符合设计规定,并具有缓慢凝固、早强和耐久性等性能。
( )
20. 隧道注浆施工不应造成环境污染,必要时应采取措施。( )

**三、多项选择题**(每题所列的备选项中,有2个或2个以上正确答案,选项全部正确得满分,选项部分正确按比例得分,出现错误选项本题不得分,每题2分)

1. 公路隧道的特点包括( )。
   A. 断面大　　　　B. 形状扁平　　　C. 需运营通风　　D. 需运营照明
   E. 防水要求高
2. 公路隧道常见的质量问题包括( )。
   A. 隧道渗漏　　　B. 衬砌开裂　　　C. 限界受侵　　　D. 衬砌与围岩不密实
   E. 通风和照明不良
3. 隧道施工质量检测包括( )。
   A. 超前支护与预加固　　　　　　B. 开挖
   C. 初期支护　　　　　　　　　　D. 防排水
   E. 衬砌混凝土
4. 隧道超前锚杆质量检测实测项目要求正确的是( )。
   A. 长度不短于设计长度的90%　　B. 锚杆搭接长度不小于1m
   C. 锚杆从刚架前端穿过　　　　　D. 锚杆从刚架腹部穿过
   E. 锚杆外插角宜为5°~10°
5. 隧道在开挖前或开挖中常采用( )辅助施工方法,以增强隧道围岩稳定。
   A. 地表注浆加固　　　　　　　　B. 管棚钢架超前支护
   C. 超前小导管预注浆　　　　　　D. 超前围岩深孔预注浆
   E. 地表砂浆锚杆
6. 隧道涌水处理可采用( )。
   A. 超前围岩预注浆堵水　　　　　B. 开挖后补注浆堵水
   C. 超前钻孔排水　　　　　　　　D. 坑道排水
   E. 井点降水
7. 为防止围岩丧失稳定产生坍塌、冒顶,当隧道遇到不良地段时,可采用( )进行超前支护和预加固。
   A. 地表砂浆锚杆　　　　　　　　B. 地表注浆加固
   C. 超前锚杆　　　　　　　　　　D. 超前小导管预注浆
   E. 超前围岩深孔预注浆

8. 围岩注浆材料的技术指标包括( )。
   A. 黏度　　　　B. 渗透能力　　　C. 胶凝时间　　　D. 渗透系数
   E. 抗压强度

9. 超前锚杆加固围岩实测项目包括( )。
   A. 孔位　　　　B. 长度　　　　　C. 钻孔深度　　　D. 孔径
   E. 抗拔力

10. 隧道超前锚杆施工监测项目包括( )。
    A. 长度　　　　B. 孔位　　　　　C. 钻孔深度　　　D. 孔径
    E. 倾斜度

11. 注浆效果检查的方法有( )。
    A. 试验法　　　B. 分析法　　　　C. 检查孔法　　　D. 声波监测法
    E. 回流法

12. 对于浅埋洞口地段和某些偏压地段,隧道一般采用( )支护方式。
    A. 地表注浆加固　　　　　　　B. 管棚钢架超前支护
    C. 超前小导管预注浆　　　　　D. 超前围岩深孔预注浆
    E. 地表砂浆锚杆

13. 超前钢管实测项目包括( )。
    A. 孔形　　　　B. 孔径　　　　　C. 孔位　　　　　D. 钻孔孔深
    E. 长度

14. 隧道注浆材料应满足以下( )要求。
    A. 渗透力强　　B. 流动性小　　　C. 体积不收缩　　D. 稳定性好
    E. 不污染环境

15. 隧道辅助施工方法质量检测的项目包括( )。
    A. 基本要求　　　　　　　　　B. 实测项目
    C. 外观鉴定　　　　　　　　　D. 内业资料
    E. 人员资质

16. 隧道不良地质和特殊岩土地段包括( )。
    A. 膨胀岩土　　B. 黄土　　　　　C. 岩溶　　　　　D. 含水沙层
    E. 岩爆

**四、综合题**[根据所列资料,以选择题的形式(单选或多选题)选出正确的选项。每小题2分,选项部分正确按比例得分,出现错误选项该题不得分]

1. 修建某特长双车道公路隧道的过程中,由于地下水比较丰富,出现了涌水现象。结合上述内容,回答下列问题。

(1)隧道涌水处理可采用( )。
   A. 超前围岩预注浆堵水　　　　B. 开挖后补注浆堵水
   C. 超前钻孔排水　　　　　　　D. 坑道排水
   E. 井点降水

(2) 围岩注浆材料的技术指标包括(　　)。
　　A. 黏度　　　　　　B. 渗透能力　　　　C. 胶凝时间　　　　D. 渗透系数
　　E. 抗压强度
(3) 影响浆液扩散半径、注浆压力和流量的指标是(　　)。
　　A. 黏度　　　　　　B. 渗透能力　　　　C. 胶凝时间　　　　D. 渗透系数
(4) 隧道单孔防水分段注浆注浆量应不小于设计注浆量的(　　)。
　　A. 70%　　　　　　B. 80%　　　　　　C. 90%　　　　　　D. 100%
(5) 检查注浆效果的方法有(　　)。
　　A. 分析法　　　　　B. 实验法　　　　　C. 检查孔法　　　　D. 回流法
　　E. 声波检测法

2. 某隧道所处围岩比较软弱,且无地下水,因此采用超前锚杆进行支护。结合上述内容,回答下列问题。
(1) 锚杆起到(　　)。
　　A. 支撑作用　　　　B. 组合梁作用　　　C. 加固拱作用　　　D. 悬吊作用
　　E. 挤密作用
(2) 超前锚杆与隧道轴线外插角宜为(　　)。
　　A. 1°~2°　　　　　B. 5°~10°　　　　　C. 10°~15°　　　　 D. 15°~20°
(3) 超前锚杆支护一般宜采用(　　)作为锚杆与孔壁间的胶结物,以便尽早发挥超前自护作用。
　　A. 早强混凝土　　　B. 普通砂浆　　　　C. 早强砂浆　　　　D. 普通混凝土
(4) 锚杆安装尺寸检查包括(　　)。
　　A. 位置　　　　　　B. 方向　　　　　　C. 深度　　　　　　D. 孔径
　　E. 孔形
(5) 锚杆拉拔力试验,要求同组单根锚杆的锚固力达到(　　)的设计值。
　　A. ≥70%　　　　　B. ≥80%　　　　　C. ≥90%　　　　　D. ≥100%


◆◆　**习题参考答案及解析**　◆◆


## 一、单项选择题

**1. D**

【解析】在确定隧道断面和开挖轮廓线时,为了尽可能降低拱顶高度,公路隧道的断面常为扁平状的马蹄形或曲墙拱形断面。

**2. A**

【解析】地表注浆适用于围岩稳定性较差,开挖过程中可能引起塌方的浅埋段、洞口地段。

**3. B**

【解析】超前锚杆适用于无地下水的软弱地层、薄层水平层状岩层、开挖数小时内拱顶围岩可能剥落或局部坍塌的地段。

4. C

【解析】为使预加固有较好的效果,锚固砂浆在达到设计强度的70%以上时,才能进行下方隧道的开挖。

5. B

【解析】管棚钢架超前支护适用于围岩及掌子面自稳能力弱,开挖后拱部易出现塌方的地段;富水断层破碎带;塌方处理段;浅埋段;地面有其他荷载作用的地段;对地面沉降有较高控制要求的地段;地质较差的隧道洞口段;岩堆、(塌方)堆积体、回填土地段、层砂土质地层地段。

6. C

【解析】管棚与后续超前支护间应有不小于3m的水平搭接长度。

7. D

【解析】超前围岩深孔预注浆适用于软弱围岩及富水断层破碎带、堆积土地层;隧道可能引起掌子面突泥、流塌地段,进行隧道堵水及隧道周边或全断面预加固。

8. B

【解析】根据试验,砂性土孔隙直径必须大于浆液颗粒直径的3倍以上浆液才能注入。

9. B

10. D

11. B

12. B

13. B

14. C

【解析】超前锚杆与隧道轴线外插角宜为5°~10°。长度应大于循环进尺,宜为3~5m。锚杆插入孔内的长度不得短于设计长度的95%。锚杆搭接长度应不小于1m。超前锚杆实测项目中孔位允许偏差为±50mm。

15. C

【解析】充填砂浆强度≥M20,宜用早强砂浆。

16. C

【解析】本试验是采用80μm筛对水泥试样进行筛析试验,用筛网上所得筛余物的质量占试样原始质量的百分数来表示水泥样品的细度。

17. C

【解析】超前小导管预注浆适用于围岩自稳时间很短的砂土层、砂卵(砾)石层、薄层水平层状岩层、富水断层破碎带,开挖后拱顶围岩可能剥落或局部坍塌地段,塌方处理段,浅埋段,溶洞填充段。

18. A

【解析】黏度是表示浆液流动时,因分子间互相作用而产生的阻碍运动的内摩擦力。一般地,黏度是指浆液配成时的初始黏度。黏度大小影响浆液扩散半径、注浆压力和流量等参数的确定。

19. C

20. B

【解析】超前锚杆宜与钢架支撑配合使用,外插角宜为 5°~20°。锚杆长度宜为 3~3.5m,并应大于循环进尺的 2 倍。超前小导管预注浆支护的钢管直径宜为 25~50mm,并按设计要求进行加工。外插角宜小于 10°。长度宜为 3~6m,纵向搭接长度应大于 0.5m。

## 二、判断题

1. ×

    【解析】见本章单项选择题第 2、3 题。

2. √

    【解析】由于围岩的自稳时间较短,为了保证施工安全,必须进行支护后再开始下一循环的开挖。

3. ×

    【解析】见本章单项选择题第 15 题。

4. ×

    【解析】胶凝时间测定方法:胶凝时间长的,用维卡仪;一般浆液,通常采用手持玻璃棒搅拌浆液,以手感觉不再流动或拉不出丝为止,从而测定胶凝时间。

5. ×

    【解析】见本章单项选择题第 17 题。

6. ×

    【解析】见本章单项选择题第 7 题。

7. √

    【解析】超前围岩预注浆是以堵水为目的的,硬化后还可以起到加固围岩的作用。

8. ×

    【解析】按浆液的分散体系划分,以颗粒直径为 0.1μm 为界。大者为悬浊液,如水泥浆;小者为溶液,如化学浆。

9. √

    【解析】见本章单项选择题第 18 题。

10. ×

    【解析】渗透能力即渗透性,指浆液注入岩层的难易程度。渗透系数是指浆液固化后结石体透水性的高低,或表示结石体抗渗性的强弱。

11. ×

    【解析】水泥浆液只能注入粗砂中。

12. √

    【解析】注浆材料自身抗压强度的大小决定了材料的使用范围,大者可用以加固地层,小者则仅能堵水。

13. ×

    【解析】水泥细度是指水泥颗粒总体的粗细程度。

14. ×

    【解析】超前锚杆与钢架支撑配合使用时,应从钢架腹部穿过,尾端与钢架焊接。

15. ×

【解析】对于悬浊液,渗透能力取决于颗粒大小;对于溶液,渗透能力则取决于黏度。

16. ×

【解析】见本章单项选择题第10题。

17. √

18. ×

【解析】隧道涌水处理应遵循"预防为主、疏堵结合、注重环境保护"的原则。

19. ×

【解析】隧道注浆堵水材料性能应符合设计规定,并具有快速凝固、早强和耐久性等性能。

20. √

### 三、多项选择题

1. ABCDE

【解析】公路隧道的特点有断面大、形状扁平、围岩条件的不确定性、隧道衬砌结构的受力不确定、施工环境差、隐蔽工程多、24h不间断施工、防水要求高、需要运营通风、需要运营照明。

2. ABCDE

【解析】公路隧道常见的质量问题有隧道渗漏、衬砌开裂、限界受侵、衬砌结构同围岩结合不密实、衬砌拱脚下沉或仰拱底鼓、路面开裂和冒水、通风和照明不良。

3. ABCDE

【解析】隧道施工质量检测包括超前支护与预加固、开挖、初期支护、防排水、衬砌混凝土。

4. BDE

【解析】见本章单项选择题第10~13题、判断题第14题。

5. ABCDE

6. ABCDE

7. ABCDE

【解析】超前支护与预加固措施包括围岩稳定措施和涌水处理措施。围岩稳定措施包括:管棚、超前小导管、超前锚杆、超前玻璃纤维锚杆、超前钻孔注浆、超前水平旋喷桩、地表砂浆锚杆、地表注浆、护拱、临时支撑等。涌水处理措施包括:超前围岩预注浆堵水、开挖后径向注浆堵水、超前钻孔排水、坑道排水、井点降水等。

8. ABCDE

【解析】围岩注浆材料的技术指标包括:黏度、渗透能力、胶凝时间、渗透系数、抗压强度。

9. ABCD

10. ABCD

【解析】超前锚杆加固围岩实测项目包括:长度、孔位、钻孔深度、孔径。

11. BCD

【解析】 注浆结束后,应及时对注浆效果进行检查。检查方法通常有以下三种:分析法、检查孔法、物探无损检测法(地质雷达、声波探测仪等)。

12. AD

【解析】 见本章单项选择题第2、7题。

13. BCDE

【解析】 超前钢管实测项目包括:长度、孔位、钻孔深度、孔径。

14. ACDE

【解析】 隧道注浆材料应具有良好流动性、可灌性,胶凝时间可根据需要调节,固化时收缩小,浆液与围岩、混凝土、砂土等黏结力强,固结体具有高强度和良好的抗渗性、稳定性、耐久性,注浆材料和固结体无毒、无污染、对人体无害,要求的注浆工艺及设备简单、操作安全方便。

15. ABC

【解析】 采用辅助施工措施对隧道不良地质地段的围岩进行加固,以确保隧道结构的稳定性和安全。隧道辅助施工方法质量检测的项目包括基本要求、实测项目和外观鉴定。

16. ABCDE

【解析】 不良地质和特殊岩土地段有:膨胀岩土、黄土、岩溶、含水沙层、瓦斯、岩爆、富水软弱破碎围岩。

## 四、综合题

1.(1) ABCDE　　(2) ABCDE　　(3) A　　(4) B　　(5) ACE

【解析】 (1)超前支护与预加固措施包括围岩稳定措施和涌水处理措施。涌水处理措施:超前围岩预注浆堵水、开挖后径向注浆堵水、超前钻孔排水、坑道排水、井点降水等。

(2)围岩注浆材料的技术指标包括5项:黏度、渗透能力、胶凝时间、渗透系数、抗压强度。其中,黏度是表示浆液流动时,因分子间互相作用而产生的阻碍运动的内摩擦力。一般地,黏度是指浆液配成时的初始黏度。

(3)黏度大小影响浆液扩散半径、注浆压力和流量等参数的确定。

(4)单孔注浆结束标准应符合下列规定:分段注浆各孔段均达到设计终压并稳定10min,且进浆速度小于初始速度的25%,或注浆量不小于设计注浆量的80%。

(5)注浆效果的检查方法通常有三种,分别为分析法、检查孔法和声波监测法。

2.(1) BCD　　(2) B　　(3) C　　(4) ABCDE　　(5) C

【解析】 (1)锚杆是用机械方法或黏结方法将一定长度的杆体(通常多用钢筋)锚固在围岩预先钻好的锚杆孔内,由于锚杆具有"悬吊作用""组合梁作用"和"加固拱作用"等作用而使围岩得到加固。

(2)超前锚杆与隧道轴线外插角宜为5°~10°。

(3)充填砂浆强度等级≥M20,宜采用早强砂浆。

(4)锚杆安装尺寸检查包括锚杆孔位、锚杆方向、钻孔深度、孔径与孔形。

(5)锚杆拉拔测试要求:每安装300根锚杆至少随机抽样一组(3根),设计变更或材料变更时另做一组拉拔力测试;同组单根锚杆的锚固力或拉拔力,不得低于设计值的90%。

# 第七章 施工监控量测与超前地质预报

【主要知识点】

隧道施工监控量测必测项目及量测方法、精度、频率;洞内外观察内容和要求,围岩分级方法;周边收敛测点埋设、量测频率及数据处理;拱顶下沉测点埋设、量测频率及数据处理;地表沉降测点埋设、量测频率及数据处理;监控量测选测项目量测目的与方法;监控量测结果的应用;超前地质预报内容、方法与适用范围;断层、岩溶、煤层瓦斯超前地质预报征兆。

一、单项选择题(四个备选项中只有一个正确答案,每题1分)

1. 隧道施工监控测量的基本内容不包括( )。
   A. 隧道围岩变形    B. 衬砌受力    C. 支护受力    D. 钢筋分布
2. 隧道在开挖过程中,开挖工作面,四周( )倍洞径范围内受开挖影响最大。
   A. 1    B. 2    C. 3    D. 4
3. 隧道施工监控测点一般设置在距开挖工作面( )范围内,开挖后24h内,下次爆破前测取初读数。
   A. 1m    B. 2m    C. 3m    D. 4m
4. 隧道周边位移量测,确定初读数时要求连续量测3次的误差( )。
   A. ≤0.10mm    B. ≤0.15mm    C. ≤0.18mm    D. ≤0.2mm
5. 隧道拱顶下沉量测要求观测基准点应设在距离观测点( )倍洞径以外的稳定点处,每断面布设1~3测点。
   A. 1    B. 2    C. 3    D. 4
6. Ⅰ~Ⅱ类围岩周边位移量测断面间距为( )。
   A. 5~10m    B. 10~30m    C. 20~40m    D. 30~50m
7. 隧道周边位移速率≥5mm/d时,其量测频率为( )。
   A. 2次/d    B. 1次/d    C. 1次/(2~3d)    D. 1次/3d
8. 属于拱顶下沉值计算方法的是( )。
   A. 位移计算法    B. 差值计算法    C. 有限元法    D. 几何法
9. 隧道开挖地表下沉量一般要求1~2cm,在弯变处地表倾斜应小于( )。
   A. 1/100    B. 1/200    C. 1/300    D. 1/400
10. 隧道围岩内部位移量测采用( )。
    A. 水准仪    B. 多点位移计    C. 收敛计    D. 激光仪
11. 锚杆轴力量测应在埋设后( )才可进行第一次观测。

A. 12h　　　　　　B. 24h　　　　　　C. 36h　　　　　　D. 48h

12. 隧道初期支护阶段量测变形小于最大变形的（　　）可以正常施工。
    A. 1/2　　　　　　B. 1/3　　　　　　C. 1/4　　　　　　D. 1/5

13. 隧道监控量测，位移管理Ⅲ等级标准为（　　）。
    A. $U < U_0/3$
    B. $U_0/3 \leq U < 2U_0/3$
    C. $U_0/4 \leq U < 3U_0/4$
    D. $U > 2U_0/3$

14. 隧道监控量测，位移管理Ⅱ等级标准为（　　）。
    A. $U < U_0/3$
    B. $U_0/3 \leq U < 2U_0/3$
    C. $U_0/4 \leq U < 3U_0/4$
    D. $U > 2U_0/3$

15. 隧道初期支护阶段当位移速率大于（　　）时应密切关注围岩动态。
    A. 1mm/d　　　　　B. 1~0.2mm/d　　　C. 0.2mm/d　　　　D. 0.4mm/d

16. 根据位移速率判断，围岩处于急剧变形状态的标准为（　　）。
    A. 大于0.1mm/d　　B. 大于0.5mm/d　　C. 大于1mm/d　　　D. 大于2mm/d

17. 根据位移速率判断，围岩处于稳定状态的标准为（　　）。
    A. 小于0.1mm/d　　B. 小于0.2mm/d　　C. 小于0.5mm/d　　D. 小于14mm/d

18. 一般情况下，隧道二次衬砌应在围岩和初期支护变形基本稳定后施工，拱顶相对下沉速度一般小于（　　）。
    A. 0.2mm/d　　　　B. 0.15mm/d　　　　C. 0.10mm/d　　　　D. 0.05mm/d

19. 一般情况下，隧道二次衬砌应在围岩和初期支护变形基本稳定后施工，拱脚水平相对净空变化速度一般小于（　　）。
    A. 0.2mm/d　　　　B. 0.15mm/d　　　　C. 0.10mm/d　　　　D. 0.05mm/d

20. 隧道二次衬砌施工时要求围岩产生的各项位移已达预计总位移量的（　　）。
    A. 100%　　　　　B. 90%~100%　　　C. 80%~90%　　　D. 70%~80%

21. 隧道衬砌喷射混凝土1d龄期的抗压强度不应低于（　　）。
    A. 0.8MPa　　　　B. 5MPa　　　　　C. 10MPa　　　　D. 15MPa

22. 钢纤维喷射混凝土的设计强度等级不应低于（　　）。
    A. C15　　　　　　B. C20　　　　　　C. C25　　　　　　D. C30

23. 隧道净空收敛稳定标准一般取（　　）。
    A. 0.5~1.0mm/年　 B. 1~2mm/年　　　C. 2~4mm/年　　　D. 5~10mm/年

24. 锚杆轴力量测（机械式测力锚杆）时，每个测点的测孔测量3次，当3个数值之间最大差值不大于（　　）时，取平均观测结果。
    A. 0.05mm　　　　B. 0.10mm　　　　C. 0.25mm　　　　D. 0.02mm

25. 钢弦压力盒密封防潮性能试验时，将压力盒放在压力罐，先浸水（　　），然后加0.4MPa的压力，恒压（　　），检查其密封质量，若无渗漏现象，则认为密封防潮性能良好。
    A. 7d,10h　　　　B. 7d,6h　　　　　C. 14d,6h　　　　D. 5d,6h

26. 从安全考虑，隧道周边位移与拱顶下沉速度，应指不少于（　　）的平均值。
    A. 3d　　　　　　B. 5d　　　　　　C. 7d　　　　　　D. 10d

27. 下列属于隧道施工监控量测为（　　）。

A.锚杆材质检测　　B.防排水检测　　C.围岩变形量测　　D.有害气体检测

28.隧道施工控制测量,长度 L≥6000m 时平面控制测量等级应满足(　　)。
A.二等　　　　B.三等　　　　C.四等　　　　D.一级

29.隧道施工控制测量,长度 L≥6000m 时高程控制测量等级应满足(　　)。
A.二等　　　　B.三等　　　　C.四等　　　　D.五级

30.隧道施工控制测量,每个洞口应设不少于(　　)个平面控制点,以及(　　)个高程控制点。
A.3,1　　　　B.3,2　　　　C.3,3　　　　D.4,2

31.隧道施工控制测量,用中线法进行洞内测量,中线点点位横向偏差不得大于(　　)。
A.5mm　　　　B.10mm　　　　C.15mm　　　　D.20mm

32.隧道监控量测,洞内必测项目各测点应在每次开挖后(　　)内取得初读数。
A.6h　　　　B.12h　　　　C.24h　　　　D.48h

33.隧道监控量测,洞内必测项目各测点应埋入围岩深度不得小于(　　)。
A.0.1m　　　　B.0.2m　　　　C.0.3m　　　　D.0.5m

34.隧道初期支护承受的应力、应变实测值与允许值之比大于或等于(　　)时,围岩不稳定,应加强初期支护。
A.0.6　　　　B.0.7　　　　C.0.8　　　　D.0.9

35.根据地质对隧道安全的危害程度,地质灾害分为(　　)级。
A.三　　　　B.四　　　　C.五　　　　D.六

36.隧道1级预报可用于(　　)地质灾害。
A.A　　　　B.B　　　　C.C　　　　D.D

37.隧道3级预报可用于(　　)地质灾害。
A.A　　　　B.B　　　　C.C　　　　D.D

38.隧道长距离超前地质预报,预报距离一般在掌子面前方(　　)。
A.30m　　　　B.30~200m　　　　C.200m以上　　　　D.500m以上

39.隧道中距离超前地质预报,预报距离一般在掌子面前方(　　)。
A.30m　　　　B.30~200m　　　　C.200m以上　　　　D.500m以上

40.隧道短距离超前地质预报,预报距离一般在掌子面前方(　　)。
A.30m　　　　B.30~200m　　　　C.200m以上　　　　D.500m以上

41.地震反射波法、超声波反射法,需连续预报时,前后两次重叠长度应大于(　　)。
A.1m　　　　B.2m　　　　C.5m　　　　D.10m

42.红外探测每次预报有效探测距离宜为(　　)。
A.5m　　　　B.10m　　　　C.15m　　　　D.20m

43.隧道中岩墙土压力监控量测,每10~30m 一个量测断面,每个断面设置(　　)压力盒。
A.2个　　　　B.3个　　　　C.4个　　　　D.5个

44.隧道中岩墙围岩内位移监控量测,每10~30m 一个量测断面,每个断面设置(　　)测点。

A.2个　　　　　B.3个　　　　　C.4个　　　　　D.5个

45.隧道中岩墙围岩压力监控量测,每10～30m一个量测断面,每个断面设置(　　)压力盒。

A.1个　　　　　B.2个　　　　　C.3个　　　　　D.4个

46.隧道中岩墙土压力监控量测,1～30d内量测间隔时间为(　　)。

A.1～2次/d　　　B.2～4次/d　　　C.1～3次/d　　　D.2～5次/d

47.隧道侧墙开挖采用马口跳槽法施工时,马口开挖长度不宜超过(　　)。

A.2m　　　　　B.4m　　　　　C.6m　　　　　D.5m

48.隧道施工监控量测各项作业均应坚持到变形基本稳定后(　　)结束。

A.5～10d　　　B.10～15d　　　C.15～20d　　　D.20～30d

49.隧道施工净空位移监控量测时,当位移速度大于5mm/d时,量测频率为(　　)。

A.1～2次/d　　　B.2～3次/d　　　C.3～4次/d　　　D.4～5次/d

50.隧道施工净空位移监控量测时,当量测断面距开挖面距离为0～1倍开挖宽度时,量测频率为(　　)。

A.1次/d　　　　B.2次/d　　　　C.3次/d　　　　D.4次/d

51.地震波反射法在软弱破碎地层或岩溶发育区,每次预报距离宜为(　　)。

A.10m左右　　　B.30m左右　　　C.50m左右　　　D.100m左右

52.地震波反射法在岩体完整的硬质岩地层,每次预报距离宜为(　　)。

A.30m左右　　　B.50m左右　　　C.100m左右　　　D.150m左右

53.高分辨率直流电法有效预报距离不宜超过(　　)。

A.80m　　　　　B.100m　　　　C.120m　　　　D.150m

54.瞬变电磁法有效预报距离宜为(　　)。

A.10m左右　　　B.30m左右　　　C.50m左右　　　D.100m左右

55.红外探测法有效预报距离宜为(　　)。

A.30m以内　　　B.50m以内　　　C.80m以内　　　D.100m以内

56.隧道地表下沉监控量测,开挖面距量测断面前后<2.5b(b指隧道开挖宽度)时,量测间隔时间为(　　)。

A.1～2次/d　　　B.2～3次/d　　　C.1次/2d　　　D.1次/(3～7)d

56.隧道周边位移监控量测,施工后1～15d量测间隔时间为(　　)。

A.1～2次/d　　　B.1次/2d　　　C.1～2次/周　　　D.1～3次/月

57.隧道洞内监控量测必测项目,各测点宜在靠近掌子面、不受爆破影响范围内尽快安设,初读数应在每次开挖(　　)内、下一循环开挖前取得,最迟不得超过(　　)。

A.6h,12h　　　B.6h,24h　　　C.12h,24h　　　D.24h,48h

58.隧道监控量测各项量测工作均应持续到量测断面开挖支护全部结束,临时支护拆除完成,且变形基本稳定后(　　)。

A.7d　　　　　B.7～14d　　　C.14d　　　　D.15～20d

59.隧道围岩等级Ⅳ级,周边位移和拱顶下沉量测断面间距为(　　)。

A.5～10m　　　B.10～20m　　　C.20～50m　　　D.50～100m

60. 隧道采取中隔壁法或交叉中隔壁法等分部开挖时,周边位移测点在每开挖分部宜布设( )水平测线。
　　A.1 条　　　　　B.2 条　　　　　C.3 条　　　　　D.4 条

61. 三车道及以上公路隧道,拱顶下沉测点每个量测断面应布置( )测点。
　　A.1 个　　　　　B.1~2 个　　　　C.2 个　　　　　D.2~3 个

62. 隧道周边位移和拱顶下沉位移速率为 1~5mm/d 时,其量测频率为( )测点。
　　A.2~3 次/d　　　B.1 次/d　　　　C.1 次/(2~3)d　　D.1 次/3d

63. 隧道周边位移和拱顶下沉量测断面距开挖面(1~2)b(注:b 为隧道开挖宽度)时,其量测频率为( )测点。
　　A.2 次/d　　　　B.1 次/d　　　　C.1 次/(2~3)d　　D.1 次/(3~7)d

64. 隧道地表下沉测点横向间距宜为( ),量测范围应大于隧道开挖影响范围。
　　A.1~2m　　　　B.2~3m　　　　C.2~5m　　　　D.5~7m

65. 全站仪观测隧道围岩变形,要求其精度应满足( )。
　　A.0.1~0.3mm　　B.0.3~0.5mm　　C.0.5~1.0mm　　D.1~2mm

## 二、判断题(正确的划"√",错误的划"×",请填在题后的括号里,每题 1 分)

1. 隧道的受力特点与地面工程受力基本一致。　　　　　　　　　　　　　　( )
2. 隧道形成过程中自始至终存在受力状态的变化。　　　　　　　　　　　　( )
3. 隧道施工监控测点一般设置在距开挖工作面 2m 范围内,开挖后 24h 内,下次爆破前测取出读数。　　　　　　　　　　　　　　　　　　　　　　　　　　　　( )
4. 隧道内目测观测是新奥法监控量测中的必测项目。　　　　　　　　　　　( )
5. 地表下沉是隧道必测项目。　　　　　　　　　　　　　　　　　　　　　( )
6. 隧道周边位移量测作业应持续到变形基本稳定后 2~3 周结束。　　　　　( )
7. 隧道周边位移是隧道围岩应力状态变化最直观的反映。　　　　　　　　　( )
8. 锚杆轴力量测应在埋设后 24h 进行第一次观测。　　　　　　　　　　　　( )
9. 在岩体中,声波传播速度取决于岩体完整性程度。完整的波速一般较高,而在应力下降、裂隙扩展的松动区波速相对下降,因而在围岩压密区(应力升高区)和松动区之间会出现明显的波速变化。　　　　　　　　　　　　　　　　　　　　　　　　　　　　( )
10. 岩体风化、破碎、结构面发育,则波速高、衰减快、频率复杂。　　　　　( )
11. 岩体的波速越高,表明岩体越坚硬,弹性性能越强,结构上越完整。　　　( )
12. 隧道开挖后其应力状态将不会发生变化。　　　　　　　　　　　　　　　( )
13. 隧道施工监控由施工单位综合施工、地质、测试等方面的要求来完成。　　( )
14. 当前隧道量测数据广泛采用经验方法来实现反馈。　　　　　　　　　　　( )
15. 隧道应力观测一般初期观测频率较低,后期观测频率较高。　　　　　　　( )
16. 锚杆轴向力检测可修正设计参数,评价锚杆支护质量。　　　　　　　　　( )
17. 为测试隧道全断面围岩松弛范围,可在拱顶、拱腰和拱脚等 5 个部位埋设测试元件。
　　　　　　　　　　　　　　　　　　　　　　　　　　　　　　　　　　　( )
18. 拱顶混凝土层出现对称的、向下滑落的剪切破坏时,可能会引起塌方。　　( )

19. 地质雷达工作天线频率越低,波长越长,能量衰减越慢,预报距离越小。（　）
20. 高分辨率直流电法适用于探测地层中存在的地下水体位置及定性判断含水量。
（　）
21. 岩溶预报应以地质调查法为基础,以超前钻探法为主,结合多种物探手段进行综合超前地质预报。（　）
22. 采用地质雷达进行短距离探测,可初步查明溶洞位置、规模和形态。（　）
23. 断层预报可先采用瞬变电磁法确定大致位置和宽度,再采用弹性波反射法探明地下水的情况。（　）
24. 煤层瓦斯预报以超前钻探法为主。（　）
25. 瓦斯隧道应坚持"加强通风、勤测瓦斯、严控火源"的基本原则。（　）
26. 高瓦斯工区长度大于1500m时,施工通风宜采用巷道式。瓦斯隧道各掘进工作面必须独立通风,两个工作面之间应采取串联通风。（　）
27. 隧道二次衬砌应根据"适当释放、控制变形、适时封闭"的原则和设计要求确定施工时机。（　）
28. 黄土隧道施工防排水应采取"严防进入、加快排出"的原则,在雨季前按设计做好洞顶、洞门及洞口的防排水系统。（　）
29. 隧道施工过程中应进行洞内外观察,洞内观察应进行开挖工作面观察。（　）
30. 隧道施工过程中开挖工作面观察应在每次开挖后进行,及时绘制开挖工作面地质素描图,填写开挖工作面地质状态记录表。（　）

### 三、多项选择题(每题所列的备选项中,有2个或2个以上正确答案,选项全部正确得满分,选项部分正确按比例得分,出现错误选项本题不得分,每题2分)

1. 隧道施工监控量测的内容包括(　　)。
   A. 通风　　　　　B. 照明　　　　　C. 衬砌受力　　　D. 围岩变形
   E. 支护受力
2. 隧道施工监控量测的任务包括(　　)。
   A. 确保安全　　　B. 指导施工　　　C. 修正设计　　　D. 节省投资
   E. 积累资料
3. 隧道施工监控量测的必测项目包括(　　)。
   A. 洞内外观察　　B. 周边位移　　　C. 拱顶下沉　　　D. 地表下沉
   E. 拱脚下沉
4. 隧道锚杆量测方法有(　　)。
   A. 电阻应变片测力锚杆　　　　　　B. 机械式测力锚杆
   C. 钢弦式测力锚杆　　　　　　　　D. 钢弦式压力盒
   E. 位移计
5. 隧道围岩声波测试项目包括(　　)。
   A. 地质剖面　　　　　　　　　　　B. 岩体力学参数
   C. 围岩稳定状态　　　　　　　　　D. 判定围岩分类等级

E. 围岩走向

6. 隧道围岩量测数据主要内容包括( )。
   A. 位移、应力、应变时态曲线
   B. 位移、应力、应变速率时态曲线
   C. 位移、应力、应变空间曲线
   D. 位移、应力、应变深度曲线
   E. 接触应力横断面分布图

7. 可以用以指导施工管理的量测内容有( )。
   A. 最大位移值    B. 位移速率    C. 位移时态曲线    D. 位移空间曲线
   E. 接触应力横断面分布图

8. 拱顶下沉量测的目的是( )。
   A. 确认围岩稳定性   B. 判断支护效果   C. 指导施工   D. 预防拱顶崩塌
   E. 保证施工质量和安全

9. 地表下沉量测内容包括( )。
   A. 地表下沉范围
   B. 地表下沉量值
   C. 地表及地中下沉随工作面推进的规律
   D. 地表及地中下沉稳定的时间
   E. 地表及地中下沉的时间

10. 钢弦压力盒性能试验包括( )。
    A. 钢弦抗滑性能试验
    B. 密封防潮试验
    C. 稳定性试验
    D. 重复性试验
    E. 可靠性试验

11. 混凝土应力量测的目的是( )。
    A. 了解混凝土的变形特性以及混凝土的应力状态
    B. 掌握喷层所受应力的大小,判断喷层稳定状况
    C. 判断支护结构长期使用的可靠性以及安全程度
    D. 检验二次衬砌设计的合理性
    E. 积累资料

12. 隧道施工监控量测必测项目包括( )。
    A. 地表下沉    B. 围岩体内位移    C. 拱顶下沉    D. 周边位移
    E. 洞内外观察

13. 超前地质预报的主要内容包括( )。
    A. 地层岩性预报
    B. 地层构造预报
    C. 不良地质条件预报
    D. 地下水状况预报
    E. 围岩级别变化判断

14. 超前地质预报的方法包括( )。
    A. 地质调查法    B. 超前钻探法    C. 物探法    D. 超前导坑法
    E. 测绘法

15. 下列属于物探法超前预报方法的是( )。
    A. 地质调查法    B. 弹性波发射法    C. 电磁波反射法    D. 瞬变电磁法
    E. 高分辨率直流电法

16. 地质调查法进行超前地质预报,隧道内地质素描应包括( )。
   A. 工程地质     B. 水文地质     C. 围岩稳定性     D. 围岩分级
   E. 影像
17. 以下哪些地质状况必须采用超前钻探法进行超前地质预报( )。
   A. 极松散地层              B. 富水软弱断层破碎带
   C. 富水岩溶发育带          D. 煤层瓦斯发育区
   E. 重大物探异常区

**四、综合题**[根据所列资料,以选择题的形式(单选或多选题)选出正确的选项。每小题2分,选项部分正确按比例得分,出现错误选项该题不得分]

1. 某特长双车道公路隧道在修建过程中,采用地质雷达进行超前地质预报及衬砌质量的检测。结合上述内容,回答下列问题。
   (1) 地质雷达天线要求具有屏蔽功能,最大探测深度大于2m,垂直分辨率应高于( )。
      A. 5mm          B. 10mm          C. 20mm          D. 50mm
   (2) 地质雷达法可检测混凝土衬砌背后的( )。
      A. 空洞          B. 厚度变化       C. 钢架分布       D. 钢筋分布
      E. 混凝土强度
   (3) 衬砌界面出现信号幅度较弱,甚至没有点面反射信号,说明衬砌混凝土( )。
      A. 密实          B. 不密实         C. 有空洞         D. 有离析
   (4) 地质雷达探测隧道衬砌厚度介质参数标定方法有( )。
      A. 在已知厚度部位测量          B. 在预制构件上测量
      C. 使用双天线直达波法测量       D. 钻孔实测
      E. 理论推算
   (5) 隧道短距离超前地质预报,预报距离一般在掌子面前方( )。
      A. 30m          B. 30~200m       C. 200m以上       D. 500m以上

2. 某隧道拱顶下沉用水平仪测量,水平仪的前视标尺为吊挂在拱顶测点上的钢尺,后视标尺为固定在衬砌上的标杆。初次观测读数:前视1120mm,后视1080mm;二次观测读数:前视1100mm,后视1070mm。结合上述内容,回答下列问题。
   (1) 隧道施工监控量测的必测项目包括( )。
      A. 地质与支护状况              B. 周边位移
      C. 拱顶下沉                    D. 锚杆拉拔力
      E. 地表下沉
   (2) 公路隧道检测技术通常可以分为( )。
      A. 材料检测                    B. 施工检测
      C. 环境检测                    D. 通风照明检测
      E. 安全检测
   (3) 前视差值为( )。
      A. -5mm         B. -10mm         C. +10mm         D. -20mm

(4)隧道周边位移速率≥5mm/d 时,其量测频率为( )。
　　A.2 次/d　　　　B.1 次/d　　　　C.1 次/(2~3d)　　　D.1 次/3d
(5)隧道初期支护阶段量测变形小于最大变形的( )可以正常施工。
　　A.1/2　　　　　B.1/3　　　　　C.1/4　　　　　　　D.1/5

3.隧道施工监控量测是指隧道施工过程中使用各种类型的仪表和工具,对围岩和支护衬砌变形、受力状态的检测。
(1)洞内外观察内容包括( )。
　　A.掌子面观察　　B.支护状态观察　　C.施工状态观察　　D.洞外观察
(2)隧道周边收敛测量采用的仪器有( )。
　　A.地质罗盘　　　B.收敛计　　　　　C.水准仪　　　　　D.全站仪
(3)拱顶沉降测量,基点设置于稳定的衬砌边墙,前一次后视点读数 1114mm,前视点读数 1126mm;当次后视点读数 1116mm,前视点读数 1125mm 时,则拱顶位移值为( )。
　　A.3mm　　　　　B.-3mm　　　　C.1mm　　　　　　D.-1mm
(4)地表沉降量测断面应尽可能与隧道轴线垂直,根据地表纵向坡度确定地表量测断面数量,一般不少于( )。
　　A.1 个　　　　　B.3 个　　　　　C.5 个　　　　　　D.7 个
(5)量测数据结果判定错误的有( )。
　　A.当位移速率大于 2mm 时,围岩处于急速变形阶段,应密切关注围岩动态
　　B.当位移速率在小于 1mm 时,围岩处于基本稳定状态
　　C.当位移速率 $d_{2u}/d_{2t}<0$,围岩处于不稳定状态,应停止掘进
　　D.当位移速率 $d_{2u}/d_{2t}>0$,围岩处于稳定状态

4.某公司计量测试中心对某铁路隧道出口段混凝土衬砌进行雷达检测,检测里程及测线布置:DK371+318.0~DK371+783.0(洞口),共 465m。地质雷达检测隧道衬砌质量时,测试中心工作人员需要掌握以下基本知识。
(1)地质雷达检测用( )探测地下介质分布状况。
　　A.超声波　　　　B.地震波　　　　　C.高频电磁波　　　D.低频电磁波
(2)对地质雷达的适用范围描述,错误的是( )。
　　A.混凝土衬砌厚度
　　B.隧道衬砌拱顶是否有脱空
　　C.衬砌混凝土是否存在较大的缺陷及缺陷位置
　　D.混凝土衬砌的强度
(3)若衬砌背部回填不密实,地质雷达数据有( )的特征。
　　A.反射信号弱,图像均匀且反射界面不明显
　　B.反射信号强,图像变化杂乱
　　C.反射信号强,图像呈分散的月牙状
　　D.反射信号弱,图像不均
(4)若衬砌内部有钢筋,地质雷达数据有( )主要特征。
　　A.反射信号强,图像呈分散的月牙状

B. 反射信号强,图像呈连续的小双曲线形

C. 反射信号强,图像杂乱无章

D. 反射信号强,图像呈明显的反射界面

(5)下列对隧道现场检测测线布置描述错误的是(　　)。

　　A. 隧道施工检测时,测线布置应以纵向布置为主,横向布置为辅

　　B. 隧道交工检测时,测线布置应以横向布置为主,纵向布置为辅

　　C. 隧道施工检测时,两车道隧道测线应分别在隧道的拱顶、左右拱腰、左右边墙共布置5条测线

　　D. 隧道交工检测时,两车道隧道测线应分别在隧道的拱顶、左右拱腰共布置3条测线

5. 某隧道拱顶下沉用水平仪量测,水平仪的前视标尺为吊挂在拱顶测点上的钢尺,后视标尺为固定在衬砌上的标杆。初次观测读数:前视1120mm,后视1080mm;二次观测读数:前视1100mm,后视1070mm。试根据上述结果回答下列问题。

(1)该隧道拱顶量测点的位移量为(　　)。

　　A. -10mm　　　B. 10mm　　　C. -20mm　　　D. 20mm

(2)该隧道拱顶量测点的位移方向是(　　)。

　　A. 拱顶下沉　　B. 拱顶上移　　C. 静止不动　　D. 无法判断

(3)下列仪器中,可以用来测量隧道拱顶量测点的位移的有(　　)。

　　A. 水准仪　　　B. 全站仪　　　C. 激光断面仪　　D. 收敛计

(4)采用水准仪进行隧道拱顶下沉量测,以下说法正确的是(　　)。

　　A. 测点的埋设是在隧道拱顶轴线处设一个带钩的测桩,吊挂钢尺,用精密水准仪量测隧道拱顶绝对下沉量

　　B. 可用$\phi$6mm钢筋弯成三角形钩,用砂浆固定在围岩或混凝土表层

　　C. 测点的大小要适中

　　D. 支护结构施工时要注意保护测点,一旦发现测点被埋掉,要尽快重新设置,以保证数据不中断

(5)隧道拱顶下沉量测的要求是(　　)。

　　A. 拱顶下沉量测断面间距、量测频率、初读数的测取等同收敛量测

　　B. 每个断面布置1个测点,测点设在拱顶中心或其附近

　　C. 量测时间应延续到拱顶下沉稳定后

　　D. 用水准仪量测精度为±0.1mm

6. 地质雷达探测是利用电磁波在隧道开挖工作面前方岩体中的传播及反射,根据传播速度和反射脉冲波走时进行超前地质预报的一种物探方法。结合背景材料,回答下列有关地质雷达探测法方面的问题。

(1)背景材料中,地质雷达在完整灰岩地段预报距离宜在(　　)以内。

　　A. 20m　　　B. 30m　　　C. 40m　　　D. 50m

(2)地质雷达连续预报时,前后两次重叠长度应在(　　)以上。

　　A. 3m　　　B. 5m　　　C. 8m　　　D. 10m

(3)关于地质雷达探测描述正确的是(　　)。

A. 具有快速、无损、连续检测、实时显示等特点,但在掌子面有水的情况下不宜使用
B. 地质雷达在完整灰岩地段预报距离宜在 20m 以内
C. 连续预报时,前后两次重叠长度应在 5m 以上
D. 利用电磁波在隧道开挖工作面前方岩体中的传播及反射,根据传播速度和反射脉冲波走时进行超前地质预报的一种物探方法

(4) 地质雷达法预报应编制探测报告,内容包括(　　)。
A. 地质解译结果　　B. 测线布置图　　C. 探测时间剖面图　　D. 围岩分级

(5) 地质雷达探测法具有(　　)特点。
A. 快速　　　　　B. 无损　　　　　C. 连续检测　　　　D. 实时显示

## 习题参考答案及解析

### 一、单项选择题

1. D

【解析】隧道围岩变形属于必测项目,衬砌受力与支护受力属于选测项目。

2. B

【解析】隧道开挖的影响范围为 2~5 倍洞径,围岩越差,影响范围越大,其中受施工影响最大的范围是 2 倍洞径之内。

3. B

【解析】测点一般是开挖后埋设的,为尽早获得围岩开挖初始阶段的变形动态,测点应紧靠工作面快速埋设,尽早测量。一般埋设在距开挖工作面 2m 范围内,开挖后 24h 内、下次爆破前测取初读数。

4. C

【解析】隧道周边位移量测时,为了保证量测的准确性,在确定初始读数时,要连续测量 3 次,且 3 次的误差应≤0.18mm。

5. C

【解析】拱顶下沉量测后,视点必须埋设在稳定岩面上,距离观测点至少 3 倍洞径以外,并和水准点建立联系。

6. A

【解析】Ⅰ~Ⅱ类围岩周边位移量测断面间距为 5~10m;Ⅲ类围岩周边位移量测断面间距为 10~30m;Ⅳ类围岩周边位移量测断面间距为 30~50m。

7. A

【解析】拱顶下沉量测与水平净空变化量测的量测频率宜相同,并应根据位移速度和距开挖工作面距离选择较高的一个量测频率,当位移速率≥5mm/d 时,其量测频率为 2 次/d;当位移速率为 1~5mm/d 时,其量测频率为 1 次/d;当位移速率为 0.5~1mm/d 时,其量测频率为 1 次/(2~3d);当位移速率为 0.2~0.5mm/d 时,其量测频率为 1 次/3d;当位移速率<0.2mm/d 时,其量测频率为 1 次/7d。

8. B

【解析】 隧道拱顶内壁的绝对下沉量称为拱顶下沉值。差值计算法是根据已测得的拱顶位置相关量或对应量的差量求解的方法。

9. C

【解析】 最大下沉量的控制标准根据地面结构的类型和质量要求而定,在反弯点的地表倾斜应小于结构的要求,一般应小于1/300。

10. B

【解析】 围岩内部位移量测,就是观测围岩表面、内部各测点间的相对位移值,它能较好地反映出围岩受力的稳定状态,岩体扰动与松动范围。围岩内部位移量测的仪器,主要使用多点位移计。

11. D

【解析】 量测锚杆埋设后过48h才可进行第一次观测,量测前先用纱布擦干净基准板上的锥形测孔,然后将百分表锥形孔内,沿轴向方向将百分表压紧直接读数。

12. B

13. A

14. B

【解析】 管理等级Ⅲ:管理位移为 $< U_0/3$ 时,可正常施工;管理等级Ⅱ:管理位移为 $U_0/3 \sim 2U_0/3$ 时,应加强支护;管理等级Ⅰ:管理位移 $> 2U_0/3$ 时,应采取特殊措施。

15. A

16. C

17. B

【解析】 根据位移速率进行施工管理:当位移速率大于1mm/d时,表明围岩处于急剧变形状态,应密切关注位移动态;当位移速率在1~0.2mm/d之间时,表明围岩处于缓慢变形阶段;当位移速率小于0.2mm/d时,表明围岩已达到基本稳定,可以进行二次衬砌作业。

18. C

19. A

20. B

【解析】 根据《岩土锚杆与喷射混凝土支护工程技术规范》,需采用分期支护的隧洞洞室工程,后期支护应在隧洞位移同时达到下列三项标准时实施:①连续5d内隧洞周边水平收敛速度小于0.2mm/d;拱顶或底板垂直位移速度小于0.1mm/d;②隧洞周边水平收敛速度及拱顶或底板垂直位移速度明显下降;③洞室位移相对收敛值已达到允许相对收敛值的90%以上。

21. B

【解析】 喷射混凝土的设计强度等级不应低于C15;喷射混凝土1d龄期的抗压强度不应低于5MPa。

22. B

【解析】 钢纤维喷射混凝土的设计强度等级不应低于C20,其抗拉强度不应低于2MPa,抗弯强度不应低于6MPa。

23. B

【解析】关于二次衬砌长期稳定性判别,目前国内外尚无具体标准。根据我国铁路部门在下坑隧道、大瑶山隧道、金家岩隧道和柴家坡隧道等几座铁路隧道长期观测的结果得出:当位移速率小于1~2mm/年时,认为二次衬砌是稳定的。

24. A

【解析】每个测点的测孔测量3次,当该数值之间最大差值不大于0.05mm时,把平均观测结果记入记录本内,若3次读数值之间最大差值大于0.05mm时,进行第四次或第五次读数,直至达到有3次读数之间最大差值小于0.05mm时为止。

25. B

【解析】试验时,将压力盒放在专设的压力罐中,先让其在水中浸泡7d,然后加0.4MPa的压力,恒压6h取出压力盒并启开,检查其密封质量;若无渗漏现象,则可以认为密封防潮良好,可以使用,否则应更换密封圈。

26. C

【解析】水平位移与拱顶下沉速度,以安全考虑,是指至少7d的平均值,总位移值可由回归分析计算求得。

27. C

【解析】施工监控量测的基本内容有:隧道围岩变形、支护受力和衬砌受力、围岩内部的位移、锚杆轴力、喷射混凝土、钢构件受力等。

28. A

29. A

【解析】平面控制测量可采用GPS测量、三角测量、三边测量和导线测量。高程控制测量宜采用水准测量。对于长度$L \geq 6000$m的隧道,其平面控制测量等级和高程控制测量等级均为二等。

30. B

【解析】每个洞口应设不少于3个平面控制点,2个高程控制点。隧道控制测量桩点应定期进行复核。

31. A

【解析】用中线法进行洞内测量的隧道,中线点点位横向偏差不得大于5mm;中线点间距曲线部分不宜短于50m,直线部分不宜短于100m;直线地段宜采用正倒镜延伸直线法。

32. B

【解析】洞内必测项目,各测点应在不受到爆破影响的范围内尽快安设,并应在每次开挖后12h内取得初读数,最迟不得超过24h,并且在下一循环开挖前必须完成。

33. B

【解析】洞内必测项目各测点应埋入围岩中,深度不应小于0.2m,不应焊接在钢支撑上,外露部分应有保护装置。

34. C

【解析】初期支护承受的应力、应变、压力实测值与允许值之比大于或等于0.8时,围岩不稳定,应加强初期支护;初期支护承受的应力、应变、压力实测值与允许值之比小于0.8

时,围岩处于稳定状态。

35. B
36. A
37. C

【解析】根据地质对隧道安全的危害程度,地质灾害分为 A、B、C、D 四级。不同地质灾害级别的预报方式为:1 级预报可用于 A 级地质灾害;2 级预报可用于 B 级地质灾害;3 级预报可用于 C 级地质灾害;4 级预报可用于 D 级地质灾害。

38. C
39. B
40. A

【解析】超前地质预报可划分为:长距离预报、中距离预报和短距离预报。长距离预报:对不良地质及特殊地质情况进行长距离宏观预测预报,预报距离一般在距掌子面前方 200m 以上,并根据揭示情况进行修正。中距离预报:在长距离预报基础上,采用地震波反射法、超声波反射法、瞬变电磁法、深孔水平钻探等,对掌子面前方 30~200m 范围内地质情况较详细的预报。短距离预报:在中长距离预报的基础上,采用红外探测、瞬变电磁法、地质雷达和超前钻孔,微观地探明掌子面前方 30m 范围内地下水出露、地层岩性及不良地质情况等。

41. C
42. B

【解析】地质预测的频率可按下列规定执行:地震反射波法、超声波反射法,需连续预报时,前后两次重叠长度应大于 5m;红外探测每次预报有效探测距离宜为 10m,连续预报时,前后两次重叠长度应大于 5m。

43. B
44. A
45. A
46. A

【解析】小净距隧道中,后行洞开挖时应加强对中岩墙的监控量测。中岩墙现场监控量测项目及方法如下表所示。

| 项目名称 | 方法、工具 | 布置 | 间隔时间 | | |
| --- | --- | --- | --- | --- | --- |
| | | | 1~30d | 1~3个月 | 大于3个月 |
| 中岩墙土压力 | 钢弦式压力盒 | 每10~30m一个断面,每个断面3个压力盒 | 1~2次/d | 1次/2d | 1次/周 |
| 围岩内位移 | 多点位移计及千分表 | 每10~30m一个断面,每个断面2个测点 | 1~2次/d | 1次/2d | 1次/周 |
| 围岩压力 | 钢弦式压力盒 | 每10~30m一个断面,每个断面设置1个压力盒 | | | |

47. B

【解析】侧墙开挖采用马口跳槽法施工时,马口开挖长度不宜超过4m。

48. C

【解析】各项量测作业均应持续到变形基本稳定后 15~20d 结束。

49. B
50. B

【解析】应按《公路隧道施工技术规范》的相关规定,检查净空位移和拱顶下沉的量测频率,施工状况发生变化时(开挖下台阶、仰拱或撤除临时支护等),应增加检测频率。净空位移和拱顶下沉的位移速度≥5mm/d 时,量测频率为 2~3 次/d;净空位移和拱顶下沉的量测断面距开挖面距离为 $(0~1)b$ 时,量测频率为 2 次/d。

| 51. D | 52. D | 53. A | 54. D | 55. A |
| 56. A | 57. C | 58. D | 59. B | 60. A |
| 61. D | 62. B | 63. B | 64. C | 65. C |

## 二、判断题

1. ×
2. √

【解析】地面工程受力后会自由变形,而隧道受力后的变形要受到周围岩土体的影响(即弹性抗力)。隧道衬砌结构受力通常是根据经验公式进行计算,而围岩力学参数随着受力条件的改变而有所变化。隧道衬砌结构的受力除与地质条件有直接关系外,也与隧道的开挖方式、支护时间、支护刚度有很大关系。

3. √

【解析】见本章单项选择题第 3 题。

4. √
5. ×

【解析】洞内外观察是必测项目。当 $h≤2b$ 时,地表下沉是必测项目;当 $h>2b$ 时,地表下沉是选测项目。

6. √

【解析】见本章单项选择题第 48 题。

7. √

【解析】周边位移量测是隧道施工监控量测最基本和最重要项目,它是围岩应力状态变化最直观的反映。

8. ×

【解析】见本章单项选择题第 11 题。

9. √
10. ×
11. √

【解析】在岩体中,波的传播速度与岩体的密度及弹性常数有关,受岩体结构构造、地下水、应力状态的影响,一般来说有如下规律:岩体风化、破碎、结构面发育,则波速低、衰减快、频谱复杂。

12. ×

【解析】由于隧道施工是在原始应力场的介质中构筑结构,隧道一经开挖,其中所包容的原状力学体系便被打破,四周原有的受力状态已经改变。

13. ×

【解析】施工监控量测计划应综合地质条件、施工方法、支护类型、测试内容等多方面的要求,由监控量测单位制订。

14. √

【解析】量测所得到的信息目前可通过理论分析(反分析)和经验方法两种途径来实现反馈。由于岩体结构的复杂性和多样性,理论计算分析还未达到定量标准。当前广泛采用经验方法来实现反馈。

15. ×

【解析】隧道应力观测一般初期观测频率较高,后期观测频率较低。

16. √

【解析】锚杆轴力量测的目的是修正锚杆设计参数,评价锚杆支护效果。

17. ×

【解析】围岩松动圈的测试方法有单孔法和双孔法。双孔测试是目前应用较广的方法。

18. √

【解析】已施工区间观察主要以目视调查来了解支护状态。主要内容包括混凝土与围岩接触状况,是否产生裂隙或剥离,要特别注意喷混凝土是否发生剪切破坏。

19. ×

【解析】地质雷达工作天线频率越低,波长越长,能量衰减越慢,预报距离越大。

20. √

21. √

22. √

23. ×

【解析】断层预报可先采用弹性波反射波法确定大致位置和宽度,再采用高分辨率直流电法、瞬变电磁法、红外探测法探明地下水的情况。

24. ×

【解析】煤层预报应以地质调查法为基础,以超前钻探法为主,结合多种物探手段进行综合超前地质预报。

25. √

26. ×

【解析】高瓦斯工区长度大于1500m时,施工通风宜采用巷道式。瓦斯隧道各掘进工作面必须独立通风,两个工作面之间不应串联通风。

27. √

28. √

29. ×

【解析】隧道施工过程中应进行洞内外观察,洞内观察应进行开挖工作面观察和已支护地段观察。

30. √

### 三、多项选择题

1. CDE

【解析】见本章单项选择题第 27 题。

2. ABCE

【解析】隧道施工监控量测的任务包括:确保安全、指导施工、修正设计、积累资料。

3. ABCDE

【解析】隧道施工监控量测的必测项目包括:洞内外观察、周边位移、拱顶下沉、地表下沉、拱脚下沉。

4. ABC

【解析】锚杆的轴力测定,按其量测原理可分为电测式和机械式两类。其中电测式又可分为电阻应变式和钢弦式。

5. ABCD

【解析】地下工程岩体中可采用声波测试的项目很多,主要有:地下工程位置的地质剖面检测(声波测井),用以划分岩层,了解岩层破碎情况和风化程度等;岩体力学参数如弹性模型、抗压强度等的测定;围岩稳定状态的分析,如测定围岩松动圈大小等;判断围岩的分级,如测定岩体波速和完整性系数等。后两者是围岩声测中的两个重要项目。

6. ABCDE

【解析】量测数据的整理尽量采用微机管理,可用 Excel 软件进行管理。其主要内容包括:绘制位移、应力、应变随时间变化的时态曲线;绘制位移速率、应力速率、应变速率随时间变化的曲线;绘制位移、应力、应变随开挖面推进变化的空间曲线;绘制位移、应力、应变随围岩深度变化的曲线;绘制接触压力、支护结构应力在隧道横断面上的分布图。

7. ABC

【解析】根据位移值进行的施工管理包括:根据极限位移值进行施工管理;根据位移速率进行施工管理;根据位移时态曲线进行施工管理。

8. ABCDE

【解析】通过周边位移量测,可以达到以下目的:判断围岩及支护的稳定程度;确定二次衬砌施作的合理时机;指导采用合理的施工方法和合理的支护措施。拱顶下沉与周边位移量测作用相同,但在埋深较浅、固结程度低或水平层状围岩条件下,拱顶下沉更能反映围岩及支护的稳定性。

9. ABCD

【解析】量测的目的在于了解以下内容:地表下沉范围、量值;地表及地中下沉随工作面推进的规律;地表及地中下沉稳定的时间;施工方法及支护结构的合理性。

10. ABCD

【解析】钢弦压力盒性能试验包括钢弦抗滑性能试验、密封防潮试验、稳定性试验、重复性试验。

11. ABCDE

【解析】混凝土应力量测包括喷射混凝土和二次衬砌模筑混凝土应力量测。其目的是:了解混凝土层的变形特性以及混凝土的应力状态;掌握喷层所受应力的大小,判断喷射混凝土层的稳定状况;判断支护结构长期使用的可靠性以及安全程度;检验二次衬砌设计的合理性;积累资料。

12. ACDE

【解析】必测项目包括:洞内外观察、周边位移、拱顶下沉、地表下沉($h \leqslant 2b$ 的情况)。

13. ABCDE
14. ABCD
15. BCDE
16. ABCDE
17. BCDE

### 四、综合题

1. (1)C　　(2)ABCD　　(3)A　　(4)ABCD　　(5)A

【解析】(1)地质雷达天线可采用不同频率的天线组合,技术指标应符合下列要求:具有屏蔽功能;最大探测深度应大于 2m;垂直分辨率应高于 2cm。

(2)地质雷达法已广泛应用于检测支护(衬砌)厚度,背部的回填密实度,内部钢筋、钢架等分布。

(3)衬砌背后回填密实度的主要判定特征应符合下列要求:密实:信号幅度较弱,甚至没有界面反射信号;不密实:衬砌界面的强反射信号同相轴呈绕射弧形,且不连续,较分散;空洞:衬砌界面反射信号强,三振相明显,在其下部仍有强反射界面信号,两组信号时程差较大。

(4)介质参数标定方法有:在已知厚度部位或材料与隧道相同的其他预制件上测量;在洞口或洞内避车洞处使用双天线直达波法测量;钻孔实测。

(5)短距离预报:在中长距离预报的基础上,采用红外探测、瞬变电磁法、地质雷达和超前钻孔,微观地探明掌子面前方 30m 范围内地下水出露、地层岩性及不良地质情况等。

2. (1)ABCE　　(2)ABC　　(3)D　　(4)A　　(5)B

【解析】(1)隧道施工监控量测的必测项目包括洞内外观察、周边位移、拱顶下沉和地表下沉($h \leqslant 2b$ 的情况)。

(2)公路隧道检测包括:材料检测、施工检测(分为施工质量检测、施工监控量测和超前地质预报)、环境检测、运营隧道健康检测。

(3)前视差值为:1100 - 1120 = -20(mm)。

(4)拱顶下沉量测与水平净空变化量测的量测频率宜相同,并应根据位移速度和距开挖工作面距离选择较高的一个量测频率,当位移速率 ≥5mm/d 时,其量测频率为 2 次/d;当位移速率为 1~5mm/d 时,其量测频率为 1 次/d;当位移速率为 0.5~1mm/d 时,其量测频率为 1 次/(2~3d);当位移速率为 0.2~0.5mm/d 时,其量测频率为 1 次/3d;当位移速率 <0.2mm/d 时,其量测频率为 1 次/7d。

(5)管理等级Ⅲ:管理位移 $<U_0/3$ 时,可正常施工。管理等级Ⅱ:管理位移 $U_0/3 \sim 2U_0/3$ 时,应加强支护。管理等级Ⅰ:管理位移 $>2U_0/3$ 时,应采取特殊措施。

3.(1)ABCD　　(2)BD　　(3)C　　(4)B　　(5)ABCD
4.(1)C　　(2)D　　(3)B　　(4)B　　(5)B
5.(1)A　　(2)A　　(3)ABCD　　(4)ABCD　　(5)AC
6.(1)B　　(2)B　　(3)ACD　　(4)ABC　　(5)ABCD

# 第八章 隧道施工与运营环境检测

【主要知识点】

隧道施工期环境检测主要指标、常规检测方法及规范规定允许值;隧道运营期通风方式,照明段落划分;运营期一氧化碳、烟雾浓度设计允许值及常规检测方法;运营期隧道照明基本概念。

一、单项选择题(四个备选项中只有一个正确答案,每题1分)

1. 我国《公路隧道施工技术规范》规定,隧道施工中含10%以上游离二氧化碳的粉尘,每立方米空气中不得大于( );含10%以下游离二氧化硅的矿物性粉尘,每立方米空气中不得大于( )。

   A. 2mg,4mg　　　　B. 1mg,2mg　　　　C. 3mg,6mg　　　　D. 2mg,3mg

2. 我国《公路隧道施工技术规范》规定,甲烷($CH_4$)按体积计不得大于( )。

   A. 1.0%　　　　B. 0.5%　　　　C. 0.3%　　　　D. 0.1%

3. 我国《公路隧道施工技术规范》规定,对于施工隧道,一氧化碳一般情况下不大于( ),特殊情况下,施工人员必须进入工作面时,浓度可为( ),但工作时间不得超过30min。

   A. 30mg/m$^3$,100mg/m$^3$　　　　B. 50mg/m$^3$,100mg/m$^3$
   C. 30mg/m$^3$,50mg/m$^3$　　　　D. 50mg/m$^3$,100mg/m$^3$

4. 我国《公路隧道施工技术规范》规定,单向交通隧道风速不宜大于( );特殊情况下可取12m/s;双向交通隧道风速不应大于( );人车混用隧道风速不应大于( )。

   A. 12m/s,7m/s,8m/s　　　　B. 10m/s,7m/s,8m/s
   C. 12m/s,8m/s,7m/s　　　　D. 10m/s,8m/s,7m/s

5. 隧道粉尘浓度测定时,我国常采用( )法,目前普遍采用( )法。

   A. 质量,滤膜测尘　　　　B. 光电,水泥粉尘测定仪
   C. 光电,粉尘测定仪　　　　D. 光电,煤尘测定仪

6. 当隧道内粉尘浓度大于200mg/m$^3$时,滤膜直径为( ),当粉尘浓度小于200mg/m$^3$时,滤膜直径为( )。

   A. 80mm,40mm　　　　B. 75mm,35mm　　　　C. 75mm,40mm　　　　D. 80mm,35mm

7. 我国规范规定,当烟雾浓度达到( )时,应采取交通管制。

   A. 0.10m$^{-1}$　　　　B. 0.012m$^{-1}$　　　　C. 0.025m$^{-1}$　　　　D. 0.050m$^{-1}$

8. 隧道粉尘浓度检测应在风筒出口后面距工作面( )处采样。

A. 1~2m　　　　B. 2~4m　　　　C. 4~6m　　　　D. 6~10m

9. 在隧道照明中,(　　)是最重要的技术指标。
A. 路面照明　　B. 路面亮度　　C. 眩光参数　　D. 反射系数

10. 在隧道内行车时,驾驶人暗适应需要的时间是(　　)。
A. 20s　　　　B. 15s　　　　C. 10s　　　　D. 5s

11. 在隧道内行车时,驾驶人明适应需要的时间是(　　)。
A. 1~3s　　　B. 1~4s　　　C. 1~5s　　　D. 1~6s

12. 人车混合通行的隧道中,中间段亮度不得低于(　　)。
A. 1.5cd/m²　　B. 2.0cd/m²　　C. 2.5cd/m²　　D. 3.0cd/m²

13. 等级 $G$ 与主观上对不舒适感觉评价有相应关系,当 $G=($　　$)$ 时,其相应关系为满意。
A. 1　　　　B. 2　　　　C. 5　　　　D. 7

14. 等级 $G$ 与主观上对不舒适感觉评价有相应关系,当 $G=($　　$)$ 时,其相应关系为无法忍受。
A. 1　　　　B. 2　　　　C. 5　　　　D. 7

15. 等级 $G$ 与主观上对不舒适感觉评价有相应关系,当 $G=($　　$)$ 时,其相应关系为干扰。
A. 1　　　　B. 2　　　　C. 5　　　　D. 7

16. 人眼在可见光谱范围内视觉灵敏度的度量指标是指(　　)。
A. 光谱光效率　　B. 光通量　　C. 光强　　D. 照度

17. 光源在单位时间内发出的能被人眼感知的光辐射能的大小是(　　)。
A. 光谱光效率　　B. 光通量　　C. 光强　　D. 照度

18. 反映光源光通量在不同方向上的光学特性的指标是(　　)。
A. 光谱光效率　　B. 光通量　　C. 光强　　D. 照度

19. 反映光源发光面在空间各个方向上分布特性的指标是(　　)。
A. 光谱光效率　　B. 光强　　C. 照度　　D. 亮度

20. 瓦斯隧道施工测量应采用检测通风等手段保证测量作业区瓦斯浓度小于(　　)。
A. 0.1%　　　B. 0.5%　　　C. 1.0%　　　D. 2.0%

21. 隧道施工作业地段采用普通光源照明时,其平均照度应不小于(　　)。
A. 30lx　　　B. 15lx　　　C. 10lx　　　D. 6lx

22. 隧道掌子面使用风压应不小于(　　)。
A. 0.1MPa　　B. 0.2MPa　　C. 0.5MPa　　D. 1.0MPa

23. 隧道非瓦斯施工供电应采用(　　)三相五线系统。
A. 400/230V　B. 400/220V　C. 100/230V　D. 100/220V

24. 隧道施工空气中的氧气含量在作业过程中,应始终保持在(　　)以上。
A. 17.5%　　B. 18.5%　　C. 19.5%　　D. 20.5%

25. 隧道施工噪声不应超过(　　)。
A. 55dB　　　B. 65dB　　　C. 70dB　　　D. 90dB

26. 瓦斯隧道装药爆破时,爆破地点20m内风流中瓦斯浓度必须小于( )。
　　A.0.5%　　　　B.1.0%　　　　C.1.5%　　　　D.2.0%
27. 瓦斯隧道装药爆破时,总回风道风流中瓦斯浓度必须小于( )。
　　A.0.5%　　　　B.0.75%　　　C.1.0%　　　　D.1.25%
28. 瓦斯隧道装药爆破时,总回风道风流中瓦斯浓度必须小于( )。
　　A.0.5%　　　　B.0.75%　　　C.1.0%　　　　D.1.25%

**二、判断题**(正确的划"√",错误的划"×",请填在题后的括号里,每题1分)

1. 《公路隧道施工技术规范》(JTG/T 3660—2020)规定,瓦斯工区工作面近20m以内风流中甲烷浓度一般小于1%。　　　　　　　　　　　　　　　　　　　　　　(　)
2. 粉尘浓度常用质量测定。　　　　　　　　　　　　　　　　　　　　　　　　(　)
3. 为保证测定粉尘的准确性,便于对比,要求在不同的测点,采取两种样品。　　(　)
4. 滤膜测尘的准确性比较高,常采用两个平行样品的测定结果的平均值作为试验结果。
　　　　　　　　　　　　　　　　　　　　　　　　　　　　　　　　　　　　(　)
5. 我国《公路隧道施工技术规范》中,隧道施工中含10%以上游离二氧化硅的粉尘,不得大于$4mg/m^3$。　　　　　　　　　　　　　　　　　　　　　　　　　　　　　(　)
6. 隧道内一氧化碳浓度的检测,在施工中没做要求,但在运营过程中有严格要求。
　　　　　　　　　　　　　　　　　　　　　　　　　　　　　　　　　　　　(　)
7. 施工隧道内,一氧化碳浓度可为$100mg/m^3$,但工作时间有限制。　　　　　　(　)
8. 在催化的作用下,瓦斯和氧气在较低温度下可发生强烈氧化。　　　　　　　(　)
9. 运营隧道内一氧化碳的浓度与隧道长度和隧道类型有关。　　　　　　　　　(　)
10. 人车混合通行的隧道,一氧化碳浓度为$150 \times 10^{-6}$。　　　　　　　　　　(　)
11. 无论比色式还是比长式检知管,每支检知管只能使用一次。　　　　　　　　(　)
12. AT2型一氧化碳检测仪器利用控制电位电物理原理来测定。　　　　　　　　(　)
13. 烟雾浓度可通过测定光线在烟雾中的透过率来确定。　　　　　　　　　　　(　)
14. 安全可见度指从驾驶人看到前方障碍物到采取制动汽车所行驶的距离。　　(　)
15. 隧道内进行养护维修时,应按现场实际烟雾浓度不大于$0.035m^{-1}$考虑。　　(　)
16. 隧道风压是隧道通风的基本控制参数。　　　　　　　　　　　　　　　　　(　)
17. 确定断面的平均风速时,必须先测定各点的风速,然后计算其平均值。　　　(　)
18. 驾驶人的暗适应与明适应时间是相同的。　　　　　　　　　　　　　　　　(　)
19. 在隧道照明中,路面亮度是最重要的技术指标。　　　　　　　　　　　　　(　)
20. 试验室检测主要对单个灯具的特性或质量进行检测,为设计提供依据。　　(　)
21. 隧道照明的现场检测则主要对灯群照明下的路面亮度、照度和眩光参数进行检测。
　　　　　　　　　　　　　　　　　　　　　　　　　　　　　　　　　　　　(　)
22. 亮度对比越小越容易察觉障碍物。　　　　　　　　　　　　　　　　　　　(　)
23. 路面亮度越高,眼睛的对比灵敏度越好。　　　　　　　　　　　　　　　　(　)
24. 风流的全压即静压与动压的代数和。　　　　　　　　　　　　　　　　　　(　)
25. 隧道内风速越大越好。　　　　　　　　　　　　　　　　　　　　　　　　(　)

26. 隧道照明设施是根据车速设计的。( )
27. 纵向照度曲线反映洞内沿隧道中线照度的变化规律。( )
28. 失能眩光表示由生理眩光导致辨别能力降低的一种度量。( )
29. 不舒适眩光表示由生理眩光导致辨别能力降低的一种度量。( )

**三、多项选择题**(每题所列的备选项中,有2个或2个以上正确答案,选项全部正确得满分,选项部分正确按比例得分,出现错误选项本题不得分,每题2分)

1. 隧道运营环境监测包括( )。
   A. CO 浓度　　　B. $CH_4$　　　C. 粉尘　　　D. 烟尘
   E. 风速

2. 隧道通风检测的内容有( )。
   A. 粉尘浓度测定　　B. 瓦斯测定　　C. 一氧化碳测定　　D. 二氧化碳测定
   E. 烟雾浓度测定

3. 滤膜测尘法中滤膜的优点是( )。
   A. 电荷性　　　B. 憎水性　　　C. 吸水性　　　D. 耐酸性
   E. 阻尘率高、阻力小、质量轻

4. 隧道施工通风是将( )排到洞外,为施工人员输送新鲜空气。
   A. 炮烟
   B. 运输车辆排放的废气
   C. 施工过程中产生的粉尘
   D. 一氧化碳
   E. 二氧化碳

5. 柴油车排烟量与( )有关。
   A. 车型　　　B. 车重　　　C. 车速　　　D. 路面坡度
   E. 交通量

6. 高等级公路上的隧道照明设施就是根据( )的适应能力而设计的。
   A. 车速　　　B. 驾驶人视觉　　　C. 舒适程度　　　D. 施工要求
   E. 经济条件

7. 综合考虑安全和经济两个方面,隧道白天照明被划分为( )四个区段。
   A. 入口段　　　B. 过渡段　　　C. 渐变段　　　D. 中间段
   E. 出口段

8. 隧道的眩光参数有( )。
   A. 失能眩光　　　B. 不舒适眩光　　　C. 舒适眩光　　　D. 有能眩光
   E. 生理眩光

9. 隧道光度检测的内容包括( )。
   A. 照度　　　B. 光强　　　C. 眩光参数　　　D. 光通量
   E. 亮度

10. 亮度参数有( )。
    A. 路面平均亮度　　B. 路面亮度均匀度　　C. 照度　　　D. 眩光参数
    E. 眩光等级

**四、综合题**[根据所列资料,以选择题的形式(单选或多选题)选出正确的选项。每小题 2 分,选项部分正确按比例得分,出现错误选项该题不得分]

1. 某隧道一段区域内最低亮度为 52cd/m², 该区域平均亮度为 60cd/m²; 隧道路面中线上的最大亮度为 72cd/m², 最小亮度为 55cd/m²。结合上述内容, 回答下列问题。

(1) 在隧道照明中,(　　)是最重要的技术指标。
　　A. 路面照明　　　　B. 路面亮度　　　　C. 眩光参数　　　　D. 反射系数

(2) 隧道光度检测的内容包括(　　)。
　　A. 照度　　　　　　B. 光强　　　　　　C. 眩光参数　　　　D. 光通量
　　E. 亮度

(3) 亮度纵向均匀度为(　　)。
　　A. 0.88　　　　　　B. 0.76　　　　　　C. 0.92　　　　　　D. 0.76

(4) 隧道粉尘浓度测定时,我国常采用(　　)法,目前普遍采用(　　)法。
　　A. 质量,滤膜测尘　　　　　　　　　　B. 光电,水泥粉尘测定仪
　　C. 光电,粉尘测定仪　　　　　　　　　D. 光电,煤尘测定仪

(5) 我国规范规定,当烟雾浓度达到(　　)时,应采取交通管制措施。
　　A. 0.10m⁻¹　　　　B. 0.012m⁻¹　　　　C. 0.025m⁻¹　　　　D. 0.050m⁻¹

2. 隧道风压是隧道通风的基本控制参量,在长大隧道中,通风系统往往由复杂的通风网络构成,要使风流有规律地流动,就必须调整或控制网络内各节点的风压。结合上述内容,请回答下列问题。

(1) 空盒气压计测量时,应将盒面(　　)放置在被测地点,停留 10~20min 待指针稳定后再读数。
　　A. 倒置　　　　　　B. 竖立　　　　　　C. 水平　　　　　　D. 与边墙平行

(2) 空气的相对静压可采用(　　)测定。
　　A. 空盒压力计　　　　　　　　　　　　B. 单管倾斜压差计
　　C. U 形压差管　　　　　　　　　　　　D. 水银气压计

(3) 单向交通隧道风速不宜大于(　　),双向交通隧道风速不应大于(　　),人车混用隧道风速不应大于(　　)。
　　A. 10m/s,8m/s,7m/s　　　　　　　　　B. 12m/s,10m/s,8m/s
　　C. 12m/s,8m/s,7m/s　　　　　　　　　D. 12m/s,10m/s,7m/s

(4) 采用迎面法检测隧道风速时,测试结果为 12m/s, 则实际风速为(　　)。
　　A. 12.48m/s　　　　B. 13.2m/s　　　　C. 13.68m/s　　　　D. 14.4m/s

(5) 隧道风速检测说法错误的是(　　)。
　　A. 杯式风表和翼式风表的区别在于,杯式用于检测 0.5~10m/s 的中等风速,翼式用于检测大于 10m/s 的高风速
　　B. 背面法测风速时,测试人员应背向隧道壁站立
　　C. 皮托管和压差计不可用于通风机风筒向高风速的测定
　　D. 公路隧道中一般采用射流风机纵向通风

## 习题参考答案及解析

### 一、单项选择题

1. A
2. B
3. A

**【解析】** 根据《公路隧道施工技术规范》的规定:隧道施工中含10%以上游离二氧化碳的粉尘,每立方米空气中不得大于2mg;含10%以下游离二氧化硅的矿物性粉尘,每立方米空气中不得大于4mg。在低瓦斯工区任意处、局部通风机及电器开关20m范围内、竣工后洞内任意处甲烷按体积计不得大于0.5%。对于施工隧道,一氧化碳一般情况下不大于30mg/m³;特殊情况下,施工人员必须进入工作面时,浓度可为100mg/m³,但工作时间不得超过30min。

4. D

**【解析】** 在射流风机纵向通风方式下,风流速度既不能过小,也不能过大。风速过小,则不足以稀释排出隧道内的车辆废气;风速过大,则会使隧道内尘土飞扬,使行人感到不适。因此,我国《公路隧道照明设计细则》规定:单向交通隧道的设计风速不宜大于10.0m/s,特殊情况不应大于12.0m/s;双向交通隧道的设计风速不应大于8.0m/s;设有专用人行道的隧道设计风速不应大于7.0m/s。

5. A

**【解析】** 我国常采用质量法测定粉尘浓度,目前普遍采用滤膜测尘法。

6. C

**【解析】** 滤膜有直径为75mm和40mm两种规格。当粉尘浓度高于200mg/m³时,用直径为75mm的滤膜;当粉尘浓度低于200mg/m³时,用直径40mm的滤膜。

7. B

**【解析】** 当烟尘浓度达到$0.012m^{-1}$时,应采取交通管制等措施。

8. C

**【解析】** 掘进工作面可在风筒出口后面距工作面4~6m处采样,其他作业点一般在工作面上方采样。

9. B

**【解析】** 在隧道照明中,路面亮度是最重要的技术指标,并且经常把路面的光反射视为理想漫反射。

10. C
11. A

**【解析】** 由于人的视觉有很强的适应能力,环境亮度在1~8000尼特(cd/m²),驾驶人的视觉都能正常工作,只是由亮到暗(暗适应)和由暗到亮(亮适应)均需要一定的时间,暗适应时间约为10s,明适应时间为1~3s,目前高等级公路上的隧道照明设施就是根据车速和驾驶人视觉的适应能力而设计的。

12. C

【解析】 人车混合通行的隧道中,中间段亮度不得低于$2.5cd/m^2$。

13. D
14. A
15. B

【解析】 眩光等级$G$与主观上对不舒适感觉评价的相应关系为:$G=1$,无法忍受;$G=2$,干扰;$G=5$,允许的极限;$G=7$,满意;$G=9$,无影响。

16. A
17. B
18. C
19. D

【解析】 光谱光效率是人眼在可见光谱范围内视觉灵敏度的一种度量。光通量是光源发光能力的一种度量,是指光源在单位时间内发出的能被人眼感知的光辐射能的大小。光强用于反映光源光通量在空间各个方向上的分布特性,它用光通量的空间角密度来度量。亮度用于反映光源发光面在不同方向上的光学特性。

20. B

【解析】 瓦斯隧道施工测量防爆措施包括:采用检测通风等手段保证测量作业区瓦斯浓度小于0.5%。

21. A

【解析】 隧道施工作业地段采用普通光源照明时,其照度应满足:施工作业面平均照度不小于30lx。

22. C

【解析】 隧道开挖面风压应不小于0.5MPa,是针对国产的各种轻型风动凿岩机,一般使用风压为$0.4 \sim 0.6$MPa。

23. A

【解析】 隧道施工供电方式有自设发电站供电和地方电网供电两种,一般应尽量采用地方电网供电。隧道供电电压,一般是三相五线400/230(V)。长大隧道可用$6 \sim 10$kV,动力机械的电压标准是380V;成洞地段照明可采用220V,工作地段照明和手持电动工具按规定选用安全电压供电。

24. C
25. D

【解析】 按照有关规定,隧道施工作业环境必须符合下列卫生标准:坑道中氧气含量按体积计,不得低于19.5%,洞内工作地点噪声,不宜大于90dB。

26. B
27. B
28. B

【解析】 瓦斯工区装药与爆破作业应符合下列规定:爆破地点20m内,风流中瓦斯浓度必须小于1.0%;隧道总回风流或一翼回风中,瓦斯浓度应小于0.75%。

## 二、判断题

1. ×

   【解析】应该是：必须小于1%。

2. √

3. ×

4. √

   【解析】我国常采用质量法测定粉尘浓度，目前普遍采用滤膜测尘法。为保证测尘的准确性，便于对比，要求在同一测点相同的流量下，同时采集两个样品。两个平行样品分别计算后，其偏差小于20%时，方属合格；若不小于20%，则需重测。合格的两个平行样品，用它们的计算结果平均值作为测点的粉尘浓度。

5. ×

   【解析】见本章单项选择题第1题。

6. ×

7. √

   【解析】见本章单项选择题第3题。

8. √

   【解析】在催化剂Pt、Pd的作用下，瓦斯与氧气在较低温度下发生强烈氧化（无焰燃烧）。

9. √

10. ×

11. √

12. ×

    【解析】公路隧道通风设计的卫生标准应以稀释机动车排放的一氧化碳为主，而其浓度与隧道的类型和长度有关。对于人车混合通行的隧道，当隧道长度≤1000m时，一氧化碳浓度为150ppm。早先用于矿井一氧化碳测定的是检知管，有比色式与比长式两种。无论比色式还是比长式检知管，每支检知管只能使用一次。与检知管不同的另外一种类型的一氧化碳检测仪器，是利用控制电位电化学原理来检测一氧化碳浓度的。

13. √

14. √

15. √

    【解析】煤烟对空气的污染程度用烟雾浓度表示，烟雾浓度可通过测定光线在烟雾中的透过率来确定。隧道内烟雾浓度增加，可见度、舒适感降低，从车安全考虑，确定的可见度称为安全可见度。安全可见度是指从驾驶人看到前方障碍物到制动汽车所行的距离。隧道内进行养护维修时，应按现场实际烟雾浓度不大于$0.035m^{-1}$考虑。

16. √

17. √

    【解析】隧道风压是隧道通风的基本控制参量。空气在隧道及管道中流动时，由于与流道壁面摩擦以及空气的黏性,同一横断面上各点风流的速度是不相同的。因此,确定断面的平均风速时,必须先测各点的风速,然后计算其平均值。

18. ×

【解析】见本章单项选择题第10、11题。

19. √

【解析】见本章单项选择题第9题。

20. √

21. √

【解析】隧道照明检测可分为试验室检测和现场检测。试验室检测主要对单个灯具的特性或质量进行检测,为照明设计提供依据,或为工程选用合格产品;现场检测则主要对灯群照明下的路面亮度、照度和眩光参数进行检测,用以评价隧道照明工程的设计效果与施工质量。

22. ×

23. √

【解析】驾驶人观察障碍物的背景,在隧道中主要是路面,只有当路面亮度达到一定值以后,驾驶人才能获得立体感,在此基础上,亮度对比越大越容易察觉障碍物。路面(背景)亮度越高,眼睛的对比灵敏度越好。

24. √

25. ×

【解析】空气静压是气体分子间的压力或气体分子对与之相接触的固体或液体边界所施加的压力,空气的静压在各个方向上均相等。运动着的物体具有动能,当其运动受到阻碍的时候,就有压力作用在障碍物表面上,压力的大小取决于物体动能的大小。风流的全压即静压与动压的代数和。隧道内风速过大,会使隧道内尘土飞扬,使行人感到不适。

26. ×

【解析】隧道照明设施是根据车速和驾驶人视觉的适应能力设计的。

27. ×

【解析】纵向照度曲线反映洞口段沿隧道中线照度的变化规律。

28. √

29. ×

【解析】隧道照明的眩光可以分为两类:失能眩光和不舒适眩光。失能眩光是生理上的过程,是表示由生理眩光导致辨认能力降低的一种度量。不舒适眩光是心理上的过程。

### 三、多项选择题

1. ADE

【解析】隧道运营环境监测包括:通风、照明和噪声等。其中,通风检测相对比较复杂,检测内容较多,主要有CO浓度、烟尘浓度和风速等,受来往车辆的影响,不易获得准确的数据。

2. ABCE

**【解析】** 隧道通风检测的内容有:粉尘浓度测定、瓦斯检测、一氧化碳检测、烟雾浓度检测、隧道内风压测定、流速测定。

3. ABDE

**【解析】** 滤膜是用超细合成纤维制成的网状薄膜,孔隙细小,表面呈细绒状,具有电荷性、憎水性、耐酸碱等特点,还有阻尘率高、阻力小、质量轻等优点。

4. ABC

**【解析】** 施工通风旨在将炮烟、运输车辆排放的废气以及施工过程中产生的粉尘排至洞外,为施工人员输送新鲜空气。

5. BCD

**【解析】** 柴油车排烟量与车重、车速和路面坡度有关。

6. AB

**【解析】** 见本章判断题第26题。

7. ABDE

**【解析】** 综合考虑安全和经济两个方面,隧道白天照明被划分成接近段、入口段、过渡段、中间段、出口段五个区段。

8. AB

**【解析】** 见本章判断题第28、29题。

9. ABDE

**【解析】** 隧道光度检测的内容包括照度检测、光强检测、光强分布(配光特性)测量、光通量检测、亮度检测。

10. AB

**【解析】** 亮度检测的参数有路面平均亮度 $L_{av}$ 和路面亮度均匀度(总均匀度 $U_0$、纵向均匀度 $U_1$)。

### 四、综合题

1. (1) B　　(2) ABDE　　(3) B　　(4) A　　(5) B

**【解析】** (1)在隧道照明中,路面亮度是最重要的技术指标,并且经常把路面的光反射视为理想漫反射。

(2)隧道光度检测的内容包括照度检测、光强检测、光强分布(配光特性)测量、光通量检测、亮度检测。

(3)亮度纵向均匀度为: $U_1 = L'_{min}/L_{max} = 52/72 = 0.76$。

(4)我国常采用质量法测定粉尘浓度,目前普遍采用滤膜测尘法。

(5)当烟尘浓度达到 $0.012m^{-1}$ 时,应采取交通管制等措施。

2. (1) C　　(2) BC　　(3) A　　(4) C　　(5) ABC

# 第九章　运营隧道结构与盾构隧道检测

【主要知识点】

隧道养护等级划分标准;隧道结构检查分类、检查内容和方法;隧道技术状况评定标准;衬砌裂缝检查内容和方法;隧道渗漏水检查内容和方法;盾构隧道衬砌管片质量检测内容和方法;衬砌管片拼装及壁后注浆质量要求;盾构隧道施工监控预警。

## 一、单项选择题(四个备选项中只有一个正确答案,每题1分)

1. 我国《公路隧道养护技术规范》提出了公路隧道分级养护的理念,将公路隧道养护等级分为(　　)。
   A. 三级　　　　　　B. 四级　　　　　　C. 五级　　　　　　D. 六级

2. 公路隧道全长5km,该隧道养护等级属于(　　)。
   A. 一级　　　　　　B. 二级　　　　　　C. 三级　　　　　　D. 四级

3. 公路隧道全长1500m,单车道年平均交通量≤5000,该隧道养护等级属于(　　)。
   A. 一级　　　　　　B. 二级　　　　　　C. 三级　　　　　　D. 四级

4. 隧道养护等级为一级的隧道,其经常性检查频率为(　　)。
   A. 1次/月　　　　　B. 1次/2月　　　　C. 1次/3月　　　　D. 1次/6月

5. 隧道养护等级为一级的隧道,其定期检查频率为(　　)。
   A. 1次/6月　　　　B. 1次/1年　　　　C. 1次/2年　　　　D. 1次/3年

6. 隧道洞口完好,无破坏现象,则其技术状况值为(　　)。
   A. 0　　　　　　　　B. 1　　　　　　　　C. 2　　　　　　　　D. 3

7. 隧道衬砌在外荷载作用下出现变形、位移、沉降和裂缝,但无发展或已停止发展,则其技术状况值为(　　)。
   A. 0　　　　　　　　B. 1　　　　　　　　C. 2　　　　　　　　D. 3

8. 隧道衬砌存在材料劣化,钢筋表面局部锈蚀,衬砌无起层、剥落,对断面强度几乎无影响,则其技术状况值为(　　)。
   A. 0　　　　　　　　B. 1　　　　　　　　C. 2　　　　　　　　D. 3

9. 隧道衬砌表面存在浸渗,但对行车无影响,则其技术状况值为(　　)。
   A. 0　　　　　　　　B. 1　　　　　　　　C. 2　　　　　　　　D. 3

10. 某隧道技术状况评分值为87分,且无符合5类技术状况,则该隧道技术状况评级为(　　)。
    A. 1类　　　　　　B. 2类　　　　　　C. 3类　　　　　　D. 4类

11. 某隧道技术状况评分值为80分,但拱部衬砌出现大范围开裂、脱落现象,则该隧道技术状况评级为(　　)。
    A. 2类　　　　　B. 3类　　　　　C. 4类　　　　　D. 5类
12. 盾构隧道混凝土管片的强度等级不应低于(　　)。
    A. C30　　　　　B. C40　　　　　C. C50　　　　　D. C60
13. 盾构隧道混凝土管片抗弯性能检测,试验用反力架所提供反力不得小于最大试验荷载的(　　)。
    A. 1.2倍　　　　B. 1.5倍　　　　C. 1.8倍　　　　D. 2.0倍
14. 盾构隧道混凝土管片强度检测频率,要求抽检数量不少于同一批管片总数的(　　)。
    A. 1%　　　　　B. 3%　　　　　C. 5%　　　　　D. 10%
15. 盾构隧道混凝土管片外观和尺寸检测频率为(　　)。
    A. 1/50　　　　B. 1/100　　　　C. 1/200　　　　D. 1/1000

## 二、判断题(正确的划"√",错误的划"×",请填在题后的括号里,每题1分)

1. 隧道经常性检查的结论以定性判断为主。　　　　　　　　　　　　　　　　　(　　)
2. 隧道经常性检查一般采用目测方法,配合以简单的检查工具进行。　　　　　　(　　)
3. 当隧道经常检查发现隧道存在一般异常情况时,应采取措施进行处治。　　　　(　　)
4. 隧道经常性检查中发现某分项技术状况评定值为5时,应立即开展一次定期检查。
　　　　　　　　　　　　　　　　　　　　　　　　　　　　　　　　　　　　　(　　)
5. 隧道定期检查一般采用目测方法,配合以简单的检查工具进行。　　　　　　　(　　)
6. 隧道应急检查是在隧道遭受自然灾害、发生交通事故或出现其他异常事件后,为查明缺损状况、采取应急措施,而对隧道进行的详细检查。　　　　　　　　　　　　(　　)
7. 盾构隧道混凝土管片抗拔性能检测需做破坏性试验。　　　　　　　　　　　　(　　)
8. 盾构隧道混凝土管片属于施工临时性支撑。　　　　　　　　　　　　　　　　(　　)
9. 盾构隧道施工监控巡视时,发现周边地表出现明显的沉陷(隆起)或较严重的突发裂缝,应进行预警。　　　　　　　　　　　　　　　　　　　　　　　　　　　　(　　)
10. 盾构隧道混凝土管片渗漏检测时,在设计抗渗压力下稳压1h,管片内弧面不出现渗水,侧面渗水高度不超过50mm,则判断该批管片抗渗性能合格。　　　　　　　(　　)

## 三、多项选择题(每题所列的备选项中,有2个或2个以上正确答案,选项全部正确得满分,选项部分正确按比例得分,出现错误选项本题不得分,每题2分)

1. 隧道运营状况检查包括(　　)。
    A. 经常性检查　　B. 定期检查　　C. 应急检查　　D. 专项检查
2. 隧道经常检查以定性判断为主,对各个检查项目的判定结果分为(　　)。
    A. 情况正常　　　B. 一般异常　　C. 严重异常　　D. 危险
3. 隧道洞口经常检查内容包括(　　)。
    A. 边(仰)坡有无危石、积水、积雪　　B. 洞口有无挂冰
    C. 边沟有无淤塞　　　　　　　　　　D. 构造物有无开裂、倾斜、沉陷等

4. 隧道洞门经常检查内容包括( )。
   A. 结构开裂、倾斜、沉陷、错台、起层、剥落
   B. 渗漏水
   C. 滑移
   D. 积雪
5. 隧道衬砌经常检查内容包括( )。
   A. 结构裂缝、错台、剥落、起层　　　　B. 渗漏水
   C. 挂冰、冰柱　　　　　　　　　　　　D. 积雪
6. 隧道洞门定期检查内容包括( )。
   A. 山体滑坡征兆及趋势　　　　　　　　B. 边坡、碎落台、沉陷等及其发展趋势
   C. 护坡结构病害　　　　　　　　　　　D. 排水系统堵塞情况等
7. 隧道衬砌定期检查内容包括( )。
   A. 衬砌裂缝　　　　　　　　　　　　　B. 墙身施工缝开裂
   C. 衬砌表层起层、剥落　　　　　　　　D. 衬砌混凝土碳化
8. 隧道衬砌裂缝可能导致的危害包括( )。
   A. 衬砌局部失稳、塌落、掉块　　　　　B. 衬砌漏水
   C. 钢筋锈蚀　　　　　　　　　　　　　D. 混凝土侵蚀
9. 隧道衬砌裂缝常规检查内容包括( )。
   A. 位置与形态　　B. 方向　　　　C. 长度　　　　　D. 宽度
10. 隧道衬砌裂缝详细检查内容包括( )。
    A. 位置与形态　　　　　　　　　　　　B. 方向、长度、宽度
    C. 深度和倾角　　　　　　　　　　　　D. 发展性观察
11. 隧道渗漏水是隧道最常见的病害,容易引起( )。
    A. 路面湿滑　　B. 衬砌胀裂　　C. 拱墙变形　　　D. 围岩变形
12. 隧道渗漏水简易检测内容包括( )。
    A. 位置与范围　　　　　　　　　　　　B. 漏水状态与漏水量
    C. 浑浊程度　　　　　　　　　　　　　D. pH 值
13. 隧道净空断面变形检测内容包括( )。
    A. 衬砌高程　　B. 净空断面　　C. 衬砌结构变形　　D. 附属设施变化
14. 盾构隧道混凝土管片质量检测,除检测强度、外观、尺寸外,还应检测( )。
    A. 水平拼装　　B. 渗漏　　　　C. 抗弯性能　　　　D. 抗拔性能
15. 盾构隧道混凝土管片尺寸检测主控项目为( )。
    A. 宽度　　　　B. 厚度　　　　C. 长度　　　　　　D. 保护层厚度
16. 盾构隧道混凝土管片水平拼装检测项目包括( )。
    A. 成环后内径　B. 成环后外径　C. 环向缝间隙　　　D. 纵向缝间隙
17. 盾构隧道混凝土管片壁后注浆检测项目包括( )。
    A. 注浆层厚度　B. 注浆强度　　C. 密实情况　　　　D. 缺陷与病害
18. 成型盾构隧道质量检测主控项目包括( )。

A. 表观病害　　　B. 接缝　　　C. 防水　　　D. 轴线位置和高程

19. 盾构隧道施工监控属于一级工程监测的项目是(　　)。
A. 管片结构竖向位移　　　B. 管片结构水平位移
C. 管片结构净空收敛　　　D. 地表沉降

### 习题参考答案及解析

#### 一、单项选择题

1. A　　2. A　　3. B　　4. A　　5. A
6. A　　7. B　　8. B　　9. B
10. A

【解析】隧道土建结构技术状况等级界限值见下表。

| 隧道土建结构技术状况评定分类 | | | | |
| --- | --- | --- | --- | --- |
| 1类 | 2类 | 3类 | 4类 | 5类 |
| ≥85 | ≥70，<85 | ≥55，<70 | ≥40，<55 | <40 |

11. D

【解析】隧道土建结构技术状况评定中，有下列情况之一者，直接评定为5类：①隧道洞口边仰坡不稳定,出现严重的边坡滑动、落石现象；②隧道洞门结构大范围开裂、砌体断裂、脱落现象严重,可能危及行车安全；③隧道拱部衬砌出现大范围开裂、结构性裂缝深度贯穿衬砌混凝土；④隧道衬砌结构发生明显的永久性变形,且危及结构安全和行车安全；⑤地下水大规模涌流、喷射,路面出现涌泥沙威胁交通安全；⑥隧道路面发生严重隆起,路面板严重错台、断裂,严重影响行车安全；⑦隧道洞顶各种预埋件和悬挂件严重锈蚀或断裂。

12. C
13. A
14. C
15. C

#### 二、判断题

1. √
2. √
3. ×

【解析】当隧道经常检查发现隧道存在一般异常情况时,应进行检测、观测或做进一步检查；当隧道经常检查发现隧道存在严重异常情况时,应采取措施进行处治。

4. ×

【解析】隧道经常性检查中发现某分项技术状况评定值为3或4时,应立即开展一次定期检查。

5. ×

【解析】隧道定期检查需要配备必要的检测工具或设备,进行目测或量测检测。

6. √

7. ×

【解析】盾构隧道混凝土管片抗拔性能检测主要检测吊装预埋受力构件能否满足管片吊装的施工要求,不需做破坏性试验。

8. ×

【解析】盾构隧道混凝土管片属于永久衬砌结构,直接关系隧道整体质量和安全。

9. √

10. ×

【解析】盾构隧道混凝土管片渗漏检测时,在设计抗渗压力下稳压2h,管片内弧面不出现渗水,侧面渗水高度不超过50mm,则判断该批管片抗渗性能合格。

## 三、多项选择题

| | | | | |
|---|---|---|---|---|
| 1. ABCD | 2. ABC | 3. ABCD | 4. AB | 5. ABC |
| 6. ABCD | 7. ABC | 8. ABCD | 9. ABCD | 10. ABCD |
| 11. ABC | 12. ABCD | 13. ABC | 14. ABCD | 15. AB |
| 16. ABCD | 17. ACD | 18. ABCD | 19. ABCD | |

## 【第三部分】模拟试题及参考答案

# 桥梁模拟试题(一)

一、单项选择题(每道题目有四个备选项,要求参考人员通过对题干的审查理解,从四个备选项中选出唯一的正确答案。每题1分,共计30分)

1. 桥梁质量检验评定的基本单元是(　　)。
   A. 分项工程　　　B. 分部工程　　　C. 单位工程　　　D. 施工工序
2. 石料单轴抗压强度试验用试件个数为(　　)个。
   A. 3　　　　　　B. 6　　　　　　C. 9　　　　　　D. 12
3. 压力机标定周期为(　　)。
   A. 3个月　　　　B. 6个月　　　　C. 1年　　　　　D. 2年
4. 钢筋电弧焊接头,接头的验收每批不超过(　　)个。
   A. 100　　　　　B. 200　　　　　C. 250　　　　　D. 300
5. 碳素结构钢经机械性能试验评定为Q235钢材,是由(　　)及冲击等指标来评定的。
   A. 变形量　　　　B. 屈服点　　　　C. 破坏荷载　　　D. 抗拉强度
6. 钢材焊接拉伸试验,一组试件有2根发生脆断,应再取(　　)根进行复验。
   A. 2　　　　　　B. 4　　　　　　C. 6　　　　　　D. 3
7. 桥涵地基承载力检测用于(　　)基础。
   A. 扩大　　　　　B. 桩　　　　　　C. 沉井　　　　　D. 管柱
8. 砂土的容许承载力可按照(　　)确定。
   A. 密实程度　　　B. 压缩模量　　　C. 液性指数　　　D. 液限比
9. 标准贯入试验,当钻杆长度超过(　　)时应进行锤击数修正。
   A. 2m　　　　　B. 3m　　　　　C. 6m　　　　　D. 9m
10. 钻孔灌注桩单排桩桩位偏差不得大于(　　)。
    A. 10mm　　　　B. 20mm　　　　C. 50mm　　　　D. 100mm
11. 钻孔灌注桩实测桩长为30m,时域信号第一峰与桩端反射波峰间的时间差为15.79ms,计算该桩的桩身波速为(　　)。
    A. 2000m/s　　　B. 3800m/s　　　C. 4000m/s　　　D. 6000m/s

12. 超声波法检测桩身完整性,PSD 判据增大了（　　）权数。
   A. 波形　　　　　B. 波幅　　　　　C. 频率　　　　　D. 声时差值

13. 基桩静载试验采用压重平台反力装置时,要求压重不得小于预估最大试验荷载的（　　）倍。
   A. 1.2　　　　　B. 1.5　　　　　C. 2.0　　　　　D. 2.5

14. 利用声波透射法检测桩基混凝土内部缺陷时,不平行的影响可采用（　　）数据处理来消除。
   A. 加权平均法　　B. 概率法　　　　C. PSD 判据　　　D. 多因素概率分析法

15. 桩径为 1.8m 时,应预埋声测管（　　）根。
   A. 2　　　　　　B. 3　　　　　　C. 4　　　　　　D. 5

16. 按规范法确定地基容许承载力,目前一般将地基土分为（　　）类。
   A. 3　　　　　　B. 4　　　　　　C. 5　　　　　　D. 6

17. 室内拌制混凝土时,水泥、掺合料、水、外加剂的称量精度为（　　）。
   A. 0.5%　　　　B. 1.0%　　　　C. 1.5%　　　　D. 2.0%

18. 标准贯入试验,将贯入器打入土中（　　）的锤击数作为标准贯入试验的指标。
   A. 15cm　　　　B. 45cm　　　　C. 30cm　　　　D. 15~45cm

19. 超声波法检测桩基完整性,单孔检测采用一发双收一体型换能器,其发射换能器至接收换能器的最近距离不应小于（　　）。
   A. 20cm　　　　B. 30cm　　　　C. 40cm　　　　D. 50cm

20. 超声波法检测桩身完整性适用于桩径大于（　　）以上的桩。
   A. 0.5m　　　　B. 0.8m　　　　C. 1.0m　　　　D. 1.2m

21. 超声波法检测桩身完整性,波幅临界值取（　　）。
   A. Am-2　　　　B. Am-4　　　　C. Am-5　　　　D. Am-6

22. 高应变检测单桩轴向抗压承载力时,采用自由落锤为激振设备,宜重锤低击,锤的最大落距不宜大于（　　）。
   A. 0.5m　　　　B. 1m　　　　　C. 2m　　　　　D. 3m

23. 混凝土徐变试验时徐变应力为所测的棱柱体抗压强度的（　　）。
   A. 30%　　　　　B. 40%　　　　　C. 50%　　　　　D. 60%

24. 作为评定结构或构件混凝土强度质量的抗压试块,应在（　　）制作。
   A. 施工现场　　　B. 浇筑点　　　　C. 试验室　　　　D. 拌和站

25. 桥梁动载试验效率一般采用（　　）。
   A. 0.85　　　　B. 0.95　　　　C. 1.0　　　　　D. 1.05

26. 百分表的分辨率为（　　）。
   A. 1mm　　　　 B. 0.1mm　　　 C. 0.01mm　　　 D. 0.001mm

27. 某简支梁在动荷载作用下跨中挠度为 32mm,在静荷载作用下跨中挠度为 25mm,则该结构冲击系数 $1+\mu$ 应为（　　）。
   A. 32/(1+25)　　B. 25/(1+32)　　C. 1.0　　　　　D. 1.3

28. 对混凝土桥梁进行电阻率检测时,要求被检测构件的测区数量不宜少于（　　）。

A. 10      B. 20      C. 30      D. 40

29. 桥梁静载荷载试验时间最好选择在( )。
    A. 8:00—16:00      B. 16:00—23:00
    C. 22:00—次日6:00      D. 10:00—17:00

30. 中碳钢和高碳钢没有明显的屈服点,通常以残余变形0.2%的应力作为名义( )。
    A. 屈服强度      B. 拉伸强度      C. 弯曲强度      D. 极限强度

二、判断题(每道题目列出一个可能的事实,通过审题给出该事实是正确还是错误的判断。每题1分,共计30分)

1. 桥梁试验检测可以完善设计理论和为施工工艺积累实践经验。( )
2. 一组混凝土试块经抗压试验3个值分别为20.4MPa、20.1MPa、27.3MPa,该组试块强度为21.4MPa。( )
3. 钢筋强度标准值是根据屈服强度确定的。( )
4. 抗拉强度为试样拉断前的最大负荷所对应的应力。( )
5. 松弛是指在应变不变的情况下,应力减小的现象。( )
6. 对于钢筋闪光对焊接头,外观检查不合格的,应切除重焊,可再次提交验收。( )
7. 老黏土的容许承载力可按土的压缩模量确定。( )
8. 地基荷载板试验过程中,压密阶段土体处于弹性平衡状态,该阶段对应拐点称为极限荷载。( )
9. 嵌岩桩影响桩底支承条件的主要因素是清孔不彻底,孔底沉淀层超厚。( )
10. 反射波法检测桩基完整性,桩身完整性检测以频域分析为主,辅以时域曲线分析。( )
11. 超声波检测桩基完整性,临界PSD判据反映了测点间距、声波穿透距离、介质性质、测量的声时值等参数之间的综合关系,这一关系与缺陷性质有关。( )
12. 高应变动力检测,桩顶下两侧面应对称安装加速度传感器和应变传感器各一只,其与桩顶的距离不应小于1.5倍的桩径或边长。( )
13. 确定桩基承载力的检测方法有两种,一种是静载试验,另一种是动载试验。( )
14. 利用声波透射法检测桩基混凝土内部缺陷时,不平行的影响可在数据处理中予以鉴别和消除,所以对平行度不必苛求,但必须严格控制。( )
15. 桩的各种不利缺陷最终都表现为桩的承载力下降。( )
16. 板式橡胶支座内部嵌入薄钢板的目的是为提高橡胶的硬度。( )
17. 橡胶抗剪老化试验步骤同标准抗剪弹性模量试验方法相同。( )
18. 球型支座各向转动性能一致,适用于曲线桥和宽桥。( )
19. 超声波检测混凝土表面损伤层厚度,测点布置应避免两换能器的连线方向与附近主钢筋的轴线平行。( )
20. 用钻芯法测得的混凝土强度可以直接用来评定结构混凝土的强度等级。( )
21. 测定混凝土立方体抗压强度时,如有两个测值与中值的差值超过中值的15%,则该组试验结果无效。( )

22. 预应力可使混凝土构件在使用荷载作用下不致开裂或推迟开裂,或者使裂缝宽度减小。( )
23. 钻芯法测定混凝土构件强度,芯样直径在任何情况下不得小于集料最大粒径的2倍。( )
24. 回弹仪不使用时,应将弹击杆压入仪器内,装入仪器箱,平放在干燥阴凉处。( )
25. 选用应变片时应根据应变片的初始参数及试件的受力状态、应变梯度、应变性质、工作条件等综合考虑。( )
26. 桥梁结构校验系数值越小,说明结构安全储备越小。( )
27. 在进行桥梁静载试验前,一定要对结构进行预加载,以便使仪器与构件接触面或试验结构的节点等部位接触密实,进入工作状态。( )
28. 对某三孔等跨连续拱桥,加载孔一般应选两孔。( )
29. 校验系数是评定结构工作状况的主要依据。( )
30. 应变片在电桥中的接法一般有单点测量、半桥和全桥。( )

**三、多项选择题**(每道题目所列备选项中,有2个或2个以上正确答案,每题2分。选项全部正确得满分,选项部分正确按比例得分,出现错误选项该题不得分。每题2分,共计40分)

1. 以下属于分项工程的是( )。
   A. 引道工程　　　B. 防护工程　　　C. 钢筋加工　　　D. 构件预制
   E. 构件安装
2. 施工质量保证资料包括( )。
   A. 原材料检验结果　　　　　　　B. 隐蔽工程施工记录
   C. 试验记录　　　　　　　　　　D. 桩基检测
   E. 事故处理有关资料
3. 石料抗冻性评价指标包括( )。
   A. 弹性模量　　　B. 弹性泊松比　　C. 质量损失率　　D. 耐冻系数
   E. 外形变化
4. 光圆钢筋力学性能检测指标包括( )。
   A. 屈服强度　　　B. 抗拉强度　　　C. 伸长率　　　　D. 冷弯性能
   E. 反向弯曲性能
5. 确定地基容许承载力的方法有( )。
   A. 参照法　　　　B. 理论计算法　　C. 现场荷载试验法　D. 经验公式法
   E. 假设法
6. 泥浆性能指标包括( )。
   A. 相对密度　　　B. 黏度　　　　　C. 静切力　　　　D. 含砂率
   E. 胶体率
7. 超声波检测桩基完整性的判定方法包括( )。
   A. 声速判据　　　B. 声时判据　　　C. PSD判据　　　　D. 波幅判据

E.波形判据

8.湿作业灌注桩成孔质量检查的主要内容包括( )。
　　A.桩位偏差检查　　　　　　　　　B.孔径检查
　　C.桩倾斜度检查　　　　　　　　　D.孔底沉淀土厚度检查
　　E.泥浆指标

9.回弹法测强影响因素包括( )。
　　A.水泥品种　　B.粗集料品种　　C.成型方法　　D.模板种类
　　E.混凝土龄期

10.桥涵工程中所用石料的外观要求为( )。
　　A.石质应均匀　　B.不易风化　　C.无裂缝　　D.外形方正
　　E.外形扁平

11.盆式橡胶支座成品力学性能指标包括( )。
　　A.竖向承载力　　B.水平承载力　　C.转角　　D.摩阻系数
　　E.弹性模量

12.钻芯法检测混凝土强度,需对芯样测量( )。
　　A.平均直径　　B.芯样高度　　C.垂直度　　D.平整度
　　E.质量

13.超声波透射法可以采用( )法对检测数据进行处理。
　　A.声速判据　　B.波幅判据　　C.PSD判据　　D.多因素概率分析
　　E.抽样

14.混凝土结构物的缺陷和损伤的形成原因有( )。
　　A.施工原因
　　B.非外力作用形成的裂缝
　　C.长期在腐蚀介质或冻融作用下由表及里的层状疏松
　　D.外力作用所产生的裂缝
　　E.人为破坏

15.超声波检测混凝土结合面施工质量可采用( )。
　　A.对测法　　B.平测法　　C.双面斜测法　　D.钻孔法
　　E.重叠法

16.锚夹具辅助性能试验检测项目包括( )。
　　A.静载锚固效率系数　　　　　　　B.极限总应变
　　C.锚具内缩量　　　　　　　　　　D.锚具摩阻损失
　　E.锚具锚固工艺

17.无铰拱荷载工况包括( )。
　　A.跨中最大正弯矩　　　　　　　　B.拱脚最大点弯矩
　　C.拱脚最大推力　　　　　　　　　D.正负挠度绝对值之和最大
　　E.拱脚最大剪力

18.桥梁静载试验可直接测量( )。

A. 应力　　　　B. 应变　　　　C. 位移　　　　D. 倾角
E. 裂缝

19. 桥梁动载试验测定结构的动力特性包括(　　)。
A. 自振频率　　B. 阻尼　　　　C. 振型　　　　D. 动位移
E. 动应力

20. 钻孔灌注桩成孔质量检测的项目包括(　　)。
A. 桩径　　　　B. 孔形　　　　C. 倾斜度　　　D. 孔深
E. 孔底沉淀层厚度

**四、综合题**[根据所列资料,以选择题的形式(单选或多选)选出正确的选项。每道大题10分,包括5道小题,每小题2分,选项部分正确按比例得分,出现错误选项该题不得分]

1. 某三跨连续梁预应力钢筋混凝土桥,在定期检查中发现梁底有横向受力裂缝,由于桥梁设计及竣工图纸缺失,无法进行桥梁结构验算,初步判断桥梁承载能力不足,进而计划进行承载能力评定。结合上述内容,回答下列问题。

(1) 桥梁承载能力评定主要包哪些内容(　　)。
A. 结构或构件的强度与稳定性评定　　B. 地基与基础的评定
C. 结构或构件的刚度评定　　　　　　D. 结构或构件的开裂状况评定

(2) 该桥进行静载荷载试验应对以下哪些控制点进行监测(　　)。
A. 墩台沉降　　B. 中跨跨中挠度　　C. 边跨跨中挠度　　D. 中跨支点应力

(3) 根据该桥情况,以下(　　)是进行荷载试验的必要条件。
A. 桥梁的施工质量很差,可能存在安全隐患,仅用调查、检测与检算分析难以确定其实际承载能力
B. 桥梁在运营过程中损坏严重,可能影响桥梁承载能力
C. 缺乏设计、施工资料或桥梁的结构受力不明确,不便准确进行桥梁承载能力检算
D. 为科研或积累资料的需要

(4) 如该桥竣工图纸完备,结构验算应计算哪些截面(　　)。
A. 支点截面　　B. 跨中截面　　C. 1/4 截面　　D. 裂缝开裂截面

(5) 该桥进行荷载试验可采取以下哪个校验系数(　　)。
A. 0.75　　　　B. 0.8　　　　C. 1.02　　　　D. 1.3

2. 某单位集中对高速公路沿线桥梁进行定期检查,对沿线桥梁进行技术状况评定。该高速公路已建成通车7年,由于经费有限,该高速公路养护处已6年未对管辖范围内桥梁进行定期检查。结合上述内容,回答下列问题。

(1) 桥梁检查包括哪几种方式(　　)。
A. 定期检查　　B. 特殊检查　　C. 经常检查　　D. 应急检查

(2) 按规定公路桥梁定期检查的周期应该为至少几年一次(　　)。
A. 1　　　　　B. 3　　　　　C. 5　　　　　D. 6

(3) 该桥定期检查如发现以下哪种情况应立即进行特殊检查(　　)。

A. 桥梁在定期检查中难以判断破坏原因及程度
B. 桥梁技术状况评定为3类
C. 桥梁技术状况评定为4类
D. 桥梁技术状况评定为5类

(4)桥梁特殊检查应在哪些方面做出鉴定(　　)。
A. 桥梁结构材料缺损　　　　　　　B. 桥梁结构承载力
C. 桥梁防灾能力　　　　　　　　　D. 桥梁结构合理性

(5)以下哪些是定期检查的工作内容(　　)。
A. 现场校核桥梁基本数据
B. 实地判断缺损原因
C. 对损坏严重危及安全运行的危桥,提出限行或改建建议
D. 根据桥梁技术状况,确定下次检查时间

3. 某预应力钢筋混凝土三跨连续梁桥进行定期检查,经检查该桥上部构件主梁存在纵向裂缝,病害标度为2(共5级标度),并且主梁表面存在较大面积麻面,病害标度为2(共3级标度)。结合上述内容,回答下列问题。

(1)该桥梁上部结构主梁在上部结构评价部件中评分权重为(　　)。
A. 0.5　　　　B. 0.6　　　　C. 0.7　　　　D. 0.8

(2)按该桥裂缝病害评定标准,该桥在该构件评分中应扣(　　)分。
A. 20　　　　B. 25　　　　C. 35　　　　D. 45

(3)按该桥主梁出现病害情况,麻面病害作为两个病害在该构件评分中应扣(　　)分。
A. 20　　　　B. 10　　　　C. 9.2　　　　D. 12.4

(4)该桥出现的裂缝允许宽度为(　　)。
A. 0.1mm　　　B. 0.2mm　　　C. 0.15mm　　　D. 不允许

(5)超声波检测混凝土浅裂缝可采用(　　)。
A. 对测法　　　B. 平测法　　　C. 双面斜测法　　　D. 钻孔法

4. 某高速公路钢筋混凝土简支梁桥建成后,对该桥上部结构主梁混凝土强度进行无损检测,采用回弹法检测混凝土强度。结合上述内容,回答下列问题。

(1)对该桥主梁进行回弹法强度检测不宜少于几个测区(　　)。
A. 5　　　　B. 10　　　　C. 15　　　　D. 20

(2)回弹法检测构件混凝土强度应符合下列哪些测区的规定(　　)。
A. 相邻两测区不应小于2m
B. 测区距离构件端部或施工缝边缘的距离不宜大于0.5m,且不宜小于0.2m
C. 相邻两测区不应大于2m
D. 测区距离构件端部或施工缝边缘的距离不宜小于0.2m,且不宜大于0.5m

(3)每一个测区应读取多少个回弹值(　　)。
A. 10　　　　B. 15　　　　C. 16　　　　D. 20

(4)如进行了10个测区的回弹值测量,则相应地最少做几个测点碳化深度测量(　　)。
A. 1　　　　B. 2　　　　C. 3　　　　D. 10

(5)混凝土强度换算值可采用哪些测强曲线计算(　　　)。
　　A.统一测强曲线　　B.特殊测强曲线　　C.地区测强曲线　　D.专用测强曲线

5.某公路桥梁进行定期检查,在桥面系检查中发现桥面采用沥青混凝土桥面铺装,局部存在坑槽、车辙,桥头存在严重错台现象,泄水口严重堵塞。结合上述内容,回答下列问题。

(1)桥面系在全桥技术状况评定中所占权重为(　　　)。
　　A.0.2　　　　　　B.0.25　　　　　　C.0.3　　　　　　D.0.35

(2)下列哪些部件属于桥面系范畴(　　　)。
　　A.照明设施　　　　B.排水系统　　　　C.伸缩缝　　　　D.护栏

(3)桥面系中桥面铺装部件所占权重为(　　　)。
　　A.0.2　　　　　　B.0.3　　　　　　　C.0.4　　　　　　D.0.5

(4)该桥桥面铺装的主要病害包括(　　　)。
　　A.变形　　　　　　B.泛油　　　　　　C.破损　　　　　　D.裂缝

(5)桥面系排水系统包括哪些组成部分(　　　)。
　　A.泄水孔　　　　　B.桥面横坡　　　　C.桥面纵坡　　　　D.边沟

# 桥梁模拟试题(一)答案

## 一、单项选择题

1. A    2. B    3. C    4. D    5. B    6. C    7. A    8. A    9. B    10. C
11. B   12. D   13. A   14. C   15. C   16. D   17. A   18. D   19. B   20. B
21. D   22. C   23. B   24. B   25. C   26. C   27. D   28. C   29. C   30. A

## 二、判断题

1. √    2. √    3. √    4. √    5. √    6. ×    7. √    8. ×    9. √    10. ×
11. √   12. √   13. √   14. √   15. √   16. ×   17. √   18. √   19. ×   20. ×
21. ×   22. √   23. ×   24. ×   25. √   26. √   27. ×   28. √   29. √   30. √

## 三、多项选择题

| | | | | |
|---|---|---|---|---|
| 1. CDE | 2. ABCDE | 3. CDE | 4. ABCD | 5. ABCD |
| 6. ABCDE | 7. ACD | 8. ABC | 9. ABCDE | 10. ABCD |
| 11. ABCD | 12. ABC | 13. ABC | 14. ABCD | 15. AC |
| 16. CDE | 17. ABCD | 18. BCDE | 19. ABC | 20. ABCDE |

## 四、综合题

| | | | | |
|---|---|---|---|---|
| 1.(1) ABCD | (2) ABCD | (3) BC | (4) ABCD | (5) C |
| 2.(1) ABC | (2) B | (3) ACD | (4) ABCD | (5) ABCD |
| 3.(1) C | (2) C | (3) C | (4) B | (5) BC |
| 4.(1) B | (2) BC | (3) C | (4) C | (5) ACD |
| 5.(1) A | (2) ABCD | (3) C | (4) ABCD | (5) ABC |

# 桥梁模拟试题(二)

**一、单项选择题**(每道题目有四个备选项,要求参考人员通过对题干的审查理解,从四个备选项中选出唯一的正确答案。每题1分,共计30分)

1. 查清桥梁的病害原因、破损程度、承载能力、抗灾能力,确定桥梁技术状况的工作属于(　　)检查。
   A. 特殊　　　　　B. 定期　　　　　C. 经常　　　　　D. 不定期

2. 桥梁总体及部件技术状况评定等级分为(　　)。
   A. 二类　　　　　B. 四类　　　　　C. 五类　　　　　D. 七类

3. 桥梁结构动位移量测一般采用(　　)。
   A. 千分表　　　　B. 惯性式传感器　C. 应变计　　　　D. 挠度仪

4. 自动安平水准仪(　　)。
   A. 既没有圆水准器也没有管水准器　　　B. 没有圆水准器
   C. 既有圆水准器也有管水准器　　　　　D. 没有管水准器

5. 水准尺向前或向后方向倾斜对水准测量读数造成的误差是(　　)。
   A. 偶然误差
   B. 系统误差
   C. 可能是偶然误差也可能是系统误差
   D. 既不是偶然误差也不是系统误差

6. 转动目镜对光螺旋的目的是使(　　)十分清晰。
   A. 物像　　　　　　　　　　　　　B. 十字丝分划板
   C. 物像与十字丝分划板　　　　　　D. 均不对

7. 石料单轴抗压强度试验用立方体试件应为(　　)的立方体。
   A. 100mm×100mm×100mm　　　　B. 150mm×150mm×150mm
   C. 200mm×200mm×200mm　　　　D. 70mm×70mm×70mm

8. 混凝土试件尺寸公差不得超过(　　)。
   A. 0.1mm　　　　B. 0.5mm　　　　C. 1mm　　　　D. 2mm

9. 作为评定结构或构件混凝土强度质量的抗压试块,应在(　　)制作。
   A. 施工现场　　　B. 浇筑点　　　　C. 试验室　　　　D. 拌和站

10. 钢材拉伸试验,试件的伸长率,就是试样拉断后,其标距部分增加长度与(　　)的百分比。

A. 增加长度 B. 规定长度
C. 原标距长度 D. 5 倍钢筋直径长度

11. 后张法预应力混凝土构件,孔道压浆材料压力泌水率为( )。
　　A.≤1%　　　B.2%　　　C.3%　　　D.4%

12. 预应力混凝土桥梁用锚具、连接器疲劳荷载试验后,钢绞线因锚具夹持作用发生疲劳破坏的面积不应大于原试样总面积的( )。
　　A.1%　　　B.3%　　　C.5%　　　D.10%

13. 预应力混凝土桥梁用锚具、夹具静载锚固性能试验,加载分( )完成。
　　A.2 级　　　B.3 级　　　C.4 级　　　D.5 级

14. 预应力混凝土桥梁用锚锚具、夹具疲劳荷载试验应力幅值应不小于( )。
　　A.50MPa　　　B.60MPa　　　C.70MPa　　　D.80MPa

15. 根据交通运输行业标准《公路桥梁板式橡胶支座》规定:单向活动球型支座设计竖向承载力 40000kN,纵向位移量 ±200mm,转角为 0.05rad,其正确标记为( )。
　　A. QZ40000DX/R0.05/Z±200　　　B. QZ40000DX/Z±200/R0.05
　　C. QZ40000SX/R0.05/Z±200　　　D. QZ40000SX/Z±200/R0.05

16. 按规范法确定地基承载力容许值,目前一般将地基土分为( )类。
　　A. 三　　　B. 四　　　C. 五　　　D. 六

17. 地基承载板试验,荷载的量测精度应达最大荷载的( )。
　　A.0.5%　　　B.1%　　　C.2%　　　D.4%

18. 钻孔灌注桩竖直桩倾斜度偏差不超过( )。
　　A. ±0.1%　　　B. ±0.5%　　　C. ±1%　　　D. ±2.5%

19. 反射波法检测桩身完整性,当桩径大于 1000mm 时不宜少于( )个测点。
　　A.2　　　B.3　　　C.4　　　D.5

20. 钻芯法检测混凝土强度,每个试件内最多只允许含有两根直径小于( )的钢筋。
　　A.6mm　　　B.8mm　　　C.10mm　　　D.12mm

21. 回弹仪法检测混凝土构件,相邻两测区的间距应控制在( )以内。
　　A.0.5m　　　B.1.0m　　　C.1.5m　　　D.2.0m

22. 回弹仪法检测混凝土构件,测点宜在测区内均匀分布,相邻测点的净距不宜小于( )。
　　A.10mm　　　B.15mm　　　C.20mm　　　D.40mm

23. 桥梁结构技术状况评价时,上部结构、下部结构和桥面系组成权重为( )。
　　A.0.4:0.2:0.4　　　B.0.4:0.4:0.2
　　C.0.2:0.4:0.4　　　D.0.4:0.3:0.3

24. 圬工拱桥一个桥跨范围内正负挠度的最大绝对值之和不小于( )。
　　A.1/600　　　B.1/800　　　C.1/1000　　　D.1/1600

25. 在测定简支梁的一阶振型时,激振力应作用在( )。
　　A.1/4 截面　　　B. 跨中截面　　　C.3/8 截面　　　D. 支点截面

26. 在用桥梁拉吊索索力采用振动法测量时,其索力应根据不少于前( )阶特征频率计算索力平均值。

  A. 3      B. 4      C. 5      D. 6

27. 交通运输行业标准《公路桥梁板式橡胶支座》规定：减震型固定盆式橡胶支座水平承载力应不小于支座竖向承载力的（  ）。

  A. 5%      B. 10%      C. 15%      D. 20%

28. 交通运输行业标准《公路桥梁板式橡胶支座》规定：盆式橡胶支座设计竖向转动角度不应小于（  ）。

  A. 0.01 rad    B. 0.02 rad    C. 0.03 rad    D. 0.05 rad

29. 某简支梁在动荷载作用下跨中挠度为 32 mm，在静荷载作用下跨中挠度为 25 mm，则该结构冲击系数 $1+\mu$ 应为（  ）。

  A. 32/(1+25)    B. 25/(1+32)    C. 32/25    D. 25/32

30. 当负弯矩控制无铰拱设计时，加载检测最大拉应力时，其应变片贴在（  ）。

  A. 拱顶下缘    B. 拱顶上缘    C. 拱脚下缘    D. 拱脚上缘

**二、判断题**（每道题目列出一个可能的事实，通过审题给出该事实是正确还是错误的判断。每题 1 分，共计 30 分）

1. 分项工程进行实测项目检查时应按规定频率有规律抽样。  （  ）
2. 桥梁支座各部应保持完整、清洁，每半年至少清扫一次。  （  ）
3. 对应力梯度较大、材质均匀的结构和构件，应选用大标距电阻应变片；对应力分布变化缓慢、材质不均匀的结构和构件，应选用小标距电阻应变片。  （  ）
4. 电阻应变片连接导线焊接应选用酸性助焊剂，慎用松香焊锡丝。  （  ）
5. 钢弦式表面应变计安装完成后，应使其初始频率与出厂标定的初始频率值一致。（  ）
6. 超声波仪通过发射换能器产生高压脉冲信号进入被测介质；接收换能器将接收到的高压脉冲信号转化为电信号，经数据采集系统转换为数字信号进入主机系统，然后在主机控制下进行波形显示。  （  ）
7. 混凝土加压时，初期应慢速，后期应加快加压速度。  （  ）
8. 桥梁用锚具、夹具静载锚固性能试验，以加载速率 100 MPa/min 等速连续加载至试样破坏。  （  ）
9. 混凝土收缩试验，要求混凝土试件恒温恒湿室保持在 20℃±2℃，相对湿度保持在 60%±5%。  （  ）
10. 当研究某一混凝土的徐变特性时，应至少制备 4 组徐变试件，分别在龄期 7 d、14 d、28 d、90 d 时加载。  （  ）
11. 预应力混凝土结构永久留在结构中的连接器力学性能要求与锚具相同。  （  ）
12. 桥梁用锚具、夹具静载锚固性能试验，在预加力达到 0.8 倍标准抗拉强度持荷 1 h 期间，钢绞线相对位移仍持续增加，表明失去可靠锚固能力。  （  ）
13. 桥梁用普通板式橡胶支座无固定支座和活动支座之分。  （  ）
14. 桥梁用板式橡胶支座摩擦系数试验应保持试件在设计竖向荷载作用下施加水平推力。  （  ）

15. 桥梁用球型支座竖向承载力试验每级加载稳压2min后记录每一级荷载位移量,加载至检验荷载稳压3min后卸载至零荷载。( )
16. 钻孔灌注桩,地质状态较好,孔径或孔深较小时,泥浆指标应取高限。( )
17. 射线法是在桩顶激振,使桩体和桩土体系产生振动,通过波形和振动参数推定混凝土质量。( )
18. 超声波法检测桩基完整性,当检测剖面 $n$ 个测点的声速值普遍偏低且离散性很小时,宜采用声速平均值判据。( )
19. 超声波检测桩基完整性,PSD判据对缺陷十分敏感,而对因声测管不平行或混凝土强度不均匀等原因所引起的声时变化基本上没有反应。( )
20. 硫黄胶泥补平钻芯芯样一般适用于自然干燥状态下试件,水泥砂浆补平法一般适用于潮湿状态下试件。( )
21. 测量混凝土碳化深度时,应采用适当的工具在测区表面形成直径约15mm的孔洞,用水将孔洞内粉末冲洗干净。( )
22. 掺加引气型外加剂的混凝土不能采用全国统一测强曲线进行混凝土强度检算。( )
23. 当混凝土的组成材料、工艺条件、内部质量及测试距离一定时,各测点超声传播速度首波波幅和接收信号主频率等声学参数一般无明显差异。( )
24. 桥梁结构测点实测弹性变位与现设计算值成正比,其关系曲线接近直线,说明结构处于良好的弹性工作状况。( )
25. 对于超静定桥梁结构,可依据实测的几何参数推算桥梁在持久荷载作用下的内力。( )
26. 电测法补偿片与工作片位置应接近,使二者处于同一温度场条件下。( )
27. 对于多孔桥梁,应根据桥梁技术状况检验评定情况,选择2~3孔进行承载能力检测评定。( )
28. 桥梁结构校验系数一般要求大于1。( )
29. 使用激振器使结构产生连续的周期性强迫振动,在激振器振动频率与结构固有频率一致时,结构出现共振现象。( )
30. 电阻应变片对外界温度变化不敏感。( )

**三、多项选择题**(每道题目所列备选项中,有2个或2个以上正确答案,每题2分。选项全部正确得满分,选项部分正确按比例得分,出现错误选项该题不得分。每题2分,共计40分)

1. 施工单位应对各分项工程按标准所列( )项目进行自检,对工程质量进行自我评定。
   A. 基本要求　　B. 实测项目　　C. 外观鉴定　　D. 检测资料
   E. 试验项目

2. 梁(板)预制实测项目中属于关键项目的是( )。
   A. 混凝土强度　　B. 梁(板)长度　　C. 宽度　　D. 高度

E. 断面尺寸

3. 电阻应变仪测试前需设置参数包括( )。
   A. 测量范围　　　B. 修正值　　　C. 补偿点　　　D. 测桥方式
   E. 电压值

4. 高程测量按使用的仪器和方法不同分为( )。
   A. 水准测量　　　　　　　　　　B. 闭合路线水准测量
   C. 附合路线水准测量　　　　　　D. 三角高程测量
   E. 三、四、五等水准测量

5. 经纬仪对中的基本方法有( )。
   A. 光学对点器对中　B. 垂球对中　　C. 目估对中　　D. 对中杆对中
   E. 激光对点器

6. 全站仪的主要技术指标有( )。
   A. 最大测程　　　B. 测距标称精度　C. 测角精度　　D. 放大倍率
   E. 自动化和信息化程度

7. 钢材在拉伸试验中影响屈服点的因素有( )。
   A. 环境　　　　　B. 温度　　　　　C. 湿度　　　　D. 变形速度
   E. 加荷速度

8. 下列( )需做反向或反复冷弯试验。
   A. 热轧光圆钢筋　B. 钢绞线　　　　C. 冷轧带肋钢筋　D. 热轧带肋钢筋
   E. 低碳热轧圆盘条

9. 高性能混凝土配合比设计应考虑以下哪些内容( )。
   A. 胶凝材料总量　B. 掺合料　　　　C. 抗裂性　　　　D. 抗冻性
   E. 总碱含量

10. 预应力混凝土桥梁用锚具产品不合格评定标准包括( )。
    A. 效率系数<0.95,总应变<2.0%
    B. 效率系数<0.95,总应变<2.0%,且力筋在夹片处破断
    C. 效率系数<0.95,总应变<2.0%,且力筋在距夹片(2~3)$d$范围内破断
    D. 效率系数≥0.95,总应变≥2.0%,但锚具断裂
    E. 效率系数≥0.95,总应变≥2.0%,但锚具失效

11. 桥梁板式橡胶支座抗剪弹性模量试验参数正确的为( )。
    A. 竖向加载速率0.02~0.03MPa/s　　B. 竖向加载速率0.03~0.04MPa/s
    C. 水平加载速率0.02~0.03MPa/s　　D. 水平加载速率0.03~0.04MPa/s
    E. 剪应力分级加载标准0.1MPa

12. 桥梁用塑料波纹管力学性能包括( )。
    A. 强度　　　　　B. 环刚度　　　　C. 局部横向荷载　D. 柔韧性
    E. 抗冲击性

13. 桥梁用金属波纹管试验检测项目包括( )。
    A. 刚度　　　　　B. 强度　　　　　C. 抗渗漏性　　　D. 外观

E. 尺寸

14. 标准贯入试验可以用来判定砂土的( )。
   A. 密实度　　　　B. 承载力容许值　　C. 稠度　　　　D. 砂土振动液化
   E. 砂桩承载力

15. 钻孔灌注桩桩身完整性常见质量缺陷包括( )。
   A. 桩底承载力不足　　　　　　　B. 断桩
   C. 缩径　　　　　　　　　　　　D. 夹泥
   E. 混凝土严重离析

16. 高应变动力检测法检测桩身完整性,出现( )情况,采集信号不得作为有效信号。
   A. 传感器安装处混凝土开裂
   B. 传感器安装处混凝土出现严重塑性破坏
   C. 传感器安装松动
   D. 传感器损坏
   E. 锤击严重偏心

17. 回弹法检测混凝土强度,下列哪几种情况能采用全国统一测强曲线进行换算( )。
   A. 普通成型工艺　　　　　　　　B. 标准模板
   C. 掺加引气型外加剂　　　　　　D. 混凝土处于潮湿状态
   E. 混凝土抗压强度 50MPa

18. 回弹法测强影响因素包括( )。
   A. 水泥品种　　　B. 粗集料品种　　C. 成型方法　　　D. 模板种类
   E. 混凝土龄期

19. 简支梁工况包括( )。
   A. 跨中最大正弯矩　　　　　　　B. $L/4$ 最大正弯矩
   C. 支点最大剪力　　　　　　　　D. 支点最大弯矩
   E. 桥墩最大竖向反力

20. 桥梁荷载试验,试验数据修正包括( )。
   A. 测值修正　　　B. 温度修正　　　C. 支点沉降修正　　D. 加载方式修正
   E. 时间修正

**四、综合题**[根据所列资料,以选择题的形式(单选或多选)选出正确的选项。每道大题 10 分,包括 5 道小题,每小题 2 分,选项部分正确按比例得分,出现错误选项该题不得分]

1. 对某高速公路上 15 座桥梁进行定期检查后,对桥梁技术状况进行评定,其中 3 座桥评定为二类,11 座桥评定为三类,1 座桥评定为四类。结合上述内容,回答下列问题。
   (1) 评为三类桥的 11 座桥梁应采取哪些养护措施( )。
      A. 正常保养　　　　　　　　　B. 进行小修
      C. 进行中修,酌情进行交通管制　D. 进行大修或改造
   (2) 下列哪一个桥梁技术状况评分有可能是评为四类桥的得分( )。

A.20　　　　　　B.50　　　　　　C.60　　　　　　D.70
(3)按评定结果,该高速公路至少有几座桥梁必须进行专门检查(　　)。
　　A.1　　　　　　B.12　　　　　　C.15　　　　　　D.14
(4)在实施专门检查前应充分收集资料,包括(　　)。
　　A.设计资料　　　B.竣工图　　　　C.施工记录　　　D.材料试验报告
(5)特殊检查报告应包括哪些主要内容(　　)。
　　A.概述检查一般情况
　　B.描述目前桥梁技术状况
　　C.详细叙述检查部位的损坏程度及原因
　　D.提出结构部件和总体的维修、加固或改建的建议方案

2.对某斜拉桥进行定期检查。经检查,斜拉桥拉索存在保护套开裂现象,评定标度为2(共4级标度),同时根据频率法对拉索进行了索力测试。结合上述内容,回答下列问题。
(1)斜拉桥上部结构主要包括哪些部件(　　)。
　　A.斜拉索系统　　B.主梁　　　　　C.索塔　　　　　D.支座
(2)根据该桥拉索保护套开裂现象评定,该部件应扣(　　)分。
　　A.20　　　　　　B.25　　　　　　C.30　　　　　　D.35
(3)该桥技术状况评定中拉索占上部结构的权重为(　　)。
　　A.0.4　　　　　B.0.5　　　　　C.0.6　　　　　D.0.7
(4)采用频率法进行索力测试过程中,忽略拉索抗弯刚度情况下,索力与以下哪些变量成正比关系(　　)。
　　A.单位索长索的质量　　　　　　B.计算索长的平方
　　C.索一阶自振频率的平方　　　　D.振动阶数
(5)在索力检测过程中,影响测量结果的主要因素为(　　)。
　　A.拉索长度
　　B.拉索两端约束条件以及索长的取值与理论假设的差异
　　C.拉索抗弯刚度
　　D.拉索直径

3.对某高速公路7跨预应力钢筋混凝土梁桥进行定期检查时发现,其所采用的盆式橡胶支座钢盆锈蚀严重,病害标度评定为3(共5级标度)。结合上述内容,回答下列问题。
(1)盆式橡胶支座实现主梁转角变形的方式是(　　)。
　　A.橡胶块不均匀变形　　　　　　B.四氟滑板滑动
　　C.钢板相对滑动　　　　　　　　D.钢盆不均匀变形
(2)根据该桥支座钢盆锈蚀现象评定,该部件应扣几分(　　)。
　　A.20　　　　　　B.25　　　　　　C.35　　　　　　D.45
(3)在《公路桥梁技术状况评定标准》中,支座属于(　　)。
　　A.上部构件　　　　　　　　　　B.下部构件
　　C.桥面系　　　　　　　　　　　D.同属于上部构件及下部构件
(4)盆式橡胶支座按照其活动方向可分为(　　)。

A. 单向支座  B. 活动支座  C. 抗拔支座  D. 抗震支座

(5)关于盆式橡胶支座的日常养护,下列描述正确的是(　　)。

A. 盆式橡胶支座的防尘罩,应维护完好,防治尘埃落入或雨雪渗入支座内

B. 应防止橡胶块接触油污引起老化、变质

C. 支座各部应保持完整、清洁,每1年至少清扫一次

D. 清除支座周围的油污、垃圾,防止积水、积雪,保证支座正常工作

4. 某公路桥梁为连续刚构桥,桥跨布置为36m+60m+36m,进行竣工验收,同时对桥梁承载能力进行评定。结合上述内容,回答下列问题。

(1)桥梁承载能力评定主要包括以下内容(　　)。

A. 结构或构件的强度与稳定性评定  B. 地基与基础的评定

C. 结构或构件的刚度评定  D. 结构或构件的开裂状况评定

(2)桥梁结构承载能力极限状态,是指结构或构件达到最大承载能力或出现不适于承载的变形。当桥梁结构出现以下(　　)状态之一时,即认为超过了承载能力极限状态。

A. 整个桥跨结构或结构的一部分作为刚体失去平衡(如失稳、倾覆等)

B. 结构构件或连接处因超过材料强度而破坏(包括疲劳破坏)

C. 构件或结构构件丧失稳定(如压杆的压屈失稳等)

D. 结构转变为机动体系

(3)经过评定的桥梁应撰写桥梁承载能力评定报告,报告内容应简明扼要。报告主要项目有(　　)。

A. 桥梁概况、评定目的

B. 桥梁调查与检测情况

C. 桥梁结构检算情况

D. 桥梁承载能力分析评定及桥梁承载能力的评定结论及处置建议

(4)荷载试验的必要条件是(　　)。

A. 桥梁的施工质量很差,可能存在安全隐患,仅用调查、检测与检算分析难以确定其实际承载能力

B. 桥梁在运营过程中损坏严重,可能影响桥梁承载能力

C. 缺乏设计、施工资料或桥梁的结构受力不明确,不便准确进行桥梁承载能力检算

D. 为科研或积累资料的需要

(5)如进行荷载试验,则位移计不应设置在以下哪些截面处(　　)。

A. 中跨跨中  B. 边跨跨中  C. 中跨支点  D. 中跨四分点

5. 某连续梁桥进行静力荷载试验,设计荷载效率为1,采用三轴重车作为加载车辆,车辆总重30t。结合上述内容,回答下列问题。

(1)该桥主要加载试验项目为(　　)。

A. 跨中截面最大正弯矩及挠度  B. 内支点截面最大负弯矩

C. 四分点截面最大正弯矩及挠度  D. 端支点截面最大剪力

(2)加载级数至少应分成几级施加(　　)。

A. 1  B. 2  C. 3  D. 4

(3)静力加载时,当前一级加载满足下列哪些条件时,方可进行下一级加载(　　)。
　　A. 同一级荷载内,结构最大变位测点在最后5min内的变位增量小于第一个5min变位增量的15%
　　B. 当进行主要控制截面最大内力加载程序时,加卸载稳定时间应不少于15min
　　C. 对中小桥静力荷载试验,进入下一级加载只需满足目测稳定即可
　　D. 小于量测仪器的最小分辨值时
(4)静力荷载试验的效率应介于(　　)。
　　A. 0.8~1　　　　B. 0.85~1　　　　C. 0.9~1.05　　　　D. 0.85~1.05
(5)当试验过程中发生下列(　　)情况时,应中途停止加载,及时找出原因,在确保结构及人员安全的情况下可继续试验。
　　A. 控制测点应力值已达到或超过计算的控制应力值时
　　B. 控制测点变位(或挠度)超过规范允许值时
　　C. 由于加载,使结构裂缝的长度,缝宽急剧增加,新裂缝大量出现,缝宽超过允许值的裂缝大量增多,对结构使用寿命造成较大的影响时
　　D. 拱桥加载时沿跨长方向的实测挠度曲线分布规律与计算值相差过大或实测挠度超过计算值过多时

# 桥梁模拟试题(二)答案

## 一、单项选择题

| 1. A | 2. C | 3. B | 4. D | 5. B | 6. B | 7. D | 8. C | 9. B | 10. C |
| 11. B | 12. C | 13. C | 14. D | 15. B | 16. D | 17. B | 18. C | 19. C | 20. C |
| 21. D | 22. C | 23. B | 24. C | 25. B | 26. C | 27. D | 28. B | 29. C | 30. D |

## 二、判断题

| 1. × | 2. × | 3. × | 4. × | 5. √ | 6. × | 7. × | 8. × | 9. √ | 10. √ |
| 11. √ | 12. √ | 13. √ | 14. × | 15. × | 16. × | 17. × | 18. × | 19. √ | 20. √ |
| 21. × | 22. √ | 23. √ | 24. √ | 25. √ | 26. √ | 27. × | 28. × | 29. √ | 30. √ |

## 三、多项选择题

| 1. ABC | 2. AE | 3. ABCD | 4. AD | 5. ABE |
| 6. ABCD | 7. ADE | 8. CD | 9. ABCDE | 10. BCDE |
| 11. BCE | 12. BCDE | 13. ACDE | 14. AB | 15. ABCDE |
| 16. ABCDE | 17. ABE | 18. ABCDE | 19. ABCE | 20. ABC |

## 四、综合题

1. (1) C  (2) B  (3) A  (4) ABCD  (5) ABCD
2. (1) ABCD  (2) B  (3) A  (4) ABC  (5) BC
3. (1) A  (2) D  (3) D  (4) AB  (5) ABD
4. (1) ABCD  (2) ABCD  (3) ABCD  (4) ABCD  (5) C
5. (1) ABC  (2) C  (3) ABD  (4) D  (5) ABCD

# 隧道模拟试题

**一、单项选择题**(每道题目有四个备选项,要求参考人员通过对题干的审查理解,从四个备选项中选出唯一的正确答案。每题 1 分,共计 30 分)

1. 隧道易在( )部位产生拉裂。
   A. 拱顶　　　　B. 侧墙　　　　C. 仰拱　　　　D. 拱脚

2. 对于浅埋洞口地段和某些偏压地段,隧道一般采用( )支护方式。
   A. 地表注浆加固　　　　　　　B. 管棚钢架超前
   C. 超前小导管预注浆　　　　　D. 超前围岩深孔预注浆

3. 管棚钢架超前支护,要求纵向两组管棚搭接长度应大于( )。
   A. 1m　　　　B. 2m　　　　C. 3m　　　　D. 4m

4. 砂性土的孔隙直径必须大于浆液颗粒直径( )倍以上方可注入。
   A. 2　　　　B. 3　　　　C. 4　　　　D. 5

5. 超前锚杆与隧道轴线外插角宜为( )。
   A. 1°~2°　　　B. 5°~10°　　　C. 10°~15°　　　D. 15°~20°

6. 影响浆液扩散半径、注浆压力和流量的指标是( )。
   A. 黏度　　　B. 渗透能力　　　C. 胶凝时间　　　D. 渗透系数

7. 隧道开挖要求拱脚、墙脚以上( )范围内严禁欠挖。
   A. 0.5m　　　B. 1.0m　　　C. 1.5m　　　D. 2.0m

8. 当石质坚硬完整且岩石抗压强度大于 30MPa,并确认不影响结构稳定和强度时,允许岩石个别凸出部分在 1m² 不大于( )。
   A. 0.05m²　　　B. 0.1m²　　　C. 0.15m²　　　D. 0.20m²

9. 对于硬岩炮眼痕迹保存率标准为( )。
   A. 90%　　　B. 80%　　　C. 70%　　　D. 50%

10. 锚喷支护是对围岩( )。
    A. 主动加固　　B. 被动加固　　C. 主动支撑　　D. 被动支撑

11. 锚杆拉拔力试验,要求同组单根锚杆的锚固力( )的设计值。
    A. ≥70%　　　B. ≥80%　　　C. ≥90%　　　D. ≥100%

12. 喷射混凝土采用的速凝剂应保证初凝时间不大于( )。
    A. 5min　　　B. 10min　　　C. 15min　　　D. 30min

13. 喷射混凝土回弹率要求拱部不超过( )。
    A. 20%　　　B. 30%　　　C. 40%　　　D. 50%

14. 衬砌内钢筋反射信号是( )。
   A. 月牙形强反射信号
   B. 月牙形弱反射信号
   C. 连续的小双曲线形弱反射信号
   D. 连续的小双曲线形强反射信号
15. 目前隧道防水材料使用最多的是( )。
   A. 刷式　　　B. 喷涂式　　　C. 粘贴式　　　D. 抹涂式
16. 合成高分子防水卷材验收批量为( )。
   A. 1000m　　B. 2000m　　C. 3000m　　D. 5000m
17. 隧道防水混凝土的抗渗等级不得小于( )。
   A. S2　　　B. S4　　　C. S6　　　D. S8
18. 隧道防水混凝土抗渗等级应比设计要求提高( )。
   A. 0.1MPa　B. 0.2MPa　C. 0.4MPa　D. 0.5MPa
19. 隧道防水层铺设前要求喷射混凝土基面平整度边墙满足( )。
   A. $D/L \leq 1/4$　B. $D/L \leq 1/6$　C. $D/L \leq 1/8$　D. $D/L \leq 1/10$
20. 防水板焊接要求每( )检查1处焊缝。
   A. 200m　　B. 500m　　C. 1000m　　D. 5000m
21. 土工织物试样调湿温度与饱和相对湿度分别为( )。
   A. 20℃±2℃,60%±2%
   B. 25℃±2℃,60%±2%
   C. 20℃±2℃,90%±2%
   D. 25℃±2℃,65%±2%
22. 隧道在开挖过程中,开挖工作面,四周( )倍洞径范围内受开挖影响最大。
   A. 1　　　B. 2　　　C. 3　　　D. 4
23. 隧道拱顶下沉降量测要求观测基准点应设在距离观测点( )倍洞径以外的稳定点处,每断面布设1~3测点。
   A. 1　　　B. 2　　　C. 3　　　D. 4
24. Ⅰ~Ⅱ类围岩周边位移量测断面间距为( )。
   A. 5~10m　B. 10~30m　C. 20~40m　D. 30~50m
25. 隧道围岩内部位移量测采用( )。
   A. 水准仪　B. 多点位移计　C. 收敛计　D. 激光仪
26. 隧道初期支护阶段量测变形小于最大变形的( )可以正常施工。
   A. 1/2　　B. 1/3　　C. 1/4　　D. 1/5
27. 我国《公路隧道施工技术规范》规定,隧道内甲烷($CH_4$)按体积计不得大于( )。
   A. 0.5%　　B. 1.0%　　C. 0.3%　　D. 0.1%
28. 我国规范规定,当烟雾浓度达到( )时,应采取交通管制。
   A. $0.10m^{-1}$　B. $0.012m^{-1}$　C. $0.025m^{-1}$　D. $0.050m^{-1}$
29. 在隧道照明中,( )是最重要的技术指标。
   A. 路面照明　B. 路面亮度　C. 眩光参数　D. 反射系数
30. 等级$G$与主观上对不舒适感觉评价有相应关系,当$G$=( )时,其相应关系为满意。
   A. 1　　　B. 2　　　C. 5　　　D. 7

**二、判断题**(每道题目列出一个可能的事实,通过审题给出该事实是正确还是错误的判断。每题1分,共计30分)

1. 隧道衬砌开裂更多的是由于施工管理不当造成的。( )
2. 隧道开挖当围岩自稳时间在 12~24h 之间必须采用先支护后开挖的措施。( )
3. 超前小导管预注浆一般适用于大断面隧道注浆加固。( )
4. 隧道围岩注浆硬化后起到防水和加固双重作用。( )
5. 注浆材料自身强度大者可以加固地层,小者仅能堵水。( )
6. 隧道超挖过多,只是增加工程造价,不会影响围岩稳定性。( )
7. 锚喷支护属于被动支撑,因此一般用于自稳时间短、初期变形大或对地表下沉降有严格限制的地层。( )
8. 锚杆应尽量与围岩壁面垂直,可采用目测法判定。( )
9. 砂浆锚杆只要拉拔力合格,就说明砂浆灌注质量好。( )
10. 隧道喷射混凝土抗压强度不合格,应予以凿除重喷。( )
11. 隧道衬砌背后不密实,超声波反射信号同相轴呈绕射弧形,且不连续,较分散。( )
12. 隧道水密型防水技术主要是以排为主,以防为辅。( )
13. 高分子防水卷材试样拉伸性能试验,若试验断在标距外,则该试样作废。( )
14. 对于防水卷材的外观质量,面积允许偏差,卷材中的允许接头数,卷材平直度、平整度,厚度允许偏差和最小单个值6项要求,其中有1项不合格即为不合格卷材。( )
15. 土工织物刺破强度是反映土工织物抵抗小面积集中荷载的能力。( )
16. 隧道施工监控测点一般设置在距开挖工作面2m范围内,开挖后12h内,下次爆破前测取出读数。( )
17. 隧道内目测观测是新奥法监控量测中的必测项目。( )
18. 隧道周边位移量测作业应持续到变形基本稳定后1~2周结束。( )
19. 隧道施工监控由施工单位综合施工、地质、测试等方面的要求来完成。( )
20. 二次衬砌不宜采用全断面一次或先墙后拱法浇筑混凝土。( )
21. 对于承受围岩压力较小的拱、墙,封顶和封口混凝土要求达到设计强度的70%方可拆除模板。( )
22. 回弹法测强的误差比较大,因此对比较重要的构件或结构物强度检测必须慎重使用。( )
23. 混凝土碳化的主要危害是导致钢筋锈蚀。( )
24. 被测试的结构混凝土与测强曲线混凝土的条件越接近,回弹法所测的混凝土强度误差就越小。( )
25. 粉尘浓度常用质量测定。( )
26. 隧道内一氧化碳浓度的检测,在施工中没做要求,但在运营过程中有严格要求。( )
27. 烟雾浓度可通过测定光线在烟雾中的透过率来确定。( )
28. 安全可见度指从驾驶人看到前方障碍物到采取制动汽车所行驶的距离。( )
29. 驾驶人的暗适应与明适应时间是相同的。( )

30.在隧道照明中,路面照度是最重要的技术指标。                                    (    )

**三、多项选择题**(每道题目所列备选项中,有2个或2个以上正确答案,每题2分。选项全部正确得满分,选项部分正确按比例得分,出现错误选项该题不得分。每题2分,共计40分)

1. 公路隧道的特点包括(    )。
   A. 断面大  B. 形状扁平  C. 需运营通风  D. 需运营照明
   E. 防水要求高

2. 隧道检测包括(    )。
   A. 材料检测  B. 施工检测  C. 环境检测  D. 通风检测
   E. 照明检测

3. 隧道超前锚杆质量检测实测项目包括(    )。
   A. 孔位  B. 长度  C. 钻孔深度  D. 孔径
   E. 抗拔力

4. 隧道施工监控量测的内容包括(    )。
   A. 围岩变形  B. 支护受力  C. 衬砌受力  D. 通风
   E. 照明

5. 隧道运营环境监测包括(    )。
   A. 通风  B. 照明  C. 粉尘  D. 噪声
   E. 有害气体

6. 隧道注浆材料应满足(    )要求。
   A. 渗透力强  B. 流动性好  C. 体积不收缩  D. 稳定性好
   E. 不污染环境

7. 隧道开挖的基本要求是(    )。
   A. 断面尺寸符合要求  B. 严格控制欠挖
   C. 尽量减少超挖  D. 严格控制超挖
   E. 尽量减少欠挖

8. 隧道开挖超欠挖测定的方法有(    )。
   A. 直接测量法  B. 直角坐标法
   C. 三维近景摄影法  D. 超声波法
   E. 目测法

9. 隧道爆破效果要求包括(    )。
   A. 开挖面圆顺、平整  B. 爆破进尺达到设计要求
   C. 周边炮痕迹保存率满足要求  D. 炮眼台阶形误差满足要求
   E. 光面爆破效果满足要求

10. 隧道防排水的基本原则包括(    )。
    A. 防  B. 排  C. 堵  D. 截
    E. 渗

11. 土工织物具有( )特性。
    A. 过滤　　　　　B. 排水　　　　　C. 隔离　　　　　D. 加筋
    E. 防渗

12. 隧道排水系统包括( )。
    A. 环向排水管　　B. 纵向排水盲管　C. 横向盲管　　　D. 中央排水管
    E. 渗井

13. 隧道施工监控量测的任务包括( )。
    A. 确保安全　　　B. 指导施工　　　C. 修正设计　　　D. 节省投资
    E. 积累资料

14. 隧道围岩量测数据主要内容包括( )。
    A. 位移、应力、应变时态曲线　　　B. 位移、应力、应变速率时态曲线
    C. 位移、应力、应变空间曲线　　　D. 位移、应力、应变深度曲线
    E. 接触应力横断面分布图

15. 隧道混凝土衬砌常见质量问题有( )。
    A. 混凝土开裂　　　　　　　　　　B. 混凝土强度不够
    C. 混凝土厚度不够　　　　　　　　D. 钢筋锈蚀
    E. 背后存在空洞

16. 隧道衬砌浇筑前对模板的检查项目包括( )。
    A. 刚度　　　　　B. 外形　　　　　C. 尺寸　　　　　D. 位置
    E. 挡头

17. 影响超声波法测量精度的因素有( )。
    A. 横向尺寸　　　B. 湿度和温度　　C. 集料性质　　　D. 水灰比
    E. 龄期

18. 隧道衬砌内部常用的检测方法有( )。
    A. 水压法　　　　B. 超声波法　　　C. 钻孔取芯法　　D. 地质雷达法
    E. 红外成像法

19. 隧道通风检测的内容有( )。
    A. 粉尘浓度测定　B. 瓦斯测定　　　C. 一氧化碳测定　D. 二氧化碳测定
    E. 烟雾浓度测定

20. 隧道光度检测的内容包括( )。
    A. 照度　　　　　B. 光强　　　　　C. 眩光参数　　　D. 光通量
    E. 亮度

**四、综合题**[根据所列资料,以选择题的形式(单选或多选)选出正确的选项。每道大题10分,包括5道小题,每小题2分,选项部分正确按比例得分,出现错误选项该题不得分]

1. 某两车道隧道长2320m,两洞口埋深均在15m以上,隧道围岩为花岗岩,洞口段为强风化软弱带,洞身段围岩为Ⅲ、Ⅳ、Ⅴ类及断层破碎带。根据上述内容,回答下列问题。

(1)以下( )为隧道必测监控量测项目。
　　A.拱顶沉降　　　B.周边收敛　　　C.地表下沉　　　D.二次衬砌压力
(2)在锚喷支护中锚杆拔力检测满足以下( )方可认为合格。
　　A.28d拔力平均值不小于设计　　　B.7d拔力平均值不小于设计
　　C.最小拔力不小于设计值的85%　　D.最小拔力不小于设计值的90%
(3)隧道内的分部工程有( )。
　　A.洞身开挖　　　　　　　　　　　B.洞身衬砌
　　C.隧道防排水　　　　　　　　　　D.隧道路面
(4)针对洞口崩塌落石的措施有( )。
　　A.对岩面加喷射混凝土支护　　　　B.打地表锚杆
　　C.打地表锚索　　　　　　　　　　D.增设防落石棚
(5)按《公路工程质量检验评定标准》,在隧道洞身开挖实测中,以下说法正确的是( )。
　　A.拱部超挖按围岩类别不同,允许的超挖量不同
　　B.开挖宽度只能超不能欠
　　C.隧道底开挖可以欠挖
　　D.不论隧道长短,检查方法和频率均一样

2.某隧道在施工过程中遇到断层破碎带,围岩裂隙水较发育,经现场勘察及专家论证,决定采用注浆堵水加固围岩。首批30个钻孔注浆施工完成后,采用地质钻机钻孔对注浆效果进行检查,并测得单孔吸水量。根据上述内容,结合有关知识回答下列问题。
(1)钻孔注浆效果检查方法主要包括( )。
　　A.试验法　　　B.分析法　　　C.检查孔法　　　D.物探无损检测法
(2)该隧道注浆检测方法属于( )。
　　A.试验法　　　B.分析法　　　C.检查孔法　　　D.声波检测法
(3)围岩注浆材料的主要性能指标包括( )。
　　A.黏度　　　　B.渗透能力　　C.抗压强度　　　D.渗透系数
(4)本次隧道检测,注浆检查孔应至少布设( )个。
　　A.1　　　　　B.2　　　　　C.3　　　　　　D.4
(5)根据检测结果,单孔吸水量为( ),满足要求。
　　A.0.9L/(min·m$^2$)　　　　　　　B.1.0L/(min·m$^2$)
　　C.1.1L/(min·m$^2$)　　　　　　　D.1.2L/(min·m$^2$)

3.某高速公路隧道,设计横断为标准两车道,计划采用地质雷达法对已完成的喷射混凝土初期支护进行质量检测;检测前在隧道内选取1处位置,进行了3次介质参数标定,相对介电常数标定结果分别为:9、8、10,标定位置测点的双程旅行时间为4ns。根据已知条件回答下列问题。
(1)地质雷达法可用于检测隧道衬砌结构质量的哪些指标( )。
　　A.检测支护(衬砌)厚度　　　　　　B.内部钢架分布
　　C.背部回填密实度　　　　　　　　D.内部钢筋分布
(2)关于介质参数标定目标体的选择中,下列描述中正确的是( )。

A. 标定目标体可以已知厚度位置的衬砌结构
B. 标定目标体可以已知厚度的预制构件
C. 标定目标体的厚度一般不小于 10cm
D. 标定目标体的厚度一般不小于 15cm

(3)该隧道衬砌混凝土的介电常数现场标定结果为(　　)。

A.7　　　　B.8　　　　C.9　　　　D.10

(4)关于介质参数标定测点数量的要求,下列描述中正确的是(　　)。

A. 每座隧道应不少于 1 处
B. 当隧道长度大于 1km 时,应适当增加标定点数
C. 衬砌材料或含水率变化较大时,应适当增加标定点数
D. 在洞口或洞内避车洞处使用双天线直达波法测量

(5)根据双程旅行时间计算,该标定目标体的厚度为(　　)。

A. 10cm　　　B. 15cm　　　C. 20cm　　　D. 25cm

4.某隧道工程进行变形观测,其拱顶下沉值观测数据见下表($Y_i$ 为累计值)。

| $X_i$(d) | 1 | 2 | 3 | 5 | 10 | 20 | 30 | 40 | 50 | 60 |
|---|---|---|---|---|---|---|---|---|---|---|
| $Y_i$(mm) | 3.0 | 5.5 | 7.6 | 10.1 | 14.6 | 19.3 | 21.5 | 22.8 | 23.2 | 23.4 |

试对该组数据进行回归分析后回答下述问题。

(1)拱顶下沉量测的目的是(　　)。

A. 确认围岩稳定性　　　　　　　B. 判断支护效果
C. 预防拱顶崩塌　　　　　　　　D. 保证施工质量和安全

(2)根据观测数据,可判断该隧道围岩变形变化规律为(　　)。

A. 开始一段时间位移增长速度很快,以后逐渐减速并趋于稳定
B. 开始一段时间位移增长速度很快,以后快速稳定
C. 围岩位移增长速度较慢,并逐渐趋于稳定
D. 开始一段时间位移增长速度很慢,以后快速稳定

(3)根据观测数据的变化规律,对采集数据进行处理时,采用(　　)较为合适。

A. 对数函数　　B. 指数函数　　C. 双曲线函数　　D. 抛物线函数

(4)根据监测数据和变形速率的监控等级要求,如果该隧道的预留变形量为 10cm,该隧道的位移量测数据管理等级是(　　)。

A. Ⅰ级　　　　B. Ⅱ级　　　　C. Ⅲ级　　　　D. Ⅳ级

(5)可以用以指导施工管理的量测内容有(　　)。

A. 最大位移值　　　　　　　　B. 位移速率
C. 位移时态曲线　　　　　　　D. 位移空间曲线

5.某隧道按照"新奥法"原则进行设计,上、下双洞分离式,单向三车道,采用三心圆内轮廓,隧道长 770m,净宽 14.55m,净高 7.9m,属于特大断面隧道。本次检测断面围岩级别属于Ⅲ级围岩。采用 XJ-400 型隧道激光断面仪进行自动测量,检测精度为 ±1mm,每 25m 检测一个断面,隧道实测净空断面如下图所示。

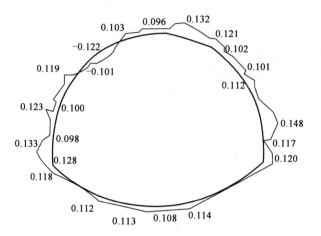

注:①图中不规则的曲线表示实际开挖断面尺寸,规则曲线表示设计开挖断面尺寸;②图中数值表示距离(m),正值表示超挖,负值表示欠挖。

根据本隧道的相关信息,回答以下问题。

(1)本隧道激光断面仪的测量原理为(　　),测量过程中,将 XJ-400 型隧道激光断面仪放置于(　　),以水平方向为起算方向,按一定间距(角度或距离)依次一一测定(　　)之间的矢径(距离)及该矢径与水平方向的夹角,将这些矢径依次相连即得实际开挖的轮廓线。

　　A. 极坐标法;任意位置;仪器旋转中心到实际开挖轮廓线的交点

　　B. 极坐标法;隧道中心线位置;隧道中心线到实际开挖轮廓线的交点角

　　C. 直角坐标法;任意位置;仪器旋转中心到实际开挖轮廓线的交点

　　D. 直角坐标法;隧道中心线位置;隧道中心线到实际开挖轮廓线的交点

(2)激光断面仪法可应用于检测(　　)。

　　A. 开挖断面质量控制　　　　　　　B. 初期支护喷射混凝土

　　C. 衬砌混凝土强度　　　　　　　　D. 二次衬砌断面轮廓

(3)在隧道的超、欠挖测定中,用非接触方法量测断面的有(　　)。

　　A. 三维近景摄影法　　　　　　　　B. 使用激光束的方法

　　C. 极坐标法　　　　　　　　　　　D. 使用投影机的方法

(4)本隧道的拱部最大(　　),边墙最大超挖宽度(　　),拱部最大欠挖高度(　　),仰拱(　　)。

　　A. 超挖 132mm;122mm;148mm;欠挖 113mm

　　B. 欠挖 132mm;122mm;148mm;欠挖 120mm

　　C. 超挖 132mm;148mm;122mm;超挖 113mm

　　D. 超挖 132mm;148mm;122mm;超挖 120mm

(5)本隧道的超欠挖(　　)规范要求,其周边炮眼保存率为(　　),(　　)规范要求。

　　A. 满足;75%;满足　　　　　　　　B. 满足;70%;满足

　　C. 不满足;75%;不满足　　　　　　D. 不满足;70%;不满足

# 隧道模拟试题答案

## 一、单项选择题

| 1. A | 2. A | 3. C | 4. B | 5. B | 6. A | 7. B | 8. B | 9. B | 10. A |
| 11. C | 12. A | 13. C | 14. D | 15. C | 16. D | 17. D | 18. B | 19. B | 20. C |
| 21. A | 22. B | 23. C | 24. A | 25. B | 26. B | 27. A | 28. B | 29. B | 30. D |

## 二、判断题

| 1. √ | 2. √ | 3. √ | 4. √ | 5. √ | 6. × | 7. × | 8. √ | 9. × | 10. × |
| 11. √ | 12. √ | 13. √ | 14. √ | 15. √ | 16. × | 17. √ | 18. × | 19. × | 20. √ |
| 21. √ | 22. √ | 23. √ | 24. √ | 25. √ | 26. × | 27. √ | 28. √ | 29. × | 30. × |

## 三、多项选择题

| 1. ABCDE | 2. ABC | 3. ABCD | 4. ABC | 5. ABD |
| 6. ABCDE | 7. ABC | 8. ABC | 9. ABCDE | 10. ABCDE |
| 11. ABCD | 12. ABCD | 13. ABCE | 14. ABCDE | 15. ABCDE |
| 16. ABCDE | 17. ABCDE | 18. ABCDE | 19. ABCE | 20. ABDE |

## 四、综合题

| 1. (1) AB | (2) AD | (3) ABD | (4) ABCD | (5) ABCD |
| 2. (1) BCD | (2) C | (3) ABCD | (4) C | (5) A |
| 3. (1) ABCD | (2) ACD | (3) C | (4) ACD | (5) C |
| 4. (1) ABCD | (2) A | (3) C | (4) C | (5) ABC |
| 5. (1) A | (2) ABD | (3) ABCD | (4) D | (5) A |

# 桥梁隧道综合模拟试题(一)

**一、单项选择题**(共30题,每题1分,共计30分)

1. 《工程结构可靠性设计统一标准》属于以下哪一类标准。（　　）
   A. 综合基础标准　　　　　　　　B. 专业基础标准
   C. 专业通用标准　　　　　　　　D. 专业专用标准

2. 隧道周边位移速率≥5mm/d时,其量测频率为（　　）。
   A. 2次/d　　　B. 1次/d　　　C. 1次/(2~3d)　　　D. 1次/3d

3. 在进行桥梁分项工程质量评分时,涉及结构安全和使用功能的重要实测项目,其合格率不得低于（　　）。
   A. 75%　　　B. 80%　　　C. 90%　　　D. 100%

4. 桥梁定期检查周期根据技术状况确定,最长不得超过（　　）。
   A. 1年　　　B. 3年　　　C. 5年　　　D. 6年

5. 反映喷射混凝土物理力学性能及耐久性的综合指标是（　　）。
   A. 拉压强度　　　B. 抗拉强度　　　C. 疲劳强度　　　D. 黏结强度

6. 一般情况下,隧道二次衬砌应在围岩和初期支护变形基本稳定后施工,拱顶相对下沉速度一般小于（　　）。
   A. 0.2mm/d　　　B. 0.15mm/d　　　C. 0.10mm/d　　　D. 0.05mm/d

7. 利用手持式引伸仪量测构件应变时,标距为100mm,构件加载前后位移计读数差为3mm,则构件产生的应变值为（　　）。
   A. 3mm　　　B. 0.03mm　　　C. 33.3mm　　　D. 103mm

8. 用于动态测量的电阻应变片其绝缘电阻应高于（　　）。
   A. 50Ω　　　B. 150Ω　　　C. 200Ω　　　D. 500Ω

9. 桥梁结构基础工程动、静态测试一般采用（　　）。
   A. 钢弦式压力计　　　　　　　　B. 钢弦式荷载传感器
   C. 钢弦式位移计　　　　　　　　D. 钢弦式应变传感器

10. 石料的单轴压缩变形采用的试件个数为（　　）。
    A. 3个　　　B. 6个　　　C. 9个　　　D. 12个

11. 超前锚杆支护一般宜采用（　　）作为锚杆与孔壁间的胶结物,以使尽早发挥超前自护作用。
    A. 早强混凝土　　　B. 普通砂浆　　　C. 早强砂浆　　　D. 普通混凝土

12. 隧道台阶法开挖可用于（　　）。

A. Ⅰ~Ⅲ级围岩中小跨度隧道　　　　　B. Ⅰ~Ⅲ级围岩大跨度隧道
C. Ⅲ~Ⅵ级围岩中小跨度隧道　　　　　D. Ⅵ~Ⅴ级围岩中小跨度隧道

13. 防水混凝土结构应该满足：裂缝宽度应（　　），并不贯通；迎水面主钢筋保护层厚度不应小于（　　）；衬砌厚度≥30cm。
    A. ≤0.2mm,30mm　　　　　　　　　B. ≤0.1mm,50mm
    C. ≤0.2mm,50mm　　　　　　　　　D. ≤0.1mm,30mm

14. 石料一般要求冻融后的质量损失率小于（　　）。
    A. 1%　　　　B. 2%　　　　C. 4%　　　　D. 5%

15. 预应力混凝土桥梁用锚具、连接器静载锚固性能应同时满足（　　）。
    A. 效率系数≥0.90,实测极限拉力时总应变≥1.0%
    B. 效率系数≥0.90,实测极限拉力时总应变≥2.0%
    C. 效率系数≥0.95,实测极限拉力时总应变≥2.0%
    D. 效率系数≥0.95,实测极限拉力时总应变≥1.0%

16. 预应力混凝土桥梁用锚具、连接器经（　　）周期荷载试验后,钢绞线在锚具夹持区域不应发生破断、滑移和夹片松脱现象。
    A. 50次　　　　B. 100次　　　　C. 100万次　　　　D. 200万次

17. 预应力混凝土桥梁用锚具、夹具抽检批数为（　　）。
    A. 500件　　　　B. 1000件　　　　C. 2000件　　　　D. 3000件

18. 隧道拱部硬岩允许超挖值平均值和最大值分别为（　　）。
    A. 150mm,300mm　　　　　　　　　B. 100mm,200mm
    C. 150mm,200mm　　　　　　　　　D. 100mm,300mm

19. 标准贯入试验,当土层较密实,贯入不足30cm的锤击数已超过（　　）击时,应换算成贯入30cm的锤击数。
    A. 20　　　　B. 30　　　　C. 40　　　　D. 50

20. 控制泥浆沉淀层厚度的主要指标是（　　）。
    A. 相对密度　　　　B. 黏度　　　　C. 含砂率　　　　D. 胶体率

21. 桩基完整性检测方法中,属于振动检测法的是（　　）。
    A. 锤击法　　　　B. 超生脉冲法　　　　C. 射线法　　　　D. 钻芯法

22. 喷射混凝土回弹模量要求边墙不超过（　　）。
    A. 20%　　　　B. 30%　　　　C. 40%　　　　D. 50%

23. 隧道湿喷混凝土衬砌,要求混凝土初凝时间和终凝时间分别不超过（　　）。
    A. 5min,10min　　　B. 5min,30min　　　C. 10min,10min　　　D. 10min,30min

24. 回弹仪法检测混凝土构件,测区距构件端部不宜大于0.5m,且不宜小于（　　）。
    A. 0.05m　　　　B. 0.1m　　　　C. 0.15m　　　　D. 0.2m

25. 回弹法测定混凝土强度适用龄期为（　　）。
    A. 7~1000d　　　B. 7~500d　　　C. 14~1000d　　　D. 14~500d

26. 反映光源光通量在不同方向上的光学特性的指标是（　　）。
    A. 光谱光效率　　　　B. 光通量　　　　C. 光强　　　　D. 照度

27. 超声波检测表面损伤层厚度时,一般采用( )。
   A. 对测法　　　　B. 斜测法　　　　C. 平测法　　　　D. 钻孔法
28. 桥梁静载试验效率一般情况下不宜小于( )。
   A. 0.5　　　　　B. 0.85　　　　　C. 0.95　　　　　D. 1.05
29. 某简支梁,跨径 $L=20$ mm,加载后测得跨中挠度25mm,支点 $A$ 沉降量为4mm,支点 $B$ 沉降量为6mm,则跨中实际挠度为( )。
   A. 20mm　　　　B. 21mm　　　　C. 19mm　　　　D. 35mm
30. 隧道模筑混凝土衬砌,在Ⅴ、Ⅵ级围岩中每隔( )应设沉降缝一道。
   A. 10～20m　　　B. 20～40m　　　C. 20～50m　　　D. 30～80m

## 二、判断题(共30题,每题1分,共计30分)

1. 桥梁试验检测是施工控制的重要手段。　　　　　　　　　　　　　　　( )
2. 喷射混凝土表面出现裂缝、脱落、露筋、渗漏水等情况时,应予以修补,凿除重喷或进行整治。　　　　　　　　　　　　　　　　　　　　　　　　　　　　　　　　　( )
3. 锚杆拉拔力是锚杆材料、加工和施工好坏的综合反映。　　　　　　　　( )
4. 分项工程评分时,基本要求外观鉴定评分满分为100分。　　　　　　　( )
5. 在进行桥梁检测时,应尽可能使用高灵敏度、高准确度的仪器。　　　　( )
6. 对受荷后会发生曲率变化的构件,不宜用位移计应变装置测定其表面应变。( )
7. 张线式位移计环形标尺读数精度为0.1mm,目估可达0.01mm。　　　　( )
8. 超前小导管预注浆一般适用于大断面隧道注浆加固。　　　　　　　　　( )
9. 钢弦式传感器是根据振幅的变化来反映外界作用力的大小。　　　　　　( )
10. 隧道开挖应严格控制欠挖,尽量减少超挖。　　　　　　　　　　　　　( )
11. 石料的泊松比是弹性模量相对应条件下的径向应变与轴向应变之比。　　( )
12. 当混凝土强度等级不小于C60时,宜采用标准试件;使用非标准试件时,尺寸换算系数由试验确定。　　　　　　　　　　　　　　　　　　　　　　　　　　　( )
13. 混凝土弹性模量按3个试件测值的算术平均值计算,当由1个试件的轴心抗压强度超过检验控制荷载的轴心抗压强度值的20%时,试验结果无效。　　　　　　　　( )
14. 隧道防排水技术主要是以排为主,以防为辅。　　　　　　　　　　　　( )
15. 桥梁用锚具,夹具静载锚固性能试验在满足锚固性能后,预应力筋达到极限破断时,锚板和锥形锚孔不允许出现过大弹性变形。　　　　　　　　　　　　　　　　( )
16. 岩体的波速越高,表明岩体越坚硬、弹性性能越强,结构上越完整。　　( )
17. 桥梁用板式橡胶支座抗剪弹性模量施加10MPa竖向荷载的目的是保证其接近实际受力状态。　　　　　　　　　　　　　　　　　　　　　　　　　　　　　( )
18. 隧道照明设施是根据车速设计的。　　　　　　　　　　　　　　　　　( )
19. 地基承载力原位测试要求在土体原有位置上,在保持土的天然结构、天然含水率及天然应力状态下的测定。　　　　　　　　　　　　　　　　　　　　　　　( )
20. 地表下沉是隧道必测项目。　　　　　　　　　　　　　　　　　　　　( )

21. 标准贯入试验用贯入器打入土中 30cm 的锤击数作为标准贯入试验的锤击数。（　　）
22. 支承桩孔底沉淀层厚度不大于 300mm。（　　）
23. 在铺设防水板时，应注意为下阶段预留不少于 50cm 的搭接余量。（　　）
24. 由于超声波声速与混凝土厚度之间是线性关系，可以作为混凝土均匀性等级评定的依据。（　　）
25. 高分子防水卷材试样热老化处理试验程序，80℃±2℃的温度下恒温 14d，标准环境调节 24h，按外观、拉伸性能试验试验规定的方法进行检查和试验。（　　）
26. 粉尘浓度常用质量测定。（　　）
27. 为减少温度变化时桥梁荷载试验造成影响，加载时间以 22:00—次日 6:00 为宜。（　　）
28. 二次衬砌背后需填充注浆时，应预留注浆孔。（　　）
29. 在一定范围内，应变片的电阻变化率与应变成反比例关系。（　　）
30. 桥梁静载效率系数与挠度检验系数含义相同。（　　）

**三、多项选择题**（共 20 题，每题 2 分，共 40 分。下列各题的备选项中，至少有两个是符合题意的，选项全部正确得满分，选项部分正确按比例得分，出现错误选项不得分）

1. 隧道施工监控量测的必测项目包括(　　)。
   A. 地质与支护状况　　　　　　B. 周边位移
   C. 拱顶下沉　　　　　　　　　D. 锚杆拉拔力
   E. 地表下沉

2. 公路桥涵质量检验的依据包括(　　)。
   A.《公路工程质量检验评定标准》　　B.《公路桥涵施工技术规范》
   C. 设计文件　　　　　　　　　D. 试验规程
   E. 法律、法规

3. 隧道超前锚杆质量检测实测项目要求正确的是(　　)。
   A. 长度不短于设计长度的 90%　　B. 锚杆搭接长度不小于 1m
   C. 锚杆从刚架前端穿过　　　　D. 锚杆从刚架腹部穿过
   E. 锚杆外插角宜为 5°～10°

4. 分项工程质量检验的内容包括(　　)。
   A. 施工准备　　B. 基本要求　　C. 实测项目　　D. 外观鉴定
   E. 质量保证资料

5. 土工织物的反滤三准则是(　　)。
   A. 保水性　　B. 保土性　　C. 渗水性　　D. 防水性
   E. 防堵性

6. 桥梁检测机械式仪表整体一般包括(　　)。
   A. 感受机构　　B. 变换机构　　C. 指示装置　　D. 标定装置

E. 附属装置

7. 激光断面仪法可应用于检测(　　)。
   A. 开挖断面质量控制　　　　　　B. 初期支护喷射混凝土
   C. 衬砌混凝土强度　　　　　　　D. 二次衬砌断面轮廓
   E. 二次衬砌断面厚度

8. 桥梁检测用光学仪器需标定的包括(　　)。
   A. 精密水准仪　　B. 激光挠度仪　　C. 倾角仪　　D. 读数显微镜
   E. 百分表

9. 智能型超声波仪组成部分包括(　　)。
   A. 主机　　　　　　　　　　　　B. 高压发射系统
   C. 程控放大系统　　　　　　　　D. 数据采集与传输系统
   E. 电源系统

10. 压电式加速度传感器主要技术指标包括(　　)。
    A. 灵敏度　　B. 安装谐振频率　　C. 频率响应　　D. 横向灵敏度比
    E. 幅值范围

11. 隧道开挖的基本要求是(　　)。
    A. 断面尺寸符合要求　　　　　　B. 严格控制欠挖
    C. 尽量减少超挖　　　　　　　　D. 严格控制超挖
    E. 尽量减少欠挖

12. 钢筋闪光对焊接头应进行(　　)。
    A. 外观检查　　B. 探伤检查　　C. 拉伸试验　　D. 冷弯试验
    E. 松弛检测

13. 目前桥梁用预应力钢材为(　　)。
    A. 钢丝　　　　B. 钢绞线　　　C. 螺纹钢筋　　D. 冷拉钢筋
    E. 热处理钢筋

14. 当混凝土中各组成材料引入氯离子含量超过规定值时,应采取哪些防腐措施(　　)。
    A. 掺加阻锈剂　　　　　　　　　B. 增大保护层厚度
    C. 提高密实　　　　　　　　　　D. 改善环境条件
    E. 增加钢筋用量

15. 综合考虑安全和经济两个方面,隧道白天照明被划分为(　　)四个区段。
    A. 入口段　　　B. 过渡段　　　C. 渐变段　　　D. 中间段
    E. 出口段

16. 桥梁盆式橡胶支座竖向承载力试验检测项目包括(　　)。
    A. 抗压强度　　B. 弹性模量　　C. 剪切模量　　D. 竖向压缩变形
    E. 盆环径向变形

17. 隧道围岩量测数据主要内容包括(　　)。
    A. 位移、应力、应变时态曲线　　　B. 位移、应力、应变速率时态曲线

C.位移、应力、应变空间曲线  D.位移、应力、应变深度曲线
E.接触应力横断面分布图

18.地基静力荷载板试验终止加载的情况包括( )。
A.承压板周围土体明显挤出  B.24h内沉降等速增加
C.P-S曲线出现陡降段  D.加载至设计荷载
E.试验时间超过5d

19.喷射混凝土质量检验指标包括( )。
A.强度  B.厚度  C.变形  D.压缩模量
E.抗渗性

20.低应变反射波法可用于检测桩基( )。
A.完整性  B.缺陷位置  C.桩端嵌固情况  D.承载力
E.几何尺寸

**四、综合题**[根据所列资料,以选择题的形式(单选或多选)选出正确的选项。每道大题10分,包括5道小题,每小题2分,选项部分正确按比例得分,出现错误选项该题不得分]

1.对某钢筋混凝土板拱桥进行定期检查,经检查发现拱圈存在纵向裂缝12条,横向裂缝5条。结合上述内容,回答下列问题。

(1)根据该桥裂缝开展情况,该桥拱圈横向裂缝开展宽度限制值为( )。
A.0.2mm  B.0.3mm  C.0.4mm  D.0.5mm

(2)根据该桥裂缝开展情况,该桥拱圈纵向裂缝开展宽度限制值为( )。
A.0.2mm  B.0.3mm  C.0.4mm  D.0.5mm

(3)该桥上部结构主要包括哪些部件( )。
A.主拱圈  B.拱上结构  C.桥面板  D.拱脚

(4)主拱圈作为拱桥主要承重构件,在上部结构评定中所占权重值为( )。
A.0.5  B.0.6  C.0.7  D.0.8

(5)该桥主拱圈开裂裂缝主要集中在拱顶区段拱圈下缘,则可以初步判断裂缝开展的原因是( )。
A.主拱圈抗弯强度不够  B.主拱圈抗剪强度不够
C.主拱圈混凝土强度不够  D.拱脚位移

2.对某跨径为30m的预应力混凝土简支梁桥进行了静力、动力荷载试验,根据对试验结果的分析,该桥应变校验系数为0.95,残余应变21%,挠度校验系数为0.96,残余变形18%。结合上述内容,回答下列问题。

(1)该桥应变校验系数说明( )。
A.静力荷载作用下该桥应变情况满足设计要求
B.静力荷载作用下该桥应变情况不满足设计要求
C.静力荷载作用下该桥仍存在较大的应力储备
D.静力荷载作用下该桥应力储备不足

(2)该桥的挠度校验系数常值一般为( )。
   A.0.6~1    B.0.6~0.9    C.0.5~0.9    D.0.5~1
(3)该桥残余应变限制值应小于( )。
   A.15%    B.20%    C.25%    D.30%
(4)该桥行车试验实测的桥跨结构最大变位控制测点的垂直振幅标准值宜小于( )。
   A.1mm    B.2mm    C.3mm    D.4mm
(5)实测该桥桥跨结构的一阶竖弯自振频率一般应大于( ),否则认为桥跨结构的总体刚度较差。
   A.3.0Hz    B.4.0Hz    C.5.0Hz    D.6.0Hz

3.西南某地区(8度区)三跨高墩预应力连续刚构桥,在一次7.2级地震中,上部结构主梁发生扭曲开裂,但主梁未发生落梁现象,使桥面行驶车辆安全得到保障。结合上述内容,回答下列问题。

(1)公路桥梁应根据路线等级及桥梁重要性和修复的难易程度分为( )类。
   A.AB 两类    B.ABC 三类    C.ABCD 四类    D.ABCDE 五类
(2)A类桥梁是指( )。
   A.位于高速公路和一级公路上的主跨径超过100m的特大型桥梁
   B.位于高速公路和一级公路上的主跨径超过200m的特大型桥梁
   C.位于高速公路和一级公路上的特大型及大型桥梁
   D.位于高速公路和一级公路上所有桥梁
(3)以下抗震措施中,符合该地区要求的是( )。
   A.该地区悬索桥塔顶鞍座应设置保护措施,以防止震落
   B.如采用钻孔灌注桩为确保基础安全,可将钢护筒留在桩上,钢护筒的顶部应伸入承台,护筒长度应超过桩的最大弯矩图的第一反弯点
   C.除跨径超过500m大桥外无须采用抗震保护
   D.除跨径超过200m大桥外无须采用抗震保护
(4)梁桥受震破坏主要表现为( )。
   A.墩台开裂、倾斜、折断或下沉
   B.支座弯扭、断裂、倾倒或脱落
   C.桥梁上部结构和下部结构间相对位移
   D.落梁
(5)拱桥受震破坏主要表现为( )。
   A.拱圈开裂    B.墩台下沉
   C.多孔时墩身开裂、折断    D.落拱

4.某公路双向双车道隧道,长1825m,埋深90m,在隧道进洞300m后,遇有一断层及其影响带 F5,采用钻探技术,探明前方断层及其影响带宽45m,并与隧道轴线斜交,该断层及其影响带处于灰岩和砂岩交接带,岩层破碎,地下水较丰富。根据以上相关信息,回答以下问题。

(1)该隧道属于( )。
   A.短隧道    B.中隧道    C.长隧道    D.特长隧道

(2)隧道排水系统中地下水的流程,以下哪一个流程是正确的(　　)。
  A. 围岩→纵向排水管→环向排水管→横向盲管→中央排水管
  B. 围岩→纵向排水管→横向排水管→环向盲管→中央排水管
  C. 围岩→横向盲管→环向排水管→纵向排水管→中央排水管
  D. 围岩→环向排水管→纵向排水管→横向盲管→中央排水管

(3)修补防水层破损处时,所用的补丁一般剪成(　　)。
  A. 圆形　　　　　B. 正方形　　　　　C. 长方形　　　　　D. 三角形

(4)本隧道在穿越断层破碎带时,可采用的超前支护措施有(　　)。
  A. 长管棚　　　　B. 超前小导管　　　C. 注浆　　　　　　D. 超前锚杆

(5)本隧道在穿越断层破碎带时,可采用的施工方法有(　　)。
  A. 全断面法　　　　　　　　　　　　B. CD法
  C. 多台阶法　　　　　　　　　　　　D. 环向开挖预留核心土

5. 地质雷达探测是利用电磁波在隧道开挖工作面前方岩体中的传播及反射,根据传播速度和反射脉冲波走时进行超前地质预报的一种物探方法。结合背景材料,回答下列有关地质雷达探测法方面的问题。

(1)背景材料中,地质雷达在完整灰岩地段预报距离宜在(　　)以内。
  A. 20m　　　　　B. 30m　　　　　　C. 40m　　　　　　D. 50m

(2)地质雷达连续预报时前后两次重叠长度应在(　　)以上。
  A. 3m　　　　　　B. 5m　　　　　　C. 8m　　　　　　 D. 10m

(3)关于地质雷达探测,下列描述正确的是(　　)。
  A. 具有快速、无损、连续检测、实时显示等特点,但在掌子面有水的情况下不宜使用
  B. 地质雷达在完整灰岩地段预报距离宜在20m以内
  C. 连续预报时前后两次重叠长度应在5m以上
  D. 利用电磁波在隧道开挖工作面前方岩体中的传播及反射,根据传播速度和反射脉冲波走时进行超前地质预报的一种物探方法

(4)地质雷达法预报应编制探测报告,内容包括(　　)。
  A. 地质解译结果　　　　　　　　　　B. 测线布置图
  C. 探测时间剖面图　　　　　　　　　D. 围岩分级

(5)地质雷达探测法具有(　　)特点。
  A. 快速　　　　　B. 无损　　　　　　C. 连续检测　　　　D. 实时显示

# 桥梁隧道综合模拟试题(一)答案

## 一、单项选择题

| 1. A | 2. A | 3. C | 4. B | 5. A | 6. C | 7. B | 8. B | 9. A | 10. B |
| 11. C | 12. B | 13. C | 14. B | 15. C | 16. A | 17. C | 18. B | 19. D | 20. C |
| 21. A | 22. B | 23. A | 24. D | 25. C | 26. C | 27. C | 28. C | 29. D | 30. D |

## 二、判断题

| 1. √ | 2. √ | 3. √ | 4. × | 5. × | 6. √ | 7. × | 8. × | 9. × | 10. √ |
| 11. √ | 12. √ | 13. × | 14. × | 15. × | 16. √ | 17. √ | 18. × | 19. √ | 20. × |
| 21. × | 22. × | 23. √ | 24. × | 25. × | 26. √ | 27. √ | 28. √ | 29. √ | 30. √ |

## 三、多项选择题

| 1. ABCE | 2. AB | 3. BDE | 4. BCDE | 5. BCE |
| 6. ABCE | 7. ABDE | 8. ABCD | 9. ABCDE | 10. ABCDE |
| 11. ABC | 12. ABC | 13. ABC | 14. ABC | 15. ABDE |
| 16. DE | 17. ABCDE | 18. ABC | 19. AB | 20. ABC |

## 四、综合题

1. (1) B  (2) D  (3) ABC  (4) C  (5) A
2. (1) AD  (2) A  (3) B  (4) A  (5) A
3. (1) AD  (2) B  (3) AB  (4) ABCD  (5) ABCD
4. (1) C  (2) D  (3) A  (4) ABCD  (5) BCD
5. (1) B  (2) B  (3) ACD  (4) ABC  (5) ABCD

# 桥梁隧道综合模拟试题(二)

## 一、单项选择题(共30题,每题1分,共计30分)

1.《公路工程质量检验评定标准》规定,工程质量检验评定以( )为基本单元,采用合格率法进行。
   A.单位工程　　　B.分部工程　　　C.分项工程　　　D.施工工序

2.用于大中桥下部结构镶面的石料,抗冻性指标应满足( )冻融循环试验要求。
   A.15次　　　　　B.25次　　　　　C.30次　　　　　D.50次

3.桥梁工程用水泥,当混凝土采用碱活性集料时,宜选用含碱量不大于( )的低碱水泥。
   A.0.1%　　　　　B.0.2%　　　　　C.0.5%　　　　　D.0.6%

4.混凝土棱柱体轴心抗压强度标准试件尺寸为( )。
   A.150mm×150mm×150mm　　　　　B.150mm×150mm×200mm
   C.150mm×150mm×300mm　　　　　D.150mm×150mm×600mm

5.混凝土强度等级为C40,进行立方体抗压强度试验加载速率应控制在( )。
   A.0.08~0.1MPa/s　　　　　　　　B.0.3~0.5MPa/s
   C.0.5~0.8MPa/s　　　　　　　　D.0.8~1.0MPa/s

6.混凝土抗压弹性模量试验,试件应变测试时应加载至轴心抗压强度的( )。
   A.1/4　　　　　　B.1/3　　　　　C.1/2　　　　　D.3/4

7.预应力钢绞线进行松弛试验时,标距长度不小于公称直径的( )。
   A.5倍　　　　　　B.10倍　　　　　C.20倍　　　　　D.60倍

8.某桥梁用结构钢Q345,钢板厚度60mm,则该钢材对应的下屈服强度为( )。
   A.305MPa　　　　B.335MPa　　　　C.340MPa　　　　D.490MPa

9.桥梁用预应力筋锚具,张拉端采用圆形锚具,则该类锚具分类代码表示为( )。
   A.YM　　　　　　B.YMB　　　　　C.YMH　　　　　D.YMP

10.预应力筋静载锚固试验要求组装件数量为( )。
   A.2个　　　　　　B.3个　　　　　C.5个　　　　　D.6个

11.预应力钢绞线张拉时,要求张拉端钢绞线内缩量不应大于( )。
   A.5mm　　　　　　B.6mm　　　　　C.8mm　　　　　D.10mm

12.板式橡胶支座实测抗压强度极限值要求满足( )。
   A.≥60MPa　　　　B.≥70MPa　　　　C.≥75MPa　　　　D.≥80MPa

13.预应力混凝土桥梁用塑料波纹管的环刚度要求不小于( )。

A. 5kN/m²    B. 6kN/m²    C. 7kN/m²    D. 10kN/m²

14. 超声波仪要求换能器的实测主频与标称频率相差不超过( )。
  A. ±2%     B. ±3%    C. ±5%    D. ±10%

15. 钻芯法测定混凝土强度,芯样公称直径不宜小于混凝土集料最大粒径的( )。
  A. 1倍    B. 2倍    C. 3倍    D. 5倍

16. 斜拉桥索力偏差超过( ),应分析原因检定其安全系数是否满足规范要求。
  A. ±3%    B. ±5%    C. ±6%    D. ±10%

17. 采用荷载板法检测地基承载力,要求沉降观测的精度不应低于( )。
  A. 1mm    B. 0.1mm    C. 0.01mm    D. 0.001mm

18. 超声波法检测桩基完整性,声速临界值一般取( )。
  A. 正常混凝土波速平均值与1倍声速标准差之差
  B. 正常混凝土波速平均值与2倍声速标准差之差
  C. 正常混凝土波速平均值与3倍声速标准差之差
  D. 正常混凝土波速平均值与5倍声速标准差之差

19. 桥梁定期检查周期最长不得超过( )。
  A. 1年    B. 2年    C. 3年    D. 5年

20. 桥梁荷载试验应变测试,采用电阻应变仪测试时要求分辨率满足( )。
  A. 1με    B. 2με    C. 3με    D. 5με

21. 公路隧道衬砌属于隧道工程的( )。
  A. 单位工程    B. 分部工程    C. 分项工程    D. 施工工序

22. 某两车道公路隧道穿越地层为Ⅰ~Ⅲ级围岩,采用钻爆法施工宜采用( )。
  A. 全断面开挖   B. 台阶法开挖   C. 中隔壁法开挖   D. 双侧壁导坑法开挖

23. 公路隧道开挖应严格控制欠挖,其中拱脚、墙脚以上( )范围内严禁欠挖。
  A. 0.5m    B. 1.0m    C. 2.0m    D. 全部

24. 公路隧道锚杆抗拔力检测时,要求单根锚杆的抗拔力不得低于设计值的( )。
  A. 85%    B. 90%    C. 95%    D. 100%

25. 某公路隧道测定衬砌混凝土强度试件数量为30组,在进行强度评定时要求试件的抗压强度平均值不低于设计值,且任一组试件抗压强度不低于设计值的( )。
  A. 0.80    B. 0.85    C. 0.90    D. 0.95

26. 公路隧道模筑混凝土衬砌应满足抗渗要求,混凝土抗渗等级一般不小于( )。
  A. P6    B. P8    C. P10    D. P12

27. 公路隧道施工期间总尘最高容许浓度应小于( )。
  A. 6mg/m³    B. 7mg/m³    C. 8mg/m³    D. 10mg/m³

28. 某公路隧道位于2600m海拔高度,施工期间一氧化碳最高容许浓度应小于( )。
  A. 20mg/m³    B. 15mg/m³    C. 10mg/m³    D. 5mg/m³

29. 某公路隧道全长4500m,在正常交通运营情况下,隧道内一氧化碳设计浓度δ取( )。
  A. 200cm³/m³      B. 150cm³/m³
  C. 100cm³/m³      D. 50cm³/m³

30. 盾构隧道混凝土管片强度检测抽检数量不少于同一检测批管片总数的( )。
  A.1%    B.2%    C.3%    D.5%

## 二、判断题（共30题，每题1分，共计30分）

1. 公路工程质量等级评定，按照"三级制度、逐级评定、合规定质"的原则进行评定。 （ ）
2. 石料抗压强度随含水率增大而降低。 （ ）
3. 桥梁工程混凝土用石子最大粒径宜按照施工工艺选取。 （ ）
4. 混凝土抗折试验，如果有一根试件出现断裂面位于加载点外侧，则该组试验结果无效。 （ ）
5. 预应力钢绞线应力松弛率是指持荷120h的松弛率。 （ ）
6. 桥梁用锚具进行硬度检测时，如有一个零件不合格，则应另取数倍数量的零件重新检测，如仍有一个零件不合格，则该批零件不合格。 （ ）
7. 桥梁用盆式橡胶支座试验检测合格的支座，由于其力学性能受到一定影响，不能用于工程实体中。 （ ）
8. 桥梁金属波纹管检测有不合格项目时，应取双倍数量的试件对各项指标进行重新检测，复验仍存在不合格项目时，该批产品不合格。 （ ）
9. 隧道用防水卷材理化性能试验如果仅有一项不符合标准要求，允许在该批产品中随机另取一卷进行单项复测，合格则该批产品理化性能合格。 （ ）
10. 回弹法推定混凝土强度应首先选用国家测强曲线。 （ ）
11. 混凝土桥梁钢筋锈蚀电位越大，则钢筋锈蚀的可能性越小。 （ ）
12. 桥梁技术状况评定时，钢筋锈蚀电位、氯离子含量、电阻率、碳化等指标是必须检测的。 （ ）
13. 采用电磁法检测钢筋保护层厚度时，应选测锈蚀电位表明钢筋可能存在锈蚀活化的部位。 （ ）
14. 混凝土碳化深度评定系数 $K_c$ 是指实测碳化深度平均值与设计值的比值。 （ ）
15. 采用荷载板法检测地基承载力，可取 $P$-$S$ 曲线的比例极限对应的荷载作为地基容许承载力荷载值。 （ ）
16. 钻孔灌注桩采用反循环钻进成孔，遇到砂性土层泥浆相对密度应取低限。 （ ）
17. 桥梁桩基静载试验时，当桩基总位移量大于或等于40mm，本级荷载沉降量大于或等于前一级荷载沉降量的5倍，则认为该桩基已达到极限承载力。 （ ）
18. 桥梁技术状况等级为三、四、五类的桥梁，应进行荷载试验评定其承载力。 （ ）
19. 隧道激光断面仪检测原理为直角坐标法。 （ ）
20. 隧道复合式衬砌主要受力结构为二次衬砌。 （ ）
21. 隧道喷射混凝土衬砌的平均厚度大于设计厚度可视为厚度合格。 （ ）
22. 隧道仰拱应超前拱墙衬砌施工，其超前距离宜保持3倍以上拱墙衬砌循环作业长度。 （ ）
23. 隧道防排水应遵循"防、排、截、堵结合"的原则。 （ ）

24. 隧道施工超前地质预报是隧道施工的必要工序。（   ）
25. 隧道施工地表沉降监控量测精度为±1mm。（   ）
26. 隧道喷射混凝土抗压强度评定为不合格时,可采用补喷增加厚度予以补强或凿除重喷。（   ）
27. 隧道防水卷材的铺设宜采用无钉热合铺设法铺挂。（   ）
28. 隧道围岩基本质量指标 BQ 取决于岩石饱和单轴抗压强度。（   ）
29. 隧道内路面亮度是隧道照明检测的主要技术指标,经常把路面的光反射视为理想漫反射。（   ）
30. 某隧道技术状况评分为92分,则该隧道技术状况评定为Ⅰ类。（   ）

**三、多项选择题**（共20题,每题2分,共40分。下列各题的备选项中,至少有两个是符合题意的,选项全部正确得满分,选项部分正确按比例得分,出现错误选项不得分）

1. 公路工程分项工程质量检验内容包括(     )。
   A. 基本要求       B. 实测项目       C. 外观质量       D. 试验报告
   E. 质量保证资料

2. 评价石料抗冻性指标包括(     )。
   A. 强度变化       B. 弹性模量变化   C. 质量损失       D. 外观变化
   E. 色泽变化

3. 预应力锚具、夹具质量检测时,以下属于常规检测的项目为(     )。
   A. 钢绞线内缩量   B. 锚具锚口损失   C. 硬度           D. 静载锚固性能
   E. 周期荷载试验

4. 盆式橡胶支座力学性能指标包括(     )。
   A. 抗压强度       B. 水平承载力     C. 转角           D. 摩擦系数
   E. 竖向承载力

5. 隧道用高分子防水卷材,其力学性能指标包括(     )。
   A. 断裂拉伸强度   B. 撕裂强度       C. 刺破强度       D. 弹性模量
   E. 顶破强度

6. 超声波检测混凝土质量和内部缺陷,主要评价指标包括(     )。
   A. 声时           B. 波幅           C. 波形           D. 频率
   E. 能量

7. 高强度螺栓连接抗滑移系数试验,出现以下哪种情况则可认定滑移荷载(     )。
   A. 试验机发生回针现象           B. 试件测面划线出现错动
   C. 变形曲线出现突变             D. 试件发生"嘣"的响声
   E. 指针静止点

8. 桥梁扩大基础地基承载力确定的方法包括(     )。
   A. 现场荷载试验法               B. 理论公式计算法
   C. 经验公式计算法               D. 参照邻近结构物法

E. 推算法

9. 桥梁需做特殊检查的情况包括( )。
　　A. 定期检查难以查明损坏原因　　　　B. 桥梁技术状况为四、五类
　　C. 桥梁技术状况为三、四、五类　　　D. 拟通过加固手段提高桥梁荷载等级
　　E. 桥梁通过特种车辆

10. 以下可将桥梁技术状况直接评定为5类桥梁的状况包括( )。
　　A. 桥梁裂缝严重超限
　　B. 桥梁上部结构出现断板现象
　　C. 悬索桥主缆或多根吊索出现严重锈蚀、断丝
　　D. 桥墩不稳定,出现滑动、下沉、位移、倾斜等现象
　　E. 梁式桥上部承重构件出现全截面开裂

11. 桥梁桩基础静载试验,单桩极限承载力可按照以下哪几种方法确定( )。
　　A. 总位移量大于或等于40mm,本级荷载沉降量大于或等于前一级荷载沉降量的5倍,取此荷载为极限荷载
　　B. 总位移量大于或等于40mm,本级荷载沉降量大于或等于前一级荷载沉降量的5倍,取前一级荷载为极限荷载
　　C. 总位移量大于或等于40mm,本级荷载施加后24h尚未达到相对稳定标准,取该级荷载为极限荷载
　　D. 总位移量大于或等于40mm,本级荷载施加后24h尚未达到相对稳定标准,取前一级荷载为极限荷载
　　E. 巨粒土总沉降量小于40mm,但荷载已大于或等于设计荷载×设计规定的安全系数,取该级荷载为极限荷载

12. 隧道喷射混凝土质量检测包括( )。
　　A. 强度　　　　B. 厚度　　　　C. 外观　　　　D. 背后空洞
　　E. 混凝土密实度

13. 隧道钢拱架安装质量检测包括( )。
　　A. 安装尺寸与倾斜度　　　　B. 节段连接与固定
　　C. 刚架固定与锁定　　　　　D. 保护层厚度
　　E. 安装楔块

14. 隧道锚杆抗拔力检测标准包括( )。
　　A. 检测数量为锚杆的1%且每次不少于3个
　　B. 同组锚杆抗拔力的平均值不小于设计值
　　C. 同组锚杆抗拔力的平均值不小于设计值的95%
　　D. 单根锚杆的抗拔力不得低于设计值的90%
　　E. 单根锚杆的抗拔力不得低于设计值的95%

15. 影响隧道喷射混凝土厚度的因素包括( )。
　　A. 爆破效果　　B. 回弹率　　C. 喷射参数　　D. 施工控制措施
　　E. 施工温度

16. 隧道模筑混凝土主要检测指标包括(　　)。
    A. 混凝土强度　　　　　　　　　　B. 混凝土衬砌厚度
    C. 混凝土密实度　　　　　　　　　D. 混凝土衬砌背后空洞
    E. 混凝土与岩石密贴性

17. 隧道排水盲管包括(　　)。
    A. 环向排水盲管　　　　　　　　　B. 纵向排水盲管
    C. 横向排水盲管　　　　　　　　　D. 竖向排水盲管
    E. 深埋水沟

18. 隧道堵水措施包括(　　)。
    A. 围岩预注浆　　　　　　　　　　B. 径向注浆
    C. 超前钻孔设置泄水洞　　　　　　D. 井点降水
    E. 冻结帷幕

19. 隧道施工环境检测主要内容包括(　　)。
    A. 粉尘浓度　　B. 一氧化碳浓度　　C. 硫化氢浓度　　D. 瓦斯浓度
    E. 洞内照明

20. 确定围岩分级应考虑的因素包括(　　)。
    A. 岩石饱和单轴抗压强度　　　　　B. 岩体完整性指数
    C. 软弱结构面产状影响　　　　　　D. 围岩初始应力状态影响
    E. 地下水影响修正

**四、综合题**[从7道大题中选答5道大题,每道大题10分,共50分。下列各题备选项中,有1个或1个以上是符合题意的,选择全部正确得满分,选择部分正确按比例得分,出现错误选项该题不得分]

1. 某高速公路一座在建10孔30m装配式预应力混凝土简支小箱梁桥,下部基础采用钻孔灌注桩,设计为摩擦桩,桩径1.5m,桩长45m;小箱梁设置8束纵向预应力筋,预应力筋采用高强度低松弛钢绞线;固定支座采用普通板式橡胶支座,滑动支座采用聚四氟乙烯板支座。结合以下施工内容回答有关问题。

   (1) 钻孔灌注桩施工时,除检测泥浆相对密度、黏度和含砂率外,还应检测(　　)。
       A. 胶体率　　B. 失水率　　C. 泥皮厚度　　D. 静切力
       E. 酸碱度

   (2) 钻孔灌注桩施工完毕,经检测孔底沉淀层厚度为350mm,该沉淀层厚度是否满足要求(　　)。
       A. 满足　　　　　　　　　　　　B. 不满足

   (3) 箱梁预应力筋张拉理论计算伸长值为160mm,实测伸长值为150mm,该张拉伸长值是否满足要求(　　)。
       A. 满足　　　　　　　　　　　　B. 不满足

   (4) 对小箱梁预应力筋组装件进行静载锚固性能试验,要求锚具锚固性能应满足(　　)。
       A. 效率系数≥0.95　　　　　　　B. 效率系数≥0.92

C. 实测极限拉力时总应变≥2.0%　　D. 实测极限拉力时总应变≥3.0%

(5)对滑动支座进行摩擦系数试验时,应将支座竖向加载至平均压应力(　　),然后再施加水平力。

A. 10MPa　　　　B. 20MPa　　　　C. 70MPa　　　　D. 75MPa

2. 某跨径20m装配式钢筋混凝土简支板桥进行技术状况检测评定,分别对梁板混凝土外观质量、材质状况及基础等进行详细检测与评定。结合具体检测内容回答有关问题。

(1)以下属于材质状况检测的指标是(　　)。
A. 混凝土强度　　　　　　　　　B. 混凝土氯离子含量
C. 混凝土锈蚀电位　　　　　　　D. 混凝土电阻率
E. 混凝土碳化状况

(2)采用回弹法检测混凝土强度时,对回弹值进行修正表述正确的是(　　)。
A. 当回弹仪为非水平方向且测试面为非浇筑侧面时,应先进行角度修正再进行浇筑面修正
B. 当回弹仪为非水平方向且测试面为非浇筑侧面时,应先进行浇筑面修正再进行角度修正
C. 当回弹仪测试梁板底面时,回弹值应进行折减修正
D. 当回弹仪测试梁板底面时,回弹值应进行增大修正
E. 当梁板测区数少于10个时,梁板推定强度取最小测区混凝土强度换算值

(3)当梁板钢筋锈蚀电位评定标度为1时,还应检测以下哪些材质状况指标(　　)。
A. 保护层厚度　　　　　　　　　B. 混凝土氯离子含量
C. 混凝土锈蚀电位　　　　　　　D. 混凝土电阻率
E. 混凝土碳化状况

(4)桥梁基础变位检测评定内容包括(　　)。
A. 竖向沉降　　　　　　　　　　B. 水平变位和转角
C. 相邻基础沉降差　　　　　　　D. 基础不均匀沉降、滑移
E. 基础承载力

(5)经检测该桥墩顶产生水平位移值为60mm,是否应采取措施进行加固(　　)。
A. 应加固　　　　　　　　　　　B. 不需加固

3. 某新建三孔预应力混凝土连续箱梁,跨径组合为60m+100m+60m,交工验收前进行动静载试验。结合具体试验内容回答有关问题。

(1)该连续梁桥中跨跨中最大弯矩设计值为6000kN·m,汽车荷载冲击力系数取0.15,静载试验效率系数取1.05,则静载试验引起的荷载效应为(　　)。
A. 6000kN·m　　B. 6900kN·m　　C. 7245kN·m　　D. 7500kN·m

(2)该连续梁静载试验测试主要内容包括(　　)。
A. 中跨支点斜截面应力　　　　　B. 中跨跨中截面最大正弯矩应力及挠度
C. 边跨跨中截面应力及挠度　　　D. 支点沉降

E. 混凝土梁体裂缝

(3)该连续梁中跨跨中截面应变测点,板底面测点不宜少于( ),且应对称布置。

  A.3个    B.4个    C.5个    D.6个

(4)在最大试验荷载作用下,中跨跨中实测挠度值为80mm,残余挠度值3mm,说明该结构受力状态为( )。

  A.弹性工作状态  B.弹塑性工作状态  C.塑性工作状态

(5)该桥梁动载试验测定前3级模态,至少需布设( )传感器。

  A.2个    B.6个    C.9个    D.12个

4.某公路装配式预应力混凝土简支T梁桥拟提高荷载等级,对该桥进行加固利用。加固设计前对该桥进行了技术状况检测与评定,并通过荷载试验进一步评定实际承载力。结合具体试验内容回答下列有关问题。

(1)该桥梁上部T梁缺损状况评定标度为1,材质强度评定标度为1,自振频率评定标度为1,则T梁承载力检算系数$Z_1$为( )。

  A.1.15    B.1.10    C.1.00    D.0.90

(2)该桥梁上部T梁跨中截面设计抗弯承载力1600kN·m,截面折减系数$\xi_c=1.0$、$\xi_s=1.0$,承载力恶化系数$\xi_e=0.02$,则基于技术状况检算的T梁跨中抗弯承载力为( )。

  A.1568kN·m  B.1600kN·m  C.1803kN·m  D.1840kN·m

(3)加固设计前对该桥梁现有交通荷载进行调查,分别确定典型代表交通量修正系数$\xi_{q1}=1.05$、大吨位车辆混入影响修正系数$\xi_{q2}=1.02$、轴荷载分布影响修正系数$\xi_{q2}=1.0$,则活荷载影响修正系数为( )。

  A.$\xi_{q1} \cdot \xi_{q2} \cdot \xi_{q3}$  B.$\sqrt{\xi_{q1} \cdot \xi_{q2} \cdot \xi_{q3}}$  C.$\sqrt[3]{\xi_{q1} \cdot \xi_{q2} \cdot \xi_{q3}}$

(4)该桥梁上部T梁跨中截面理论计算挠度值为60mm,通过荷载试验实测跨中截面弹性挠度为20mm,由此可确定检算系数$Z_2$为( )。

  A.1.3    B.1.2    C.1.15    D.1.10

(5)考虑现有桥梁恒载和交通量变化,跨中截面最不利荷载效应为1800kN·m,该桥梁现有技术状况能否满足承载力要求。( )

  A.满足            B.不满足

5.某高速公路施工标段,针对施工用原材料进行专项检查。结合具体检测项目回答有关问题。

(1)对砌筑桥梁基础用石料进行抗冻性检测,该石料经过50次冻融循环后,外观无明显损伤,质量损失率为1.8%,强度为冻融试验前的0.7倍。则该石料质量应判定( )。

  A.合格            B.不合格

(2)对钢筋机械连接接头进行接头工艺检验,要求每种规格钢筋接头的数量不应少于( )。

  A.2个    B.3个    C.4个    D.5个

(3)对桥梁用塑料波纹管检测发现环刚度不满足要求时,应如何处理( )。

  A.该批产品认定为不合格

B. 重新取样对所有项目进行检测,全部合格则该批产品认定为合格

C. 重新取双倍数量的试件对环刚度进行检测,复验合格则该批产品合格

D. 重新取双倍数量的试件对环刚度进行检测,复验仍不合格则该批产品不合格

(4) 对隧道用合成高分子防水卷材取样截取前,应在( )环境下进行不少于24h状态调整。

A. 温度20℃±5℃,相对湿度90%±15%

B. 温度23℃±5℃,相对湿度60%±15%

C. 温度23℃±2℃,相对湿度60%±15%

D. 温度23℃±2℃,相对湿度90%±15%

(5) 对隧道锚杆进行力学性能检测的指标包括( )。

A. 抗拉强度  B. 延展性  C. 弹性  D. 可焊性

6. 为保证公路隧道施工安全、指导施工、修改设计,隧道开挖前应进行超前地质预报,施工过程中应进行施工监控量测。结合以上两项工作回答有关问题。

(1) 隧道超前地质预报采用地质调查法时,需进行隧道内地质素描,地质素描主要内容应包括( )。

A. 工程地质状况  B. 水文地质状况

C. 围岩稳定性与支护状况  D. 围岩分级状况

E. 保留影像

(2) 某隧道施工前根据地质调查法,初步判定掌子面前方80m存在岩溶发育区,为进一步探明岩溶具体位置和形态,较准确的预报手段是( )。

A. 地震波反射法  B. 电磁波反射法  C. 高分辨直流电法  D. 瞬变电磁法

E. 红外探测法

(3) 在进行超前地质预报时,遇到以下哪几种前兆可初步判定前方可能存在大型岩溶( )。

A. 岩层明显湿化、软化

B. 小溶洞频繁增加,且多有水流痕迹

C. 钻孔时涌水量剧增,且夹有泥沙或小砾石

D. 节理组数急剧增加

E. 岩石强度明显降低

(4) 在进行隧道监控量测时,以下属于必测项目的是( )。

A. 洞内外观察  B. 周边收敛  C. 拱顶下沉  D. 地表下沉

E. 围岩应力

(5) 进行隧道监控量测时发现,位移速率不变、时态曲线呈直线上升趋势,此时应采取( )措施。

A. 适当减弱支护  B. 正常施工

C. 及时加强支护,必要时暂停掘进  D. 停止掘进,及时采取加固措施

E. 撤离人员,等待围堰变形终止再进行施工

7. 某公路隧道施工期间开展施工质量隐患排查和质量检查。结合以下检查情况回答有关

问题。

(1)隧道洞身开挖应满足以下哪些施工要求(　　)。
　　A.断面尺寸符合设计要求　　　　B.严格控制欠挖
　　C.严格控制超挖　　　　　　　　D.尽量减少超挖
　　E.仰拱超挖部分应回填密实

(2)采用地质雷达检测衬砌混凝土厚度时,宜采用的天线频率为(　　)。
　　A.400~600MHz　　B.900MHz　　C.5GHz　　D.100MHz
　　E.200MHz

(3)采用地质雷达检测衬砌混凝土背后密实性,当反射信号较弱,图像均一且反射界面不明显,可判定衬砌背后(　　)。
　　A.密实　　　　B.不密实　　　　C.存在空洞

(4)隧道防水层焊缝检测时,要求焊缝强度不得小于防水板强度的(　　)。
　　A.70%　　　　B.80%　　　　C.90%　　　　D.100%

(5)隧道洞口打设超前管棚时,实测项目包括(　　)。
　　A.长度　　　　B.数量　　　　C.孔位　　　　D.孔深
　　E.搭接长度

# 桥梁隧道综合模拟试题(二)答案

## 一、单项选择题

1. C    2. D    3. D    4. B    5. C    6. B    7. D    8. B    9. A    10. B
11. A   12. B   13. B   14. D   15. C   16. D   17. C   18. B   19. C   20. A
21. B   22. A   23. B   24. B   25. B   26. B   27. C   28. A   29. C   30. D

## 二、判断题

1. ×

　　【解析】公路工程质量等级评定,按照二级制度进行评定,即合格与不合格两个等级。

2. √

3. ×

　　【解析】桥梁工程混凝土用石子最大粒径,宜按照混凝土结构情况和施工方法选取。

4. ×

　　【解析】混凝土抗折试验,如果有两根试件出现断裂面位于加载点外侧,则该组试验结果无效。

5. ×

　　【解析】预应力钢绞线应力松弛率是指持荷1000h的松弛率,可采用120h的测试数据推算1000h的松弛值。

6. ×

　　【解析】桥梁用锚具进行硬度检测时,如有一个零件不合格,则应另取数倍数量的零件重新检测,如仍有一个零件不合格,则应逐个检测,符合要求者判定该性能合格。

7. ×

　　【解析】桥梁用盆式橡胶支座试验检测合格的支座,试验后可以继续使用。

8. ×

　　【解析】桥梁金属波纹管检测有不合格项目时,应取双倍数量的试件对不合格项目进行重新检测,复验仍不合格项目时,该批产品不合格。

9. √

10. ×

　　【解析】回弹测强曲线的选用顺序为:专用测强曲线、地区测强曲线、国家测强曲线。

11. √

12. ×

【解析】在进行桥梁技术状况检测时,只有当钢筋锈蚀电位评定标度值为3、4、5的构件,需要检测氯离子含量、电阻率、碳化等指标。

13. √

14. ×

【解析】混凝土碳化深度评定系数 $K_c$ 是指实测碳化深度平均值与实测保护层厚度平均值的比值。

15. √

16. ×

【解析】砂性土层采用反循环钻进时容易塌孔,要求泥浆相对密度应取高限。

17. √

18. ×

【解析】桥梁技术状况等级为四、五类的桥梁,应进行荷载试验评定其承载力。

19. ×

【解析】隧道激光断面仪检测原理为极坐标法。

20. ×

【解析】隧道复合式衬砌主要受力结构为初次衬砌。

21. ×

【解析】隧道喷射混凝土衬砌厚度应同时满足3个条件:平均厚度≥设计厚度;60%检测点的厚度≥设计厚度;最小厚度≥0.6倍设计厚度。

22. √

23. ×

【解析】隧道防排水应遵循"防、排、截、堵结合,因地制宜、综合治理"的原则。

24. √

25. √

26. √

27. √

28. ×

【解析】隧道围岩基本质量指标 $BQ$ 取决于岩石饱和单轴抗压强度和岩体完整性指数。

29. √

30. ×

【解析】隧道技术状况评定采取评分和单项指标控制相结合的方法,应考虑是否存在直接评定为5类隧道的情况。

## 三、多项选择题

1. ABCE    2. ACD    3. CD    4. BCDE    5. ABCE

| 6. ABCD | 7. ABCD | 8. ABCD | 9. ABD | 10. BCDE |
| 11. BDE | 12. ABCDE | 13. ABCDE | 14. ABD | 15. ABCD |
| 16. ABCDE | 17. ABCD | 18. ABE | 19. ABCD | 20. ABCDE |

## 四、综合题

1.（1）ABCDE

【解析】 泥浆检测指标包括：相对密度、黏度、含砂率、胶体率、失水率、泥皮厚度、静切力和酸碱度等 8 项指标。

（2）B

【解析】 钻孔灌注桩孔底沉淀层厚度要求：摩擦桩直径≤1.5m 时，小于或等于 200mm；桩径 >1.5m 或桩长 >40m 或土质较差的桩，小于或等于 300mm。

（3）B

【解析】 预应力筋张拉伸长值误差要求满足 ±6% 以内。该张拉伸长值误差为 6.25%，不满足要求。

（4）AC

（5）A

2.（1）ABCDE

（2）ACE

（3）A

【解析】 当筋锈蚀电位评定标度为 3、4、5 时，需进一步检测氯离子含量、混凝土锈蚀电位混凝土电阻率、混凝土碳化状况。

（4）ABCD

（5）A

【解析】《公路桥梁承载能力检测评定规程》规定，当墩台顶面水平位移值超过 $0.5\sqrt{L} = 0.5\sqrt{25} = 2.5 \text{cm}$ 时，应进行加固。

3.（1）C

【解析】 由公式 $\eta_q = \dfrac{S_s}{S(1+\mu)}$ 可知：$\eta_q = 1.05$，$(1+\mu) = 1.15$，$S = 6000$，则 $S_s = 7245$。

（2）ABDE

【解析】 边跨跨中截面应力不是最不利受力截面，正确表述为"边跨最大正弯矩截面应力与挠度"。

（3）C

（4）A

【解析】 该桥梁中跨跨中相对残余变形 $\Delta S_p = \dfrac{S_p}{S_t} \times 100 = \dfrac{3}{80} = 3.75\% \ll 20\%$，说明结构处于弹性工作状态。

（5）C

4.（1）A

【解析】由公式 $D = \sum \alpha_j D_j = 1 \times 0.4 + 1 \times 0.3 + 1 \times 0.3 = 1.0$ 确定 $D = 1$，对应 $D = 1.0$ 的受弯构件检算系数 $Z_1 = 1.15$。

（2）C

【解析】基于技术状况检算的承载能力表达式：$\gamma_0 S \leq R(f_d, \xi_c a_{dc}, \xi_s a_{ds}) Z_1 (1 + \xi_e)$。

（3）C

（4）A

【解析】通过荷载试验确定结构校验系数 $\zeta = 0.33 < 0.4$，则对应的检算系数 $Z_2 = 1.3$。

（5）C

【解析】$1800 \mathrm{kN \cdot m} < 1600 \times 1.3 \times 0.98 = 2038 \mathrm{kN \cdot m}$，满足。

5.（1）B

【解析】该石料未同时满足以下3个条件：外观无明显损伤，质量损失率不大于2%，强度不低于冻融试验前的0.75倍。

（2）B

（3）CD

（4）C

（5）ABC

6.（1）ABCDE　　（2）A　　（3）ABC　　（4）ABCD　　（5）C

7.（1）ABDE　　（2）A　　（3）A　　（4）A　　（5）ABCD

# 桥梁隧道综合模拟试题(三)

## 一、单项选择题(共30题,每题1分共计30分)

1. 桥梁总体技术状况评定时,主要构件存在严重缺损,不能正常使用,危及桥梁安全,桥梁处于危险状态,其技术状况评定等级应为(    )。
   A. 2类　　　　　B. 3类　　　　　C. 4类　　　　　D. 5类

2. 桥梁定期检查周期根据技术状况确定,最长不得超过(    )。
   A. 1年　　　　　B. 2年　　　　　C. 3年　　　　　D. 5年

3. 根据《公路桥涵地基与基础设计规范》(JTG 3363—2019)规定,地基承载力特征值宜由荷载试验或其他原位测试方法取得,其值不应大于地基极限承载力的(    )。
   A. 2.0倍　　　　B. 1.0倍　　　　C. 1/2　　　　　D. 1/3

4. 圆锥重力触探试验,当探杆长度超过(    )时,应对锤击数进行杆长修正。
   A. 1.0m　　　　B. 2.0m　　　　C. 3.0m　　　　D. 5.0m

5. 板式橡胶支座抗剪弹性模量试验,对每对支座所组成的试样进行抗剪弹性模量试验时,抗剪弹性模量取试样3次加载值的算术平均值。当各试验结果与算术平均值之间的差值大于算术平均值的(    ),应重新复核试验一次。
   A. 1%　　　　　B. 2%　　　　　C. 3%　　　　　D. 5%

6. 钢绞线进行松弛试验时,标距长度应不小于公称直径的(    ),且试样制备后不得进行任何热处理和冷加工。
   A. 20倍　　　　B. 40倍　　　　C. 50倍　　　　D. 60倍

7. 预应力锚具、夹具、连接器进行静载锚固性能试验时,总伸长量率测量装置的标距不宜小于(    )。
   A. 50cm　　　　B. 60cm　　　　C. 80cm　　　　D. 100cm

8. 预应力锚具(夹具)硬度试验抽样数量应不少于(    ),且不少于6件(套)。
   A. 1%　　　　　B. 2%　　　　　C. 3%　　　　　D. 10%

9. 混凝土抗压强度试验时,当立方体试件尺寸为200×200×200(mm)时,其强度尺寸的修正系数为(    )。
   A. 0.85　　　　B. 0.95　　　　C. 1.0　　　　　D. 1.05

10. 公路工程质量检验评定的基本单元是(    )。
    A. 工序　　　　B. 分项工程　　　C. 分部工程　　　D. 单位工程

11. 桥梁伸缩缝装置进行防水性能试验时,要求在伸缩装置缝内注满水,经过(    )检查有无渗水、漏水现象。

A.6h　　　　　B.12h　　　　　C.24h　　　　　D.48h

12.隧道超前管棚与后续超前支护间应有不小于(　　)的水平搭接长度。

A.1m　　　　　B.2m　　　　　C.3m　　　　　D.5m

13.隧道用排水板采用不透水仪进行抗渗透性试验,要求以每小时提高1/6规定压力(　　)速度升压,达到规定压力后保压24h,观察试样表面是否有渗水现象。

A.$0.5 \times 10^5$Pa　　B.$1.0 \times 10^5$Pa　　C.$1.5 \times 10^5$Pa　　D.$2.0 \times 10^5$Pa

14.隧道注浆堵水时,砂性土空隙直径必须大于浆液颗粒直径的(　　)以上浆液才能注入。

A.2倍　　　　　B.3倍　　　　　C.4倍　　　D.5倍

15.简支梁桥墩台均匀总沉降值(不包括施工中沉降)超过(　　),且通过观察仍在继续发展时,应采取相应措施进行加固处理。注:L为相邻墩台间最小跨径(m),跨径小于25m时仍以25m计算。

A.$0.5\sqrt{L}$　　　B.$1.0\sqrt{L}$　　　C.$1.5\sqrt{L}$　　　D.$2.0\sqrt{L}$

16.新建某高速公路桥梁交(竣)工验收荷载试验应以(　　)作为控制荷载。

A.公路—Ⅰ级　　B.公路—Ⅱ级　　C.公路—Ⅲ级　　D.公路—Ⅳ级

17.钢筋应力计是在一根普通钢筋上粘贴(　　)应变计,接成全桥电路进行应力测试。

A.1片　　　　　B.2片　　　　　C.3片　　　　　D.4片

18.振弦式应力计是根据其(　　)变化测定作用在应力计上的拉(压)力。

A.变形　　　　B.模量　　　　C.强度　　　　D.自振频率

19.桥梁有轻微缺损,对桥梁使用功能无影响,该桥梁总体技术状况评定等级为(　　)。

A.1类　　　　　B.2类　　　　　C.3类　　　　　D.4类

20.斜拉桥上部结构技术状况评定时,各评价单元中权重值最大的部件是(　　)。

A.斜拉索系统　　B.主梁　　　　C.索塔　　　　D.支座

21.关于公路隧道瓦斯预报,错误的说法是(　　)。

A.采用物探法确定煤层在隧道内的大致位置和厚度

B.采用洞内地质素描分析确定煤层的里程位置

C.接近煤层前,必要时可采用超前钻探标定各煤层的准确位置

D.穿越煤层前应进行瓦斯突出危险性预报

22.用于检验隧道用土工布抵抗衬砌石子、支护钢筋端头能力的试验项目是(　　)。

A.宽条拉伸试验　　　　　　B.撕破强度试验

C.刺破强度试验　　　　　　D.厚度试验

23.隧道拱部衬砌喷射混凝土回弹率不应大于(　　)。

A.5%　　　　　B.10%　　　　C.15%　　　　D.25%

24.地质雷达法检测隧道衬砌背后回填密实性,当反射信号强,信号同相轴呈绕射弧形,不连续且分散、杂乱,说明衬砌背后回填质量(　　)。

A.密实　　　　B.不密实　　　C.存在空洞　　D.厚度不足

25.隧道衬砌喷射混凝土抗压强度评定时,同批试件组数为16不低于组,要求任一组试件抗压强度不低于(　　)的设计值。

A.0.8 倍　　　　　B.0.85 倍　　　　　C.0.9 倍　　　　　D.0.95 倍

26. 无损检测手段不适用于以下( )检测项目。
   A. 锚杆锚固长度　　　　　　　　B. 锚杆注浆密实度
   C. 锚杆注浆强度　　　　　　　　D. 锚杆拉拔力

27. 声波反射法检测隧道锚杆密实度,主要根据杆端反射波的( )进行评价。
   A. 频域响应　　B. 振幅变化　　C. 波速变化　　D. 波形变化

28. 隧道衬砌喷射混凝土强度采用喷大板切割法测试时,制成的试块尺寸为( )。
   A. $450 \times 350 \times 120$(mm)　　　　B. $100 \times 100 \times 100$(mm)
   C. $150 \times 150 \times 150$(mm)　　　　D. $200 \times 200 \times 200$(mm)

29. 隧道注浆材料的渗透系数是反映浆液固化后结石体( )的高低。
   A. 相对密度　　B. 固化强度　　C. 密实性　　D. 透水性

30. 隧道施工作业时,短时间内要求接触白云石粉尘总尘量不超过( )。
   A. $4mg/m^3$　　B. $6mg/m^3$　　C. $8mg/m^3$　　D. $10mg/m^3$

## 二、判断题(共30题,每题1分,共计30分)

1. 高强度螺栓连接副预拉力复验时,每套连接副可进行多次试验。　　　　　　( )
2. 应变是用于测试桥梁结构变形的一个指标。　　　　　　　　　　　　　　　( )
3. 预应力混凝土梁桥应检测预应力钢束锚固区段混凝土有无开裂现象。　　　　( )
4. 根据《公路桥梁技术状况评定标准》(JTG/T H21—2011)规定,当桥梁主要部件评分达到4类或5类且影响桥梁安全时,可按照主要部件最差的缺损状况作为全桥总体技术状况等级。　　　　　　　　　　　　　　　　　　　　　　　　　　　　　　　　　　( )
5. 根据《公路桥梁技术状况评定标准》(JTG/T H21—2011)规定,当桥梁扩大基础冲刷深度大于设计值,冲空面积大于20%以上时,可直接评定为5类桥梁。　　　　　( )
6. 根据《公路桥梁技术状况评定标准》(JTG/T H21—2011)规定,当桥梁关键部位混凝土出现压碎或杆件失稳现象,可直接评定为5类桥梁。　　　　　　　　　　( )
7. 根据《公路桥涵地基与基础设计规范》(JTG 3363—2019)规定,岩石的坚硬程度应按照单轴抗压强度标准值分级。　　　　　　　　　　　　　　　　　　　　　　( )
8. 桥梁适应性评价是依据桥梁定期检查资料,通过对桥梁各部件技术状况的总和评定,确定桥梁技术状况等级。　　　　　　　　　　　　　　　　　　　　　　　　( )
9. 钢绞线拉伸试验中,当试样在夹头内和距钳口3倍钢绞线公称直径内断裂达不到标准要求时,试验无效。　　　　　　　　　　　　　　　　　　　　　　　　　( )
10. 《公路工程技术标准》属于专业基础标准范畴。　　　　　　　　　　　　　( )
11. 进行公路工程质量检验评定时,小桥和涵洞属于单位工程。　　　　　　　　( )
12. 进行公路工程质量检验评定时,将每座隧道划分为一个单位工程。　　　　　( )
13. 桥梁结构检算应针对结构主要控制截面进行验算。　　　　　　　　　　　　( )
14. 圬工结构桥梁在计算承载能力极限状态抗力效应时,应根据检测结果,引入检算系数$Z_1$或$Z_2$、截面折减系数$\xi_c$和$\xi_e$。　　　　　　　　　　　　　　　　　( )
15. 钢结构桥梁在计算桥梁结构承载能力极限状态的抗力效应时,应根据检测结果,引入

检算系数 $Z_1$ 或 $Z_2$ 进行修正计算。( )

16. 对在用桥梁,应针对结构或构件的强度、刚度和稳定性进行承载能力检测评定。( )

17. 《公路桥涵设计通用规范》(JTG D60—2015)规定,桥梁支座、伸缩缝设计使用年限不低于15年。( )

18. 《公路桥涵承载能力检测评定规程》(JTG/T J21—2011)规定,根据主要测点效验系数确定检算系数 $Z_2$ 进行承载力评定,当荷载效应与抗力效应的比值大于1.05时,应判定桥梁承载力满足要求。( )

19. 根据《公路桥涵承载能力检测评定规程》(JTG/T J21—2011)规定,桥梁主要测点相对残余变位或相对残余应变超过20时,应判定桥梁承载力不满足要求。( )

20. 桥梁结构动力特性参数主要指结构自振频率。( )

21. 根据《公路隧道施工技术规范》(JTG/T 3660—2020)规定,隧道内气温不宜高于30℃,宜采取通风、洒水、加冰等措施降低洞内温度。( )

22. 根据《公路隧道施工技术规范》(JTG/T 3660—2020)规定,隧道洞口开挖前,应结合设计文件,遵循"早进早出"的原则,合理控制边仰坡开挖高度。( )

23. 根据《公路隧道施工技术规范》(JTG/T 3660—2020)规定,隧道对向开挖的两工作面相距达到5倍隧道跨度时,两工作面不得同时起爆。( )

24. 空气在隧道及管道中流动时,同一横断面上各点风速相同。( )

25. 隧道正常运营时,隧道通风主要是为了稀释隧道内的CO、烟雾和空气中的异味,提高隧道行车的舒适性和安全性。( )

26. 根据隧道照明区段的不同,隧道照度检测可分为洞口段照度检测和中间段照度检测。( )

27. 隧道模注混凝土衬砌应满足抗渗性要求,混凝土的抗渗等级一般不小于P10。( )

28. 根据《公路隧道施工技术规范》(JTG/T 3660—2020)规定,衬砌喷射混凝土应选用硅酸盐水泥或普通硅酸盐水泥。有特殊要求时,可采用特种水泥。( )

29. 超前围岩预注浆是对掌子面前方未开挖段的围岩进行注浆加固措施。( )

30. TGP或TSP超前地质预报系统采用电磁波反射法预测掌子面前方地质状况。( )

**三、多项选择题**(共20题,每题2分,共40分。下列各题的备选项中,至少有两个是符合题意的,选项全部正确得满分,选项部分正确按比例得分,出现错误选项不得分)

1. 当桥梁结构构件的承载力检算系数评定标度 $D \geqslant 3$ 时,应进行持久状况正常使用极限状态检算评定,并引入检算系数 $Z$ 对( )进行修正计算。
   A. 结构承载力    B. 结构应力    C. 裂缝宽度    D. 结构变形

2. 根据《公路桥梁荷载试验规程》(JTG/T J21-01—2015)规定,桥梁动力响应测试应测试( )。
   A. 动位移    B. 动应变    C. 自振频率    D. 冲击系数

3. 斜拉桥定期检查以目测观察结合仪器观测进行,主要检测项目包括( )。
   A. 索塔是否有异常变位    B. 斜拉索索力有无异常变化

C. 吊杆拉力是否异常　　　　　　　　D. 斜拉索表面封闭、防护是否完好

4. 根据《公路桥涵养护规范》(JTG H11—2004)规定,桥梁出现以下哪些情况时,应进行特殊检查(　　)。

　　A. 定期检查中难以判明损坏原因及程度的桥梁
　　B. 技术状况为四、五类的桥梁
　　C. 技术状况为三、四、五类的桥梁
　　D. 拟通过加固手段提高荷载等级的桥梁

5. 关于桥梁板式橡胶支座工作机理,下列描述正确的是(　　)。

　　A. 利用橡胶的不均匀弹性压缩变形实现梁体转动
　　B. 利用橡胶的水平剪切变形实现梁体位移
　　C. 利用聚四氟乙烯板实现梁体滑动
　　D. 利用橡胶内部钢板加筋层固定支座位置

6. 根据《公路桥涵养护规范》(JTG H11—2004)规定,下列关于桥梁评定的说法正确的是(　　)。

　　A. 桥梁评定分为一般评定和适应性评定
　　B. 一般评定是为了确定桥梁的技术状况等级,并提出养护措施
　　C. 适应性评定是为了评定桥梁的实际承载能力、通过能力、抗洪能力,并提出养护、改造方案
　　D. 一般评定由负责定期检查者进行,适应性评定应委托有相应资质及能力的单位进行

7. 关于有害物质对桥梁结构耐久性的影响,下列描述正确的是(　　)。

　　A. 混凝土中氯离子可引起并加速钢筋锈蚀
　　B. 碱的侵入会引起混凝土结构的碱集料反应
　　C. 硫酸盐的侵入易使混凝土松散、强度降低
　　D. 混凝土碳化会使保护层厚度减小

8. 根据《公路桥涵预应力钢绞线用锚具、夹具、连接器》(JT/T 329—2010)规定,预应力钢绞线用锚具、夹具、连接器力学性能检测项目包括(　　)。

　　A. 硬度　　　　　　　　　　　　　B. 静载锚固性能
　　C. 钢绞线内缩量　　　　　　　　　D. 锚口摩阻损失率

9. 评价石料抗冻性好坏的指标包括(　　)。

　　A. 冻融循环后的强度变化　　　　　B. 冻融循环后的质量损失
　　C. 冻融循环后的外观变化　　　　　D. 冻融循环后的体积变化

10. 桥梁用结构钢力学性能指标包括(　　)。

　　A. 下屈服强度　　B. 抗拉强度　　　C. 断后伸长率　　　D. 冲击韧性

11. 根据《公路桥梁技术状况评定标准》(JTG/T H21—2011)规定,当桥梁出现下列哪些情况时,可直接评定为五类桥梁(　　)。

　　A. 上部结构有落梁或梁、板断裂现象
　　B. 梁式桥上部承重构件控制截面出现全截面开裂
　　C. 梁式桥支座出现明显剪切变形,影响正常使用

D. 结构出现明显的永久变形,且变形大于规范值

12. 公路隧道施工期间,粉尘浓度检测正确的采样方法是( )。
    A. 掘进工作面采样点可在风筒出口后面距工作面 4~6m 处采样
    B. 采样时间一般在作业开始 30min 后进行
    C. 采样持续时间以 15min 为宜
    D. 同一测点相同的流量下,应同时采取 3 个试样

13. 公路隧道施工期间洞内外观察内容包括( )。
    A. 掌子面观察              B. 支护状态及施工状态观察
    C. 洞外观察                D. 施工设备观察

14. 公路隧道施工期间,应根据围岩变形速率判定围岩稳定状态,下列描述正确的是( )。
    A. 位移速率大于 1mm/d 时,表明围岩处于急剧变形状态,应立即停止作业
    B. 位移速率大于 1mm/d 时,表明围岩处于急剧变形状态,应密切关注围岩动态
    C. 位移速率在 1~0.2mm/d 之间时,表明围岩处于缓慢变形状态,可正常施工作业
    D. 位移速率小于 0.2mm/d 之间时,表明围岩已达到基本稳定,可进行二次衬砌作业

15. 公路隧道衬砌锚杆抗拔力检测应满足( )。
    A. 检测数量为锚杆数量的 1% 且每次不少于 3 根
    B. 同组锚杆抗拔力的平均值应不小于设计值
    C. 单根锚杆的抗拔力不得低于设计值的 90%
    D. 单根锚杆的抗拔力不得低于设计值的 80%

16. 公路隧道衬砌喷射混凝土质量检测,除检测原材料、衬砌混凝土强度、衬砌厚度外,还应检测( )。
    A. 衬砌外观及平整度        B. 衬砌背后空洞
    C. 混凝土回弹率            D. 混凝土养护条件

17. 公路隧道洞身开挖的基本要求包括( )。
    A. 开挖断面尺寸应符合设计要求   B. 应严格控制欠挖
    C. 应尽量减少超挖              D. 开挖轮廓线应按照设计形状开挖

18. 公路隧道防水混凝土结构应满足( )。
    A. 裂缝宽度应不大于 0.2mm,并不贯通
    B. 迎水面主钢筋保护层厚度不应小于 50mm
    C. 衬砌厚度不应小于 30cm
    D. 混凝土抗渗等级应比设计要求提高 0.5MPa

19. 根据《公路桥梁承载力检测评定规程》(JTG/T J21-01—2015)规定,桥梁基础变位检测应包括( )。
    A. 基础冲刷              B. 基础的竖向沉降、水平变位和转角
    C. 相邻基础的沉降差      D. 基础的不均匀沉陷、滑移、倾斜和冻拔

20. 根据《公路桥梁承载力检测评定规程》(JTG/T J21-01—2015)规定,活载影响修正系数应考虑( )。

A. 典型代表交通量变化　　　　　　B. 大型车辆混入率
C. 轴载分布情况　　　　　　　　　D. 人群荷载变化

**四、综合题**(从 7 道大题中选答 5 道大题,每道大题 10 分,共 50 分。每题备选项中,有 1 个或 1 个以上答案是符合题意的,选项全部正确得满分,选项部分正确按比例得分,出现错误选项该题不得分)

1. 某高速公路隧道二次衬砌施工完毕,采用地质雷达检测衬砌质量。根据题意回答下列问题。

(1) 进行隧道衬砌厚度检测时,地质雷达天线频率宜选用(　　)。
　　A. 100MHz　　　B. 400~600MHz　　　C. 900MHz　　　D. 1.5GHz

(2) 地质雷达检测时,可能对检测结果产生干扰的物体有(　　)。
　　A. 渗水　　　　B. 电缆　　　　　　C. 铁架　　　　D. 埋管件

(3) 检测前用收发一体天线在明洞端墙部位(厚度约 60cm)标定电磁波,测得电磁波时程为 10ns,则本隧道混凝土的电磁波传播速度为(　　)。
　　A. $0.6 \times 10^8$ m/s　　B. $1.2 \times 10^8$ m/s　　C. $2 \times 10^8$ m/s　　D. $3 \times 10^8$ m/s

(4) 根据实用经验,对拱墙衬砌混凝土视窗长度一般控制在(　　)。
　　A. 10~30ns　　B. 30~60ns　　C. 60~100ns　　D. 60~120ns

(5) 根据检测结果,地质雷达反射信号强,反射界面明显,下部有多次反射信号,两组信号时程差较大,说明衬砌(　　)。
　　A. 密实　　　　B. 不密实　　　　　C. 有空洞　　　D. 厚度不足

2. 针对公路隧道主要施工工序质量控制要求,回答下列相关问题。

(1) 隧道洞身开挖断面尺寸应符合设计要求,开挖轮廓应按设计要求预留变形量,要求拱脚、墙脚以上(　　)范围内严禁欠挖。
　　A. 0.3m　　　　B. 0.5m　　　　　　C. 1.0m　　　　D. 1.5m

(2) 锚杆拉拔力是锚杆材料、加工及锚固质量的综合反映,要求锚杆拉拔力检测满足以下(　　)标准。
　　A. 检测数量为锚杆数的 1% 且每次不少于 5 根
　　B. 同组锚杆拉拔力的平均值应不小于设计值
　　C. 单根锚杆的拉拔力不得低于设计值的 75%
　　D. 单根锚杆的拉拔力不得低于设计值的 90%

(3) 喷射混凝土厚度可采用凿孔法或地质雷达法检测,要求全部检测点喷射混凝土厚度须同时满足(　　)方可视为合格。
　　A. 平均厚度≥设计厚度　　　　　　B. 90% 检测点的厚度≥设计厚度
　　C. 60% 检测点的厚度≥设计厚度　　D. 最小厚度≥0.6 倍设计厚度

(4) 该隧道衬砌处于侵蚀性地下水环境中,在对混凝土进行抗渗性设计时,要求混凝土的耐侵蚀系数不应小于(　　)。
　　A. 0.5　　　　B. 0.7　　　　　　C. 0.8　　　　　D. 0.9

(5) 该隧道施工期间须对围岩进行变形监控量测,当位移速率在 1~0.2mm/d 之间时,应采取的施工措施是( )。
  A. 应立即停止作业采取加固措施　　B. 密切关注围岩状态,暂停施工作业
  C. 可正常施工作业　　D. 可进行二次衬砌作业

3. 根据《公路桥梁技术状况评定标准》(JTG/T H21—2011)规定,对某在用三跨预应力连续梁进行技术状况检测与评定,根据检测内容回答下列问题。

(1) 该桥梁最大正弯矩和最大负弯矩分别出现在( )部位。
  A. 中跨跨中截面、中间桥墩处截面　　B. 中跨跨中截面、边跨跨中截面
  C. 边跨跨中截面、中跨跨中截面　　D. 中间桥墩处截面、中跨跨中截面

(2) 预应力混凝土主梁检测的内容包括( )。
  A. 箱梁内部是否有积水,通风是否良好
  B. 混凝土表面有无严重碳化
  C. 预应力钢束锚固区混凝土是否开裂,沿预应力筋混凝土表面是否有纵向裂缝
  D. 支点及变截面处混凝土是否开裂、缺损和出现钢筋锈蚀

(3) 该桥梁上部结构得分为82.7分,下部结构得分为96.0分,桥面系得分为54.4分,则该桥总体技术状况得分为( )。
  A. 82.4　　B. 83.7　　C. 84.7　　D. 96

(4) 该桥梁检测过程中,发现扩大基础冲刷深度大于设计值,冲空面积达30%,则该桥应评定为( )。
  A. 2类　　B. 3类　　C. 4类　　D. 5类

(5) 该桥梁在使用过程中,出现以下( )情况时应进行特殊检查。
  A. 定期检查难以判明损坏原因及程度　　B. 技术状况评定为四、五类桥梁
  C. 拟通过加固手段提高荷载等级　　D. 有特种车辆通行时

4. 根据《公路桥涵承载能力检测评定规程》(JTG/T J21—2011)规定,对某在用装配式预应力混凝土简支梁进行技术状况检测,并根据检测结果进行承载能力评定,试回答下列问题。

(1) 该桥上部梁板缺损状况评定标度为3,材质状况评定标度为4,自振频率评定标度为4,则该桥承载力检算系数$D$为( )。
  A. 3.2　　B. 3.6　　C. 4.0　　D. 4.2

(2) 根据该桥承载能力检算系数评定标度$D$值,须并引入检算系数$Z$对该桥进行持久状况正常使用极限状态评定检算,检算修正指标包括( )。
  A. 结构应力　　B. 裂缝宽度　　C. 结构变形　　D. 基础沉降

(3) 确定该桥承载力恶化系数$\xi_e$,除考虑缺损状况、钢筋锈蚀电位、混凝土电阻率等因素外,还应考虑( )等因素。
  A. 混凝土碳化状况　　B. 钢筋保护层厚度　　C. 氯离子含量　　D. 混凝土强度

(4) 随着交通量变化,作用于桥梁恒载和车辆荷载发生较大变化,在确定活载影响修正系数$\xi_q$时,应考虑( )等因素。
  A. 结构自重变化　　B. 典型代表交通量变化度
  C. 大吨位车辆混入率变化　　D. 轴荷载分布变化

(5) 根据检算结果,该桥作用效应与抗力效应的比值为0.98,是否需通过荷载试验进一步

评价该桥承载力（　　）。

　　A.不需要　　　　　　　　　　　B.需要

5.根据《公路桥梁荷载试验规程》(JTG/T J21-01—2015)规定,对某新建钢筋混凝土 T 梁桥进行竣工验收荷载试验,试根据试验要求回答下列问题。

(1)进行交工验收荷载试验时,应依据竣工图文件建立计算模型,并根据设计荷载等级确定试验控制荷载,按照相应设计规范规定对结构的（　　）等效应进行计算。

　　A.动力参数　　　B.控制截面内力　　　C.应力(应变)　　　D.变位

(2)采用应变计测量混凝土表面应变,宜选用标距不小于（　　）的应变计。

　　A.10～30mm　　　B.20～40mm　　　C.40～60mm　　　D.80～100mm

(3)进行应变测量时,要求每片梁底面应布设（　　）测点,侧面测点不宜少于2个。

　　A.1～2个　　　B.2～3个　　　C.3～4个　　　D.不少于3个

(4)试验过程中,出现下列（　　）情况应停止加载,查清原因,采取措施后再确定是否继续进行试验。

　　A.控制测点应变值已超过计算值　　　B.控制测点挠度已超过计算值
　　C.实测变形规律分布异常　　　　　　D.结构裂缝的长度、宽度和数量明显增加

(5)试验过程中,应绘制以下（　　）试验曲线(或图表),以判定桥梁受力性能。

　　A.主要测点实测位移(或应变)与相应理论计算值的对照曲线
　　B.主要控制点的位移(或应变)与荷载效率的关系曲线
　　C.各加载工况下控制截面位移(或应变)分布图
　　D.沿纵(横)桥向挠度图和截面应变沿高度(宽度)分布图

6.某多跨桥梁,基础分别采用扩大基础和桩基,在施工期间分别对扩大基础和桩基础施工质量进行试验检测,试根据试验检测内容回答下列问题。

(1)为准确确定扩大基础地基承载力,施工期间采用浅层平板荷载试验进行地基承载力试验,分级加载为200kN、300kN、400kN、500kN、600kN、700kN、…。根据荷载-沉降曲线($P$-$S$曲线)得到地基土比例极限为760kN;在1600 kN 荷载下地基土24h内沉降速率不能达到稳定值。则该地基土承载力基本容许值为（　　）。

　　A.750kN　　　B.760kN　　　C.1500kN　　　D.1600kN

(2)该桥梁扩大基础位于水中不透水地层上,其修正后地基承载力容许值应对以下（　　）因素进行修正。

　　A.土的类别　　　B.地下水位　　　C.基础边长　　　D.基础埋深

(3)该桥梁桩基础设计为摩擦桩,采用钻孔灌注桩施工,水下混凝土灌注前应对成孔质量进行检测,其检测项目除孔的中心位置外,还应包括（　　）。

　　A.孔的直径　　　　　　　　　　　B.孔的倾斜度
　　C.孔底沉淀层厚度　　　　　　　　D.孔内泥浆指标

(4)该桥某根桩基础采用超声波法进行桩身完整性检测,检测后发现某一声测剖面个别测点的声速、波幅略小于临界值,但波形基本正常,则该桩身完整性类可初步判定为（　　）。

　　A.Ⅰ类　　　B.Ⅱ类　　　C.Ⅲ类　　　D.Ⅳ类

(5)该桥梁桩基础所处地层为砂类土,其设计荷载为600kN。为进一步验证桩基础实际

承载力,拟对某桩基进行竖向静载试验。加载采用慢速维持荷载法,当加载过程中出现下列( )情况之一时,可终止加载。

A. 总位移量大于或等于40mm,本级荷载沉降量大于或等于前一级荷载下沉量的5倍
B. 总位移量大于或等于40mm,本级荷载加上后24h尚未达到相对稳定标准
C. 总沉降量小于40mm,但荷载已大于或等于2倍设计荷载
D. 总沉降量大于40mm,但荷载已大于或等于2倍设计荷载

7. 桥梁工程需使用大量锚具夹具、波纹管、支座、伸缩缝装置等工程制品,施工中根据不同要求需对该工程制品进行试验检测,试根据试验检测内容回答下列问题。

(1)锚具进行静载锚固性能试验时,要求其力学性能应同时满足( )。

A. 效验系数≥0.95,实测极限拉力时预应力筋受力长度的总伸长率≥2%
B. 效验系数≥0.92,实测极限拉力时预应力筋受力长度的总伸长率≥2%
C. 效验系数≥0.90,实测极限拉力时预应力筋受力长度的总伸长率≥2%
D. 效验系数≥0.90,实测极限拉力时预应力筋受力长度的总伸长率≥1%

(2)后张法预应力混凝土桥梁用塑料波纹管,其力学性能指标包括( )。

A. 环刚度　　　B. 局部横向荷载　　　C. 柔韧性　　　D. 抗冲击性

(3)板式橡胶支座进行抗剪模量试验时,应先对支座试样施加竖向荷载至平均压应力( ),并在整个抗剪试验中保持不变。

A. $\sigma=10\mathrm{MPa}$　　　B. $\sigma=20\mathrm{MPa}$　　　C. $\sigma=70\mathrm{MPa}$　　　D. $\sigma=90\mathrm{MPa}$

(4)盆式橡胶支座进行摩擦系数试验时,对组装件先施加竖向荷载为2000kN,再施加水平荷载。当水平荷载为50kN时,试样发生水平滑动,则该支座摩擦系数为( )。

A. 0.024　　　B. 0.025　　　C. 0.03　　　D. 0.05

(5)模数式伸缩装置试验检测项目包括( )。

A. 变形性能试验　　　B. 防水性能试验　　　C. 承载性能试验　　　D. 老化性能试验

# 桥梁隧道综合模拟试题(三)答案

## 一、单项选择题

1. D　　2. C　　3. C　　4. B　　5. C　　6. D　　7. D　　8. D　　9. D　　10. B
11. C　　12. C　　13. D　　14. B　　15. D　　16. D　　17. D　　18. D　　19. B　　20. A
21. C　　22. C　　23. D　　24. B　　25. B　　26. D　　27. B　　28. A　　29. D　　30. C

## 二、判断题

1. ×　　2. ×　　3. √　　4. √　　5. √
6. √　　7. ×　　8. ×　　9. ×　　10. √
11. ×　　12. ×　　13. ×　　14. ×　　15. √
16. ×　　17. √　　18. ×　　19. √　　20. ×
21. ×　　22. ×　　23. ×　　24. ×　　25. √
26. √　　27. √　　28. √　　29. ×　　30. √

## 三、多项选择题

1. BCD　　2. ABD　　3. ABD　　4. ABD　　5. ABC
6. ABCD　　7. ABC　　8. BCD　　9. ABC　　10. ABC
11. ABD　　12. ABC　　13. ABC　　14. BCD　　15. ABC
16. ABC　　17. ABC　　18. ABC　　19. BCD　　20. ABC

## 四、综合题

1. (1) B　　(2) ABCD　　(3) B　　(4) B　　(5) C
2. (1) B　　(2) ABD　　(3) ACD　　(4) C　　(5) CD

3. (1) A    (2) ABCD    (3) A    (4) D    (5) ABC
4. (1) B    (2) ABC     (3) ABCD (4) BCD  (5) A
5. (1) ABCD (2) D       (3) A    (4) ABCD (5) ABCD
6. (1) A    (2) CD      (3) ABCD (4) B    (5) ABC
7. (1) A    (2) A       (3) A    (4) B    (5) ABC